Kohlhammer

Georg Pfleiderer
Christoph Rehmann-Sutter (Hrsg.)

Zeithorizonte des Ethischen

Zur Bedeutung der Temporalität
in der Fundamental- und Bioethik

Verlag W. Kohlhammer

Alle Rechte vorbehalten
© 2006 W. Kohlhammer GmbH Stuttgart
Umschlag: Gestaltungskonzept Peter Horlacher
Gesamtherstellung:
W. Kohlhammer Druckerei GmbH + Co. KG, Stuttgart
Printed in Germany

ISBN-10: 3-17-019112-8
ISBN-13: 978-3-17-019112-9

Inhaltsverzeichnis

Einleitung
Christoph Rehmann-Sutter und Georg Pfleiderer   7

I. Grundlegende Perspektiven

1. Time and Morality in Political Ethics
   Melissa Lane   15

2. Temporalität als Leitthema theologischer Ethik
   Georg Pfleiderer   23

3. Fragen zu einer zeitlichen Konstitution des Ethischen
   Gabrielle Hiltmann   39

II. Verantwortung, Risiko und Schuld

4. Zur letzten Instanz
   Joachim von Soosten   57

5. Personen einem Risiko aussetzen
   Klaus Peter Rippe   77

6. Risikoszenarien als Instrument im Umgang mit der Unsicherheit
   Beatrice Capaul   93

7. Die Empfindung von Schuld und die Ethik der Retrospektive
   Christoph Rehmann-Sutter   103

III. Erzählen und erinnern

8. Wrinkles in Time: Narrative Approaches to Ethics
   Hilde Lindemann   123

9. Sprachlos in der Zeit
   Christine Abbt   133

IV. Körperlichkeit und Medizin

10. Time, Tests, and Moral Space
    Jackie Leach Scully   151

11. Time to Be Born:
    Ethical Concerns in the Construction of Time in Human Procreation
    Barbara Katz Rothman   165

12. Richtiger oder falscher Zeitpunkt?
    Rouven Porz   175

13. Eine Zwei-Quellen-Theorie der Moral
    Christina Aus der Au   191

14. Fürsorge und Zeitlichkeit des Leidens
    Lazare Benaroyo   201

V. Vergangenheiten und Eugenik

15. Das „Eugenik-Argument" in der bioethischen Diskussion
    Johann S. Ach   217

16. Zur Kontinuität und Diskontinuität der Schweizerischen Eugenik
    Hans Jakob Ritter   235

17. Zeit und Ethik. Ein Katalog offener Fragen
    Christoph Rehmann-Sutter   249

Personenregister   257

Autorinnen und Autoren   263

Einleitung

Christoph Rehmann-Sutter und Georg Pfleiderer

Gewissen braucht Zeit. Nur in der Zeit ist es möglich. In der Zeit braucht es Raum, um sich zu entfalten. Handlungen sind Zeitfiguren. Das ist offensichtlich und trotzdem rätselhaft. Die ethische Sorge für das Handeln und damit die Sorge für Andere und die Sorge für sich selbst stehen in komplexen zeitlichen Bezügen.

Ethik steht in der Spannung, sich in die Temporalität der Praxis einlassen zu müssen und sie gleichzeitig zu ent-temporalisieren: durch Argumente, die gleichsam stillstehen, durch Regeln, Normen, Prinzipien gar, die überzeitliche Gültigkeit beanspruchen. Ist das überhaupt möglich? Gelingt es der Ethik, einen atemporalen Boden zu finden, von dem aus moralische Fragen diskutiert werden können? Oder kann es ihr nicht gelingen, weil es den archimedischen Punkt, an dem man sich im Fluss der Zeit festhalten könnte, nicht gibt?

Mit dieser Frage lässt sich eines der zentralen Grundlagenprobleme der zeitgenössischen Ethik aufrollen. Es geht in vielen Debatten letztlich darum, ob oder inwieweit die Ethik diese Atemporalität der Gründe erreichen kann und ob sie sie braucht.

Unbestritten bleibt aber die Zeitlichkeit der Praxis selbst und auch die Temporalität der Moral, des Gewissens, der kulturellen Bewertungsmuster. Wichtige Fragen ergeben sich gleichwohl. Etwa:

Leben wir alle in der gleichen Zeit? Oder gibt es Zeitzonen, in denen wir gleichzeitig leben und zwischen denen wir uns bewegen, gleichsam im Jetlag?[1] Zeit ist ja mehr als das Ablaufen von Uhren. Sie schließt Kultur mit ein, Geschichte, Hoffnungen und Problemwahrnehmungen, die sich ändern. Wir messen Zeit (chronos), beleben Zeiträume (aion), finden, es sei die rechte Zeit, etwas zu tun (kairos). Wir sagen manchmal zueinander: In welcher Zeit lebst du eigentlich? – und meinen die Qualitäten von Zeit, die sich zu Zonen strukturieren, sich verändern können, oft schlagartig, durch symbolträchtige einschneidende Ereignisse, durch das Aufflammen eines Problembewusstseins, das die Zeit in ein Vorher und Nachher ordnet. Es

---

[1] Rosi Braidotti. *Metamorphoses. Towards a Materialist Theory of Becoming.* Cambridge: Polity 2002: 6.

gibt Kartographien der Zeit, in denen wir uns orientieren. – Welche Bedeutung haben sie für die Ethik? Wie kann die Ethik sie erschließen?

Der zeitliche Horizont ist nicht selbstverständlich. Darum werden die Zeit, die Geschichte, die Zukunft, sowie der *Umgang* mit der Zeit, mit der Geschichte und mit der Zukunft zum Thema der Ethik. Ethische Diskurse setzen sich kritisch mit den Inhalten, den Perspektiven, den Grenzen und den Konflikten der Moral auseinander. Zeit und Zeitstrukturen spielen für die ethische Theorie- und die moralische Urteilsbildung unbestritten eine wesentliche Rolle. Der Mangel an Untersuchungen sowohl zu einzelnen Fragen als auch zum Gesamtzusammenhang ist aber augenscheinlich. In der deutschsprachigen philosophischen Literatur der jüngeren Zeit fehlt es an spezifischen systematischen Beiträgen zum Schnittpunkt von Zeit und Ethik fast vollständig. Auch in der englischsprachigen Literatur finden sich bloß vereinzelt Publikationen. Die Monographie von Lawrence Vogel[2] ist dem Projekt einer Fundamentalontologie als Ethik in Heideggers *Sein und Zeit* gewidmet. Robert Elliott Allinson[3] wendet sich Zeit und Raum zu als den metaphysischen Grundlagen für eine Ethik des Mitleids. Heather Dyke[4] legte jüngst eine anregende Sammlung von Arbeiten aus der analytisch-philosophischen Schule vor, welche die Relevanz von zeitbezogenen Fragen in der praxisbezogenen Ethik bestätigen und ausloten. Es geht darin vor allem um die ethische Problematik der temporalen ‚Verortung' moralischer Aussagen bzw. um ihre Triftigkeit in anderen Zeit-Kontexten und andererseits um die Zeitlichkeit der Person, die ein überzeitliches Subjekt von Verantwortung zu sein beansprucht.

Das vorliegende Buch kann diese große Lücke keinesfalls füllen. Die hier versammelten Texte, verfasst von namhaften Autorinnen und Autoren aus den USA, England, Deutschland und der Schweiz möchten Beiträge leisten, um die dafür notwendige interdisziplinäre Diskussion zu eröffnen. Sie können die Lücke vielleicht etwas enger machen; gleichzeitig führen sie wieder zu neuen Fragen. Und sie erkunden die ethische Methodik: Welche Instrumente haben wir, um Zeithorizonte in der Ethik *ethisch* zu bewältigen: Narrativität? Risikoethik? Normsetzung mit Verfallsdaten? Geschichtshermeneutik?

In den aktuellen Ethikdiskursen lassen sich Vergangenheits- und Zukunftskulturen identifizieren. Sie verwenden unterschiedliche Konzepte der Zeit. Zunächst gibt es zwei offensichtliche Kategorien: retrospektive und prognostische Zeitkonzepte. Diese können weiter je im Hinblick auf ihre *strukturierenden Effekte* hin untersucht werden. In existenzieller Hinsicht sind die Zeitkonzepte nicht einfach symmetrisch und linear. Vergangenheit und Zukunft können als gelebte und erlebte Zeit im Kontext von Lebensgeschichten kaum hinreichend als zwei entgegengesetzt gerichtete Pfeile auf dem Zahlenstrahl dargestellt werden. Wie können die Zeitkonzepte aber

---

[2] Lawrence Vogel. *The Fragile ‚We'. Ethical Implications of Heidegger's ‚Being and Time'*. Evanston, Ill.: Northwestern Univ. Pr. 1994.
[3] Robert Elliott Allinson. *Space, time and the Ethical Foundations*. Aldershot: Ashgate 2002.
[4] Heather Dyke (ed.). *Time and Ethics: Essays at the Intersection*. Dordrecht: Kluwer Academic 2003.

dann erklärt werden, die in rückwärts- und in vorwärtsgewandten ethischen Auseinandersetzungen eine Rolle spielen? Ein Schlüsselbegriff der retrospektiven Ethikkultur ist die Schuld. Das Medium der Schuld ist die Erinnerung (sowie das Verdrängen und das Vergessen). Schuldkomplexe können die Gegenwart in ihren Bann ziehen und für die freie Gestaltung der Praxis eine Bedrohung darstellen. Sensibilität für Schuld kann aber auch auf verborgene Aspekte gegenwärtigen Handelns aufmerksam machen, die sonst verdeckt blieben. Für die vorwärtsgerichtete Auseinandersetzung sind hingegen Konzepte der Akzeptabilität von Handlungen leitend, die erst geplant und ausgeführt werden. Schlüsselbegriffe der prognostischen Ethikkultur sind die Verantwortung oder das Risiko.

In den religiösen, aber auch in den philosophischen Traditionen des Abendlandes ist die Temporalität des moralischen Bewusstseins in starken Begriffen präsent: ‚Die Eltern haben saure Trauben gegessen, aber den Kindern werden davon die Zähne stumpf.' – Gegen diesen damals populären Spruch, eigentlich eine Vergeltungslizenz bzw. eine Rechtfertigungsmaxime für das Unglück anderer, nimmt die Bibel deutlich Stellung. Die Propheten setzen dagegen die Verantwortung des Individuums, die an seine Person gebunden bleibt, mit ihr gefordert ist, die aber mit ihr auch aufhört (Jeremiah 31,29f; Ezechiel 18,2). Die Steigerung der Tatsünde ist die Erbsünde, die von den Urelten geerbte Sünde, der Fluch, der urzeitlich vor der einzelnen Tat liegt, und doch in ihr notorisch ins Werk gesetzt wird. Die Überwindung der Schuld vollzieht sich sozusagen durch ein legitimes Vergessen, das die Grundform des Vergebens, der Versöhnung ist. Auch in der platonischen Tradition vollzieht sich die Überwindung der Schuldverhaftung durch anamnetische Erinnerung, die hinter die Gefangenschaft der Seele zurückgeht. Im jüngsten Gericht wird ein solches vergangenheitsorientiertes Ethos radikal in die Zukunft gespiegelt. Die äusserste Zukunft ist angebrochen, wenn über alles Vergangene abgerechnet wird.

Die Neuzeit codiert die ethischen Leitbegriffe prospektivisch um: Das Schuldparadigma weicht dem Verantwortungsparadigma. Seit Hans Jonas' "Das Prinzip Verantwortung"[5] ist die paradoxe Struktur dieser Umtemporalisierung allgemeines Bildungsgut geworden: Prospektive Verantwortung ist eigentlich Stellvertretung für jemanden, den es jetzt noch gar nicht gibt: die Ungeborenen, die zukünftigen Generationen. Wie können diese Wesen moralische Subjekte sein, die eigene Ansprüche, etwa auf die Erhaltung der natürlichen Lebensgrundlagen an uns stellen können? Verantwortungsethik, die das annimmt, antizipiert sie. Die Richter sind noch gar nicht geboren und treten uns doch schon gegenüber.

In der Frage des Sollens (was sollen wir tun? was dürfen wir? wozu haben wir eine Pflicht? – und dabei immer: wie ergibt sich dieses ‚Wir'? welches ist seine Temporalität?) steht allerdings meistens zunächst die vorwärtsgerichtete Seite im Vordergrund. Ethische Fragen entzünden sich an Entscheidungsfragen. Die Bioethik liefert dafür in den gegenwärtigen Diskursen besonders anschauliche Beispiele. Sie

---

[5] Hans Jonas. *Das Prinzip Verantwortung*. Frankfurt a.M.: Insel 1979.

wurde deshalb in diesem Buch in doppelter Hinsicht als Quelle von Beispielen gewählt: als Feld von Problemen, die als Verantwortungsprobleme aufgefasst werden können und als Diskurs, der sich, vor allem im deutschsprachigen Raum, in einer eigentümlichen Weise mit der Vergangenheit auseinandersetzt und Spuren der Vergangenheit in der Gegenwart vorzufinden glaubt. Das Stichwort der Eugenik, sowohl als historisches Phänomen als auch als Differenzierungsschablone für Gegenwartsfragen, ist dafür am augenfälligsten.

Der erste Teil des Buches befasst sich mit grundlegenden Perspektiven auf die Zeit in der Ethik. Melissa Lane eröffnet durch die Zeitlichkeit der Moral eine Perspektive auf die politische Philosophie und die politische Ethik. Der ideale politische Führer in Platons Dialog vom Staatsmann ist einer, der die Fähigkeit zur Wahrnehmung des *kairos* hat – der richtigen Zeit im qualitativen Sinn. *Kairos* erscheint als eine Vision wie Ethik und Zeitlichkeit verbunden sein können. Georg Pfleiderer entwickelt Temporalität als Leitthema der theologischen Ethik. Er versucht zu zeigen, dass sich in der christlichen, insbesondere in der protestantischen Theologie und Ethik ein – sich steigerndes – Bewusstsein für die fundamentale Bedeutung und für die Komplexität der Verschlingung von Zeitlichkeit und Ethik nachweisen lässt. Gabrielle Hiltmann fragt sodann aus einer phänomenologischen Perspektive nach der zeitlichen Konstitution der Freiheit, die sich aus der Situierung in der Verschlingung von Vergangenheit und Zukunft im Hier und Jetzt ergibt.

Die Beiträge des zweiten Teils gruppieren sich um die Themen Risiko, Schuld und Verantwortung. Joachim von Soosten untersucht die Bedeutung der eschatologischen Vision vom Gericht für das Verständnis der moralischen Verantwortung. Er zeigt auf, wie die Souveränität des moralischen Appells mit der Vorstellung zusammenhängt, dass die Handlungen *letztlich* am Guten gemessen werden. Klaus-Peter Rippe befasst sich mit der Frage der Risikozumutung, speziell mit der Frage, ob es in ethischer Hinsicht etwas ausmacht, wenn andere Personen einem Risiko ausgesetzt werden, das sie zukünftig möglicherweise treffen könnte, ohne dass dieses negative Ereignis eintreten muss, also mit der Frage der ethischen Signifikanz der Potentialität von zugefügtem Weh und Schaden. Beatrice Capauls methodologischer Beitrag zum Umgang mit Unsicherheit bei Entscheidungen unter Risiko verknüpft die Konzepte des *risk assessment* mit der systematischeren Vorsorge, die einen Vor-Blick impliziert. Christoph Rehmann-Sutter verteidigt komplementär dazu einen retrospektiven Blick für die Ethik. Dafür, so seine These, sei eine moralphilosophische Theorie der Schuld zu entwerfen, die diese vom Bereich des Bloss-Emotionalen in die Sphäre des Kognitiven und genuin Moralischen hebt.

Im dritten Teil finden sich zwei Beiträge zur narrativen Ethik. Die Narration, wie es Hilde Lindemann aufzeigt, ist eine der Temporalität des Ethischen adäquate Erschliessungs- und Behandlungsmethode. Erzählungen schaffen Zeitschlaufen (‚wrinkles in time') und Gleichzeitigkeit von Vergangenem, Gegenwärtigem und Zukünftigem. Christine Abbt widmet sich dem Suizid als dem selbstgesetzten Abbruch der Lebenszeit. Der ethische Diskurs wird darin überschritten, weil das Sub-

Einleitung

jekt sich nicht mehr reflexiv zu sich verhalten kann. Der Abbruch der Kommunikation, der sich im Tod vollzieht, findet eine Vorwegnahme im Leben. Die Ethik muss sich mit dem Thema Sprachlosigkeit auseinandersetzen. Abbt geht dem unerklärten Suizid in der Literatur nach und entwickelt daraus eine Anleitung, das Unerhörte zu hören.

Der vierte Teil ist der Biomedizin gewidmet. Jackie Leach Scully zeigt, wie Entscheidungsprozesse über genetische Tests aus der Perspektive von Patientinnen und Patienten gesehen werden können und bringt für die bioethische Literatur überraschende Erkenntnisse. Gerade die Zeitlichkeit ist es, die die erlebten Entscheidungen von den theoretischen Rekonstruktionen unterscheiden, die in der Entscheidungstheorie vorherrschen. Barbara Katz Rothman diskutiert die Konstruktion von Zeit und die damit zusammenhängenden ethischen Fragen im Kontext der Reproduktionsmedizin: pränatale Tests, Schwangerschaft, Geburt, die Fragen des Schwangerschaftsabbruchs. Rouven Porz fragt – ebenfalls am Beispiel der genetischen Tests – nach dem Kairos, dem ‚richtigen Zeitpunkt' für gute, gelungene Entscheide. Die Theologin Christina Aus der Au bringt Zeit und Raum in eine topologische Beziehung. Ihr Gegenstand sind die neuen Entwicklungen in der Hirnforschung und die darin gestellte Frage, ob wir überhaupt die Alternative haben, moralisch zu sein. Sie fordert Zeit – Zeit um das Können zu lernen, das es für das Sollen braucht. Diese Zeit setzt einen biologischen und sozialen Raum voraus. Lazare Benaroyo widmet sich dem systematischen Verhältnis von Zeit und Sorge in der medizinischen Behandlung und eröffnet damit ein neues Untersuchungsfeld für eine beziehungsorientierte, hermeneutische Medizin- und Pflegeethik.

Im letzten Teil wird das Thema Eugenik von zwei Seiten behandelt: Johann S. Ach analysiert die bioethische Diskussion der Gegenwart daraufhin, in welcher Weise das ‚Eugenik-Argument' strukturierend wirkt. Er bietet einen Überblick über die verschiedenen Verwendungsweisen des Arguments und weist erstaunliche Unterschiede auf. Es gälte, so seine These, Adäquatheitsbedingungen für ein zielführendes Eugenik-Argument zu formulieren und umzusetzen. Der Historiker Hans Jakob Ritter bringt Materialen zum Verhältnis von Eugenik und Psychiatrie in der Schweiz der ersten Hälfte des 20. Jahrhunderts und eröffnet davon ausgehend Fragen zum ethischen Umgang mit der Sterilisation – einer dunklen Seite der Psychiatrie – für die Gegenwart und er nimmt kritisch Bezug auf die neueste Gesetzgebung zur Sterilisation von dauernd Urteilsunfähigen in der Schweiz.

Die meisten der hier versammelten Beiträge wurden in gleichsam pränataler Form diskutiert in einem Forschungssymposium ‚Zeithorizonte des Ethischen', das wir im Landgut Castelen bei Kaiseraugst vom 16. bis 18. Oktober 2003 organisiert hatten. Diese Veranstaltung wurde als Graduiertenkolleg von der Universität Basel und von der Freiwilligen Akademischen Gesellschaft FAG gefördert. Für die Ausarbeitung des Buches wurden weitere kompetente Wissenschaftlerinnen und Wissenschaftler zu Beiträgen eingeladen, und die Aufsätze haben im Verhältnis zur Vortragsform erhebliche Veränderungen und Erweiterungen erfahren. Die dazu nötigen editorischen Arbeiten sowie auch die Übersetzung aus dem Französischen wurden ebenfalls von der FAG ermöglicht. Wir danken allen, die zum Zustandekommen dieses Projektes beigetragen haben, insbesondere Franziska Genitsch, Rouven Porz, Georg Gusewski, Dr. Florence Develey und Nesina Grütter.[6]

---

[6] Persönlicher Dank: Als durch ausufernde Dekanatspflichten weitgehend außer Gefecht gesetzter Mitherausgeber danke ich Christoph Rehmann-Sutter sehr für seinen Einsatz für diesen Band. In seinen Händen lag de facto der größte Teil der Steuerung des editorischen Geschäfts. Darüber hinaus sind in diese Einleitung zwar Ideen und Textpassagen von mir eingeflossen, der Text als solcher und ganzer entstammt aber doch im Wesentlichen seiner Feder. *(Georg Pfleiderer)*

I. GRUNDLEGENDE PERSPEKTIVEN

1

TIME AND MORALITY IN POLITICAL ETHICS

MELISSA LANE

While it is obvious that politics happens in time, it is less often noted that time, or at least the human grasp of time, depends on politics. According to Thomas Hobbes, the arts, sciences, trade and the very 'account of time' are impossible in the state of war – that is, any state in which there is no effective political authority.[1] But how can the 'account of time' depend on politics?

Accounting for time necessarily involves measuring what we conceive to be its flow or movement. Plato famously defined time as the 'moving image of eternity', moving 'according to number' whereas eternity remains a unity: it is this 'number' which we call "time".[2] The motion of the sun and shadow along a sundial, the swing of a pendulum, the ticking of a clock – all these harness specific motions and associated numerical scales in order to measure time. But as Hobbes also observed, numbering depends on language – "[a] naturall foole that could never learn by heart the order of numerall words, as *one, two,* and *three,* may observe every stroak of the Clock ... but can never know what houre it strikes"[3] – and language in turn is in its evaluative function tied to the existence of a "common Power"[4] without which there can be no "Right and Wrong"[5] or "common Rule of Good and Evill".[6] So the very ability to acknowledge time is a precious artifact of political society.

But if politics is what founds a common account of time, it is also the site of competing visions of its role for individual and collective decision-making. How to handle painful aspects of the past; whether to give weight to the past in making decisions about the future; how to reason about the future at all – each of these questions must be answered by each of us as individuals, and also confront us as

---

[1] Thomas Hobbes. *Leviathan* (ch.XIII). Richard Tuck (Ed.), Cambridge: Cambridge University Press, 1991: 89.
[2] Plato. *Timaeus* (37d). Trans. Donald J. Zeyl, in: *Plato. Complete Works.* Ed. by John M. Cooper, Indianapolis/Cambridge: Hackett Publishing Company, 1997: 1224–1291, 1241.
[3] Hobbes, *Leviathan* (ch.IV): 27.
[4] Hobbes, *Leviathan* (ch.XIII): 90.
[5] Hobbes, *Leviathan* (ch.XIII): 90.
[6] Hobbes, *Leviathan* (ch.VI): 39.

choices for collectivities. And collective groups – such as political parties – define themselves in part by the competing views they take of these temporalities. I will explore aspects of the individual and the collective cases in turn.

First, time and ethics for the individual. How is it rational for a person to view her past and her future? It is striking that different learned disciplines make very different assumptions and arguments in answer to this question. To illustrate this point, consider the contrasting attitudes to time recommended by certain approaches in economics, psychology, and religion.

In standard economics, it is axiomatic that sunk costs – the irrevocable money or time or energy already invested in a project – are wholly lost. Such sunk costs should be written off and given no weight in current decisions about how rationally to behave in the future. But research by the cognitive psychologists Daniel Kahneman and Amos Tversky, and by the behavioural economist Richard Thaler among others, has shown that people treat gains and losses asymmetrically. We tend to be so much more strongly averse to losses that we are likely to invest more, even running greater risks than we would ordinarily accept, in the effort to recoup them.[7] In other words, people typically view sunk costs as reasons not to *abandon*, but to *continue*, a project. The psychological attachment to our past investment of time, money or energy colours our judgment of what it is most rational to do next.

Perhaps unsurprisingly, some of the great religious traditions are closer to the findings of psychology in this area than to the dogmas of standard economics. One important purpose of religion is to enable adherents to envision their past and future as bound to their present selves rather than as alien to them and to one another. Consider an example from the Jewish tradition. The Jewish holiday of Yom Kippur invites worshippers to recall and repent for past wrongdoings. In a secular philosophical perspective, repentance seems illogical and impossible. How can saying words today, change what happened in the past? But writing for the Jewish community in Berlin in 1936, on the eve of Yom Kippur, the great scholar Abraham Joshua Heschel insisted that it can, because repentance itself is a form of creation. He wrote:

> *In the dimension of time there is no going back. But the power of repentance causes time to be created backward and allows re-creation of the past to take place. Through the forgiving hand of God, harm and blemish which we have committed against the world and against ourselves will be extinguished ...*[8]

---

[7] For a famous example of people being more willing to spend $10 on a theatre ticket to replace one lost, than to buy a theatre ticket having just lost a $10 bill, see Daniel Kahneman and Amos Tversky. "Choices, Values and Frames", in: *American Psychologist*, 39, 4, 1984: 341–50. The willingness to gamble even more riskily – "... a person who has not made peace with his losses is likely to accept gambles that would be unacceptable to him otherwise" – is remarked in Daniel Kahneman and Amos Tversky. "Prospect Theory: An Analysis of Decision Under Risk", in: *Econometrica*, 47, 1979, 263–91, 287.

[8] Abraham Joshua Heschel. "The Meaning of Repentance", *Gemeindeblatt der jüdischen Gemeinde zu Berlin*, 16 September 1936; rpt. in *Moral Grandeur and Spiritual Audacity*. Ed. by Susannah Heschel, New York: Farrar Straus Giroux, 1999: 68–70, 69.

Elsewhere in the Jewish tradition, however, it is acknowledged that this re-creation of the past does not and cannot turn a record of wrong-doing into a record of good deeds. Putting Heschel's point together with this thought, we learn that repentance can at best wipe the slate of the past clean. It leaves us with an empty past, not a virtuous one. So to be of positive ethical value, repentance for the past has to be accompanied by a determination to act differently and better in the future. This is why repentance must be accompanied in the days leading up to Yom Kippur by charity and good deeds. Charity and good deeds are not seen by Jews as a bribe for God to erase past wrong-doing – repentance is enough to do that. Rather they establish now the pattern which one intends as a penitent to follow in the future. In this way one's actions in the present stand witness for one's intended actions in the future, and the two together are required if one is to be able to heal one's past. So on this religious understanding, sunk costs are never really sunk; they can be redeemed through repentance. It is *rational* to be concerned with healing one's past (as it were, saving one's past psychic investments); what would be *irrational* would be simply to abandon it.

Yet despite the fact that on this point, theology is much more attuned to actual psychology than is economics, it is economics which has the upper hand in political life at present. It has been said that if philosophers were the leading advisers to princes in the Renaissance, economists are the counselors most favored by the leaders of today. Let us briefly explore whence economics derived its counter-intuitive approach to the past.

The future-oriented deprecation of the past which characterizes economics has its roots in philosophy – specifically in the philosophy of utilitarianism, which shaped the emergence of classical economics in the nineteenth century. Led by Jeremy Bentham[9], the utilitarians rejected previous approaches to politics which had stressed either custom and tradition, or past promises or agreements, as suitable guides to present action. They sought instead to focus the attention of legislators on what could be done to maximize present and future utility.

To illustrate the magnitude of this revolution in thought, consider the example of punishment. Most people before Bentham and Cesare Beccaria[10], the pioneer Italian criminologist and utilitarian who influenced him (and many still today, despite their work), understood the purpose of punishment to be retribution for wrong-doing. Retributivism is essentially backward-looking, basing its judgment of what is to be done on the criminal's past action, though there may also be a supplementary deterrence function oriented toward the future. In contrast, for the utilitarians, punishment is *only* justified if it will improve future utility – either by rehabilitating

---

[9] See for example Jeremy Bentham. *An Introduction to the Principles of Morals and Legislation* [1789]. Revised edition, ed. by J.H. Burns and H.L.A. Hart, with an introduction by F. Rosen, Oxford: Oxford University Press, 1996 (1970).
[10] Cesare Beccaria. *Essay on Crimes and Punishments* [1764]. Trans. Henry Paolucci, Library of Liberal Arts, Pearson Education, 1963.

the offender or perhaps, more controversially, by deterring others from offending in the future. (This is controversial because without further refinement it might in theory justify punishing the innocent.) It is this sort of utilitarian view which is the origin of the standard economist's view of sunk costs. Once the harm of crime has been done, there is no point adding another harm – the harm of punishment – to it, unless so doing will lead to greater benefit. On this view, it is simply not rational to look back.

Just as the utilitarians claimed that calculation of utility was the uniquely rational way to make decisions, so economists today claim that their view of the past is not simply one view among many but is uniquely rational. Indeed, because economics is a secular discipline, its acolytes sees its account of time and rationality (and have often persuaded others to see this) as politically and philosophically neutral between competing conceptions of the good. And this has important implications for the substantive choices which confront us in political life, and indeed in the life of the other groups to which we belong.

As individuals, we are free to choose any standpoint for governing our own lives – we can look at ourselves through the eyes of the 'dismal science' of economics, of our particular faith, or of any other value system that we choose to illuminate and structure our temporal judgments. But the real difficulty arises when we have to act collectively, or rather, when politicians have to make a choice of standpoint on our behalf. As Hobbes suggested, rulers must choose and so stabilize the units of common measure. Today, as systems of measurement and accounting have become more advanced, they need establish further parameters of the social attitude to time. For example, it is a political choice as to what is the appropriate discount rate for future costs and benefits compared to current ones. Discounting is argued to make sense generally because of the 'time preference' which people have for spending money now rather than in the future. But in fact, people's attitudes to the appropriateness of discounting vary by kinds of goods and may also vary by individual characteristics, such as age, health status, or political outlook. The discount rate chosen for a particular decision may significantly shape the assessment and judgment of the options available, and when this must be done for a collective good, it is important that politicians are open about the rate they choose and that opportunity for political debate of this decision is available.[11]

Whereas discounting seeks to establish the relevant time horizon of the future, politics must also contend with determining the relevant time horizon of the past. How to cope with wrongs committed by an earlier generation raises important problems of collective identity in relationship to time, which have been much discussed in relation to the demand for apologies for past participation in slavery,

---

[11] For a brief account of discounting generally and in the context of health economics, see David J. Torgerson and John Raftery. "Discounting", in: *British Medical Journal* 319, 1999: 914–15. On the diversity of time preferences and discounting among individuals, for example between smokers and non-smokers, see J. Cairns. "Valuing future benefits", in: *Health Economics* 3, 1994: 221–229.

for example. But in addition to the question of whether and how to atone for past wrongs, there is a more fundamental question about whether how long ago something happened should matter in ethical judgment at all. It often seems to be intuitively assumed that calls for rectification – such as the call for war to rectify past human rights abuses – must relate to immediate or recent violations. But if some past crime has not been resolved, why should its having occurred long ago make it less relevant to the justification of action now than more recent crimes would be?

Although discussions of ethics do not normally treat this question explicitly, it appears that the world of action (and the ethical evaluation of action) requires an intuitive time-horizon, lest the judgments required become impossibly complex. If there were no intuitive or tacit statute of limitations on most wrong-doing, every decision about what to do, or ethical judgment about what should or shouldn't be done, would be hampered by the need to take account of an indefinite series of interaction in the remote past. But we can't and don't do this in ordinary life. We understand it when people react to a slight they have just suffered, but we would think them mad if they were to go about complaining and demanding satisfaction for a minor injury suffered years ago. And politics and international law rely on the same kind of time-horizon as we do in ordinary life, though the lines may be drawn differently. Justified self-defense ordinarily requires an immediate threat, not a threat six weeks ago (although this example has been rightly problematized by feminists who point out that women who cannot physically protect themselves at the moment they are being abused, may do so weeks or months later at what seems a 'non-abusive' moment). And international action is to be oriented to the immediate situation, not to an attempt to settle old scores, even if those involved real ethical harms in the past.

So much about the past. What about the future? Here, some philosophers and politicians have found guidance in a philosophy of history claiming to reveal how the future will unfold, and claiming further that this knowledge of the future can and should guide present actions.[12] Many such secular philosophies again derive from religious roots. For example, Marxism arguably transposes the Christian Last Judgment into an idealized end of all earthly conflict. However a philosophy such as Social Darwinism derives rather from the rejection of religion or supernaturalism in favor of unadorned naturalism.

With the fall of the Berlin Wall, such philosophies of history have fallen out of favor. But without them, politicians are left facing the future with only their wits to guide them. This is the political predicament understood above all by Machiavelli and by those republicans who stress the vulnerability of political action to fortune

---

[12] See Melissa Lane. "Political Theory and Time", in *Time in Modern Intellectual Thought*. Ed. by Patrick Baert. Elsevier Science, 2000, 233–250, 241–2.

and the need for prudence and virtue to seek to master it so far as possible.[13] And it was for guidance in such a predicament that Max Weber made his classic distinction between the ethics of intention and the ethics of responsibility.[14] Weber decried the ethics of intention as the irresponsible posturing of the 'beautiful souls' who feel themselves justified by the nobility of their aims, and who would feel that nobility to be besmirched were they to limit or alter their actions for the sake of merely probable consequences, or consequences due to the expected actions of others. Their responsibility, they protest, is only to pursue the good, it is not their fault if that pursuit goes badly. In contrast, the ethics of responsibility involves the political agent in estimating the consequences of her action as best she can (and in at least acknowledging also the likelihood of unintended consequences though she cannot yet know what those will be). She takes responsibility not only for her choice of ends, but also for her choice of means, and for the implications of both of these for other values and for future decision-makers. Although we cannot know the future, we are responsible for making the best choice in relation to our estimation of it, and that responsibility is one which is subject to legitimate political judgment and debate.

Finally, some thoughts about the present. In a way, even – or especially – when discussing the ethics of temporality, one is tempted to leave the present out. After all, it rides on the knife edge of our consciousness, vanishing even as the knife presses ever onward. But psychologists (anticipated by the philosopher Henri Bergson[15]) have shown that our sense of the 'present' is always almost imperceptibly extended. The present is not experienced as that evanescent, ever-vanishing knife edge. Rather, it's a kind of psychic window – called the 'psychological present' or 'perceptual present'[16] – of normally between two and five seconds. We easily hear an ordinary sentence or musical phrase, which can only unfold in successive seconds, in such a way that we comprehend it as a single unity.

And this idea of the substance of the present has its counterpart in a certain ethical vision of the present – that of the *kairos*, or the opportune moment for action. In previous work on Plato, I have shown that in his neglected dialogue the *Statesman* he suggests that the ideal political leader will be able to gauge the *kairos* – so defining political knowledge not insofar as it approximates to timeless eternity,

---

[13] On time and the republican tradition, see J.G.A. Pocock. *The Machiavellian Moment: Florentine Political Thought and the Atlantic Republican Tradition*. Princeton: Princeton University Press, rev. ed. 2003.
[14] Max Weber. "The Profession and Vocation of Politics" ['Politik als Beruf', 1919], in: *Weber. Political Writings*. Ed. by Peter Lassman and Ronald Speirs. Cambridge: Cambridge University Press, 1994: 309–369, 359–69.
[15] Henri Bergson. *Time and Free Will: An Essay on the Immediate Data of Consciousness* [*Essai sur les données immédiates de la conscience*, 1889]. Trans. F.L. Pogson. London: George Allen and Unwin, 1910.
[16] The notion was introduced by William James. *The Principles of Psychology*. Vol. I, New York: Holt, 1890: 609. Discussion of its relevance to music is given by Emmanuel Bigand. "Contribution of music to research on human auditory cognition", in *Thinking in Sound: the cognitive psychology of human audition*. Ed. by S. McAdams and E. Bigand. Oxford: Oxford University Press, 1993, 231–77.

but rather insofar as it can master temporal flux and grasp the changing actions which are required.[17] This contrasts with the *Republic*, in which the *kairos* is the Achilles' heel of the philosopher-kings – their rule is eventually undone by their inability to grasp the changing demands of the moment.[18] That is, the *kairos* is a vision of our ability to marry ethics and time.

The later history of the *kairos* is revealing. In Aristotle it became the mark of how practical wisdom (*phronesis*) differs essentially from theoretical knowledge (*theoria*), whereas Plato had not severed the practical from the theoretical but had made the use of theoretical knowledge into a practical skill definitive of the philosopher insofar as he or she was acting as a political leader (*politikos*). For Aristotle, grasping the *kairos* was a matter of both understanding and habituation for any fully virtuous person, whereas for Plato it was a mark of philosophic expertise become professional ability. Aristotle's vision may be more readily assimilated in democratic societies, but Plato reminds us that grasping the *kairos* may be a rare capacity, one which depends on dedication to a profession as much as on natural ability or inclination. Aristotle's willingness to divide practical from theoretical knowledge downplays the extent to which a synoptic understanding of the world can inform a readiness to act in unexpected but fruitful ways. This is a possibility which Plato's refusal to draw a sharp division between practical and theoretical knowledge better accommodates.

For both of these classical Greek thinkers, the *kairos* was not a unique event but rather a condition for the virtuous action of all political leaders (Plato) or all individuals (Aristotle). Both imply that every moment of time in principle has a *kairos* which the virtuous agent or statesman must discern, though Plato's *Statesman* does emphasize the issues of judicial determination, making war or peace, and the use of rhetoric as the key moments with the *kairos* of which the statesman must be concerned. As the *kairos* became incorporated in subsequent Christian theology however, it became restricted to those qualitative moments of God's intervention in the ordinary flow of time or *chronos*. In the work of Protestant theologian Paul Tillich, it has become identified with crises which demand an existential response by human beings, paradigmatically the human response to the coming of Christ.[19] This Christian appropriation of the *kairos* for specific theologically charged moments is perhaps one reason that modern secular ethics has neglected its more general significance.

Another reason that the *kairos* has receded from modern thinking may lie in the way that this-worldly political thinkers in the sixteenth and seventeenth century

---

[17] M.S. Lane. *Method and Politics in Plato's Stateman*. Cambridge: Cambridge University Press, 1998, esp. 125–146, 193–202, commenting on Plato, *Statesman* (esp.284d–285b, 306a–311c). Trans. C. J. Rowe, in: Plato. *Complete Works*: 294–358.

[18] Plato. *Republic* (Book VIII, 546d2). Trans. G.M.A. Grube, rev. C.D.C. Reeve, in: Plato. *Complete Works*: 971–1223.

[19] Paul Tillich. *The Interpretation of History*. Part I trans. N.A. Rasetzski, Parts II–IV trans. Elsa L. Talmey. New York and London: Charles Scribner's Sons, 1936.

developed an account of something like the *kairos*, but shorn of the objectivity of the latter. Machiavelli's understanding of how *virtù* (virtuosity/virtue, depending on context and often interrelated) must respond to *fortuna* (fortune) was an emphatically this-worldly and classically suffused account of the role of time in the earthly city. But crucially, Machiavelli's gendered reading of the relation between the two stressed the ability of the powerful male leader (the *vir virtutis*) not only to respond to the female-figured *fortuna*, but also to master her and turn her to his own ends. In Chapter 25 of *The Prince*, he compares fortune first to a river the power of which needs to be dammed, and then to a woman, who is best mastered by being treated harshly by a youthful, bold and adventurous man. Although fortune for Machiavelli was not infinitely malleable (he estimated in the same chapter that fortune controls about half of human action), it was open to the manly virtuoso to test her limits and to bend her as much as possible to her will.[20]

It was this privileging of the idea of dominating fortune, rather than the simply and attentively responding to its requirements as in the older idea of the *kairos*, which influenced later 16th and 17th century discourse about reason of state and the argument from necessity. Claims that *necessitas non habet legem* (necessity has no law) interpreted necessity in terms of survival rather than goodness, and justified actions primarily by reference to one's own aims rather than to the objective requirements of the entire situation at a given moment. Admittedly, Plato, in arguing that the statesman's knowledge of the *kairos* must govern deployment of the art of generalship among others, had already conscripted the *kairos* into the service of winning wars for one statesman and city against others. But the objective notion of the *kairos* carried within it a potential inclusion of the interests of others, if not full ethical universalism, as the *kairos* might equally demand the making of peace rather than war. In contrast, modern necessity was primarily subjective and deployed largely in contexts of derogation from ethical norms, rather than in the even-handed peace-or-war approach characteristic of Plato's *Statesman*.

Contemporary environmental and other ethical crises demand not the self-justification of subjective necessity, but rather an attempt to gauge what the moment requires in relationship to the whole global context of action. A return from the narrowly self-interested language of reason of state and necessity to the older, more inclusive understanding of the *kairos* – in its classical application within mundane history, rather than its Christian interpretation of a unique and one-time-only break with the mundane – could help to heal our understanding of time and ethics. As such it is an optimistic note on which to end this survey of the ethical and political demands of temporality.

---

[20] Niccolò Machiavelli. *The Prince*. Trans. Russell Price, ed. Quentin Skinner. Cambridge: Cambridge University Press, 1988.

2

TEMPORALITÄT ALS LEITTHEMA THEOLOGISCHER ETHIK

GEORG PFLEIDERER

1. Theologische Ethik zwischen ‚Platonismus' und ‚Sophismus'

Theologische Ethik, insbesondere in protestantischer Version, sieht sich von jeher zwei grundsätzlichen Gefahren, Missverständnissen oder auch Kritiklinien ausgesetzt, die sie in gleicher Weise in ihrem zentralen Anliegen bedrohen. Die Auseinandersetzung mit diesen beiden Oppositionslinien bestimmt zugleich auch die Frontverläufe der internen Debatten protestantisch-theologischer Ethik sowie ihre innere Entwicklungsdynamik. Beide Linien sind in ihrer Richtung einander entgegengesetzt und komplementär; beide haben sie es mit dem Verhältnis von Zeitlichkeit und Moral zu tun, näherhin mit der Gewinnung und Persistenz von ethischen Normen angesichts der Erfahrung ihrer geschichtlichen Veränderlichkeit. Ich nenne die erste Linie das ‚platonisierende' (Miss-)Verständnis theologischer Ethik, die zweite das ‚sophistische' (Miss-)Verständnis. Mit der Wahl dieser Terminologie soll zugleich signalisiert werden, dass es sich bei der betreffenden Problemlage um einen Konflikt handeln dürfte, dessen Wahrnehmung nicht auf die theologische Ethik beschränkt ist, sondern für die abendländische Ethik insgesamt und von jeher konstitutiv ist. Für die Plausibilität dieser Vermutung könnte schon der konnotative Gehalt der beiden Grundbegriffe dieser Ethik sprechen: Sowohl das lateinische ‚mores' als auch das griechische ‚äthos' („ἦθος") bzw. ‚ethos' („ἔθος") enthält den Bezug von ethischer Normativität auf Temporalität, nämlich auf das in der Zeit Bewährte, auf das Gewohnte. Wenn im Folgenden zu zeigen versucht wird, dass die Frage nach dem Temporalitätsbewusstsein ins strukturelle Zentrum der theologischen Ethik führt, dann könnten die entsprechenden Überlegungen auch eine über die innertheologischen Belange hinausreichende Bedeutung haben.

Zum ‚platonisierenden' (Miss-)Verständnis: Auf den ersten Blick scheinen das christlich-biblische Ethos und die darauf bezogene theologische Ethik dem Verhältnis von Moral und Zeitlichkeit wenig Aufmerksamkeit zu widmen: Wo von einem absoluten Gotteswillen ausgegangen wird, der in einem abgeschlossenen Schriftkorpus, namentlich etwa im Dekalog, ein für allemal dokumentiert ist, der, wie die klassischen Hauptvertreter abendländischer Ethik, etwa Thomas von Aquin, Luther und Calvin unisono betonen, in seinen wesentlichen Inhalten und seiner Intention mit dem ewigen, überzeitlichen Naturrecht identisch ist, da wird offenbar die Bedeutung des Temporalen für die Ethik von vornherein auf den Sekundärbereich der subjektiven Auslegungspraxis des Ewig-Geltenden beschränkt, auf die individuelle, kasuelle und fallible *conscientia*, welche, jedenfalls beim einflussreichen Aquinaten, das als solches nicht irrtumsfähige Organ der *synderesis* jeweils aktualisiert. Ein solches Bild von der Wahrnehmung christlicher Ethik ist sicherlich etwas holzschnittartig; dennoch dürfte es eine populäre Auffassung wiedergeben. In der Tat spricht einiges – nicht zuletzt eine Jahrhunderte alte moralpädagogische Praxis – dafür, den Gotteswillen selbst und als solchen als objektiv, ewig und immutabel zu verstehen, und Veränderlichkeit lediglich auf der Seite seiner subjektiven, stets falliblen Auslegungsakte anzunehmen. Eine solche gleichsam moraltheoretische Subjekt-Objekt-Spaltung scheint dem theologischen Modell der Begründung ethischer Normen – jedenfalls, wie gesagt, unter den Bedingungen kodifizierter Schriftreligionen – gewissermaßen in die Wiege gelegt zu sein.

An der Beharrungskraft dieses Bildes sind die Theologinnen und Theologen selbst nicht ganz unschuldig: Wo christliche Ethik, sei's als deontologische, sei's als Tugend-, als Wert- oder als Verantwortungsethik auf ein in der Verkündigung Jesu ursprungshaft in propositionalen oder proskriptiven Sätzen proklamiertes und dort in seinen Umrissen auch vollumfänglich erkennbares und als solches relativ umstandslos aktualisierbares Ethos, etwa der Nächstenliebe, zurückgeführt wird, da legt sich ein solches Verständnis theologischer Ethik sehr nahe. Gewiss enthält das Neue Testament ein Ethos der Nächstenliebe; und gewiss ist dieses namentlich durch Augustin und die ihm folgende Tradition, in einem platonisierenden Sinne gedeutet worden,[1] dennoch verzeichnet diese Deutung das Zeitverhältnis des christlichen Ethos; das ist jedenfalls die Ausgangsthese meiner Überlegungen.

Ihr Ziel ist es, plausibel zu machen, dass in Bezug auf das christliche Ethos und die ihm gewidmete theologische Ethik tatsächlich von einem *substanziellen Inhärenzverhältnis von ethischer Normativität und Zeitlichkeit* gesprochen werden muss und kann. Christliches Ethos ist als der Aufbau eines solchen ethischen Normativitätsbewusstsein zu verstehen, das sich durch die bewusste Wahrnehmung der Zeitlichkeit menschlicher Existenz und Geschichte auszeichnet. Dass dies die eigentliche Pointe schon des jesuanischen Liebesethos ist, lässt sich m.E. am Neuen Testament

---

[1] Vgl. dazu Wolfhart Pannenberg. *Grundlagen der Ethik*. Philosophisch-theologische Perspektiven (kleine Vandenhoeck-Reihe 1577), Göttingen 1996, 36ff. Für Pannenberg handelt es sich bei der „christlichen Umformung der platonischen Frage nach dem Guten" (aaO., 36) jedoch gerade nicht um ein Missverständnis der neutestamentlichen Ethik. – Den Ausdruck „platonisierend" verwende ich hier im üblichen umgangssprachlichen Sinn, der auf die (eigentlich nötigen) Differenzierungen bzgl. Platons selbst, aber auch bzgl. der sich auf ihn beziehenden philosophischen und theologischen Tradition (namentlich auch Augustin) verzichtet.

zeigen. Die nachjesuanische Ethik des Neuen Testaments, die reformatorische Ethik und dann die neuzeitlich-protestantische Ethik stellen wichtige Formen, ja – systematisch betrachtet – Stufen der differenzierten Entfaltung des Bewusstseins von der Komplexität und Tragweite jener ursprünglichen Einsicht in die Struktur des Ethischen dar.

Zum ‚sophistischen' (Miss-)Verständnis: In allen drei Formationen hat sich das christliche Ethos zugleich auch Kritik zugezogen bzw. sich alternativen moralischen Positionen gegenüber gestellt gesehen, deren Stossrichtung zu jener oben notierten ‚platonisierenden' gegenläufig ist: den Vorwurf der relativistischen Normenverflüssigung. Die jüdische Kritik an der Jesusbewegung, wie sie sich in der Haltung der ‚Pharisäer' der synoptischen Evangelien typologisch spiegelt, der ‚Libertinismus' der korinthischen Gemeinde, der von altgläubiger Seite gegen die Reformatoren erhobene Vorwurf des Anomismus, der von konfessionell-konservativer Seite gegen neuprotestantisch-liberale Ethiker immer wieder erhobene Vorwurf der kritiklosen Anpassung an den modernen, allzu veränderlichen Zeitgeist. Zieht sich die biblische bzw. christliche Ethik den Verdacht des Platonismus nicht selten schon aufgrund ihres Theozentrischen, letztlich einfach aufgrund ihres religiösen Charakters zu, so haftet der – komplementäre – Verdacht des Relativismus, eben des ‚Sophismus', der biblischen bzw. christlichen Ethik nicht selten aufgrund ihrer theologischen Reflektiertheit an, die dem Bewusstsein ihres geschichtlich-partikularen Ursprungs geschuldet ist und schon von daher den Aufbau von ethischen Normen eng auf die Wahrnehmung situativer Besonderheiten zu beziehen sich veranlasst sieht.

Damit hängt zusammen, dass die beiden Vorwürfe ungeachtet ihrer logischen Symmetrie argumentativ häufig nicht auf einer Ebene liegen. Der zweite Vorwurf steht meist in einem argumentativen Abhängigkeitsverhältnis vom ersten, der dann freilich nicht als Vorwurf, sondern als Feststellung gemeint ist: Da religiöse Ethik eigentlich (qua ihres theonomen Charakters) ‚platonisierende' Tendenzen haben müsse, sei ein Abweichung von diesen als Verlassen der Regeln religiöser Ethik zu beurteilen, als Abfall vom Glauben der Väter, als Verweltlichung. In der Anwendung dieser Kritik können sich konservative Vertreter der Religion und ‚progressive' (z.B. säkularistische) Kritiker bekanntlich begegnen. Es ist genau diese Diskurskonstellation, in der sich die christliche Ethik insbesondere in ihrer protestantischen Traditionslinie seit jeher befand und befindet.

2. Neutestamentliche Ethik im Horizont der Zeitlichkeit des Handelns Gottes

Für die Ethik Jesu ist eine bestimmte und sehr markante Deutung der Zeit kennzeichnend und grundlegend: Sie ist Ethik im Horizont des Glaubens an das hier und jetzt im Anbrechen begriffene Reich Gottes. Dies ist das Reich, in dem Gott allein herrscht und das darum auch er alleine heraufführt. Man hat die jesuanische Ethik darum als ‚Interimsethik' (A. Schweitzer) zu beschreiben versucht, was ein gewisses Recht insofern hat, als zwischen der Gegenwart dieses anfänglichen Anbruchs und einer Zeit in der Zukunft, in welcher die Wirklichkeit vom Reich Gottes, wörtlich: von Gottes Königsherrschaft, vollständig bestimmt und durchdrungen ist, unterschieden werden muss. Dennoch bringt diese Beschreibung die eigentümliche Verflüssigung, näherhin Dynamisierung der Zeitmodi, die für Jesu Zeitverständnis kennzeichnend und für seine Ethik grundlegend ist, gerade nicht adäquat zum Ausdruck; denn sie setzt ihrerseits einen stabilen, absoluten Zeitbegriff als Rahmen voraus, in den sie die dynamisierte Zeit lediglich als wiederum zeitlich begrenzte Phase, eben als Interim, einstellt. Dabei bringt sie die Gegenwart als die Zeit des anbrechenden Gottesreichs auch insofern um ihre Pointe, als sie ihr die Spannung nimmt, von der sie gekennzeichnet ist: die Spannung von ‚Schon' und ‚Noch-nicht'.

Die im Horizont des anbrechenden Gottesreiches von Jesus gelehrte, praktizierte und geforderte Ethik hat zwar die Struktur der Antizipation jener eschatologischen Sozialverhältnisse geist- bzw. innengeleiteter, spontan geübter Gerechtigkeit, Solidarität und Liebe, die der zeitgenössische jüdische Glaube, namentlich in seinen messianischen Strömungen, mit dem Reich Gottes verbunden und sich von ihm erhofft hat. Aber diese Antizipation bezieht sich zum einen gerade nicht auf den Vollzug des endzeitlichen Gerichts, also der Scheidung zwischen Gerechten und Ungerechten, die strikt Gottes Zukunft überlassen bleibt. Das unterscheidet die jesuanische Eschatologie von einer dualistischen Apokalyptik. Und sie stellt zum andern das Existenzrecht bzw. die Existenznotwendigkeit der gesellschaftlichen Institutionen, deren Basis die Differenz von Moralität und Legalität, von Innerlichkeit und Äußerlichkeit, ist, also politische Herrschaft, aber auch den Tempelkult, für die Gegenwart nicht in Frage. Das unterscheidet sie von einem esoterischen Enthusiasmus. Sie lässt freilich, was letzteres angeht, auch keinen Zweifel daran, dass die Tage der Herstellung und Aufrechterhaltung eines gedeihlichen sozialen Miteinanders durch äußeren Zwang oder bloße Traditionalität gezählt sind und die Funktionäre der Institutionen darum gut daran tun, sich nicht nur in ihrem Privatverhalten, sondern auch in Ausübung ihres Amtes ‚schon jetzt' konstruktiv auf den neuen Äon einzustellen, in dem es Herrschaft von Menschen über Menschen nicht mehr geben wird.

In Bezug auf dieses die jesuanische Ethik der Institutionen kennzeichnende Moment der Vermitteltheit und Vorläufigkeit hat die Rede von der Interimsethik also durchaus ein gewisses Recht. Zugleich wird aber gerade hieran die Grundintention jesuanischer Zeitdeutung und Ethik besonders deutlich. Die Dynamisierung der Zeit, auf der sie basiert, privilegiert einen Zugang zur Wirklichkeit, der diese aus der Teilnehmerperspektive, aus der Perspektive von in der Zeit lebenden und handelnden Wesen, von geschichtlich lebenden Wesen erfasst und dieser die vermittelte Beobachterperspektive, die sich bevorzugt an den Institutionen festmacht, ein- und unterordnet. Begründet ist dieser Zusammenhang von dynamisierter Zeit und dem Vorrang der Teilnehmer- bzw. Handelndenperspektive darin, dass ‚Reich Gottes' als Metapher für diejenige Verfasstheit der Wirklichkeit gedeutet werden kann, in der alles Sein und alles Handeln für das absolute Handeln Gottes durchscheinend geworden sind, in der darum alle Geschöpfe zu Mitakteuren, zu Teilnehmern, in der die Teilnehmerperspektive gewissermaßen omnipräsent geworden ist.

Inhaltlich ist für die am temporalen Horizont des anbrechenden Gottesreiches orientierte Ethik Jesu die Konzentration ethischer Normen und Weisungen auf den Gedanken der Nächstenliebe kennzeichnend, die ihrerseits noch einmal auf einen subjektiven Ermöglichungsgrund zurückgeführt wird: auf den Vertrauensglauben an Gott.[2] Dieser hat den Zug der exklusiven und radikalen Entscheidung und schroffen Verneinung gegenüber allen sonstigen Lebensbindungen,[3] er hat aber auch einen Zug weisheitlicher Gelassenheit[4] und gewissermaßen pluralitärer offener Wirklichkeitsbejahung. Beides steht nicht einfach unausgeglichen nebeneinander: Die Wirklichkeitsdeutung und Haltung des Glaubens besteht darin, dass er alle aktiven und passiven Lebensvollzüge der (letztlich) alleinigen Handlungsmächtigkeit Gottes unterstellt und einordnet, die er als liebende Handlungsmacht des Schöpfers der Welt und aller Geschöpfe in ihr versteht, die sich hic et nunc als solche durchzusetzen beginnt.

So wird das Leben, das eigene zumal, im Licht der verändernden *dynamis* des Schöpfergottes wahrnehmbar. Darin liegt eine fundamentale Passivitätserfahrung, nämlich die Erfahrung der befreienden Umbildung, die als solche die Grundlage für einen aktiven, freien und den Mitgeschöpfen zugewandten Lebensvollzug bildet. Dieser äußert sich in der Freiheit von der verzehrenden Sorge für das eigene Wohl und in der dadurch ermöglichten kreativen Hinwendung zu den Mitmenschen und Mitgeschöpfen, die ebenfalls im Licht der Neues schaffenden *dynamis* Gottes wahrgenommen werden – und zu dieser kreativen Selbstwahrnehmung aufgefordert werden. So sieht die vom Glauben ermöglichte Nächstenliebe in den Alltagsmenschen, den Fischern und anderen Handwerkern, schon die berufenen Jünger und Gemeindegründer, im Sünder und Zöllner schon den, der er erst durch diese Sicht und Praxis zu sein vermag: den Gastgeber und selbstlosen Nachfolger; in der Ehebrecherin sieht sie schon die Liebende, in der Frau, die mit den Mitteln magischer Macht für ihr Kind zu kämpfen versucht, die vertrauend Glaubende, im verlorenen Sohn schon den Heimgekehrten und vom Vater Heimgeholten.

Diese Beispiele lassen vor allem auch erkennen, dass die theologisch-eschatologische Wirklichkeitsdeutung, der Glaube an das im Anbruch begriffene Reich Gottes, und das ethische Handeln, die Nächstenliebe, in einem inneren Zusammenhang stehen. Jene Deutung hat selbst den Charakter liebevollen Handelns, und diese zielt bei ihren Adressaten auf die fundamentale Veränderung ihres Selbst- und Wirklichkeitsverständnisses. Von der Handlungsseite aus betrachtet zeigt sich dieser Zusammenhang in den Evangelien daran, dass das Liebeshandeln

---

[2] Beides ist zusammengefasst im Doppelgebot der Liebe Mt. 22, 37–40.
[3] Vgl. z.B. Mk. 3, 31–35, Lk. 9, 62.
[4] Vgl. Mt 6, 25ff.

Jesu, insbesondere seine Wunder, keine mirakelhaften Aktionen sind, bei denen Menschen nur beglückte Objekte wären, sondern es sind zeichenhafte Handlungen, die nur zum Ziel kommen, wo sie zur ihnen entsprechenden Veränderung des Selbst- und Wirklichkeitsverständnisses führen, zum Glauben. Umgekehrt hat Verkündigung Jesu nicht einfach den Charakter von Mitteilung und Information, sondern sie vollzieht sich im Medium performativer Sprechhandlungen, für deren Verständnis die Einnahme der Teilnehmerperspektive durch die Adressaten unabdingbar ist. Darum und in genau dieser Absicht bedient sie sich vorzugsweise der rhetorischen Formen des Gleichnisses und der Beispielerzählung.[5] So wird die anbrechende Gottesherrschaft sprachmimetisch präsentiert in szenischen Erzählungen, deren innere wie äußere Pointe die Übernahme eines neuen Deutungs- und Erfahrungsstandpunkts der Wirklichkeit ist, nämlich eben desjenigen einer sich selbst durchsichtigen Teilnehmerperspektive am geschichtlichen Leben Gottes als des absoluten Handlungssubjekts der Geschichte.

Es ist diese wechselseitige Verweisung von sprachlicher Deutung und Handlungsvollzug, die aus Sicht der neutestamentlichen Theologen das Leben Jesu durchgängig, total bestimmt. Diese Durchgängigkeitsbehauptung ist ihrerseits freilich eine Hinzutat der Deutung. Es ist der gewaltsame Tod Jesu, also das mit der Willkür der Gewalt gesetzte zeitlich-vorzeitige Ende seines Lebens, durch den sie im doppelten Sinne des Wortes provoziert ist. Sie ist durch ihn provoziert, also herausgefordert, in Frage gestellt, weil der gewaltsame Leidenstod den Lebenssinn Jesu negiert. Sie ist durch ihn aber auch provoziert, also als solche allererst hervorgerufen, weil ohne diesen Tod und seine Art und Weise, also ohne die Negationsspannung, die er gegenüber der Lebensführung und Lebensdeutung Jesu impliziert, diese in ihrem Gesamtcharakter nicht erkennbar gewesen wären. Der gewaltsame Tod Jesu bringt das in ihrem kontrafaktizitären Charakter liegende Risiko der Antizipation zum Vorschein, von dem das Leben Jesu tatsächlich gekennzeichnet ist.

Indem die neutestamentlichen Theologen die Auferstehung Jesu als eine diesen Tod nicht einfach bestreitende, ihn in seiner Faktizität relativierende, sondern ihn vielmehr als solchen gerade voraussetzende Geschichte erzählen, die ihrerseits auf Glauben zielt, lassen sie erkennen, dass die von Jesus als im Anbruch befindlich verkündete und gelebte Gottesherrschaft post Christum mortem nicht anders, sondern vielmehr nunmehr definitiv so, nämlich als in Christus angebrochene verkündigt und dass ihr entsprechend gelebt werden muss und darf: „Ja, Gott war es, der in Christus die Welt mit sich versöhnt hat, indem er den Menschen ihre Verfehlungen nicht anrechnete und uns das Wort von der Versöhnung [zur Verkündigung] anvertraute." – „Wenn also jemand ..." im Sinne dieses Narratives „... in Christus ist, dann ist er eine neue Schöpfung: Das Alte ist vergangen, Neues ist geworden."[6]

---

[5] Vgl. dazu Hans Weder. *Die Gleichnisse Jesu als Metaphern*. 4. Aufl. Göttingen 1990.
[6] 2. Kor 5, 19.17. Zit. n. Einheitsübersetzung der Heiligen Schrift. Das Neue Testament, hrsg. im Auftrag der Bischöfe Deutschlands u.a., Stuttgart, 2. rev. Aufl. der Endfassung 1980, Stuttgart o.J., 412.

Mit dieser christologischen Wendung wird das eschatologische Zeitverständnis Jesu selbst gewissermaßen auf Dauer gestellt, nämlich auf diejenige Dauer bezogen, die dem menschlichen Leben zugemessen ist. Dass diese Dauer ein Ende hat, dessen Deutungssinn aus christlicher Sicht nicht offen, sondern gewiss ist, meint die Glaubenshoffnung auf den wiederkommenden Christus. Sie ermöglicht in der zugemessenen Zeitspanne des Lebens einen Lebensvollzug, der diesen in den Dienst gemeinschaftsdienlichen Handelns stellt, in den Raum des ‚Leibes Christi'.

Die Leib Christi-Metapher bildet die der jesuanischen Reich Gottes-Metapher angemessene nachösterliche Weiterführung. Ihre räumlich-biologische Konnotiertheit signalisiert nämlich eine Wirklichkeitsdeutung, in welcher die politisch-militärische, also heteronom-externe Organisation durch kooperativ-interne Organisation ersetzt ist. Die Zukunftsdominiertheit der Reich Gottes-Metapher, resp. ihres Verwendungssinnes, wird in Gegenwartsdominiertheit übersetzt, ohne dass sie darin ganz verschwindet. Denn im Unterschied zum endzeitlichen Reich Gottes ist der Leib Christi begrenzt. Die Scheidung, die dort noch aussteht, ist hier in der Tat schon vorgenommen. Allerdings sperrt sich die theologisch-metaphorische Figur einer umstandslosen Überführung in empirische, rechtliche Exklusionsmechanismen: Sie bleibt gebunden an den Vollzug individueller Selbstdeutung, den sie auslegt, darum hat in ihr das Inklusionsmoment einen strukturellen Überschuss über alle Exklusionsmomente. Genau darin zeigt sich die Konvergenz von theologischer Deutung und ethischer Praxis: Der Leib Christi ist die einer Ethik der Nächstenliebe angemessene Metapher.

Diese Konvergenz von theologischer Deutung und ethischer Praxis wird darin gewissermaßen reflexiv, dass jene Deutung in der urchristlichen Gemeinde ihrerseits als Auslegung eines bestimmten symbolischen Handlungsgefüges verstanden und praktiziert wird: des christlichen Abendmahls, das kultisch-religiösen Charakter, aber zugleich auch den ethischen Charakter einer die sozialen Grenzen und Differenzen bewusst überwindenden Gemeinschaftsfeier (Agapemahl) hat. Im symbolischen Geschehen der Abendmahlsfeier verschlingen sich theologische Deutungs- und praktische Handlungsvollzüge auf sich wechselseitig interpretierende Weise. Das zentrale Element dieser Verschlingung im symbolischen Deutungshandeln bilden wiederum die Zeitmodi: Das Abendmahl ist Erinnerungsmahl (anamnesis) in der Deutungstradition des Passahmahles. Es schließt die symbolische Vergegenwärtigung des Befreiungsereignisses von Tod und Auferstehung Jesu ein und öffnet den solchermaßen symbolisch präsentierten Leib Christi zugleich zur Zeitdimension der Zukunft hin.[7] Indem diese Präsentation als Selbstpräsentation des auferstandenen Christus gedeutet wird, übersetzt die in den Vollzug des Abendmahls eingelassene Deutung den Zentralgedanken der Reich Gottes-Metapher vom geschichtsmächtigen Alleinhandeln Gottes in einen sinnenfälligen herausgehobenen symboli-

---

[7] Vgl.: „Dieser Kelch ist der Neue Bund in meinem Blut. Tut dies, sooft ihr daraus trinkt, zu meinem Gedächtnis! Denn so oft ihr von diesem Brot esst und aus diesem Kelch trinkt, verkündigt ihr den Tod des Herrn, bis er kommt." 1. Kor. 11, 25b.26, zit. n. Einheitsübersetzung, 393.

schen Handlungsvollzug. Indem solchermaßen die drei Zeitmodi, in denen sich menschliches Leben und Handeln vollzieht, als durchdrungen und getragen vom absoluten Handeln Gottes gedacht und erfahren werden, vermag sich ethisches Handeln als Handeln in der Zeit, als geschichtliches Handeln verstehen, das seine Aktualität und Vergänglichkeit nicht als Bedrohung empfinden muss, sondern als den Möglichkeitsraum seiner Entfaltung erfahren kann. Solches Handeln von geschichtlichen Wesen ist zugleich eo ipso auf andere geschichtliche Wesen gerichtet und geschieht mit dem Ziel, sie ihrerseits zu so verstandenem geschichtlichem Handeln zu befähigen. Dies ist die Struktur geschichtlich-kommunikativen Handelns, also dessen, was bei Paulus „vernünftiger Gottesdienst"[8] im Alltag der Welt heißt.

3. Reformatorische Ethik im Horizont der Zeitlichkeit des menschlichen Lebens

Die Grenze neutestamentlicher Theologie in Bezug auf die in ihr erreichte Einsicht in die Struktur geschichtlich-kommunikativen Handelns und seine theologische Begründung zeigt sich vor allem daran, dass etwa Paulus für den Umgang mit markanten Sündern in der christlichen Gemeinde nur den Rat des Ausschlusses parat hat.[9] Er begründet ihn ausdrücklich mit dem Gedanken der Reinhaltung des Leibes Christi. Damit aber zeigt sich hier die Tendenz, die von Jesus gerade nicht vollzogenen endzeitlichen Scheidungen eben doch vorzunehmen.[10] Dies impliziert jedoch, dass die Geschichtlichkeit des kommunikativen Handlungszusammenhangs, welcher der Leib Christi ist, faktisch eingeklammert und dieser tendenziell als zeitinvariante Gemeinschaft von (unmittelbar) ‚Heiligen', in diesem Sinne als civitas platonica, verstanden wird. In der Tat findet sich im Neuen Testament noch nicht die Vorstellung von der Kirche als der Gemeinschaft derer, die nicht nur einmal, nämlich bei ihrer Inkorporation in den Leib Christi, sondern stets und immer wieder begnadete Sünder sind und sich als solche wissen. Dieses Defizit behebt erst die Reformation.

Es ist Luthers auf der Suche nach Glaubensgewissheit gewonnene ursprüngliche reformatorische Einsicht, dass alles theologische Nachdenken und Reden über die Wirkungsweise der Gnade Gottes strikt aus der Teilnehmerperspektive, also aus der personalen Perspektive geschichtlicher Subjekte zu erfolgen hat und auf diese zu beziehen ist. Die Gnade, auch und gerade in ihrer sakramentalen Vermittlung, wirkt nicht ‚extra usum', d.h. nicht unabhängig von der Partizipation an ihr. Aber sie erweist ihre Kraft und Realität gerade darin, dass sie sich als der Möglichkeits-

---

[8] Vgl.: Röm. 12, 1.
[9] Vgl.: 1. Kor 5, 1–8.
[10] An der angegebenen Stelle soll die Ausscheidung des Sünders aus der Gemeinde freilich gerade dazu dienen, „dass sein Geist am Tag des Herrn gerettet wird." Dies zeigt die Begründungsunsicherheit des Apostels deutlich.

grund solcher Partizipation zu erkennen gibt. Die Veränderung lässt sich beschreiben als eine konzentrierende Reinterpretation der neutestamentlichen Leitmetapher des Leibes Christi durch die Metapher des Herzens.

Es ist ‚das Herz', nämlich das je individuelle Empfindungs-, Willens- und Erkenntniszentrum des Menschen, welches den primären Ort, jedenfalls die entscheidende Bezugsinstanz, für das Heilsgeschehen bildet. Die Verwandlung des Herzens zu einem seine Sünde, nämlich seine faktisch permanente Aktivität der Selbstkonstituierung, erkennenden und sich als in Gottes Heilshandeln gegründet wissenden, die Liebe Gottes in der Welt umsetzenden Aktzentrums ist das Ziel des Heilsgeschehens. Gerade dadurch, dass das Herz seine alternativlose Angewiesenheit auf die Gnade und darum seinen eigenen Zustand als ‚simul iustus ac peccator' (Sünder und Gerechter zugleich) zu erkennen und zu beschreiben vermag, wird es und damit der Mensch zum *cooperator Dei*, zum Mitarbeiter Gottes.

Dadurch verändert sich zugleich auch der Kirchenbegriff. Korrigiert wird nämlich die mittelalterlich-katholische Deutungstradition, welche die strukturelle Doppelheit von christlicher Deutungs- und Handlungspraxis in einen funktional begründeten, darin zugleich aber ontologisch akzentuierten Dualismus von klerikalem und laikalem Handeln überführt hatte. Wo die Übertragung von Handlungslegitimität als ein einmaliger zeitlicher Akt (von Jesus auf Petrus) vorgestellt wird, in den (per apostolischer Sukzession) die Amtsnachfolger eingeschlossen gedacht werden, droht aus reformatorischer Sicht der funktionale, näherhin der je aktual geschichtliche Sinn des symbolisch-sakramentalen Handelns verstellt zu werden. Wo Amtscharisma zum *character indelebilis* substantialisiert wird, ist aus evangelischer Sicht ein ekklesiologischer Dualismus nahezu unvermeidlich, der die – durch den Klerus repräsentierte – Kirche ‚selbst' von den Gläubigen unterscheidet, für deren Sünden sie bittet, die sie aber an sich selbst – „sine macula et ruga"[11] – gerade nicht teilt. Damit ist aus reformatorischer Sicht in den Kirchenbegriff die temporale Differenz von Zeit und Ewigkeit als ein Dualismus eingezeichnet und die Spannung geschichtlicher Existenz, deren Balance das Thema theologischer Zeitdeutung ist, in eine dualistische Antistatik aufgelöst. Die Folgen für die Ethik liegen auf der Hand: Indem ein bestimmter Typ von Handlungen, nämlich das sakramentale Handeln, als solcher (ex opere operato) der Charakteristik endlich-geschichtlicher Handlungen enthoben gedacht wird, droht die neutestamentliche Grundeinsicht in den genuin weltlich-geschichtlichen Charakter allen Handelns untergraben zu werden.

Demgegenüber zielt die reformatorische Theologie darauf, die ‚sakralen' Handlungen gerade nicht als ‚operative' Handlungen, sondern als praktische Deutungsakte zu verstehen, die auf die symbolische Darstellung des Möglichkeitsgrundes freier, zeitlicher Handlungen gerichtet sind. Entscheidend ist dabei jedoch, dass dieser Möglichkeitsgrund seinerseits nicht als zeitinvariantes Objekt des Deutungshandelns, als ‚Gesetz', sondern als das hic et nunc sich selbstpräsentierende Han-

---

[11] Die römisch-katholische Tradition deutet die Stelle Eph. 5, 27 indikativisch.

deln Gottes, als sich selbst in Deutungssprache übersetzendes ‚Evangelium' gedeutet wird. Mit dieser Überlegung nimmt die reformatorische Theologie den Sinn des neutestamentlichen Abendmahlsverständnisses auf. Ist dort der deutende – oder: auf die Ethik bezogen: der normsetzende – Umgang mit der Wirklichkeit als ein Zusammenhang symbolischen Deutungshandelns präsent, in welchem der Ursprung von Sinn- bzw. Normstiftung sich selbst als dieser, nämlich als der aus unvordenklicher Vergangenheit in der jeweiligen Gegenwart für die Zukunft Grund und Richtung gebende Ursprung deutet und als solcher präsentiert, so wird diese rituell-symbolische Deutungspraxis nun in der reformatorischen Theologie auf den Sinn- und Normbedarf geschichtlicher Subjektivität überhaupt und damit auf das ethische Handeln bezogen.

Die darauf basierende Aufhebung der Trennung von ‚religiösen' und ‚prophanen' Handlungen als zweier Klassen ‚operativer' Handlungen und der Bruch mit der Vorstellung, dass ‚den guten Werken' eine transzendente Qualität, ein Mehrwert, inne wohne, der dem Wohltäter ‚am Jüngsten Tag' zugute kommen wird, führt dazu, dass die „guten Werke" auch in ihrer Intention ganz auf die Förderung und Bewältigung des zeitlichen Lebens in seiner unumkehrbaren Erstreckung von der Geburt zum Tod bezogen werden. Intentionales Zentrum guter Werke ist die Befreiung der Einzelnen zum Vollzug einer Lebensführung, die aus der Einsicht in die rechtfertigende Gnade Gottes als ihrem tragenden Grund lebt. Damit ist eine individuelle, nämlich selbständig-verantwortliche Lebensführung anvisiert, die sich über all ihr Tun selbst Rechenschaft ablegt. Ihr Maßstab ist ein innerer, nämlich die vom Gewissen zu prüfende Stimmigkeit allen Handelns unter dem Gesichtspunkt der Prävalenz des Ersten Gebots. Dieser Maßstab signalisiert die permanente Aufgabe, die eigene Lebensführung im Horizont der Bedürfnisse und Anliegen einer Mitwelt zu justieren, die denselben Bedingungen unterliegt. In der Unterstellung der Lebensführung unter das als Ausdruck göttlicher Gnadenzuwendung verstandene Erste Gebot wird also die geschichtliche *vita communis*, die *Oikumene*, in ihrer jeweiligen situativen Verfasstheit, zum Bezugshorizont individueller Lebensführung.

Darin ist zugleich der Grundgedanke von Luthers Sozialethik angelegt, die (später) so genannte Zwei-Reiche-Lehre. Nicht nur das kirchliche Amt, sondern auch alle sonstigen Ämter werden als Sozialfunktionen, als Rollen verstanden, die wenigstens prinzipiell, also ihrer theologischen Konstitution nach, aktualiter ausgeübt und *auf* Zeit übernommen bzw. zugeteilt sind, freilich in der Regel auf Lebenszeit. Dies ändert jedoch nichts an ihrem zeitlich-funktionalen Charakter: Der Fürst ist Fürst zwar faktisch durch Geburt, aber er ist darum nicht sozusagen der geborene Fürst. Fürst sein ist wie Vater, Mutter oder Pfarrer oder auch Soldat sein ein Beruf, eine *vocatio*, die ihre Regeln in der Stimmigkeitsforderung des Ersten Gebots und davon abgeleitet – gut aristotelisch – in ihrem je eigenen Praxisfeld hat. Zur Ausübung der jeweiligen sozialen Funktion qualifiziert man sich aufgrund natürlicher Eignung, Begabung und entsprechender (Aus-)Bildung. Ihr ethisch-religiöser Wert liegt genau darin, dass sie gemäß ihren immanenten Regeln ausgeübt wird. Wenn dies getan, und wenn dies nicht nur getan, sondern in dem entsprechenden theologischen Bewusstsein getan wird, dann ist das Handeln – und dies gilt nun für alles regelmäßige Handeln – Berufshandeln. Damit bekommt der zuvor für den geistlich-sakralen Bereich reservierte Begriff des Berufs (bei Luther) einen dialektisch-theologischen Sinn: Gottgemäßes, geistliches Handeln ist nun ein Handeln, das in theologischem Bewusstsein den (welt-)immanenten, zeitlichen Regeln seines Handlungsbereichs entspricht.

Funktionales Kriterium der so generierten Sozialordnung ist der in sie eingelagerte theologische Reflexionsbezug: Unbeschadet ihrer immanenten Regelhaftigkeit leben alle einzelnen sozialen Handlungen davon, dass sie das jeweilige Handlungsfeld transparent werden lassen für die theologische Deutung seiner prinzipiellen Möglichkeitsbedingung, es also – reformatorisch gesprochen – öffnen für das Hören des Wortes Gottes, die Predigt des Evangeliums, welches die eigentliche sakramentale Handlung ist. Handeln ist genau in dem Masse von Gott berufenes Handeln, als es die Individuen in liebevoller Weise zum glaubenden Bejahen und theologischen Verstehen der Struktur allen Handelns und damit ihrer selbst bringt und so ihrer Freiheit gewiss werden lässt. In diesem konstitutiven Bezug auf theologische Selbstdurchsicht und Bildung ist alles Handeln berufenes Handeln und zugleich ‚professionell'.

4. Neuzeitlich-protestantische Ethik im Horizont der Zeitlichkeit der Zeitdeutung

Bei aller unübersehbaren Diversität und mitunter polemischen Gegensätzlichkeit kommen die avancierten Entwürfe neuzeitlicher protestantisch-theologischer Ethik in der Auffassung überein, dass das ethische Handeln theoretisch so zu entwickeln ist, dass *an ihm selbst seine theologische Reflexionsstruktur und damit einhergehend das für es charakteristische Zeitverständnis* aufgewiesen werden kann.[12] Das impliziert, dass die Doppelung der christlich-religiösen Praxis als symbolisch deutendes und ethisch-praktisches Handeln als Erfordernis der ethischen Struktur des Handelns überhaupt und des in sie eingelagerten Zeitverständnisses auszuarbeiten ist. Katalysatorischer Hintergrund für dieses Verständnis der fundamentalethischen Aufgabenstellung ist das neuzeitliche historische Bewusstsein. Dieses erkennt die seit den Anfängen der abendländischen Kultur bewusste Erfahrung des geschichtlichen Norm- und Wertewandels und die darauf basierende „Vielspältigkeit des Ethischen"[13] in seiner prinzipiellen Ambivalenz: als Bedingung und Funktion individu-

---

[12] So kann m.E. die These T. Rendtorffs gewendet werden, dass das Christentum in der Neuzeit in sein ethisches Zeitalter eingetreten sei.
[13] Vgl. Ernst Troeltsch. „Grundprobleme der Ethik. Erörtert aus Anlasse von Herrmanns Ethik", in: Ders.: *Zur religiösen Lage, Religionsphilosophie und Ethik* (Gesammelte Schriften Bd 2), Tübingen 1913, 552–672, hier: 657.

ellen schöpferisch-freien Handelns, zugleich aber auch als dessen ständige Bedrohung.

Um die strukturelle Konvergenz von ethischem Handeln und theologischer Deutung aufzuzeigen, müssen die praktischen Vollzüge auf ihre immanente Deutungs- bzw. Reflexionsstruktur und die praktischen Deutungsvollzüge auf ihre ethische Handlungsstruktur hin durchsichtig gemacht werden. Mit dieser Konvergenz verbindet sich die systematische Verschlingung der Zeithorizonte: Indem die immanenten Reflexionsstrukturen des ethischen Handelns aufgedeckt werden, erschließt sich diejenige Regelhaftigkeit sozialen Handelns, welche die Möglichkeitsbedingung seines steten Wandels, nämlich der reflexiven Anpassung an die von ihm selbst gesetzten resp. mitbeeinflussten Bedingungen, ist. Eben darin liegt zugleich das Umgekehrte: Indem der Handlungscharakter, also der die Wirklichkeit kreativ verändernde Charakter des theologisch-reflexiven Deutens ins Bewusstsein tritt, wird erkennbar, inwiefern die theologische Deutungsarbeit auf die geschichtlichen Bedingungen allen Handelns bezogen ist, denen sie sich auch selbst unterworfen weiß.

Dieses Wissen tritt dort zutage, wo die Fundamentalethik in ein konstruktives Verhältnis zu ihrem eigenen historischen Ort tritt. Dies geschieht, indem die (binnen-)theologische Ortsreflexion, welche in klassischer Weise die Ekklesiologie leistet, mit einer auf die bestimmten Bedingungen kulturellen Handelns gerichteten Reflexion verknüpft wird, mit einer Theorie der Neuzeit respektive des neuzeitlichen Christentums.[14] Ihren klassischen Ausdruck hat diese doppelte Aufgabe bei Friedrich Schleiermacher gefunden, der neben einer neuzeittheoretisch grundierten Ethik als Basis einer Theorie des Christentums eine christliche Sittenlehre ausgearbeitet hat, deren Grundlage wiederum die Ekklesiologie ist. Bei einem solchen Verfahren ist freilich die eigentliche fundamentalethische Aufgabe noch nicht vollständig gelöst; der Knoten von neuzeitlich-historischem Bewusstsein und christlicher Glaubenspraxis ist, um eine Wendung Schleiermachers selbst zu variieren, noch nicht lösungssicher geknüpft. Die Nötigung zu einer komplexeren Lösung tritt erst unter den Bedingungen eines prinzipiell verschärften Historismus gegen Ende des 19. Jahrhunderts ins theologische Bewusstsein. Dessen markantester theologischer Exponent ist Ernst Troeltsch.

Ernst Troeltschs Lösung basiert materialiter auf der exegetischen Einsicht der Religionsgeschichtlichen Schule, näherhin seines Göttinger Weggefährten Johannes Weiss, dass jede Rekonstruktion christlich-ethischer Lebenspraxis vom eschatologischen Charakter, näherhin von der ‚objektiv-realistischen' Vorstellung auszugehen habe, welche die urchristlichen Gemeinden mit dem Symbol des Reiches Gottes verbunden haben. Produktiver Kern, zugleich aber auch permanentes Problemzentrum christlicher Weltgestaltung ist damit die Tatsache, dass sich die christliche

---

[14] Vgl. dazu Albrecht Grözinger; Georg Pfleiderer und Georg Vischer (Hrsg.). *Protestantische Kirche und moderne Gesellschaft. Zur Interdependenz von Ekklesiologie und Gesellschaftstheorie in der Neuzeit* (Christentum und Kultur, Bd. 2), Zürich, 2003.

Ethik zu den Bedingungen kulturell-geschichtlichen Handelns in ein ursprüngliches Spannungsverhältnis setzt. Dieses erweist sich jedoch genau als die dialektische Möglichkeitsbedingung für die reiche Produktivität der Wirklichkeitssynthesen und Entwürfe von güterethischer Gesellschaftsgestaltung, welche das Christentum in seiner Geschichte hervorgebracht hat. Für alle Entwürfe und Vollzüge christlicher Gesellschaftsgestaltung gilt freilich, dass sie die Signatur des Kompromisses tragen. Darin kommt die ursprüngliche Heterogenese christlicher Sozialethik zum Ausdruck, zugleich aber auch Troeltschs Überzeugung, dass sich die Struktur geschichtlichen Handelns und die Prinzipien christlicher Sozialethik nicht innerlich, nicht gewissermaßen an sich selbst, und gewiss nicht in einer einzelnen Handlung und ihrer Deutung harmonisieren lassen, sondern dass solche Harmonie allenfalls im Ganzen der Geschichte des Christentums zur Darstellung kommen könne.

Damit kommt zugleich der Typenvielfalt christlichen Handelns eine konstitutive Bedeutung für seine Phänomenologie zu. In seinem Hauptwerk, den „Soziallehren der christlichen Kirchen und Gruppen"[15], sucht Troeltsch im Medium der historischen Durchführung nachzuweisen, dass als Gliederungsprinzip jener Typenvielfalt die Typen der sozialen Vergemeinschaftung des Christentums verstanden werden muss: Kirche, Sekte und Mystik. Damit nimmt – wie im Falle von Schleiermachers Ethik –, nunmehr allerdings gänzlich im Medium historischer Analyse und historisierter Darstellung, ein sozialtheoretisches Konstrukt den Rang des fundamentalethischen Konstruktionsprinzips an. In systematischer Perspektive, so lässt Troeltsch durchblicken, ist es letztlich die Problematik der grundsätzlichen Vergemeinschaftungsfähigkeit religiöser Erfahrung, die insbesondere in der Spannung von individualistischer Mystik und kollektivistischer Kirche zur Darstellung kommt, welche den genetischen Kern christlich-religiöser Sozialpraxis bildet. Es ist diese gewissermaßen fundamentalsoziologische- bzw. geschichtsphilosophische Grundüberlegung, die Troeltschs Theorie der Gleichursprünglichkeit von ethischem Handeln und theologischer Deutungsstruktur fundiert. Fluchtpunkt dieser Überlegungen ist ein neuzeittheoretischer: Die Neuzeit ist nach Troeltschs Verständnis diejenige Epoche, in der die von ihm freigelegten Strukturen des christlichen Ethos zu voller Darstellung kommen. In der Neuzeit, im neuzeitlichen Christentum, vermag das Christentum zum intensivsten Bewusstsein seiner selbst zu kommen, das freilich zugleich von einem intensiven Bewusstsein der Ambivalenz und Fragilität religiöser Wirklichkeitsauslegung und der von ihr bestimmten Sozialformen begleitet ist. Die ‚elastisch gemachte Volkskirche' als zeitgemäß-moderne Vergesellschaftungsform des Christentums trägt durch und durch die Züge des Kompromisses.

Der schärfste Widerspruch, der gegen diese sozialethisch-soziokulturelle Deutung des Christentums eingelegt worden ist, stammt von *Karl Barth*. Dieser Widerspruch basiert freilich auf einer mit Troeltsch geteilten Voraussetzung und dreier

---

[15] Ernst Troeltsch. „Die Soziallehren der christlichen Kirchen und Gruppen", in: Ders. *Gesammelte Schriften*. Bd. 1, Tübingen, 1912.

daraus mit ihm gezogenen Folgerungen. Erstens akzeptiert Barth die prinzipiell historische Betrachtbarkeit des Christentums als geschichtlicher Religion; zweitens geht auch Barth darum von der religionsgeschichtlichen Einsicht in die eschatologische Struktur jesuanischer bzw. urchristlicher Reich-Gotteserwartung und drittens von der darauf basierenden heterogenetischen Struktur christlich-ethischer Weltgestaltung aus. Viertens ist auch Barth der Auffassung, dass gerade in dieser heterogenetischen Struktur christlicher Ethosbegründung, die bei Troeltsch für den notorischen Kompromisscharakter christlicher Weltgestaltung verantwortlich ist, dasjenige Moment liegt, welches die christliche Ethik zum Entdeckungsort der Grundstruktur ethischer Weltgestaltung überhaupt und ihrer prinzipiellen Problematik, die in ihrer spezifischen Zeitstruktur liegt, werden lässt.

Aber anders als Troeltsch ist Barth dezidiert nicht der Auffassung, dass diese fundamentale Problematik, die er zur Aporetik steigert, durch handlungspraktische Kompromisse ‚gelöst' werden könne oder dürfe. Barths frühe Theologie und Ethik ist radikal negative Theologie und Ethik. Ihr frappanter und paradoxer Grundgedanke ist, dass christliches Handeln nur im ‚Warten auf das Handeln Gottes' bestehen könne. Das bedeutet konkret, dass an die Stelle von ethischen Praxisanweisungen die theologische Reflexionsaufforderung zu treten habe. Deren Sinn und Zweck besteht darin, alles Handeln darauf zu prüfen, ob es sich der prinzipiellen Aporetik menschlichen, nämlich zeitlich-geschichtlichen Handelns bewusst ist, die darin besteht, dass jede Normanwendung eine Absolutstellung des Handlungssubjekts reklamiere, die an seiner faktischen geschichtlichen Kontingenz vorbeigehe. So überführt Barth (unter Rückgriff auf Kierkegaard, Nietzsche und seine neukantianischen Lehrer) die biblische Reich-Gottes-Ethik und die reformatorische Rechtfertigungslehre in einen theozentrisch gewendeten Radikalhistorismus. Der praktisch-ethische Effekt dieser Wendung besteht darin, dass Ethik in performative Ekklesiologie aufgehoben wird: An die Stelle der Ethik tritt das Unternehmen der performativen Gründung einer theologischen Reflexionsgemeinde, die sich in der konkreten Form der gegenwartsbezogenen Auslegung des paulinischen Römerbriefs vollzieht.[16]

Die ethisch-philosophische Hintergrundsüberlegung dieser Maßnahme erhellt aus einer Kantexegese, die Barth 1922 vorträgt:[17] Sein Grundargument gegen die Ethik des Kategorischen Imperativs lautet, dass es bei seiner Anwendung zu einem performativen Widerspruch komme, der darin bestehe, dass das Moment der souveränen Handhabung des Sittengesetzes durch das individuelle Subjekt dem Gedanken widerstreite, dass alles Handeln diesem Sittengesetz gerade zu unterwerfen sei. Allererst die genuin theologische Interpretation des Sittengesetzes als mich hic et nunc treffender Wille Gottes werde der fundamentalen Zeit- und Augenblicksbe-

---

[16] Vgl. dazu Georg Pfleiderer. *Karl Barths Praktische Theologie. Zu Genese und Kontext eines paradigmatischen Entwurfs systematischer Theologie im 20. Jahrhundert* (BHTh 115), Tübingen, 2000.
[17] Karl Barth. „Das Problem der Ethik in der Gegenwart", in: Ders. *Vorträge und kleinere Arbeiten 1922–1925.* Hrsg. von Holger Finze (Karl Barth Gesamtausgabe III), Zürich 1990, 98–143.

zogenheit des Ethischen gerecht. Später hat Barth diesen ethischen Grundgedanken christologisch interpretiert und damit seiner aporetischen Züge enthoben.

Ernst Troeltsch und Karl Barth repräsentieren zwei alternative und in wesentlichen Zügen durchaus konträre Theoriemodelle, in welche sich das protestantisch-theologische Denken in der Neuzeit zumindest zeitweise aufgespalten hat. Beide hängen mit der Einsicht in die Zeitverflochtenheit des Ethischen zusammen. Längst ist erkannt, dass beide Alternativen ihre Einseitigkeiten haben. So repräsentiert Troeltsch eine Lösung des ethisch-theologischen Grundproblems, das die normative Deutungskraft der Theologie zumindest in Bezug auf eine vergemeinschaftungsfähige Handlungsorientierung stark zurücknimmt und das insofern, modellhaft gesprochen, eine ‚sophistische' Tendenz hat. Umgekehrt steht Barths Modell sicherlich eher in der Gefahr einer normativen, ‚platoniestischen' Vereindeutigung des religiös-ethischen Pluralismus der Moderne. Unverkennbar basieren beide Modelle gemeinsam auf einer dramatischen Steigerung der Aporiewahrnehmung des Ethischen, die selbst wiederum in hohem Masse zeitbedingt, nämlich bedingt durch die Kulturkrise um den Ersten Weltkrieg herum, ist. Bei beiden Denkern freilich wird die Einsicht in die strukturelle Aporetik ethischer Theoriebildung gerade nicht als Argument zum apokalyptisch-panischen Ausstieg aus den Tagesproblemen der Ethik gewendet; im Gegenteil: die radikale theologische Abstandnahme vom ethischen Alltagsgeschäft und ihren immanenten Vergewisserungspotenzen hat bei beiden Theologen den Sinn, diesem Alltagsgeschäft seinen präzisen geschichtlichen und lebensgeschichtlichen Ort zuzuweisen, der eben der Alltag ist, und an dem ist eben gerade noch nicht aller Tage Abend.

5. Diesseits von ‚Platonismus' und ‚Sophismus' – der neue Mensch

Ethische Urteile sind ohne den Bezug auf eine bestimmte Wirklichkeitsdeutung nicht möglich. Gut und Böse setzen eine normative Kosmologie, unter modernen Bedingungen eine normative Anthropologie voraus. Das hat kaum einer schärfer gesehen als Friedrich Nietzsche. Er hat auch gesehen oder jedenfalls behauptet, dass alle solchen Normativitätsbezüge abkünftig sind und bleiben von der Theologie. Und Nietzsche hat ferner den performativen Widerspruch scharf gesehen, der in dieser Voraussetzung liegt: Das sich kreativ ins Offene wendende oder wenden wollende Handeln des Menschen muss sich einen stabilen Horizont voraussetzen, der es ermöglicht und orientiert. Nietzsche hat diesem Widerspruch durch einen semantischen Trick zu entkommen versucht, indem er das menschliche Tun statt am Normhorizont des Menschen an dem des Übermenschen auszurichten empfohlen hat. Man kann dies so verstehen, dass er damit die klassisch abendländische und zugleich genuin moderne Einsicht in die Begründungsproblematik der Ethik angesichts der Erfahrung der Geschichte reflexiv und produktiv auf den Begriff des

Menschen zurückzubeziehen versuchte. Der Übermensch ist der Mensch, der sich an seinem eigenen Zukunftsbegriff orientiert.

Die theologische Ethik hat in dieser Maßgabe sehr oft nichts anderes gesehen als die auf die Spitze getriebene Münchhausiade der Moderne. Sie hat auf den festen Boden hingewiesen, auf dem man doch stehen müsse, wenn eine solche Selbstüberhebung nicht zur blanken Überheblichkeit werden solle. Bei solcher Kritik gerät freilich aus dem Blick, dass Nietzsches Gemälde des Übermenschen seinerseits durchaus auf einen theologischen Hintergrund aufgetragen ist: Die Figur des Übermenschen ist, strukturell oder wenigstens traditionsgeschichtlich betrachtet, eine Variante der paulinisch-reformatorischen Formel vom neuen Adam. Im Unterschied zu dieser Tradition besteht die Pointe von Nietzsches Variante freilich in der Tat darin, dass sie ohne den archimedischen Punkt auszukommen glaubt, unter dessen Inanspruchnahme nach christlicher Auffassung das Kunststück der Selbstantizipation möglich sein soll: die Vorgabe des Neuen Adam in Jesus Christus.

Der Streit, der von einer sich christlich nennenden Moderne mit jener, die von Nietzsche repräsentiert wird, zu führen ist, geht nicht darum, ob die Positivität jenes Bezugs als solche gewahrt ist. Der Streit muss darum gehen, ob die Positivität jenes Bezugs so entfaltet werden kann, dass ihre Auswirkungen für die darauf begründete anthropologische Ethik erkennbar werden. Eine moderne christliche Ethik wird stets reklamieren, dass der christologische Bezug es garantiere, dass das Individuum in und trotz all seiner geschichtlichen Partikularität, ja seines ephemeren Charakters – denn es hat sich selbst empirisch nur im Akt seiner moralischen Selbsterfassung, mithin nur im Hauch des Augenblicks, – doch das wahrhaft Allgemeine genannt zu werden verdient. Der Stein des Anstoßes, den die christlich-christologische Rede vom neuen Menschen, der wir in jeder Sekunde neu werden müssen (und dürfen!), für das moderne Bewusstsein darstellt, ist vielleicht nicht größer als jener, den die heute so selbstverständliche Rede von der unveräußerlichen Würde jedes einzelnen Menschen für es eigentlich darstellen müsste.

3

FRAGEN ZU EINER ZEITLICHEN KONSTITUTION DES ETHISCHEN

GABRIELLE HILTMANN

1. Einführung: Die Legitimierung neuer Handlungsmöglichkeiten durch Erzählungen

Aufgrund der neuen Möglichkeiten der Biotechnologie stehen wir heute an einem Punkt der Neubestimmung der menschlichen Person. Die gegenwärtig machbaren und künftig absehbaren Eingriffsmöglichkeiten ins menschliche Erbgut scheinen den Menschen eine Macht zur Selbstgestaltung zu geben, wie sie bis anhin nicht vorstellbar war. Die Reaktionen auf diese neue Freiheit könnten gegensätzlicher nicht sein. Auf der einen Seite herrscht euphorischer Zukunftsglaube, verbunden mit der Hoffnung auf unbeschränkte Gesundheit und ewiges Leben – auf der anderen Angst vor dem Verlust von Werten, die gerade mit der menschlichen Begrenztheit, mit unserer Gebürtigkeit und Sterblichkeit zusammenhängen. Es sind Werte, die insbesondere mit einem Bild der Person als einem Wesen, das sich von Anfang an in der Beziehung entwickelt, verbunden sind. Wie sehr die neuen biotechnologischen Möglichkeiten das traditionelle Menschenbild betreffen, zeigt folgender Buchtitel: ‚Remaking Eden'. Die 1998 erschienene Übersetzung ins Deutsche präzisiert, was die Lesenden zu erwarten haben: Der Titel lautet hier: *„Das geklonte Paradies. Künstliche Zeugung und Lebensdesign im neuen Jahrtausend"*.[1] Der amerikanische Biologe Lee M. Silver verspricht in diesem Buch, dass die Menschen durch die Verwendung der neuen Biotechnologien den paradiesischen Zustand vor dem Sündenfall wieder erreichen könnten. Es scheint, das Unbehagen angesichts der Machtfülle das menschliche Leben betreffend müsse mythologisch aufgefangen werden. Dazu entwirft L. M. Silver eine technologische Utopie, die sich auf frühe Versuche der Menschen bezieht, ihre Geworfenheit in eine sowohl paradiesische als auch bedrohliche Welt durch Mythologeme in ein Sinngefüge zu integrieren. Der Mensch als

---

[1] Lee M. Silver. *Das geklonte Paradies: künstliche Zeugung und Lebensdesign im neuen Jahrtausend*. München: Droemer Knaur, 1998, Originaltitel: *Remaking Eden*.

Schöpfer seiner selbst scheint die Kontingenz des Hier und Jetzt und damit das Bedrohliche seiner Lebenswelt überwinden zu können. Gelingt es ihm damit tatsächlich die Welt in ein Paradies zu verwandeln?

Die Utopie eines biotechnologischen Paradieses ist ein eindrückliches Beispiel dafür, wie gegenwärtige technologische Handlungsmöglichkeiten unter Bezugnahme auf frühestes religiöses Kulturgut utopisch auf die Zukunft hin projiziert und dabei mythisch-religiös überhöht werden (Die zeitliche Verschlingung von Zukunft und Vergangenheit zur Legitimierung gegenwärtiger Handlungsmöglichkeiten wird Gegenstand genauerer Klärung sein). Bemerkenswert ist, dass dabei Textformen verwendet werden, die nicht dem naturwissenschaftlichen Repertoire entnommen sind und dessen Ansprüchen auf Eindeutigkeit nicht entsprechen. Mit der Bezugnahme auf mythologische, religiöse und ontologische Textformen sind verschiedene Zielsetzungen verbunden. Zum einen die politische Absicht, durch projektive Mythen, welche sich auf traditionelle Werte beziehen, die Akzeptanz für die Umsetzung der technischen Möglichkeiten zu erhöhen. Zum anderen geht es aber auch um die ethische Rechtfertigung der Nutzung der technischen Handlungsmöglichkeiten.[2] Diese Rechtfertigung kann nicht in einer naturwissenschaftlichen Sprache erfolgen. Ganz selbstverständlich verwenden Naturwissenschaftler dafür narrative Sprachmuster, die einer anderen als der kausalen Logik folgen. Der Versuch der Rechtfertigung naturwissenschaftlicher Handlungsansprüche sucht seine Argumentationsmuster in Mythologie, Religion und Ontologie.[3]

Mit den neuen Biotechnologien besteht nicht mehr nur die Eingriffsmöglichkeit in außermenschliche Naturprozesse. Die Möglichkeit gentechnischer Handlungen am menschlichen Erbgut greift an den ethischen Gehalt der menschlichen Person selbst. Die Schwierigkeit der Rechtfertigung der Anwendung der neuen biotechnologischen Möglichkeiten auf den Menschen ruft damit Widerstände hervor, die nicht auf das kausale Gefüge, also unsere Körperlichkeit als Körperding, beschränkt bleiben. Es geht hier insbesondere um Widerstände, welche die leib-seelische Konstitution der Person betreffen. Diese Widerstände aktivieren die Menschenbilder,

---

[2] Ausführlich äußert sich E.-M. Engels zur Bedeutung der Erzählform der Utopie für die Ethik. Sie lokalisiert den Ursprung biologischer Utopien darin, dass die Menschen etwas sein wollen, was sie zurzeit nicht sind oder sein können. Das Verhältnis von biologischer Utopie zur Ethik ist komplex. E.-M. Engels unterscheidet drei hauptsächliche Beziehungsmuster. 1) Ethik bezieht sich auf die biologische Theorie zur Sicherstellung eines wissenschaftlichen Argumentationsinstrumentariums. 2) Biologische Utopien berufen sich ihrerseits auf gesellschaftliche [und religiöse] Utopien mit deren Moralvorstellungen zur Legitimation ihres eigenen Anspruchs. 3) Ethik bildet schließlich eine kritische Instanz zur Bewertung biologischer Utopien. Hans Jonas Werk: *„Das Prinzip Verantwortung"* wird als ein klassisches Beispiel für den letzten Fall genauer erörtert. (Eve-Marie Engels. „Ethik und biologische Utopie", in: *Ethik der Biowissenschaft. Geschichte und Theorie. Beiträge zur 6. Jahrestagung der DGGTB in Tübingen 1997.* Hrsg. von Eve-Marie Engels; Thomas Junker und Michael Weingarten. Berlin, 1998: 319–340, insbesondere: 319 f., 323, 334 f.).

[3] Dabei muss immer wieder mit Befremden festgestellt werden, wie eindimensional die – über Jahrhunderte entwickelten, und durch eine differenzierte Auslegungskunst vertieften – komplexen sprachlichen Möglichkeiten der Sinnkonstituierung von Mythos, Religion und Ontologie aufgenommen und für den Zweck der gesellschaftlichen Rechtfertigungen technologischer Möglichkeiten eingesetzt werden.

welche die Menschen über Jahrhunderte, je nach Kultur verschieden, entwickelt haben. Gerade der Beizug religiöser und philosophischer Erzählmuster zur Legitimierung von Eingriffen in die Körperlichkeit der menschlichen Person deutet darauf hin, dass mit diesen Eingriffen mehr als das Körperding betroffen ist. Die leibseelische Konstitution der Person kann letztlich nicht kausal erklärt werden. Erforderlich wird damit eine Reflexion auf die Verschränkung der Körperlichkeit mit den jeweiligen kulturellen, sozialen, religiösen, geistigen Werten einer Gesellschaft. Ich bezeichne die aufgrund der neuen biotechnologischen Handlungsmöglichkeiten aktivierten Widerstände als Widerstände des ontologischen Gefüges. Diese Widerstände stellen uns vor die Frage, ob wir das, was wir können, auch wollen. Diese Frage impliziert, dass wir nicht alles tun müssen, was technisch möglich ist. Die Reflexion auf die Wünschbarkeit der Verwendung biotechnischer Handlungsmöglichkeiten situiert sich im Bereich der Ethik.

2. Freiheit als notwendige Voraussetzung des Ethischen

Die Möglichkeit ethischen Verhaltens setzt Freiheit der handelnden Person voraus. Sie muss sich zwischen verschiedenen Handlungsmöglichkeiten entscheiden können. Diese Handlungsmöglichkeiten können in ethischer Sicht gleichwertig sein und dennoch zu unterschiedlichen Resultaten führen. Sie können aber auch aus ethischer Sicht verschieden gewürdigt werden. Die Würdigung einer Handlung als gut oder böse kann unterschiedliche Handlungsmomente betreffen: das Motiv, die Zielsetzung, die Art und Weise der Durchführung, die Wirkung der Handlung oder allenfalls nebensächlich damit verbundene Auswirkungen. Eine ethisch verantwortliche Person muss alle diese Aspekte betreffend urteils- und handlungsfähig sein sowie die Wirkung wollen und allfällige ungewollte Nebenwirkungen in Kauf nehmen.

Was aber ist in philosophischer Sicht notwendig, damit diese Wahlmöglichkeit zwischen verschiedenen Handlungen überhaupt gegeben ist? Wahlfreiheit impliziert Vielfalt und Pluralität der Perspektiven sowie der Möglichkeiten auf eine gegebene Situation zu reagieren oder künftige Situationen zu provozieren. Die Handlungsmöglichkeiten der menschliche Person dürfen also weder durch eine wie auch immer gedachte höhere Instanz – sei dies ein Gott oder das unpersönliche Schicksal –, noch durch immanent teleologisch festgelegte Ziele, noch durch kausale Ursache-Wirkungs-Prinzipien beschränkt sein. Was sind die Bedingungen für diese grundsätzlich offene Vielfalt und Pluralität? Es lassen sich hier zwei Konstellationen unterscheiden, einerseits eine statische und andererseits eine zeitliche. Für die statische Konstellation gilt die Vermutung der grundsätzlichen Unausschöpfbarkeit all dessen, worauf sich das menschliche Fragen und Suchen richtet, sei dies die Natur, die Kunst, die menschliche Person selbst und ihr kulturelles und soziales Bezugssystem. Es ist immer möglich, das Gegebene – obwohl es sich nicht verändert – anders zu sehen, und dadurch anders mit ihm umzugehen. Die menschliche Fähigkeit, etwas anders zu sehen als bis anhin, eröffnet neue Handlungsmöglichkeiten. In der zeitlichen Konstellation ist es insbesondere das Moment der Veränderung in der Zeit, das für neue Handlungsmöglichkeiten konstitutiv ist. Begründen diese beiden Konstellationen kontingenter Handlungsmöglichkeiten aber tatsächlich eine ethische Freiheit zum Handeln?

3. Zeitlosigkeit der Ethik im antiken Denken

Bereits in der Antike lassen sich zwei klar unterschiedliche Herangehensweisen an die Frage der Begründung des Ethischen erkennen.[4] Diese Unterschiede haben mit dem Status zu tun, welcher der Ethik im Rahmen der Philosophie zugewiesen wird. Aristoteles Unterscheidung zwischen theoretischer und praktischer Philosophie trennt die von Platon entworfene Einheit der Wertetrias des Wahren, Schönen und Guten. In den Schriften zur theoretischen Philosophie fragt Aristoteles nach der Wahrheit des Seienden. Damit verbunden ist ein Anspruch auf logische Exaktheit. Ethische Fragestellungen können laut Aristoteles nicht an den strikten Maßstäben von Erkenntnistheorie und Logik gemessen werden, da es in der Ethik nur beschränkt möglich sei, nach allgemeinen und universellen Regeln vorzugehen.[5] Konsequenterweise hat die Ethik in Aristoteles Werk den Status einer eigenen von der Metaphysik unterschiedenen Disziplin mit einer eigenen Methode, wobei es „weniger um Veränderung [der ethischen Haltung, wie bei Platon] geht, als vielmehr um Definitionen, Klassifikationen und (beschreibende) Analysen"[6]. Aristoteles Interesse zielt nicht auf die Begründung ethischer Freiheit im Kontext einer ontologischen Reflexion, sondern auf eine systematische Gliederung freien und unfreien Handelns und dessen Motivation.[7]

Bei Platon hingegen beschreitet der Mensch auf der Suche nach der Wahrheit und der Suche nach dem Guten ein und denselben Weg. Und darüber hinaus findet er dabei noch das Schöne. Erkenntnistheorie, Ethik und Ästhetik lassen sich im platonischen Denken nicht trennen. Im *Staat* entwickelt Platon eine wechselseitige Begründung von Erkenntnistheorie und Ethik, wobei die Idee des Guten eine Orientierungsfunktion hat.[8] Aufgrund der Ausrichtung auf die Zeitlosigkeit der Ideen wird auch die Ethik und die Hinführung zur Einsicht in das Gute nicht anhand ei-

---

[4] Hintergründe zu dieser Unterscheidung finden sich bei Rudolf Rehn. „Einleitung", in: *Der Traum vom besseren Menschen. Zum Verhältnis von praktischer Philosophie und Biotechnologie.* Hrsg. von Rudolf Rehn; Christina Schües und Frank Weinreich. Reihe: Praktische Philosophie kontrovers, Band 1, Peter Lang: Frankfurt/M. u.a., 2003, 9–16.
[5] Aristoteles. *Nikomachische Ethik.* Felix Meiner: Hamburg, 1985, 1094b 10–25, sowie 1095a 30–1095b 5.
[6] Rudolf Rehn (s. FN 4): 15.
[7] Vgl. Aristoteles. (s. FN 5): 1109b 30–1113a 10 sowie 1135a 15–1136a 5.
[8] Die Idee des Guten ist die „Herrscherin" im Bereich des Denkbaren, die allein „zu Wahrheit und Vernunft verhilft" (Platon. *Der Staat.* Felix Meiner: Hamburg, 1989: 517c).

Fragen zu einer zeitlichen Konstitution des Ethischen 43

ner Reflexion auf Handlungsmöglichkeiten in zeitlichen Gefügen, sondern als „Umkehrung der Seele"[9] gedacht. Im Höhlengleichnis erläutert Platon, wie die erkenntnistheoretische Möglichkeit, dasselbe anders zu sehen, zur Einsicht ins Gute führen kann. Die in der Höhle Gefangenen sind so gefesselt, dass sie den Kopf nicht bewegen können.[10] Erst aufgrund einer gewaltsamen Befreiung mit einer erzwungenen Umwendung der ganzen Person und der Hinaufführung zum Licht gelingt es ihnen unter dem Licht der Idee des Guten, dasselbe (insbesondere auch die Gegenstände der Erkenntnis) anders zu sehen.[11] Erkenntnistheorie sowie Ontologie gründen in der Ethik. Andererseits setzt die Einsicht ins Gute die Fähigkeit richtiger Erkenntnis voraus. Das Ethische gründet seinerseits – dialektisch gewendet – in der Erkenntnistheorie. Platon geht davon aus, dass sowohl die ethische Fähigkeit als auch die Erkenntnisfähigkeit den Menschen angeboren ist, dass sie sie jedoch nicht richtig nutzen können. Dazu müssen sie durch Bildung und Erziehung richtig orientiert werden.[12]

Die These der wechselseitigen Begründung von Erkenntnistheorie, Ontologie, Ästhetik und Ethik wird bei Platon in Form eines Gleichnisses, also als Erzählung vorgelegt. Die Reflexion auf die ethische Konstituierung des Denkraumes, in dem die Arbeit am Begriff geleistet werden kann, sprengt den strikt begrifflichen Rahmen. Das literarische Sprechen des Mythos wird von Platon dazu genutzt, die Zusammenhänge zwischen Erkenntnistheorie, Ontologie und Ethik als Gleichnis zu skizzieren. Solche Gleichnisse sind in den platonischen Schriften regelmäßig Anlass, das im Mythos literarisch Gefasste begrifflich zu durchdenken. Philosophie und Literatur befruchten sich wechselseitig. Indem die Philosophie die Vieldeutigkeit des Mythos auf die darin enthaltenen Ideen hin klärt, führt sie an die Grenzen des Sagbaren. Zugleich ist den Gleichnissen ein Gestus inhärent, der über diese Grenzen hinausweist. Sie haben einen utopischen Charakter der Orientierung über das begrifflich Formulierbare hinaus. Mittels positiver Utopien werden Möglichkeitsräume eröffnet sowohl die Erkenntnisfähigkeit als auch die Fähigkeit zum ethischen Handeln betreffend. Der im Höhlengleichnis beschrittene Weg der Umwendung vom Dunkeln ins Licht des Wahren und Guten, von der Unwissenheit zum Wissen setzt das Individuum in Kontakt mit den ewigen Werten des Guten, Wahren und Schönen und orientiert dadurch sein alltägliches Handeln.

4. Die Reflexion auf die Zeit in der Moderne und die Ethik

Das wachsende Bewusstsein der Geschichtlichkeit und damit verbunden der historischen Bedingtheit menschlicher Existenz führte im 19. Jh. dazu, dass Zeit ein Moment des philosophischen Denkens selbst wurde, beispielsweise in der Hegelschen

---

[9] Ibid.: 521c.
[10] Ibid.: 514a–515b.
[11] Ibid.: 515e.
[12] Ibid.: 518d.

Denkfigur der Dialektik und insbesondere auch in F. Nietzsches Philosophie. Das Interesse der metaphysischen Reflexion löste sich von der Fokussierung auf das Sein der Dinge. Es galt, deren Wesen als Werdendes zu fassen. Aufgrund des Wandels der traditionellen Ontologie wurde es notwendig, die Reflexion auf die Begründung des Ethischen mit einer Reflexion auf die Zeitlichkeit zu konfrontieren. Im 20. Jh. haben sich insbesondere drei Persönlichkeiten mit dem Versuch, Ethik zeitlich zu fundieren, befasst: Martin Heidegger in *Sein und Zeit*, Hannah Arendt in *Vita activa* und Hans Jonas in *Das Prinzip Verantwortung*. Die in diesen Schriften geleistete ontologische Reflexion auf Geborensein und Sterblichkeit betrifft nicht die biologischen Phänomene von Geburt und Tod, vielmehr das leib-seelische Gefüge der menschlichen Person bezogen auf diese Grenzen des Lebens.

4.1   Freiheit zum Tode – die Perspektive der Sterblichkeit

Martin Heidegger entwickelt in *Sein und Zeit* eine hermeneutische Ontologie, die unser Da-Sein aus der Bezogenheit auf die Gegenwart löst. Die ontologische Reflexion auf die Zeitlichkeit des Seins[13] verwandelt, ausgehend vom alltäglichen Verständnis des Todes als endgültigem Nicht-Mehr-Sein, das eine absolute Grenze der menschlichen Freiheit bildet, den alltäglichen Begriff des Lebens als klar vom Tod geschieden, hin zur Bestimmung des Daseins als „Sein zum Ende"[14]. Paradoxerweise kann M. Heidegger menschliche Freiheit gerade in dieser hermeneutisch-ontologischen Verschränkung von Leben und Tod gründen. Wenn der Tod nicht einfach als Ende des Lebens gedacht wird, sondern als jederzeit im Dasein fassbares Moment des „Noch-Nicht"[15], ist dieses Dasein sich selbst immer auch voraus. Der Tod als Noch-Nicht bildet „die *eigenste, unbezügliche, unüberholbare Möglichkeit*"[16]. Wenn sich das Dasein für diese Unüberholbarkeit entscheidet, integriert es den Tod ins Leben – nicht als absolutes Ende, sondern als Freiheit.

Mit diesem ontologischen Verständnis des Daseins begründet Martin Heidegger nicht nur menschliche Freiheit und Individualität, sondern in einem auch Ethik. Die Entscheidung für die eigenste Freiheit eröffnet zugleich die Möglichkeit der Anerkennung des Daseins Anderer: „*Frei* für die eigensten, vom *Ende* her bestimmten, d.h. als *endliche* verstandenen Möglichkeiten, bannt das Dasein die Gefahr, aus seinem endlichen Existenzverständnis her die es überholende Existenzmöglichkeit der Anderen zu verkennen oder aber sie missdeutend auf die eigene zurück zu zwingen – um sich so der eigenen faktischen Existenz zu begeben."[17] Das eigenste Selbst-Sein des Daseins erfordert die Absetzung von der „*Verlorenheit in das Man*"[18]. Das impliziert, dass nicht nur das Selbst, auch der Andere seinerseits als einzelnes Selbst-Sein

---

[13] Martin Heidegger. *Sein und Zeit*. Halle: Max Niemeyer, 1927: 231–260.
[14] Ibid.: 236.
[15] Ibid.: 259.
[16] Ibid.: 250.
[17] Ibid.: 264.
[18] Ibid.: 266.

mit seiner eigenen Unüberholbarkeit anerkannt werden kann. Die Konstituierung des Daseins als Selbst-Sein in Abgrenzung vom Selbst-Sein Anderer situiert M. Heidegger *„in der leidenschaftlichen, von den Illusionen des Man gelösten, faktisch, ihrer selbst gewissen und sich ängstenden* **Freiheit zum Tode.***"*[19] Das ethische Subjekt findet zu seinem ureigensten Sein als Anders-Sein mit dessen Entscheidungs- und Handlungsmöglichkeiten durch die Integration der existentiellen Erfahrung des Todes in sein Dasein und durch die Anerkennung der Anderen als Selbst-Seiende auf dem Hintergrund der Abgrenzung vom Man.[20]

4.2 Das Anfangen – die Perspektive des Geborenseins

Hannah Arendt reflektiert in *Vita activa*[21] auf die ontologischen Bedingungen politischen Sprechens und Handelns. Dabei legt sie auch die Bedingungen für Ethik frei. Sie situiert die menschliche Freiheit in der Möglichkeit des Anfangens, die durch unser Geborensein gegeben ist.[22] Mit der Geburt jeder Person ist ein neuer Anfang eröffnet. Zugleich ist diese Möglichkeit des Anfangens nicht unbegrenzt. Denn das Geborensein wird in ein Bezugsgewebe bereits geborener Menschen eingewoben, das die Radikalität des Neuanfangs der Geburt spezifisch situiert. Im Rahmen dieser Mitwelt kann jede Handlung von anderen aufgenommen, weitergeführt, verändert werden.[23] Damit sind die Folgen einer Handlung grundsätzlich nicht absehbar.[24] Aufgrund der fehlenden Absehbarkeit schreibt H. Arendt der Möglichkeit des Handelns ein enormes Machtpotential zu. Damit stellt sich zwingend die Frage nach ethischen Umgangsformen mit dieser Handlungsmacht. In H. Arendts Denken ergeben sich die ‚Heilmittel' gegen die Unwiderruflichkeit und Unabsehbarkeit der Folgen des Handelns aus dem Handeln selbst. Sie nennt einerseits das Verzeihen und die Strafe sowie andererseits das Versprechen.[25] Vergebung kann zwar eine begangene Tat nicht rückgängig machen, aber sie entbindet insofern von den Folgen,

---

[19] Ibid.: 266.
[20] Problematisch an dieser Konzeption ist die fundierende Bedeutung des Man. Denn das eigenste Dasein bleibt gerade durch die Absetzung vom alltäglichen Todesverständnis des Man unweigerlich auf das Man bezogen. Dies ist nicht nötig. Die Integration der eigenen Sterblichkeit als unhintergehbare Möglichkeit konfrontiert das Individuum unweigerlich mit seiner uneinholbaren Individualität und eröffnet zugleich die Möglichkeit, die Anderen als Daseiende mit ihrer je persönlichen Freiheit zum Tode zu anerkennen. Die Konzeption des Man ist für dieses hermeneutisch-ontologische Geschehen nicht erforderlich, da die Anerkennung des Anderen als Anderen einen offenen und zugleich verbindenden Horizont situiert, innerhalb dessen individuelle Differenzen fassbar werden.
[21] Hannah Arendt. *Vita activa oder vom tätigen Leben*. Piper Verlag: München, 2002.
[22] Ibid.: 316 f.
[23] Ibid.: 242 f. Andererseits kann dieses soziale Bezugsgewebe selbst manchmal durch ein einziges Wort radikal verändert werden (ibid.: 237 f.).
[24] Ibid.: 237, 241 f. „Nur das Handeln hat die Fähigkeit, das zu tun, was die naturwissenschaftliche ‚Forschung' heute täglich tut, nämlich Vorgänge zu veranlassen, deren Ende ungewiss und unabsehbar ist, Prozesse einzuleiten, die man nicht rückgängig machen kann, Kräfte zu erzeugen, die im Haushalt der Natur nicht vorgesehen sind" (ibid.: 295).
[25] Ibid.: 301.

als damit ein neues Anfangen möglich werde.[26] Auch die Strafe suche einem Prozess ein Ende zu setzen, der ohne diese Maßnahme weiterhin nicht absehbare Folgen zeitigen würde.[27] Während Vergebung und Strafe bereits begangene Handlungen einschränken sollen, zielt das Versprechen auf eine künftige Selbstbeschränkung. Es soll in begrenztem Rahmen Absehbarkeit in die grundsätzliche Unabsehbarkeit einführen.[28] In Hannah Arendts Konzeption des Handelns wird Ethik nicht nachträglich – aufgrund allfälliger negativer Folgen – als Begrenzung der Handlungsmöglichkeiten aktiviert. Im Kontext der zeitlichen Konzeption des Handelns als Neuanfangen ist (ethische) Freiheit in Form des Vergebens und des Versprechens als ein Moment des Neuanfangs dem Handeln inhärent.

4.3 Das apokalyptische Szenario – von der prinzipiellen Freiheit zum Prinzip Verantwortung

Hans Jonas' Prinzip Verantwortung kann im Arendtschen Sinn als Versprechen an die künftigen Generationen verstanden werden, sie sollen die Möglichkeit haben, geboren zu werden und anzufangen, d.h. ihr Handeln ins Gewebe des bisherigen Handelns als Faden einzuweben. Dieses Versprechen macht die heute Noch-Nicht-Geborenen bereits jetzt zu Subjekten der Ethik. Auch Hans Jonas verankert sein Prinzip Verantwortung, das sich nicht nur auf die Gegenwart sondern auch auf die Zukunft erstrecken soll, in einer Reflexion auf die Zeit. Er argumentiert insbesondere mit der enormen Beschleunigung, die sich durch die neuen Technologien ergibt. Dieses Argument ist jedoch, wie wir sehen werden, letztlich nicht ausreichend für eine zeit-ontologische Begründung ethischer Verantwortung.

Auch für Hans Jonas ist, wie in der platonischen Philosophie, das Streben nach dem Guten ontologisch begründet. „Aber die Ontologie ist eine andere geworden. Die unsere ist nicht die der Ewigkeit, sondern die der Zeit. Nicht mehr Immerwähren ist Maß der Vollkommenheit: fast gilt das Gegenteil. Dem ‚souveränen Werden' (Nietzsche) verschrieben, zu ihm verurteilt, nachdem wir das transzendente Sein ‚abgeschafft' haben, müssen wir in ihm, das heißt im Vergänglichen, das Eigentliche suchen. Damit erst wird Verantwortlichkeit zum dominierenden Moralprinzip. Der platonische Eros, auf Ewigkeit und nicht auf Zeitlichkeit ausgerichtet, ist für seinen Gegenstand nicht verantwortlich. Das in ihm Angestrebte ist ein überlegenes Was, das nicht ‚wird', sondern ‚ist'. Ein solches aber, dem die Zeit nichts anhaben kann, dem nichts widerfährt, kann nicht Gegenstand von Verantwortung sein. [...] Verantwortlich kann man nur für Veränderliches sein, für das von Verderbnis und Verfall Bedrohte, kurz für Vergängliches in seiner Vergänglichkeit [...]."[29] Die Veränderung in der Zeit und die möglicherweise damit verbundene Bedrohung dessen, was

---

[26] Ibid.: 308.
[27] Ibid.: 307.
[28] Ibid.: 312 f. H. Arendt weist in der Folge auf die Bedeutung des Versprechens in der Form des Vertrages für die politische Theorie und Praxis hin.
[29] Hans Jonas. *Prinzip Verantwortung*. Insel Verlag: Frankfurt/M., 1979: 226.

ethisch wertvoll ist, soll die ethische Verantwortung für die künftigen Generationen und den Erhalt der Lebenswelt begründen.

H. Jonas verbindet mit dieser Reflexion auf die Verantwortung für Vergängliches die Frage nach der ethischen Handlungsfähigkeit. Kritisch hält er fest, I. Kants ethisches Subjekt des kategorischen Imperativs bewege sich immer noch im Horizont ewiger, transzendenter Werte. Erst mit G.W.F. Hegels geschichtsphilosophischem Denken werde Zeitlichkeit anhand des „Prinzips der Selbstbewegung der Geschichte" radikal gedacht, zugleich aber das Prinzip der „konkreten Kausalität der Subjekte darin verschlungen".[30] Damit sei niemand verantwortlich. Dies ändere sich in der Marxschen Geschichtskonzeption. „Hier zum ersten Mal wird *Verantwortung für die geschichtliche Zukunft im Zeichen der Dynamik* mit rationaler Einsichtigkeit auf die ethische Landkarte gesetzt [...]"[31]. Das marxistische Wissen um das richtige Ziel nimmt aber laut H. Jonas die Kantische regulative Idee wieder auf. Das revolutionäre Subjekt könne sich für seine immanenten Handlungen an einem transzendenten Horizont orientieren. Diese Orientierungsmöglichkeit ist für Hans Jonas aufgrund der historisch erstmals gegebenen Dynamisierung der Technik nicht mehr vorhanden. „Mit der Machtergreifung der Technologie [...] hat die Dynamik Aspekte angenommen, die in keine frühere Vorstellung von ihr eingeschlossen waren und in keiner, auch nicht der marxistischen, Theorie vorgesehen sein konnte – eine Richtung, die statt zu einer Erfüllung zu einer universalen Katastrophe führen könnte, und ein Tempo, dessen mit Schrecken wahrgenommene reißende exponentielle Beschleunigung jeder Kontrolle zu entgleiten droht."[32]

Die technologische Beschleunigung zusammen mit der Möglichkeit der Vernichtung der eigenen Lebenswelt durch die Menschen selbst erfordert laut Hans Jonas eine Fundierung der ethischen Verantwortung in einer neuen Konzeption der Ontologie. „Nötig ist daher ein ontisches Paradigma, in dem das schlichte, faktische 'ist' evident mit einem ‚soll' zusammenfällt – also den Begriff eines ‚bloßen Ist' für sich gar nicht zulässt."[33] Wie diese neue Ontologie konzipiert werden soll, wie insbesondere die faktische technologische Handlungsfreiheit in eine positive ethische Verantwortung gewandelt werden soll, wird jedoch aus H. Jonas' Kritik der Baconschen und Blochschen technologischen Utopien nicht ersichtlich. Auch der Rekurs auf den faktischen Anspruch des Neugeborenen auf Fürsorge und Zuwendung reicht zur Begründung dieser Verantwortung nicht aus. Es ist – wie Hans Jonas selbst weiß – eine bedauerliche Tatsache, dass zu allen Zeiten und in allen Kulturen einer mehr oder weniger großen Zahl von Neugeborenen diese Fürsorge und Zuwendung nicht gewährt wurde.

---

[30] Ibid.: 228.
[31] Ibid.: 229.
[32] Ibid.
[33] Ibid.: 235.

4.4 Die zeit-ontologische Begründung des Prinzips Verantwortung

Hans Jonas' Konzeption des Prinzips Verantwortung stellt ein doppeltes, in sich verschränktes Problem. Wie kann die faktische Handlungsfreiheit, welche uns die neuen Technologien ermöglichen, in eine prinzipielle Verantwortung umgewandelt werden und wie kann das Prinzip Verantwortung in einer zeit-ontologisch stichhaltigen Anerkennung der Anderen gegründet werden. Hier kann der Beizug von M. Heideggers Konzeption der Freiheit zum Tode sowie von H. Arendts im Anfangen des Geborenwerdens begründeter Handlungstheorie weiterführen.

Die Übertragung dieser beiden Konzeptionen auf die Jonassche Problematik der Zerstörung der Welt impliziert eine Verschiebung vom Individuellen, mit den je eigenen Möglichkeiten der Freiheit zum Tode und des individuellen Neuanfangens, hin zum endgültigen Ausschluss des menschlichen Anfangens überhaupt. Die mögliche Zerstörung der Lebenswelt ist selbstverständlich nicht auf dieselbe Weise das Ende eines Lebensprozesse, wie das der Tod für ein individuelles Leben bedeutet. Dennoch macht Hans Jonas' Werk eindrücklich fassbar, dass die Welt und damit die Menschen und ihre Geschichte ein Ende haben könnte. Wird dieses mögliche Nicht-mehr-Sein der Welt und der Menschen hermeneutisch-ontologisch mit deren (Noch)-Dasein verschlungen, ist das menschliche Dasein sich selbst immer schon voraus. Dadurch dass das Ende der Lebenswelt in die Verfügungsmacht der Menschen gelangt ist, ist es zu ihrer spezifischen, unbezüglichen und unüberholbaren Möglichkeit geworden – dies insbesondere darum, weil es nicht die Generation derjenigen betrifft, die diese Technologien in Gang setzen, sondern die kommenden Generationen als deren Andere. Es gilt hier zwei wechselseitig verstrebte Aspekte zu unterscheiden: Zum einen die Verschiebung von Freiheit des Handelns zu Verantwortung des Handelns und zum anderen die Frage, inwiefern gerade die Anerkennung der Handlungsmöglichkeiten Anderer der zwingende Grund dafür ist, die eigene Handlungsfähigkeit einzuschränken.

M. Heideggers Konzept der Freiheit zum Tode geht von der gewissen Endlichkeit des Individuums aus. Das Sich-Frei-Machen für diese absolute Grenze befreit aus den Zwängen der kontingenten Handlungsmöglichkeiten, da es das Individuum mit seiner eigensten (Un-)Möglichkeit in Kontakt bringt. Das mögliche Ende der Lebenswelt hat nicht diesen absoluten Charakter, da es zurzeit nicht das Ende des Daseins der handelnden Personen bedeutet, vielmehr das Nicht-Dasein der künftigen Generationen. Die Anerkennung der Risiken der entwickelten Technologien betrifft deshalb nicht die Freiheit, diese Technologien zu nutzen oder nicht – diese (kontingente) Freiheit steht den Menschen mit der Entwicklung dieser Technologien zu, sie sind nicht gezwungen, das anzuwenden, was sie an neuen Handlungsmöglichkeiten entwickeln. Die Verwandlung der Kontingenz dieser Handlungsmöglichkeiten in eine prinzipielle Verantwortung gründet vielmehr in der Anerkennung der Möglichkeit des Anfangens künftiger Generationen.

Fragen zu einer zeitlichen Konstitution des Ethischen 49

In M. Heideggers Konzeption der Freiheit zum Tode ist mit dieser Freiheit der Entscheidung für die eigene Individualität notwendig die Anerkennung der Anderen mit ihrer Freiheit zum Tode verbunden. Auch wenn er nicht explizit darauf reflektiert, impliziert die Freiheit zum Tode die Anerkennung des eigenen Geboren-Seins und des Geboren-Seins Anderer als konstitutiv für die Möglichkeit der Freiheit zum Tode. Bei der Heideggerschen Freiheit zum Tode handelt es sich im Arendtschen Sinn um eine qualifizierte Form des Anfangens und umgekehrt: bei H. Arendts Konzeption des Anfangens handelt es sich um eine qualifizierte Form der Freiheit zum Tode. Die Anerkennung Anderer als mit ihrer eigenen Möglichkeit des Anfangens Geborener oder künftig Geboren-Werdender ist heute durch die mögliche Zerstörung der Lebenswelt in Frage gestellt. Die Verwandlung der kontingenten Handlungsfreiheit in eine prinzipielle Verantwortlichkeit derjenigen, welche über das Ende der Lebenswelt verfügen können, erfordert die Anerkennung hier und jetzt des je eigenen Neuanfangens künftig Geboren-Seiender, das sich ins bestehende Gewebe menschlichen Handelns einflicht und daran weiterwebt. Denn erst das Einflechten künftiger Handlungen ins bestehende Gewebe befestigt das heutige Handeln, indem es ihm seinen Sinn gibt. Darin und nicht in der immensen Beschleunigung des technologischen Fortschreitens gründet letztlich das von Hans Jonas postulierte Prinzip Verantwortung.

5. Konsequenzen eines ontologischen Zeitverständnisses für die Ethik

Die Anerkennung der Zeitlichkeit des Seins verändert die ontologische Dimension grundlegend. Wenn das Reich des Seins nicht mehr ewig und unveränderlich ist, stellen insbesondere das Anfangen und das Enden privilegierte Momente zeitlicher Erfahrung dar, die ihrerseits für die kontingente Lebenszeit zu ontologischen Paradigmata werden. Zugleich wandelt sich der Begriff der Zeit durch die Integration in die Ontologie. Die neuere Ontologie arbeitet anhand des Sprechens vom Sein und von privilegierten Momenten des Seins sowie des Sprechens vom Werden an der Offenlegung grundlegender Faktoren der Zeiterfahrung. Es handelt sich nicht mehr um ein lineares Verständnis des Fortschreitens der Zeit, in dem wir aus der Gegenwart auf eine abgelaufene und endgültig gegebene Vergangenheit zurückblicken und auf eine sich erst abzeichnende Zukunft vorausblicken können. Die Gegenwart ist nicht mehr durch die Vergangenheit bestimmt und sie prägt ihrerseits die Zukunft nicht mehr. Anders gesagt, teleologische Konzeptionen sowie naturwissenschaftliche Ursache-Wirkungs-Muster spielen in diesem ontologischen Zeitverständnis keine Rolle. Sowohl Hannah Arendts Konzeption des Anfangens als auch Martin Heideggers Freiheit zum Tode integrieren diese Grenzdimensionen der zeitlichen Existenz in die Erfahrung der Lebenszeit und eröffnen dadurch in der Zeiterfahrung selbst dieser inhärente Dimensionen. Diese innerzeitlichen Dimensionen sind deshalb für ethische Freiheit konstitutiv, weil sowohl die Geburt als auch der Tod Phänomene sind, welche in einem sowohl die Beziehung zum Anderen als auch die Abgrenzung vom Anderen ontologisch fassbar werden lassen. Aufgrund der Integration dieser Grenzphänomene in die individuelle Lebenszeit ist das einzelne Dasein zwingend mit dem Dasein der Anderen verschränkt. In diesem ontologischen Sinn findet personales Leben immer schon in einer ethischen Dimension statt.

Wie gesagt, aufgrund der Integration von Geburt und Tod als ontologischen Kategorien in die Zeit, wird diese in sich mehrdimensional. Die drei klassischen Zeitaspekte von Vergangenheit, Gegenwart und Zukunft sind unauflöslich ineinander verschlungen. Jedes Anfangen nimmt die Möglichkeit des ersten Anfangens des Geboren-Seins auf und löst sich aus seiner Kontingenz durch die Konfrontation mit der uneinholbar bevorstehenden Erfahrung des Noch-Nicht des eigenen Todes. Die Bewegung ist also nicht linear. Das passende Bild ist vielmehr ein Knoten, der durch die Verschlingung zunehmend an Umfang gewinnt. In der ontologischen Zeit des Daseins gibt es die Möglichkeit – sei es durch Verzeihen oder durch die erneute Entscheidung für die Freiheit der eigenen Endlichkeit –, neu anzufangen. Damit wird das Geschehene nicht ungeschehen, aber es kann (vielleicht) durch den Neuanfang verändert werden. Und das neue Handeln kann sich bestenfalls aus den Verstrickungen ins Vergangene lösen. Diese Möglichkeit des ontologischen Neuanfangens kann aber nicht ohne weiteres in andere Zeitgefüge, beispielsweise das des naturwissenschaftlichen Handelns übertragen werden. Bereits 1958, im Erscheinungsjahr der englischen Erstausgabe von *Vita activa*, warnte Hannah Arendt vor derartigen leichtfertigen Übertragungen. Sie hält fest, dass die Möglichkeiten der Begrenzung des Machtpotentials des Handelns auf die „Pluralität des Beziehungsgeflechts einer Mitwelt"[34] angewiesen sind. „Da die vom Handeln selbst erzeugten Gegenmittel gegen die ungeheuer widerstandskräftige Zähigkeit seiner eigenen Prozesse nur dort ins Spiel kommen, wo die Pluralität einer Mitwelt das Medium des Handelns ist, ist es so außerordentlich gefährlich, dieses Vermögen außerhalb des Bereichs menschlicher Angelegenheiten zu betätigen. Die moderne Naturwissenschaft und Technik, für welche Naturprozesse nicht mehr Objekt der Beobachtung oder ein Kraft- und Material-Reservoir oder Gegenstand der Nachahmung sind, sondern die tatsächlich in den Haushalt der Natur hineinhandeln, scheinen damit Unwiderruflichkeit und Unabsehbarkeit in einen Bereich getragen zu haben, in dem es kein Mittel gibt, Getanes und Geschehenes rückgängig zu machen."[35]

---

[34] Hannah Arendt (s. FN 21): 304.
[35] Ibid.: 304.

6. Onto-Logie – das Sprechen vom Sein und die zeitliche Fundierung des Ethische

Ontologie bedeutet wörtlich: Sprechen vom Sein sowie *logos* des Seins. Das Sprechen von etwas aktiviert immer auch unterschwellige Implikationen dessen, worüber einer bestimmten Logik gemäß gesprochen wird. Die philosophische Arbeit sucht in der Ontologie dem *logos,* der dem Sein inhärent ist, anhand der Weisen des Sprechens vom Sein auf die Spur zu kommen. Dieser *logos* betrifft in dem an Platon anschließenden Verständnis der Philosophie auch Grundfragen der Ästhetik und insbesondere die Ethik. Wenn die Konzeption der Ontologie grundlegend verändert wird – wie dies aufgrund der Integration der zeitlichen Dimension ins Sein der Dinge, der Welt und der Menschen der Fall war – hat diese Veränderung unweigerlich Konsequenzen für Ästhetik und Ethik. Und zugleich bringt die Begründung ethischer Freiheit aus der Erfahrung zeitlicher Grenzphänomene heraus notwendig elementare Strukturen des onto-logischen Gefüges zur Sprache. Die oben knapp skizzierten Konzeptionen der Verortung ethischer Handlungsfreiheit in der zeitlichen Konstitution der menschlichen Person und der Anderen von M. Heidegger, H. Arendt und H. Jonas entwickeln deshalb für ihr Vorhaben komplexe Sprach- und Argumentationsstrukturen. Dies ist notwendig, um dem in sich vieldimensionalen und verschlungenen Geschehen der Verzeitlichung der Ontologie durch die Verwendung der linearen Strukturen der Sprache – Syntax des Satzes und Textaufbau entwickeln sich klar von einem Anfang zu einem Ende und beanspruchen dadurch auch eine bestimmte fortschreitende Zeit – keine Gewalt anzutun. Die oft als schwierig gerügte Sprache der Ontologie ist kein Selbstzweck. Sie versucht vielmehr Sprache so zu verwenden, dass durch die Sprache hindurch etwas zur Sprache kommt, das von deren grammatikalisch korrekten Strukturen, die unter anderem bereits eine bestimmte Zeitlichkeit implizieren, verdeckt wird. Die Arbeit an und mit der Sprache dient also nicht lediglich der Vermittlung von Inhalten. Sie entwickelt eine Reflexion auf jene Dimensionen, welche einem bestimmten Gehalt inhärent sind. Diese Dimensionen sind in unserem Fall: Anfang und Endlichkeit der Existenz sowie ihre unauflösliche Bezogenheit auf das/die/den Andere/n. Es geht um die Verfassung einer ontologischen Dimension, innerhalb derer eine zeitliche Konstitution des Ethischen nachvollziehbar wird.

7. Schluss

Wie zu Beginn des Aufsatzes festgestellt, muss die Konstitution ethischer Freiheit für zwei verschiedene Paradigmen unterschiedlich situiert werden. Einerseits, wie beispielsweise in der Antike, in einem Paradigma der Zeitlosigkeit und andererseits anhand der Reflexionen der Philosophie der Neuzeit in einer zeitlichen Konzeption der Ontologie. Die Voraussetzungen für Freiheit und ethisches Handeln müssen für beide Konzeptionen je eigens reflektiert werden. Interessanterweise werden gerade die zeitlichen Grenzerfahrungen von Geburt und Tod in der zeitlichen Konzeption der Ontologie zu paradigmatischen Konstituentien ethischer Freiheit. Der Grund dafür ist, dass diese Grenzphänomene über ihre zeitlichen Implikationen hinaus die Beziehungssituation der menschlichen Person betreffen. Die Integration in eine – wie auch immer geartete – Mitwelt durch die Geburt und die positive Entscheidung für sein Selbst in der Abgrenzung von den Anderen dieser Mitwelt in der Freiheit zum Tode sind unerlässlich für die zeitliche Konstitution des Ethischen.[36]

Die Verankerung der zeitlichen Konzeption des Ethischen in der Beziehungskonstellation der Menschen verändert ihrerseits das Verständnis der Zeit. Durch die Möglichkeit des Neuanfangens und der Entscheidung für die jedem Menschen ganz eigene Freiheit (zum Tode) sind Gegenwart und Zukunft, aber auch Vergangenheit nicht endgültig determiniert. Jede Handlung kann von anderen Personen aufgenommen, befestigt oder verändert werden. Die Möglichkeit der Veränderung kann von unterschiedlichem Gewicht sein. Wiederholungen sind Paradebeispiele für das Ineinander der Zeitmomente. Beim Wiederholen wird etwas Vergangenes aufgenommen, iteriert und zugleich in die Zukunft hineingetragen. Damit ist die Zukunft aber nicht determiniert. Selbst kleinste Verschiebungen im Geschehen des Wiederholens eröffnen minimale Spielräume, die sich vergrößern können. Zudem können Wiederholungen und deren Verschiebungen von anderen Menschen aufgenommen werden, die so ihrerseits zur Unabsehbarkeit einer einmal gesetzten Handlung beitragen. Repetitive Strukturen, beispielsweise die alltägliche Routine, mit ihrem – wenn auch beschränkten – Veränderungspotential schaffen eine Basis für eine ethisch reflektierte Freiheit des Handelns als Neuanfangen. Die bedingte Freiheit menschlichen Handelns ergibt sich aus der Situierung in einer komplexen Verschlingung der ontologisch relevanten Zeitmomente von Geborensein und Tod, deren wiederholtem Von-Neuem und Noch-Nicht, im Hier und Jetzt. Diese Freiheit ist – wie Hannah Arendt eindrücklich aufzeigt – immer auf den (Sinn-)Zusammenhang der menschlichen Mitwelt angewiesen.

Dieser Sinnzusammenhang der Mitwelt ist für die neuen Handlungsmöglichkeiten der Biotechnologie (noch) nicht gegeben. Zu deren Legitimierung wird deshalb auf Mythologie und Religion Bezug genommen. Rückgriffe auf Schöpfungsmythen zur Rechtfertigung der neuen Technologien suggerieren, die Biotechnologie könne die Menschen aus der im naturwissenschaftlichen Weltbild dominanten kausalen Determinierung hinaus in eine absolute Freiheit führen. Sie entwickeln ein Heilsprogramm der Befreiung des Menschen aus seinen körperlichen Begrenzungen: Indem der Mensch zum Schöpfer seiner selbst werde, soll er ewiges Leben und absolute Erkenntnis erhalten – ohne deswegen aus dem Paradies vertrieben zu werden. Die oft simplifizierende Verwendung klassischer Mythologeme betreibt aber gerade

---

[36] Dass und inwiefern das Sein in Gemeinschaft und damit die Anerkennung von Alterität auch für die nichtzeitliche Konstitution ethischer Freiheit grundlegend ist, müsste eigens gezeigt werden. Die dazu notwendigen ausführlichen Erörterungen können im Rahmen dieses Aufsatzes nicht entwickelt werden.

die Abschließung des Potentials der Anerkennung von und Öffnung auf Alterität hin, das eine Sozietät und Realität konstituierenden Kraft echter Mythen und Gründungserzählungen ist.

Der Versuch der Abschaffung von Sterblichkeit und individuellem Geboren-Sein durch die neuen Biotechnologien arbeitet letztlich an der Abschaffung der Zeit und indirekt an der Abschaffung der Mitwelt. Es geht darum, die menschliche Person aus den bis anhin gültigen nichtdeterministischen Zusammenhängen zu lösen,[37] indem sie in neue wiederholbare und damit (bio-)technisch verwertbare Kausalzusammenhänge integriert wird. Die Biotechnologie arbeitet im Rahmen eines linearen Zeitverständnisses mit repetitiven Strukturen, die sich idealiter nicht verändern sollen. Diese kausal determinierten Wiederholungsmuster sind letztlich an einem Paradigma der Zeitlosigkeit orientiert.[38] Es handelt sich hier um die naturwissenschaftliche Form der ‚ewigen Wiederkehr des Gleichen', gegen deren Reduktionismus Friedrich Nietzsche eine nicht an repetitiven Mustern orientierte ‚fröhliche Wissenschaft' postulierte. Der aufgrund der Möglichkeiten der Biotechnologie in Aussicht gestellte Austritt der menschlichen Person aus dem verschlungenen Geborensein, Werden und Sterben in der Zeit und damit aus der Mitwelt impliziert letztlich die Utopie der Befreiung von der Zeit selbst. Mit dem Wegfall des zeitlichen Konstitutionsmoments der Ethik bliebe lediglich die phänomenale Mehrdeutigkeit mit ihren Wahl- und Entscheidungsmöglichkeiten als ethisches Konstitutionsmoment.

---

[37] Dies gilt auch für die biologische Sicht der menschlichen Person. Aufgrund der komplexen Vieldeutigkeit des biologisch Gegebenen kann nicht von einer Determinierung der individuellen Person durch das Genom gesprochen werden. Vgl. dazu Eva M. Neumann-Held in: „... und erschaffen den Menschen nach ihrem Bilde". in: *Der Traum vom „besseren" Menschen. Zum Verhältnis von praktischer Philosophie und Biotechnologie.* Hrsg. von Rudolf Rehn; Christina Schües und Frank Weinreich. Reihe: Praktische Philosophie kontrovers, Band 1, Peter Lang: Frankfurt/M. u.a., 2003: 283–322, insbesondere 299–305, mit weiterführenden Literaturhinweisen.

[38] Dieses Paradigma naturwissenschaftlicher Zeitlosigkeit hat sich zwar aus der antiken, an unveränderlichen Ideen orientierten Ontologie herausentwickelt, dabei aber die der antiken Ontologie implizite Ethik und deren spezifische Bezogenheit auf Alterität abgestreift.

II. VERANTWORTUNG, RISIKO UND SCHULD

4

ZUR LETZTEN INSTANZ
'Verantwortung' auf der Schnittstelle von Religion und Moral

JOACHIM VON SOOSTEN

Das Zeitproblem wird zum ersten Mal bei Descartes' Vorschlag einer ‚morale par provision' zum ausdrücklichen Reflexionsgegenstand der Ethik. Zeitliche Knappheit und moralischer Überschuss, Kontingenz und Risikoeinstellungsklassen, Moral unter Unsicherheit sind Fragestellungen, die das Provisorium als eigentlichen Leistungsbereich des Ethischen erscheinen lassen. In das Blickfeld rückt eine Dynamisierung der Moral, die sich ihrer Kontingenz in Form einer elastischen Normativität bewusst wird. Mit der Vorstellung einer provisorischen Moral scheint zunächst ein Grundbegriff der Ethik zu konkurrieren, der sein zeittheoretisches Profil, jedenfalls seiner mythotheologischen Herkunft her, sich nicht von einem Provisorium herleitet, sondern gerade vom Ende der Zeit, der Imagination des jüngsten Gerichts und der Vorstellung einer letzten Instanz seinen Ausgang nimmt. Gemeint ist der Begriff der Verantwortung. Im Rahmen der überaus reizvollen Frage nach der ‚Zeit' als Thema der Ethik soll in der folgenden Studie der Grundbegriff der Verantwortung in einer Reihe von Mustererzählungen in historischer wie aktueller Absicht verfolgt werden.[1]

Der Begriff der Verantwortung gehört in das allgemeine Repertoire der ethischen Grundbegriffe. Wer etwas auf sich hält und sich des öffentlichen Beifalls sicher werden will, der tauft seine Aktionen auf das Gütesiegel der Verantwortung. Die Konjunktur des Spracheinsatzes mag man kritisieren. Immerhin schwingt darin ein Zusammenhang mit, der einer Problemgeschichte der Dogmatik und theologischen Ethik als Konnex zwischen Verantwortung und Gericht bekannt ist. Wer im Kirchenjahr beheimatet ist, dem ist die Verbindung vertraut. „Denn wir alle müssen

---

[1] Die folgende Studie verdankt sich der Anregung durch das Basler Projekt zur Erkundung der ‚Zeithorizonte des Ethischen'. Meine eigenen Überlegungen haben sich dabei in zwei Arbeitsgänge aufgespalten: zum einen die Linie der Verantwortungsethik (‚Zur letzten Instanz'), die hier verfolgt wird, zum zweiten die Linie der provisorischen Moral (‚Zur dritten Halbzeit. Zeitliche Knappheit und moralischer Überschuss'). Dem Festschriftenkalender geschuldet, habe ich zunächst den ersten Arbeitsgang in Angriff genommen; die vorliegende Studie ist deswegen bereits in der Festgabe für Yorick Spiegel veröffentlicht worden: *An den Rändern*. Hg. von Ilona Nord und Fritz Rüdiger Volz, Münster 2005, 325–345. Der zweite Arbeitsgang soll sich daran anschließen.

offenbar werden vor dem Richtstuhl Jesu Christi" heißt das Geschichtszeichen, auf das im Kirchenkalender am vorletzten Sonntag des Kirchenjahres gedeutet wird.[2] Die religiöse Spur hat sich keineswegs verloren. In der Gottesformel des Grundgesetzes klingt dieses Deutezeichen nach. „Im Bewusstsein seiner Verantwortung vor Gott und den Menschen" hat sich das ‚Deutsche Volk' „dieses Grundgesetz gegeben", so heißt es in der liturgischen Einleitungsformel.[3]

Der Karrierebeginn der Rede von Verantwortung liegt historisch besehen in den theologischen Traktaten über die Lehre von den letzten Dingen (De novissimis) verschüttet. Von hier aus ist die Wendung spätestens Mitte des 18.Jahrhunderts in die deutsche Sprache eingewandert. Seine Karriere steht im Zeichen einer Migration. Die Feingeschichte dieses Umbaus, die Geschichte der Auswanderung der Frage nach Verantwortung aus den Eschatologietraktaten über das Ende der Welt und seine Einwanderung in die Überlegungen über die Anfänge der Moral ist zwar noch ungeschrieben, aber der Herkunftskontext der Eschatologie blieb dem Begriff in seiner Wanderung spürbar erhalten.[4]

Systematisch besehen steht der Begriff in der Spannung zweier Zeiten: der Säkularzeit (Geschichte) zum einen und der Umwendung des Säkularkalenders (Eschatologie) zum anderen. Behält man die eschatologische Herkunft der Rede von Verantwortung im Blick, dann bleibt deutlich, dass der Verantwortungsbegriff seine Heimat in gleich zwei Zeitzonen besitzt. Der Zwischenstand, der aus der Zweiheimatgeschichte von Verantwortung resultiert, bestimmt die Sprachwendung als Problembegriff.[5] Problembegriffe sind Musterfälle von Schwierigkeiten, die als exemplarisch gelten dürfen.[6]

Als Problembegriff erzählt der Ausdruck Verantwortung von einer Paradoxie. Verantwortung besagt, sich vor einer letzten Instanz für etwas (Tun und Unterlassen: Werke und Folgen) verantworten zu müssen (Forum: Eschatologie), was in der verletzlichen Zeit (Forum: Geschichte) gerade ohne Endabrechnungen, Letztbegründungen oder eine Justiz der letzten Instanz wird auskommen müssen. Dass Verantwortung eine Parole ist, die eine eigene Problemgeschichte aus sich entlässt, sieht man daran, dass man auf diese Paradoxie höchst verschieden antworten kann.

Die Antwortgeschichte auf das Zweiheimatproblem von Verantwortung soll in den folgenden Meditationen aufgenommen werden. Sie betreffen die Zeithorizonte

---

[2] 2. Korinther 5, 10.
[3] Über den performativen Charakter der Einleitungsformel vgl. Peter Häberle: Präambeln im Text und Kontext von Verfassungen, in: ders.: *Verfassungslehre als Kulturwissenschaft*, 2. Aufl. Berlin 1998, 920ff.; Ders.: Europäische Verfassungslehre, 2. Aufl. Baden-Baden 2004, 272ff.
[4] Für die Gerichtsszene vor dem Jüngsten Gericht, auf der Rede und Antwort gestanden werden muss, ist besonders einflussreich die Propaganda des religiösen Flugblattes, vgl. hierzu William A. Coupe: *The German illustrated broadsheet in the seventeenth century. Historical and iconographical studies*, Baden-Baden 1966/67.
[5] Es bleibt das Verdienst von Georg Picht, dass er als erster auf diese Problematik hat aufmerken lassen, vgl. ders.: Der Begriff der Verantwortung (1967), in: ders.: *Wahrheit, Vernunft, Verantwortung. Philosophische Studien*, Stuttgart 1969, 318–342.
[6] Zum Ansatz der Problemgeschichte vgl. Otto Gerhard Oexle (Hg.): *Das Problem der Problemgeschichte*, Göttingen 2001.

des Ethischen auf der Schnittstelle von Religion und Moral. Die erste und geschichtlich durchgespielte Möglichkeit besteht darin, die eschatologische Signatur des Begriffs dadurch aufzulösen, dass man sie ins Geschichtliche einbildet. Insofern beginnt diese Form der Entparadoxierung von Verantwortung mit der Epoche von Kant. Sie erstreckt sich von Isaac Iselin über Herder, Schiller bis hin zu den Vorlesungen über die Philosophie der Geschichte von Hegel und sie endet mit Max Weber (II und III). Die Folgen dieser Entparadoxierung zeigen sich daran, dass die Paradoxie an einer anderen Stelle wieder auftaucht, die sich schon bei Max Weber als Hintergrund abzeichnet: der Verantwortungsethik im Zeichen der ‚Überredung des Unabänderlichen' (IV). Gericht ins Geschichtliche verlegt, beschwört Schicksal geradezu herauf. In Kontrast dazu soll eine Spur verfolgt werden, die mit der Intensivierung der Paradoxie zu tun hat. Etwa dem Gegensatz zwischen Schicksalszeit und der Öffnung der Zeit (I) sowie der Unterscheidung von Säkularzeit und liturgischer Zeit (V). Diese Spur führt auf ein Feld, auf dem Verantwortung gerade dort entdeckt werden kann, wo nicht die Stimme des Gesetzes regiert, sondern ein Mitwissen über die Schatten im eigenen Wissen (VI). Eine erneute Wendung ins Moralische (VII) schließt die Erkundung der Problemgeschichte ab.

1. Das siebte Siegel

Vor Gericht heißt es Rede und Antwort zu stehen. Rechenschaft wird verlangt. Verschiedene Überlieferungsstränge der Rede vom Weltgericht, dem Tag des Herrn oder dem Gerechten Gericht kommen darin überein, dass dieses Gericht nach den Werken erfolgen wird. Es sind die Werke, die vor Gericht als Zeugen auftreten. In das Antwortregister der Vorstellung vom Jüngsten Gericht und den darin eingeschlossenen Begriff der Verantwortung gehört der Zeugnischarakter der Werke. Das Tun bleibt nicht folgenlos; Täter werden behaftet mit den Folgen ihrer Taten; Ausreden sind nicht mehr möglich. Ob das Gute oder ob das Böse gewirkt wurde, zählt vor dem ‚gerechten Gericht Gottes'[7] und bestimmt das Urteil, das auf diesem Forum erfolgt.

Das gerechte Gericht macht vor allem deutlich, womit der Richter nichts anfangen kann. Darum besteht das Gericht in einer Rückgabe.[8] Womit man nichts anfangen kann, das wird zurückgegeben. Vergiftete Gaben fallen auf den Geber zurück. Insofern unterbricht das gerechte Gericht die Kreislaufwirtschaft falscher Gaben. In der Ökonomie des Heils bedeuten vergiftete Gaben in Wahrheit einen Raub – einen Raub an Wahrheit. Das Gericht zielt weniger auf Vergeltung, sondern mehr auf Rückgabe.

Allerdings kann sich durch die Erinnerung an das Gericht nach den Werken und damit auch über die Verantwortungsethik ein neuer Machzwang aufbauen. Das Ge-

---

[7] Vgl. Paulus: Römerbrief 2, 1–11.
[8] Vgl. Römerbrief 2,5.

richt nach den Werken erlöst in diesem Modell gerade nicht vom Zwang, das Gute machen zu müssen, sondern führt geradezu tiefer in den Machzwang hinein. Wo aber Machzwang herrscht, da stellt sich Machsal ein. Moral gerät unter Herstellungsdruck, ultimativ verstärkt durch drohendes Gericht. Diese Lesart der Allegorien vom Weltgericht war vielfach dominant und hat die älteren Traditionen der kirchlichen Dogmatik bestimmt.[9] Nicht Erlösung von Machsal, sondern Verstärkung von Machzwängen, so lautete hier die Funktion der Imagination vom letzten Gericht für das Anforderungsprofil von Moral. Man steht in der Urszene von Ethokratie, die sich in unterschiedlichen Spurenelementen bis heute in bestimmten Versionen der Verantwortungsethik erhalten hat.[10]

Die Weichenstellung, die auf neue Machzwänge führt, hat damit zu tun, das die Formulierungen vom Guten, das gewirkt wird, und dem Guten, das gemacht wird, in der neuzeitlichen Geschichte des Machens unter dem Primat von Praxis äquivok behandelt werden. Löst man diese Äquivokation auf, dann bedeutet das Gute *wirken* an erster Stelle nicht geradewegs das Gute *machen*. Das Gute wirken, heißt vielmehr, das Gute *leiden* können. Der Topos vom letzten Gericht will auch in dieser Richtung ausgewertet werden. Wenn die Unterscheidung zwischen dem Guten, das gemacht werden muss, und dem Guten, das man leiden kann, zentral ist, dann bedeutet das Gerechte Gericht zugleich das Ende der Machsal. Ethiktheoretisch betrachtet: Eine Justiz letzter Instanz in den Angelegenheiten menschlicher Gerechtigkeit (‚Infinite Justice') wird ebenso blockiert wie ein Machzwang des Guten im Namen von Moral.[11] Das religiöse Bild vom gerechten Gericht blockiert das unmerkliche Übergleiten von Moral in schlechten Moralismus.

Neben dem Gedanken von dem Ende der Machsal muss die Funktion der Allegorien vom Jüngsten Gericht für das eschatologische Geheimnis der Zeit beachtet werden. Parallel zum Ende der Machsal kulminiert das Bild der letzten Instanz in einer weiteren Beendigung: es betreibt das Ende des Schicksals. Schicksal heißt, dass die Episoden der Zeit und Geschichte in einem unumkehrbaren Richtungssinn geordnet und gegeneinander abgedichtet werden. Durch diese Ordnung werden die Episoden der Zeit in die Form der Unabänderlichkeit gebracht. Unabänderlichkeit ist aber ein anderer Name für Schicksal. Mit dieser Form bricht das Gericht. Wenn ‚alles' offenbar werden wird, wenn die ‚Siegel' aufgebrochen werden,[12] dann kann eben ‚alles' in der Geschichte nicht mehr vom Sättigungsgrad des Unabänderlichen her betrachtet werden.

---

[9] Für das Spätmittelalter vgl. die Studie von Reinhard Schwarz: Die spätmittelalterliche Vorstellung vom richtenden Christus – ein Ausdruck religiöser Mentalität, in: *GWU* 32 (1981), 526–553; für die Epoche von der Reformation bis zur Aufklärung vgl. Erhard Kurz: *Protestantische Eschatologie* (Handbuch der Dogmengeschichte Bd. IV(7.1), Freiburg/Basel/Wien 1980, 57–62, 66ff.
[10] Prominentes Beispiel dafür ist Hans Jonas: *Das Prinzip Verantwortung. Versuch einer Ethik für die technologische Zivilisation*, Frankfurt am Main 1979.
[11] Zum derzeitigen Moralismus im Zeichen einer Politischen Theologie vgl. Erhard Eppler: Amerikas Waffenjustiz, in: *Frankfurter Allgemeine Sonntagszeitung*, Nr.39, 28.9.2003, S.13.
[12] Offenbarung des Johannes, Kapitel 5.

Schicksal versiegelt die Zeit; es legt die Geschichte auf das Unabänderliche fest. Gericht öffnet die Siegel. Wenn versiegeln mit ‚verschließen' und als ‚Eigentum markieren' übersetzt werden kann, dann bedeutet das im Zusammenhang der endzeitlichen Ereignisse eingespielte Bild von der Öffnung der Siegel nichts weniger als die Öffnung der Zeit. Das letzte Gericht entscheidet im Sinne einer Öffnung der Zeit und bricht damit mit der Vorstellung, die den Lauf der Zeit auf das Unabänderliche feststellt und damit perfekt macht. Das Unrecht und der Schrecken, die Schmerzen und der Raub der Wahrheit bleiben nicht abgeschlossene Episoden. Die Bilder und Geschichten vom Jüngsten Gericht gehören in den Fortsetzungsroman des Antifatalismus, der das Christentum seit den Tagen der Alten Kirche geprägt hat.[13]

Beide Akzente, das Ende der Machsal und das Ende des Schicksals, setzen auf eine Differenz: die Unterscheidung von Geschichte und Eschatologie. Man kann vermuten: Wird die Differenz aufgelöst und ins Geschichtliche selbst verlegt, müssen die Figuren der Machsal und des Schicksals wiederkehren. Moral und Religion geraten sowohl unter den Machzwang des Guten wie unter die Macht des Schicksals. Genau dies ist der Fall, als das Bild der letzten Instanz aus der Eschatologie in die Geschichte hinein genommen und mit Moral verbändelt wird.[14] Nun kann man sich das Gute nicht mehr gönnen, sondern man muss es machen. Nun kann man nicht mehr Schicksal spotten, sondern man muss es selber spielen. Wir hören die Stimme der Aufklärung: „Was der Mensch im moralischen Sinne ist, oder werden soll, dazu muss er sich selbst machen."[15]

2. Philosophischer Chiliasmus

Das Jüngste Gericht steht auf der Schwelle einer Zeitenwende. Nur so lässt es sich erklären, dass die Lehre von den letzten Dingen (Eschatologie) in der traditionellen Dogmatik präziser zur Lehre von den neuesten Dingen (De novissimis) zählt. Alles muss durch die Mühle der Zeit. In den Bildern des Jüngsten Gerichts am Ende aller Tage wird jedoch eingespielt, dass auch das Kontinuum der Zeit und der Geschichte zerbrechen wird. Nur darum kann der Tag, an dem alles offenbar werden wird, zugleich als Ende der Machsal wie als Ende des Schicksals ausgewiesen werden. Nichts bleibt gefangen im Räderwerk der Zeit.

---

[13] Vgl. H.O. Schröder: Art.: Fatum, in: *RAC* 7 (1969), 579ff. (524–636).
[14] Für die Temporalstrukturen dieser Umbildung vgl. Reinhart Koselleck: Zeitverkürzung und Beschleunigung. Eine Studie zur Säkularisation, in: ders.: *Zeitgeschichten. Studien zur Historik*, Frankfurt am Main 2000, 177–202.
[15] Immanuel Kant: *Die Religion innerhalb der Grenzen der bloßen Vernunft* (Werke in zehn Bänden, Darmstadt 1968, Bd.7), 694. – Nachweise der Zitate Kants erfolgen im laufenden Text unter Angabe des Bandes und der Seitenzahl in Klammern. Zugrunde gelegt wird die zitierte Werkausgabe von Wilhelm Weischedel in der zehnbändigen Ausgabe der Wissenschaftlichen Buchgesellschaft. Kürzel der zitierten Schriften: StF: Streit der Fakultäten; MS: Metaphysik der Sitten; Rel: Die Religion innerhalb der Grenzen der bloßen Vernunft; KpV: Kritik der praktischen Vernunft; MTh: Über das Misslingen aller philosophischen Versuche in der Theodizee; GWA: Idee zu einer allgemeinen Geschichte in weltbürgerlicher Absicht; ED: Das Ende aller Dinge.

Es ist der phantasmatische Horizont der Rede von der Zeitenwende, der einen nahe liegenden Gedanken aus sich heraussetzt. Denn die Zeitenwende kann gelassen erwartet werden, wenn etwas ausgemacht werden kann, was keinem Zeitwechsel unterworfen ist, was also unsterblich genannt zu werden verdient. Man muss dieses Szenario vermuten, um die Anstrengung von Kant zu begreifen. Um eine Antwort, was dem Zeitwechsel entzogen bleibt, ist Kant nicht verlegen. Es ist die Gesinnung (vgl. ED: 9, 183). Jedoch wird der eschatologische Bezugshorizont des letzten Gerichts durch die Vorstellung einer Instanz, die dem Zeitwechsel entzogen bleibt, keineswegs ausgeschaltet. Denn in dem, was dem Zeitwechsel entzogen ist, spielt sich nun selbst das Drama des Gerichts in der Zeit ab.

Kant bietet drei Kandidaten an, durch die die Gerichtsmetaphorik des Christentums bezüglich des Zusammenhangs von Ethik, Geschichte und Gotteslehre neu gelesen wird. Kants Lesart bedeutet nichts anders als eine Verwindung des Christentums als philosophische Rekonstruktion ihrer Themenbestände im Zeichen desselben.[16] Die Kandidaten heißen: Gewissen, Geschichte, Postulate.

Der jüngste Tag könnte an den Tag bringen, dass es mit der Welt nicht zum Besten bestellt ist. Kant nennt dies die Unterstellung frommer Schwärmer und charakterisiert sie als „moralischen Terrorismus" (StF: 9, 353). Wäre alles durch die Vorstellung regiert, dass es sich bei der Geschichte um einen Verfall ins Ärgere handeln würde, wäre der Gedanke von Verantwortung überhaupt nicht namhaft zu machen. Wäre alles Irrtum, ließe sich moralische Verantwortung im Horizont von Geschichte gar nicht erst akkreditieren. Es wäre eine Moral, die immun ist gegen Frage und Antwort, gegen Bindung und Verpflichtung als Actus der Freiheit. Diese Kritik führt bei Kant aber keineswegs zur Verabschiedung der Gerichtsmetaphorik. Die Gerichtssituation wird nicht beiseite geschoben, sondern sie wird rekonstruiert: Gericht richtet sich auf im Gewissen. Die moralische Intention der Gerichtsmetaphorik wird bei Kant darin aufrechterhalten, dass das Gewissen als ‚Figurant' des Weltenrichters inthronisiert wird.[17]

In dieser Transformation übernimmt das Gewissen die volle Last des Gerichts. Nicht, dass es darauf beschränkt wird, Zeugnis einer Frage zu geben, die nach einer Antwort ruft, sondern ‚nach Analogie' der Gerichtsmetaphorik muss der auf sein Gewissen Gewiesene als „Angeklagter mit dem Richter als eine und dieselbe Person vorgestellt" (MS: 7, 573) werden. Die Ordnungsform aus Gericht und Gesetz – als Typus der forensischen Ethik – begegnet auf dem Forum des Gewissens.

---

[16] Der Titel Säkularisierung ist für diese Umschichtung ein allzu grobes Schlagwort. Unterscheiden lassen sich verschiedene Aspekte von Säkularisierung: Additive Typen, transformative Typen, evolutionäre Typen und revolutionäre Typen. Kant selbst versteht sich als Reformer und ist daher dem transformativen Typus zuzurechen. Vgl. zu dieser Typologie: *Säkularisierung in den Wissenschaften seit der Frühen Neuzeit*. Band 2. Zwischen christlicher Apologetik und methodologischem Atheismus. Hg. von Lutz Danneberg u.a., Berlin/New York 2002.
[17] Zur Rolle von „Figuranten" in diesem Kontext vgl. Hans Blumenberg: *Die Sorge geht über den Fluß*, Frankfurt am Main 1987, 65.

Das Gewissen ist der Nachfolgekandidat des göttlichen Richters. In der Stimme des verklagenden Gewissens klingt die Stimme des gerechten Richters nach. Dennoch ist die Figur des Richters nicht gänzlich ins innere Forum des Gewissens verlegt, sondern bleibt bei Kant in einer bestimmten Version als externe Garantiemacht der machthabenden Vernunft erhalten. Der Grund dafür liegt in einer Aporie der Moral, wenn man ihre Temporalstruktur bedenkt. Zwar ist die ‚Gesinnung' nach ihrem Charakter als zeitenthoben vorgestellt. Die Gesinnung aber besehen „der Tat nach" (Rel: 7, 720) bleibt mangelhaft. Zeitlosigkeit der Gesinnung und Gutes in der Erscheinung der Zeit laufen in eine Aporie hinein. Aus dieser Aporie hilft nur das Postulat einer Garantiemacht hinaus: die Imagination eines „über alles machthabenden Wesens" (MS: 7, 574) als Postulat, d.h. als Zuwachs der reinen Vernunft in praktischer Absicht. Der Richter überlebt in seiner Funktion als Garantiemacht von Moral. Moral fordert Religion an, um selbst – in der Aporie ihrer temporalen Verfasstheit – stabil zu bleiben.

Wenn zum Begriff der Verantwortung die Imagination eines Forums und eine Form von Rechenschaft auf diesem Forum konstitutiv dazugehört, dann darf Kant als Vertreter von Verantwortungsethik angesehen werden. Verantwortung gehört in das Register möglicher Typen von Antwort. Die Antwortnötigung geht dabei von dem aus, was ‚Stimme' hat, was als ‚Wort' an eine Adresse gerichtet ist. Dass es bei Kant um Antwort in diesem Sinne geht, belegt die Metapher der Stimme. Die „Stimme des Gewissens" (vgl. MS: 7, 532), die „Stimme Gottes" (MTh: 9,116) im gelesenen Buch der Natur und der Geschichte und die „Stimme der Vernunft" (KpV: 6, 146f.) bilden das magische Dreieck des Forums, vor dem die Moral ihre Forderung empfängt und zur Rechenschaft genötigt wird. In diesem Rahmen kann dem großen Gemälde vom „Ende der Welt" (Rel: 7, 801) und dem eschatologischen Aufschluss über den Sinn des „Weltganzen" (9, 132) eine „gute symbolische Bedeutung" (Rel: 7, 802) entnommen beziehungsweise ‚unterlegt' werden. Wenngleich nur „auf dunkele Art" (MS: 7, 547) noch nicht ganz in begriffliche Verfassung gebracht, so müsse doch angenommen werden, dass im Symbol des Weltgerichts dem Prinzip „seiner Taten zu leistenden *Verantwortung* gedacht werden" (ebd.; Hervorhebung JVS) müsse.

Der Topos von der letzten Instanz gehört in die Imagination endzeitlicher Geschehnisse. Endzeit meint ein Doppeltes. Die Zeit kommt an ein Ende und zugleich handelt es sich um den Anfang des Heils. Das Gericht steht im Zusammenhang von Heilsökonomie und Weltgeschichte, setzt aber eine klare Differenz. Heilsgeschichte und Weltgeschichte sind nicht identisch. Kant nimmt diesen Zusammenhang auf. Ausdrücklich bekennt er sich zum Chiliasmus, der in dieser Vorstellung liegt (vgl. GWA: 9, 45; Rel: 7, 682f.). Nicht aber, um die Differenz zu akzentuieren. Gericht – in der Funktion der Herstellung ewiger Seligkeit – wird bei ihm zu einer Angelegenheit in der „eigenen Veranstaltung" (GWA: 9, 46). „Moral ist moralischer Dienst" (Rel: 7, 852) an der Beschleunigung (vgl. GWA: 9, 46) des guten Ausgangs von Geschichte. Sie spielt in dieser Hinsicht selbst Gericht, in dem sie auf die Herstellung von Seligkeit gerichtet wird. Ende und Heil werden in ihrem Vollzug vorangebracht. Insofern darf der Symbolkomplex des jüngsten Tages in eine Version gebracht werden, die „wohl die Hoffnung nähren können", dass der jüngste Tag eher mit einer „Eliasfahrt" als einer Höllenfahrt eintreten werde (ED: 9, 181). Wem leihe ich im Gewissen und im Tun „samt seinen Folgen" (ED: 9, 179) meine Stimme? Der Akzeleration von Heil.

Die Verschärfung der Anforderungen, die man an Geschichte über das Mittel der Moral stellt, ist ein Kennzeichen von Verantwortungsethik aus der Abkunft der Gerichtsphantasie des Christentums. Bleibt die Frage, warum der ‚dunkele' Problemkomplex des Jüngsten Gerichts nicht beherzt beiseite geschoben wird, sondern auch in den Umschmelzungen der Aufklärungsmoral bei Kant noch erhalten bleibt. Das Motiv hierfür lautet drohender Nihilismus. Die mögliche Humanität des Gerichts und sein Missbrauch zu Schreckensgemälden der Furcht steht in keinem Vergleich zu dem, was an Schrecken droht, wenn das Nichts das Reich der Moralität „wie einen Tropfen Wasser trinken" (MS: 7, 585) würde. Gericht in der Form der letzten Instanz heißt bei Kant Hoffnung über Nichts. Gericht ist damit das Geheimnis über das Rätselwort vom „Faktum der Vernunft" (KpV: 6, 142). Ohne diese Ankerfunktion wäre Faktum nichts anderes als Fatum – „trostloses Ungefähr" (GWA: 9, 35).

Freilich ist drohender Nihilismus in der Epoche von Kant noch nicht so zur Erfahrung durchgebrochen, dass er eine eigene Registratur erfährt. Noch dominiert eine teleologisch organisierte Sekurität, die Geschichtsphilosophie und Moral aufeinander einschwört. Die Verfassung des Weltbaus in eine erfreuliche Form zu bringen und den Zeitpunkt dieser Erfüllung „schneller" (GWA: 9,46) herbeiführen zu können, bestimmt den Impetus der Epoche und ihre Version von Moral, gerade auch in der Umbildung der Gerichtsmetaphorik der christlichen Tradition in das Programm einer neuen Forumsethik für die allgemeine Weltgeschichte. Fraglich wird dieser Typ von Ethik erst in dem Moment, in dem die angemahnte Aufgabe der Beschleunigung besserer Zustände im Rahmen einer teleologischen Sekurität durch Erfahrungen überholt wird, die es nicht mehr erlauben, Fortschritt und Zukunft im Programm einer allgemeinen Geschichte in weltbürgerlicher Absicht einzuhegen. Die allgemeine Erfahrung der Beschleunigung der Zeiten sorgt für eine Verschärfung der Zeitaspekte in den Programmelementen der Ethik und führt von dem Schwerpunkt auf der zeitenthobenen Gesinnung (Wechsel unter dem Gesichtspunkt von Dauer) zur neuen Akzentuierung der Beachtung von zeitunterworfenen Folgen (Dauer unter dem Gesichtspunkt von Wechsel). Beschleunigung überholt Teleologie. Den Typ von Ethik, in dem diese Erfahrung ihre Registratur erfährt, den verbinden wir in der Problemgeschichte der Ethik gemeinhin mit den Namen von Max Weber.

3. Schicksal der Zeit

Kants Umbauten am Gerichtsmotiv und der christlichen Eschatologie stellen den Menschheitskalender vor auf Frühlingserwachen und Blütenmonat. Der Hartung des Winters aus Aberglaube, Religionswahn und Fronglauben, so die Aussicht, würde dahinschmelzen. Gefragt, welche Zeit der bisherigen Kirchengeschichte die beste sei, so versichert Kant voller Zuversicht: „es ist die jetzige" (Rel: 7, 797). Anders liegt die Angelegenheit bei Max Weber, dessen Epochenverständnis von einem geradezu konträren Grundgefühl bestimmt wird. Hier regiert die Polarnacht. „Nicht das Blühen des Sommers liegt vor uns, sondern zunächst eine Polarnacht von eisiger Finsternis und Härte", heißt es in „Politik als Beruf" (PB: 251).[18] Vor dem atmosphärischen Hintergrund dieser Ortsbestimmung muss man Webers Einlassungen zur Verantwortungsethik lesen. Der Einsatz der Klimametapher besagt, dass das Gericht bereits im Gange ist.

Die Vorstellung, dass man sich mitten in einer Gerichtssituation befindet, hat wichtige Konsequenzen für das systematische Profil des Typus von Verantwortungsethik, den Weber skizziert. Verantwortung heißt hier weniger Verantwortung vor einem Forum, sondern meint mehr den Gestus auf einem Forum, auf dem Fragen der Ethik andrängen und doch hilflos und ungeschieden ineinander hängen und in „Paradoxien" (PB: 247) verfangen sind. Dem Ruf der Verantwortung folgen, heißt bei Weber: Verbitterung und Banausentum nicht nachgeben, den Weg von Weltflucht nicht antreten (vgl. PB: 251); Verantwortungsethik gebietet: Nur nicht nachgeben, nur nicht schwach werden (vgl. WB: 101). Wenn man aber fragt, was nach Weber Schwäche heißt, dann tritt man in Kontakt mit der Pathosformel, die den Typus der Verantwortungsethik bei Weber beherrscht: „Denn Schwäche ist es: dem Schicksal der Zeit nicht in sein ernstes Antlitz blicken zu können". (WB: 101)

Weber verbindet mit seinem Verantwortungsbegriff den Vorwurf, dass die „Orientierung an dem großartigen Pathos der christlichen Ethik" (WB: 101) uns die Augen dafür geblendet habe, dass die wirkliche Herausforderung der moralischen Existenz und der Ethik des Politischen an der falschen Stelle gesucht wurde. Nicht ein, so lautete noch der Referenzrahmen der Verantwortungsethik von Kant, „über alles machthabendes moralisches Wesen" (MS: 7, 574) könne für ein Forum von Verantwortung unterstellt und in geschichtsphilosophischer Ausdeutung gehandelt werden. Das machthabende Wesen, von dem Kant in Auseinandersetzung mit der christlichen Eschatologie noch sprach, hört jetzt nicht mehr auf den Namen des „gerechten Richters" (KpV: 6, 263) im Verfahren einer „authentischen Theodizee" (MTh: 9, 116). Das machthabende Wesen bei Weber trägt einen anderen Namen, dem sich Verantwortung zu stellen hat: er lautet Schicksal. Woran sich Verantwor-

---

[18] Nachweise auf die Schriften Max Webers erfolgen im Text in Klammern. Zugrundegelegt wird die Max Weber Gesamtausgabe (Max Weber: *Wissenschaft als Beruf, Politik als Beruf*. Hg. von Wolfgang J. Mommsen und Wolfgang Schluchter [MWG Abt.I Bd.17], Tübingen 1992). WB: Wissenschaft als Beruf; PB: Politik als Beruf.

tungsethik, so Weber, abarbeitet, ist das Walten von Schicksal. ‚Für alle Zeit' liegen Ordnungen und Werte in einem Streit. Mit suggestiver Kraft charakterisiert Weber die Situation der Zeit als den ‚Kampf der Götter'. „Und über diesen Göttern und in ihrem Kampf waltet das Schicksal." (WB 100)

Die Verantwortungsethik in der Variante von Max Weber ist motiviert durch die Einsicht in die Nicht-Verfügbarkeit von Geschichte, die Nicht-Machbarkeit des Weltganzen. Es war keine geringe Leistung von Kant, die frostige Drohkulisse vom Ende der Welt in die Schreckenskammer der orthodoxen Theologie zurückzustellen, um sie im Themenprospekt der Aufklärung erster Stufe durch eine frühlingshafte Version zu ersetzen. Dazu passt, dass sich Kant in verdeckter Zitatpraxis zum Topos der Allversöhnung bekennt: „da der Mensch über kurz oder länger in Klasse reiner Vernunftreligion" (Rel: 7, 785) eintreten werde, da „Gott alles in allem ist" (Rel: 7, 785; 802).[19] Für Weber ist dieser Auslegungszusammenhang kollabiert.[20] Die Lücke, die dieser Zusammenbruch hinterlässt, wird von Weber durch die Metapher des Schicksals gefüllt. Die Aufgabe der Verantwortung besteht darin, sich in das Schicksal hineinzustellen, um es zu wenden. Schicksal zieht den heroischen Gestus nach sich. Dazu gehört, dass die alten Motive der Theodizeekritik aufgeschwemmt werden. Wer den heroischen Kampf der Verantwortung nicht aufnimmt, erliegt der ethischen „Irrationalität der Welt" (PB: 240).

Wer die Geschichte der Verantwortungsethik mit Max Weber beginnen lässt, sollte den Bezugsrahmen der Spannung aus Schicksal (Tragik, Verhängnis) und heroischer Selbstbehauptung nicht ignorieren, aus dem sich dieser Typus von Ethik aufschließt.[21] Die Vorstellungen über eine Evolution von Ethikmodellen, die sich an Weber anschließen, folgen einem teleologischen Modell, von dem Weber gerade nicht überzeugt war.[22] Sie ignorieren die Dialektik der Aufklärung und die Wiederkehr alter Deutungsmuster auf neuer Stufe.[23]

Die Geschichte der Ethik antwortet auf Webers Augenmerk auf die Folgen mit einer weiteren Differenzierung. Das Pathos von Weber mit seinen heroischen Zügen wird gerade in dem Zweig der so genannten Bereichsethiken erfolgreich ausgetrocknet und weicht rational-kalkulatorischen Modellen der Prognose und der Fol-

---

[19] Zur geschichtlichen Stelle dieses Motivs vgl. Dieter Breuer: Origenes im 18.Jahrhundert in Deutschland, In: *seminar. A Journal of Germanic Studies*, Volume XXI (1985), 1–30.

[20] Stärker noch als Weber wird dieser Zusammenbruch und einer Wiederkehr von Schicksal ohne heroischen Gestus kommentiert bei Theodor Lessing: *Geschichte als Sinngebung des Sinnlosen* (1919), Neuauflage Hamburg 1962.

[21] Implikationen dieses Deutungsmusters bei Max Weber erläutert Hartmann Tyrell: Antagonismus der Werte – ethisch, in: Max Webers ‚*Religionssystematik'*. Hg. von Hans. G. Kippenberg und Martin Riesebrodt, Tübingen 2001, 315–333. Vgl. auch ders.: Polemogene Moral: Religionssoziologische Anmerkungen zu Gut und Böse, in: Gert Pickel und Michael Krüggeler (Hg.): *Religion und Moral*, Opladen 2001, 78ff. (65–102).

[22] So in den evolutionsgeschichtlichen Deutung bei Wolfgang Schluchter: *Die Entwicklung des okzidentalen Rationalismus*, Tübingen 1979; der evolutionstheoretischen Sicht auf die Geschichte der Ethik ohne Dialektik von Aufklärung für die Geschichte ist gefolgt Jürgen Habermas: *Theorie des kommunikativen Handelns*, Band 1, Frankfurt am Main 1981, bes. 299ff.

[23] Vgl. dazu vor allem Heinz Dieter Kittsteiner: *Out of Control. Über die Unverfügbarkeit des historischen Prozesses*, Berlin 2004.

genabschätzung. Webers Ansatz wird selbst rationalisiert. Die Herausforderung aber bleibt erhalten, die an die Moral im Zeichen von Verantwortung ergeht. Auch unter neuen Bedingungen besteht die Anspruchsnötigung darin, mögliches Schicksal abzuwenden.

4. Überredung des Unabänderlichen

Die von Max Weber geforderte Konzentration der Ethik auf die Folgen allen Handelns und Unterlassens gehört heute zum Kerngeschäft der ethischen Verständigung über Zukunftsfragen der Gesellschaft. Insbesondere in der Angewandten Ethik oder in den Bereichsethiken steht die Folgenabschätzung im Zentrum der Schritte einer ethischen Urteilsbildung. Ohne Abschätzung der Folgen einer Entscheidung kommt keine Ethik-Expertise zu den jeweiligen Novitäten der technischen Welt und ihren gesellschaftlich-ökonomischen Rahmenbedingungen mehr aus. In Gestalt der Risikoethik sieht sich Verantwortungsethik heute und im Unterschied zu der Umstellungsforderung von Max Weber wie selbstverständlich auf die Frage der Folgen verwiesen: auf die Bestimmung der Wahrscheinlichkeiten für das Eintreten von Gefahrenaspekten in Abwägung mit Nutzenaussichten, die in der Faktizität wie Normativität der Technik selbst liegen oder liegen könnten.

Folgenabschätzungen sind die Form, in denen der ethische Diskurs über Entscheidungskonflikte als Grundfrage von Verantwortung modelliert wird. Insbesondere dort, wo durch den technischen Fortschritt Gattungsfragen (Fragen, die an das Ganze der Menschheit denken lassen: letzte Dinge) berührt sind, wo der technische Fortschritt zum Imperativ gerinnt, ist der Ruf der Verantwortung unüberhörbar. Verantwortungsethik in Gestalt von Risikoethik und der Folgenabschätzung in ihrem Zentrum hat es in der Regel mit der Problematisierung möglicher Zukünfte (Wahrscheinlichkeit von Schadenseintritten) zu tun. Auch dies, neben den Spurenelementen letzter Fragen, die in Folgenabschätzungen abgekühlt werden, zeigt diesen Typus der Verantwortungsethik als einen entfernten Verwandten einer Sittenlehre, die von der Imagination einer Verantwortung vor einer höchstwahrscheinlichen Zukunft (der Eintrittswahrscheinlichkeit der letzten Instanz vor dem Forum des göttlichen Richters) bestimmt gewesen war.

Freilich ist der eschatologische Ernst, der als Motivunterlage die moralphilosophische Chronopolitik von Kant noch bestimmte, im Fall der modernen Risikoethik weitgehend einer Haltung gewichen, die man als Pathos der Reserve bezeichnen kann. Zukunft kann nur noch im Horizont von Entscheidungen beschrieben werden.[24] Ethik, so lautet die Auskunft über das Verhältnis von Moral und Geschichte, lässt sich nur insofern verantworten, als sie ohne moralische Endabrechnung oder

---

[24] Vgl. Niklas Luhmann: Die Zukunft kann nicht beginnen: Temporalstrukturen der modernen Gesellschaft, in: *Vor der Jahrtausendwende: Berichte zur Lage der Zukunft*. Hg. von Peter Sloterdijk Band 1, Frankfurt am Main 1990, 119–150.

Telos wird auskommen müssen. Ständige Überholung der Standards, Revisionsoffenheit, Dissensmanagement und unaufhörliche Neuverwindung der Verhältnisse zwischen Vermächtniswerten (Herkunftsgarantien) und Optionswerten (Freiheitschancen) wird zur Aufgabe von Ethik im Zeichen von Verantwortung, wird zur Schicksalsfrage von Zukunft der Ethik selbst.[25]

Gewiss kann die Austrocknung eschatologischer Figuren in der Ethik nach dem Zerfall teleologischer Ordnungsmuster als ein Gewinn verbucht werden. Wo letzte Fragen regieren, gewinnt schlechter Moralismus nur allzu leicht das Spiel über eine Moral im Sinne der humanen Gestaltung provisorischer Zustände.[26] Gleichwohl bleibt ein Unbehagen. Antwortet die ethische Prozedur der Folgenabschätzung nicht auf Fragen, die von ihrer Faktizität her von dem Fortschritt der Technologie längst beantwortet werden, deren Beantwortung von diesem Prozess längst vorgeben sind? Laufen wir technischen Innovationen nicht ständig hinterher? Sind die Imperative der Technik nicht wirkmächtiger als die Revisions- und Korrekturfiguren der Moral? Ist Verantwortungsethik nichts anderes als eine Illusion, das Unausweichliche so darzustellen, als wäre es doch nicht unausweichlich? Ist Ethik nichts anderes als ein Begleitmedium von Fortschritt im Dienst desselben?[27]

Die unbequemen Fragen an die derzeitige Gestalt von Verantwortungsethik im Zeichen von Bereichsethik und den Prozeduren von Folgenabschätzungen deuten auf einen Wechsel der Signatarmächte von dem, was Ethik heißt. Die unsichtbare Macht, die über das Schicksal gebietet, zum Vorteil zu lenken, darin hatte Kant einen Motivgrund aller Moral vermutet (vgl. Rel: 7, 849). Kant konnte den Motivzusammenhang von Eschatologie und Moral, Gericht und Verantwortung unterstellen, um seine eigensinnige Version von Verantwortungsethik im Zeichen von Gesinnung in den Wettbewerb der Moral zu werfen. Das alles stand noch unter einer Regel, die verhieß, auch aus dem Ende gut herauszukommen. Dass man sich des Glückes auch würdig erweisen werde und erwiesen habe (vgl. KpV: 6, 261). Die momentane Gestalt der Verantwortungsethik arbeitet sich an einer anderen Macht ab. Woran sich Verantwortungsethik versucht, ist der paradoxe Versuch einer Lenkung des Unabänderlichen. Ihr Bezugshorizont ist nicht mehr die Verortung von Verantwortung im Horizont von Gericht. Der Bezugshorizont von Ethik heißt jetzt Lokation von Verantwortung im Horizont von Schicksal: der Überredung des Unabänderlichen.

---

[25] Vgl. dazu Christoph Hubig: Ethik der Technik als provisorische Moral, in: *Jahrbuch für Wissenschaft und Ethik* Band 6 (2001), 179–201.

[26] In diesem Sinne verstehe ich die Grenztafeln von Niklas Luhmann, vgl.: ders.: Paradigm Lost. *Über die ethische Reflexion der Moral*, Frankfurt am Main 1990.

[27] Für diese Fragen vgl. Hans Blumenberg: *Die Sorge geht über den Fluß*, Frankfurt am Main 1987, 212–215 (Glücksbesorgungen); Klaus-M. Kodalle: Die Dimension des Unermeßlichen. Aufhebung der vermessenen Moralität, in: *Cognitio humana – Dynamik des Wissens und der Werte*. Hg. von Christoph Hubig, Berlin 1997, 106–130.

Verantwortung zielt auf Ordnungserhalt. Die metaphysische Vorlage dafür finden wir bereits bei Platon. Und zwar dort, wo er die Genese der „Weltordnung"[28] beschreibt. Das Werden der Weltordnung entsteht aus einer Vereinigung von Notwendigkeit (Ananke) und Vernunft (Nous). Alles das, was die Zeit mit Vernunft unterlegt und gestaltet, muss mit dem rechnen, was in die Ordnung hineingemischt ist: der ‚Ananke'. Folglich kann jeder Versuch einer „Weltverantwortung" unter der Leitung vernünftiger, rationaler Operationen nichts anderes sein als eine Form der Überredung. Ein Versuch, die Ordnung zum Besten zu lenken, besteht in der besonnenen Überredung des Unabänderlichen. Im Ergebnis aber ist diese Überredung nie etwas Endgültiges oder Definitives, sondern bleibt provisorisch. Überredung erfolgt unablässig und in immer wieder neuen Anläufen, als Versuch und als Risiko: Das Meiste wird dabei zum Besten geführt – aber bei weitem nicht alles (vgl. Timaios 48a 3).

Nach dem Weltordnungsgleichnis ist die Verantwortung eingespannt zwischen die Pole der Vernunft und der Freiheit auf der einen Seite und die Macht des Schicksals auf der anderen Seite. Das Dunkel der Faktizität wird nicht bestätigt, sondern im unendlichen Anlauf der Vernunft und Freiheit einer Aufhellung unterworfen. Gegen die Macht des Schicksals steht die Autorität der Freiheit. Ungelöstes Problem bleibt allerdings die schon von Weber diagnostizierte Unendlichkeit des Fortschritts (vgl. WB: 85) als Gestalt des Unabänderlichen. Die Arbeit am Schicksal als Überredung der Ananke kann sich zu einer Machsal auswachsen, von der Verantwortungsethik nicht befreit, sondern tiefer in diese hineinführt. Arbeit am Schicksal wird zur Machsal.

In der Überredung der ‚Ananke' bestätigt sich die Herrschaft der Zeit. Die Formen der Überredung – in der Verantwortungsethik, in der Form der Risikoethik – kennen nur eine einzige Zeitordnung. Was dabei übergangen wird, ist, dass das Raum-Zeit-Kontinuum nicht so kontinuierlich ist, wie man glaubt. Unterschlagen wird die Perforation der Zeit. Die Ethiken der Verantwortung folgen fast ausnahmslos einer Topik der rationalen Überredung und bestätigen damit unfreiwillig das vorherrschende Modell der Zeitordnung. Was aber, wenn es noch andere Zeitordnungen gibt? Was aber, wenn die Moral an andere Ordnungen der Zeit anschließt? Erschlossen werden sie durch eine Orientierung an der Topik des Imaginären.[29]

---

[28] Vgl. Platon: *Timaios* 47e–48a. (82–85). Zur Exegese vgl. Karin Alt: Die Überredung der Ananke, in: *Hermes* 106 (1978), 426–466.
[29] Beide Topiken, das wusste schon der alte Kant, sind in der Vernunft am Werke und prägen die Form der Freiheit aus (Topik der Rationalität: Actus der Freiheit; Topik des Imaginären: Actus der Einbildungskraft). Die moralphilosophischen Nachfolger von Kant wie Jürgen Habermas und andere folgen aber nur der einen Topik rationaler Überredung: Vgl. Jürgen Habermas: Diskursethik – Notizen zu einem Begründungsprogramm, in: ders.: *Moralbewußtsein und kommunikatives Handeln*, Frankfurt am Main 1983, 53–126; ohne Berücksichtigung der Einbildungskraft auch Rüdiger Bubner: *Dialektik als Topik. Bausteine zu einer lebensweltlichen Theorie der Rationalität*, Frankfurt am Main 1990.

5. Liturgische Zeit

Die Vorwärtsbewegung der Zeit erscheint als eine unumstößliche Tatsache. Ergebnis und Ziel dieser Bewegung bleiben unbekannt. Dem steht allerdings der Umstand entgegen, dass das Leben in verschiedene Ordnungen der Zeit eingefasst bleibt. Die erste und zentrale Ordnung ist die Einfassung der Zeit in die Form des ‚Jahreszyklus'. Davon redet der unerschütterliche Gang der Weltenuhr, abgelesen am periodisch wiederkehrenden Umlauf der Gestirne, abzulesen an der Zahlenfolge des Kalenders. Die Geometrie der kosmischen Umläufe wird übersetzt auf ein mathematisiertes Zifferblatt, das mehr ist als nur eine monotone Welt aus Nummern, sondern auf dem sich die wiederkehrenden Bilder der Zeit ablösen.[30] Obwohl auch im Sinne eines Umlaufs geordnet, stehen wir in einer anderen Zeitordnung, wenn die Rechnung aufgemacht wird, die im ‚Computus' (der Kirchenrechnung) festgehalten wird.[31] Beide Zeitordnungen sind nicht deckungsgleich, wovon die Zeitordnungskonflikte der derzeitigen Gesellschaft erzählen.

Kant und seine Ära behandelten die Spannung zwischen dem christlichen Kalender und den Säkularkalender als ein Projekt, dass auf Deckungsgleichheit aus war. Der weltgeschichtliche Zeiger auf dem Zifferblatt der Geschichte der Menschheit sollte über das Mittel von Moral mit dem Vorrücken der Zeiger der Heilsgeschichte in Parallelbewegung gebracht werden. Das Scheitern dieses Projektes hat aus dem Konflikt der Zeitordnungen eine Konsequenz gezogen, die die Errichtung einer undurchlässigen Zeitmauer vorsieht. Die Zeit der Geschichte und die eschatologische Zeit werden voneinander entflochten und durch eine undurchlässige Grenze voneinander geschieden.[32]

Die Dogmatisierung der Grenze und der Zeitmauer zwischen Eschatologie und Geschichte wirken auch in der nachfolgenden Einfassung der Verantwortungssemantik nach. So behauptet genau derjenige, dem wir eine der maßgebenden Studien zum Begriff der Verantwortung verdanken, eine ‚absolute Grenze', die Eschatologie und Geschichte voneinander trennt.[33] Die Geschichte der Verspannung von Eschatologie und Geschichte im Sinne einer Parallelbewegung wie der Umschlag dieser Idee in die Form einer strikten Grenzziehung und der Aufrichtung einer Zeitmauer ist freilich nur eine Variation, nicht aber ein letztes Wort über ein Spannungsverhältnis, das in der einen wie der anderen Version kaum zu beruhigen ist.

---

[30] Über wiederkehrende Bilder auf der Weltenuhr und die Geschichte der Uhren vgl. *Die Welt als Uhr. Deutsche Uhren und Automaten 1550–1650*. Hg. von Klaus Maurice und Otto Mayr, München/Berlin 1980.

[31] Über Chronologie, Kirchenrechnungen und Kalender vgl. Heinz Zemanek: *Bekanntes und Unbekanntes aus der Kalenderwissenschaft*, München 1978.

[32] Über den Status dieses Grenzregimes kreist der modernetypische Konflikt zwischen Ernst Troeltsch als Namen für konsequente Historisierung auf der einen Seite (Entbildung von Eschatologie durch Einbildung in Geschichte) und Karl Barth und anderen auf der anderen Seite (Einbildung in Eschatologie als Entbildung von Geschichte).

[33] Vgl. Georg Picht: Der Begriff der Verantwortung (1967), in: ders.: *Wahrheit, Vernunft, Verantwortung. Philosophische Studien*, Stuttgart 1969, 319 (318–372).

Wer sich von den modernetypischen Lösungen nicht fixieren lässt, stößt auf ein anderes Phänomen: Die Perforation der Zeit. Sind die Religionen der Rohstoff der Vernunft, so ist die Energie der Imagination ihr eigentlicher Treibstoff. Die Abweisung der christlichen Eschatologie hat viel zu tun mit einer Dogmatisierung der Grenze zwischen christlicher Erwartung (Eschatologie) und irdischer Erfahrung (Geschichte). Die Abdichtung der Grenze liegt in der Konsequenz einer Denkbewegung, die Imagination nur unter dem Gesichtspunkt der Trugbilder thematisiert (Geschichte der Religionskritik). Dass die Zeitordnungen scharf voneinander abstechen und durch eine undurchlässige Demarkationslinie voneinander getrennt sind, ist aber eine Fiktion im Zeichen teleologischer Sekurität, die die Frage nach „der Welt im Ganzen" ins Geschichtliche verlegt und hier die Einlösung der Weltenfrage von der Moral erhofft.[34] Imagination kann nur strömen, weil die Ordnung der Zeit offener, lückenhaftiger und durchlässiger ist, als es das Gemeinverständnis über die Figur der Ordnung nahe legt und als es die Regime der Grenzziehung wollen.[35] Imagination (Einbildungskraft) nutzt die Lücken in der Ordnung der Zeit; sie baut an einer eigenen Welt in einer eigenen Zeit.

Von hier aus fällt der Blick auf die liturgische Zeit. In ihr wird die Energie der Imagination zu einer eigenen Form verdichtet. Ähnlich wie man den Kirchenraum als ein ‚Kristall in einer Umwelt von Amorphem' beschrieben hat, so könnte man die liturgische Zeit charakterisieren als ein Intervall in einer Umwelt von Unverbindlichem.[36] Im Medium der liturgischen Zeit wird das Ende der Zeit nicht nur in Aussicht gestellt, sondern kommt selbst zur Präsenz.

Wenn in der liturgischen Zeit das Ende der Zeit in Präsenz gebracht wird und wenn in dieser Präsenz das Gericht als eine Art Zeitschleuse fungiert, die die Zeit des Schicksals durch die „Zeit der Herrlichkeit"[37] ablöst, dann wird ein Außerordentliches in die Ordnung der Welt eingespeist: die Vorstellung über ein Gericht über Gerichte. Die Imagination der letzten Instanz verweist auf ein Gericht, auf dem die Gerichte selbst vor Gericht geraten. Nomos und Dike, die Geschichtsmächte der

---

[34] Zum Schicksal des Eschatologieverbots vgl. Rainer Piepmeier: Theoreme vom Ende der Geschichte, in: *Normen und Geschichte*. Hg. von Wilhelm Oelmüller, Paderborn 1979, 91–109.
[35] Zur Geschichte der Grenze vgl. Lucien Febvre: „Frontière" – Wort und Bedeutung, in: ders.: *Das Gewissen des Historikers*, Berlin 1988, 27–38. Zur Problematisierung der Grenzregime zwischen Realität und Imagination vgl. Markus Bauer und Thomas Rahn (Hg.): *Die Grenze. Begriff und Inszenierung*, Berlin 1997; Claudia Benthien/Irmela M. Krüger-Fürhoff, in: *Literatur der Grenze. Theorie der Grenze*. Hg. von Richard Faber und Barabara Naumann, Würzburg 1995; *Über Grenzen. Limitation und Transgression in Literatur und Ästhetik*, Stuttgart 1999; Albrecht Koschorke: *Die Geschichte des Horizonts*, Frankfurt am Main 1990.
[36] Vgl. dazu Friedrich Ohly: Die Kathedrale als Zeitenraum, in: *Frühmittelalterliche Studien. Jahrbuch des Instituts für Frühmittelalterforschung* 6.Band, Berlin/New York 1972, 94–158. – Für die Bedeutung der liturgischen Zeit für die Gegenwart von Toten vgl. Otto Gerhard Oexle: Die Gegenwart der Toten, in: Herman Braet und Werner Verbeke (Hg.): *Death in the middle ages*, Leuven 1982, 19–77. – Vgl. auch die Beiträge in: *Liturgical Time*. Ed. by Wiebe Vos and Geoffrey Wainright (Studia Liturgica Vol.14) Paris 1982 .
[37] Römer 2,1–10.

Strafgerechtigkeit (Dike) und die einer ursprünglichen Gewalt (Nomos) werden selbst nochmals einem Urteil unterstellt.[38]

Die Aufgabe eines Gerichts besteht darin, den Verdacht einer Schuld sicherzustellen oder zu entkräften. Dem dient das Sprachspiel der peinlichen Gerichtsordnung. Sofern aber – wie im Fall des Jüngsten Gerichts – Gerichte vor Gericht geraten, kehrt sich die weltliche Ordnung aus Frage und Antwort um. Üblicherweise verlangt das Gericht nach Antwort (Geständnis, Beichte, Verhör, Zeugnisse, Beweismittel, Entlastung, Nachweise von Abwesenheit). Das Jüngste Gericht, begriffen als Gericht über Gerichte, kann man als große Frage an die Geschichtsmächte begreifen. Für den Menschen unter diesen Mächten ereignet sich eine Inversion. Nicht dem Menschen werden Antworten abgenötigt. Sondern das Gericht antwortet: der Mensch wird in dieser Inversion in der Rolle des Klägers angenommen. Das Jüngste Gericht antwortet: auf das Verlangen nach einer *anderen* Geschichte.

Wo wird das Verlangen nach einer anderen Geschichte aufbewahrt? Im Gewissen als dem Mitwissen (conscientia) um das, was vom unendlichen Fortschritt der Zeit keinesfalls als erledigt gelten kann. Die Topik des Imaginären bringt damit eine bisher übersehene Variante von Verantwortung ins Spiel.

6. Gewissen der Melancholie

Am Tag des Gerichts gelangt die Zeit des Schicksals an ein Ende. Auch das Schicksal entgeht nicht seinem Schicksal. So lässt sich das eschatologische Bild vom Jüngsten Gericht und dem Ende aller Dinge deuten. Als Moritat gelesen, läuft die Geschichte auf eine Moral zu: Die letzte Instanz hält Zwiesprache mit den Schicksalsmächten. Darum drehen sich im Spiel der Weltuhren die Figuren von Chronos und Tod in den Vordergrund, wenn der große Zeiger auf dem Zifferblatt der Weltgeschichte auf das Datum des Gerichtstages vorrückt. Schicksalszeit und Gotteszeit werden in der Zeitschneidung des Gerichts voneinander geschieden.

Die Moral von der Geschichte enthält eine moraltheologische Lektion. Die Dimension des Moralischen wird gerade dadurch gesichert, dass uns das letzte Urteil entzogen bleibt. Wo man in einer liturgischen Wirtschaft zu Gast ist, die den Namen ‚Zur Letzten Instanz' trägt, müssen letzte Urteile draußenbleiben.[39] Diese Wendung hat Folgen für die Moral. Eine Erzwingung (*Enforcement*) von Moral im Namen des Endgerichts verbietet sich gerade dann, wenn die letzte Instanz von Moral und Richtgeist nur jenseits der Moral steht. Moral wird vor der Versuchung einer un-

---

[38] Über ‚Nomos' und ‚Dike' vgl. Arthur Kaufmann: Gesetz und Recht, in: ders.: *Rechtsphilosophie im Wandel*, 2.überarbeitete Auflage, Köln u.a.1984, 131–165. Über „Nomos" als Raub und ursprüngliche Gewalt vgl. Carl Schmitt: Nomos-Nahme-Name, in: ders.: *Statt, Großraum, Nomos*, Berlin 1995, 573–591. – Die hier vertretene Vorstellung eines „Gerichts über Gerichte" spricht für eine Pluralität der Gerichtsorte, vgl. dazu Paolo Prodi: *Eine Geschichte der Gerechtigkeit. Vom Recht Gottes zum modernen Rechtsstatt*, München 2003.
[39] Vgl. hierzu Günter Bader: Wirtschaft und Liturgie, in: ders.: *Die Abendmahlsfeier*, Tübingen1993, 60ff.

merklichen Drift in schlechten Moralismus bewahrt. Antworten, Verantwortung in der Geschichte übernehmen heißt dann: Wir müssen keine Stellvertreter Gottes spielen. Eine ‚Cooperato' mit dem letzten Gericht scheidet aus; sie wäre eine Mitwirkung am Bösen.

Die Moral theologisch von der Eschatologie her zu denken, heißt aber auch, nach der Gestalt einer Antwort zu suchen, die nicht zugleich und sofort in eine ‚Aufgabe' verwandelt wird. Wo alles sofort in Aufgaben umgegossen wird, gerät alles Wirken und Leiden unversehens in die Mühle der Machsal.[40] Machsal aber steht unter der Souveränität von Schicksal, gerade dort, wo im Machen, Steuern und Planen oder dem Diktat der Lebensarbeitsleistung (Versicherungssysteme) dem Schicksal etwas abgerungen wird, was zum Ende hin Schicksal nur weiter bestätigt.

Die Moral von der Geschichte im Zeichen von Eschatologie und Gericht zu deuten, führt darauf, Verantwortung gerade dort zu entdecken, wo es nicht um die Erzwingung und Verstärkung von Urteilen und Aufgaben geht. Die Erinnerung an das Kommende und die Imagination des Gerichts rufen nach Antwort. Lässt sich aber eine Verantwortung in Form einer Responsivität ausmachen, die nicht zugleich schon eine Aufgabe in Gestalt von Machen und Urteilen darstellt? Eine Antwort, die noch auf eine andere Stimme hört als nur auf diejenige des Gesetzes oder diejenige, die durch die Bestimmtheitsnötigung des Schicksals in Anspruch genommen wird? Man stößt auf eine weitere Form der Antwort, wenn man danach fragt, was die Fixierung auf die Stimme des Gesetzes oder die Stimmen des Schicksals ausschließt. Was nicht gedacht werden darf.

Verantwortungsethiker sind Krisenagenten. Sie sind von Urteil und Entscheidung in Anspruch genommen. Was sich die Verantwortungsethik scheinbar nicht leisten kann, ist Melancholie. Sowohl derjenige Typus, der auf die Stimme des Gesetzes fixiert ist als auch derjenige Typus, der von der Überredung des Unabänderlichen in Anspruch genommen wird, können Melancholie schlechterdings nicht zulassen. Für sie gilt Melancholieverbot. Melancholie ist das große Tabu der Verantwortungsethik. Denn vor den Herausforderungen des Gesetzes oder den Anspruchsfeldern des Fortschritts Melancholie zuzulassen, hieße – nach Maßgabe der Aufgabe – in Resignation zu verfallen. In der Resignation aber behielte das Schicksal die Oberhand; Resignation besiegelt Unabänderlichkeit.

Erst wenn das Melancholieverbot aufgehoben wird, entbirgt sich eine Form des Antwortens, die weniger ist als ‚Enforcement' von Machen und trotzdem mehr als bloße Resignation. Antworten heißt dann vor allem ‚Eingedenken'.[41] In der Melan-

---

[40] Zur theologischen Ausdeutung dieser Dialektik vgl. Walter Mostert: Sünde als Unterlassung, in: ders.: *Glaube und Hermeneutik*, Tübingen1998, 166 (157–175).
[41] Die Begriffsprägung des ‚Eingedenkens' stammt von Walter Benjamin. Benjamin reagiert mit dieser Prägung auf eine skeptische Anmerkung von Max Horkheimer, die Benjamin darauf hinweist, dass man an das ‚Jüngste Gericht' glauben müsse, wenn man den Gedanken der Unabgeschlossenheit der Geschichte ‚ganz ernst nehmen würde' (vgl. Max Horkheimer: *Gesammelte Schriften* Band 16: Briefwechsel 1937–1940, Frankfurt am Main 1995, Brief an Walter Benjamin vom 16.März 1937, 83). Benjamin notiert sich dazu: „Das Eingedenken kann das Unabgeschlossene (das Glück) zu einem Abgeschlossenen und das Abgeschlossene (das Leid) zu einem Abgeschlossenen ma-

cholie, die etwas anderes ist als bloßer Verzicht oder Resignation, wird etwas in der Gegenwart gehalten und nicht in das Depot der Vergangenheit abgelegt, was mit den unerledigten Ansprüchen zu tun hat, die in der Vergangenheit liegen. Wenn es stimmt, dass die Imagination des Gerichts den geschlossenen Deutungshorizont des Unabänderlichen offen hält, dann kann dem eine Haltung entsprechen, dann besteht die Erinnerung an das Kommende in der Bereicherung (*Enrichment*) einer Haltung, der Bereicherung einer Gemütskraft. Verantwortung heißt jetzt: Das Unabgegoltene gelten lassen. Die Form dafür heißt Eingedenken. Eine Modalität davon wiederum ist die Melancholie, das offene Gedächtnis oder die Trauer. In der Trauer spricht sich ein Verlangen aus. Ein Verlangen nach einer anderen Geschichte. Darin besteht die Moral, in der die Trauer liegt.[42]

Ohne die Imagination einer letzten Instanz bleibt das Versprechen auf eine andere Geschichte haltlos. Bleibt es bei der trostlosen Auskunft über die Unabänderlichkeit, so ist die Geschichte nur als ein ‚Friedhof zerbrochener Versprechen' zu betreten[43]. Ohne die Erinnerung an ein kommendes Gericht am Ende der Zeit bleibt es bei der schroffen Dichotomie von Schicksal und Heilsutopie oder der fatalen Gleichschaltung von Strafgericht und Selbstjustiz. Dagegen protestiert das Widerbild der letzten Instanz, die Rede vom „Recht des Herrn".[44]

7. Authentischer Moralismus

Im Gewissen erfahren wir die Stimme des fragenden Gesetzes. In der Vermessung des Risikos vernehmen wir die Stimme einer bohrenden Notwendigkeit. In der Melancholie hören wir die Stimme der enteilenden Zeit. Je nachdem, in welches Anspruchsfeld die Formen der Antwort eingespannt sind, lassen sich in der Geschichte der Verantwortungsethik verschiedene Moralen voneinander unterscheiden.

Die Imagination des Jüngsten Gerichts bringt etwas ins Bild, was uns ohne das eschatologische Phantasma vom Ende für unser Selbstverstehen im Strom der Geschichte entgehen würde. Die Zukunft ist weder in jeder Hinsicht offen und ein un-

---

chen. Das ist Theologie; aber im Eingedenken machen wir eine Erfahrung, die uns verbietet, die Geschichte grundsätzlich atheologisch zu begreifen, so wenig wir sie in unmittelbar theologischen Begriffen zu schreiben versuchen dürfen." (Walter Benjamin: *Gesammelte Schriften* V.1 Das Passagenwerk, Frankfurt am Main 1982, 589). – Vgl. dazu auch Burkhard Liebsch: Trauer als Gewissen der Geschichte?, in: ders. und Jörn Rüsen (Hg.): *Trauer und Geschichte*, Köln 2001, 15–62.

[42] Mein theologischer Lernprozess mit Yorick Spiegel verdankt sich einer verzauberten Woche in St. Petersburg. In den langen Tagen habe ich von ihm gelernt, dass Verantwortung in einer Ermutigung gründet, die in einer eigentümlichen Dialektik den Geist der Schwermut einzuschließen in der Lage ist, statt ihn zwanghaft fernzuhalten. Vgl. dafür das maßgebliche Werk von Yorick Spiegel: *Der Prozeß des Trauerns*, München-Mainz 1973 (zahlreiche Neuauflagen). Über den ‚Mut, der die Schwermut nicht zur Verzweiflung werden läßt' vgl. vor allem Paul Tillich: *Dogmatik. Marburger Vorlesung von 1925*. Hg. von Werner Schüßler, Düsseldorf 1986. Auch die nachhaltigen Hinweise auf Tillich und seine ‚Dialektik der Schwermut' verdanke ich den nächtlichen Gesprächen.

[43] Formulierung in Anlehnung an Paul Ricoeur: *Das Rätsel der Vergangenheit. Erinnern – Vergessen – Verzeihen*, Göttingen 1998, 128.

[44] Jeremia 8,7.

endlicher Raum des Ungewissen noch ist die Vergangenheit ein für allemal geschlossen und ein verriegelter Raum des Unabänderlichen.

Gewiss kann das Gericht nach den Werken eine Machsal erzeugen, die die Erfahrungsstreifen des Lebens dem Dauertest der Moral aussetzt. Leben unter ständigem Rechtfertigungszwang ist Leben auf Bewährung. Eine Vorstellung, über die man erschrickt. Aber auch im Verzicht auf das eschatologische Bild liegt Machsal. Denn der Gerichtsverlust bürdet uns angesichts der Geschichte und deren Machbarkeit eine Zumutung auf, die, wenn noch nicht monströs, so doch ans Absurde grenzt.[45]

Wir benötigen die Wahrnehmung über die Dialektik der Machgeschichte und die Folgen der Freiheit im Ende der geschichtsphilosophischen Sekurität, um die Entlastung zu entdecken, die sich in einer bestimmten Deutungsvariante des Jüngsten Gerichts versteckt. Jüngstes Gericht weist auf das Ende der Machsal.

Für die Ethik schließen sich von hier aus eine ganze Reihe weiterer Fragen an. Wie zum Beispiel sieht eine Ethik aus, die die Erinnerung an das kommende Gericht als dem Ende der Machsal zugleich als den entscheidenden Ausgangspunkt von Moral begreift? Begreift man das Ende der Machsal als schlechthinnigen Anfang von Moral, dann zeichnet sich etwas ab, was gegenüber dem selbstgerechten Moralismus ein authentischer Moralismus genannt werden kann.

Der authentische Moralismus verweist die anfechtbare Rede vom ‚Recht des Herrn' wie die Verantwortungsethik im Flechtwerk von Geschichte und Eschatologie auf eine Heuristik humaner Alternativen. Eine Heuristik der Furcht ist und bleibt ein schlechter Berater. Aber selbst in der Furcht, so möchte man einreden, könnte noch eine Fuge der Wahrheit liegen. Denn es ist das Schicksal aller Moral, dass sie sich an der Zeit verzehrt. Zumindest in einem Moment bleibt die eschatologische Anspruchsnötigung im Begriff der Verantwortung erhalten. Verantwortung gewinnt ihre Aktualität aus einer Faltung der Zeit, in der guter Rat teuer ist.

---

[45] Über Moral und Monströsität vgl. Dietmar Kamper: Monströsität. Über die Unmöglichkeit der Ethik in einer Welt, die auf dem Kopf steht, in: Jean-Pierre Wils (Hg.): *Orientierung durch Ethik*, Paderborn 1993, 28–33; über Ethik und absurde Geschichte vgl. Reinhart Koselleck: *Zeitgeschichten. Studien zur Historik*, Frankfurt am Main 2000, 344ff.

5

Personen einem Risiko aussetzen

Klaus Peter Rippe

1. Die Problemstellung

Verantwortungsvolles Handeln verlangt, dass die möglichen Auswirkungen des eigenen Tuns auf andere berücksichtigt werden. Wer verantwortungsvoll handeln will, muss daher immer einen Blick in die Zukunft richten. Er hat die entsprechenden Möglichkeiten, insbesondere deren Chancen und Risiken, in Betracht zu ziehen. In meinem Beitrag geht es mir vor allem um den Aspekt, wie es moralisch zu beurteilen ist, Personen einem Risiko auszusetzen. Dabei geht es sowohl um die zukunftsbezogenen Auswirkungen moderner Technologien wie auch um alltägliches Handeln. Denn nicht nur Gentechnik oder Kernkraft, auch unser gewöhnliches Handeln im Straßenverkehr, in der Freizeit oder im Haushalt hat eine auf die Zukunft gerichtete Dimension. Nicht nur die angewandte Ethik, jede ethische Theorie muss eine Antwort auf die Frage geben, wie solche Handlungen moralisch zu beurteilen sind.

Im Vergleich zur Zahl der Publikationen im Bereich der Risikopsychologie und Risikosoziologie und trotz einer Reihe von Arbeiten, die unter dem Etikett der Risikoethik firmieren, gibt es nur wenige Arbeiten, die sich mit der Grundlagenfrage befassen, wie Handlungen moralisch einzustufen und zu bewerten sind, in denen eine Person eine oder mehrere Personen einem Risiko aussetzt. Zum Teil kann man bezüglich dieser Frage auf rechtsphilosophische und rechtstheoretische Arbeiten zurückgreifen, aber die moralischen Aspekte sind bisher kaum untersucht.[1]

Im Folgenden werde ich zunächst untersuchen, was es heißt, Personen einem Risiko auszusetzen. Danach werde ich mich mit der Frage befassen, wie solche Handlungen moralisch beurteilt werden sollen.

---

[1] Ausnahmen sind Arbeiten aus den 80er Jahren von Judith Thomson (FN2), Peter Railton (FN3) und Samuel Scheffler. "The Role of Consent in the Legitimation of Risky Activity", in: Mary Gibson (Ed.). *To Breathe Freely. Risk, Consent, and Air.* Totowa: Rowman & Littlefield, 1985: 75–88.

Was heißt es, dass Personen und Institutionen andere Personen einem Risiko aussetzen? Es geht nicht darum, dass ein Risiko besteht, dass eine Person (weiter) in einer Weise handelt, die einer anderen Person schadet. Es geht um Fälle, wo Personen in einer Weise handeln, welche die Wahrscheinlichkeit erhöht, dass einer anderen Person (oder anderen Personen) geschadet wird. Ob der Schaden eintreten wird oder nicht, ist noch unbekannt.

Ich gehe im Folgenden davon aus, dass Schadensausmaß und Wahrscheinlichkeit abgeschätzt werden können, es sich also um Formen des Risikos und nicht der Unsicherheit handelt. Zudem werde ich der Einfachheit halber den Begriff des Risikos im umgangssprachlich üblichen, negativen Sinne gebrauchen. Es geht um Fälle, wo mit bekannter Wahrscheinlichkeit negative Auswirkungen drohen. Ab und an werde ich dies auch als ‚Gefährdung' bezeichnen. Wenn A B einem Risiko aussetzt und der mögliche Schaden eingetreten ist, spreche ich von einer ‚Schädigung durch gefährliches Handeln'. Wenn A B einem Risiko aussetzt, aber der Schaden nicht eingetreten ist, spreche ich von einem ‚glücklich überstandenen gefährlichen Handeln'.

Wie ist es nun moralisch zu beurteilen, eine andere Person einem Risiko auszusetzen? Nehmen wir zwei Beispiele Judith Thomsons:[2]

1. Ivan spielt russisches Roulette mit Ivanowitch (ohne dessen Einwilligung). Wir haben hier einen Fall, wo wir intuitiv sagen würden, dass Ivan etwas moralisch zu Verurteilendes tut. Dies ist nicht nur der Fall, wenn Ivanowitch diese Handlung bewusst erlebt. Denn man könnte ja vermuten, Ivans Handlung sei deshalb moralisch zu verurteilen, weil Ivanowitch Todesfurcht ausstehen musste. Aber das Spiel mit dem Leben eines anderen ist auch dann moralisch zu verurteilen, wenn Ivanowitch nicht mitbekommt, dass er einem Risiko ausgesetzt wird. Wenn Ivanowitch während der Handlung geschlafen hätte, hätte er keine Furcht empfunden, aber dennoch würden wir Ivans Tat moralisch verurteilen. In diesem Falle würden wir Ivanowitch sogar zugestehen, dass er sich – wacht er auf – gegen Ivan wehrt, ihm in den Arm greift oder sogar durch Gewalt von seinen Vorhaben abzuhalten sucht. Selbst Naturrechtstheoretiker in der Locke'schen Tradition würden in diesem Fall Notwehr und das Verletzen anderer für gerechtfertigt halten.[3]

2. Um Spaghetti zu kochen, schaltet Mario seinen Gasherd an. Damit setzt er seine Nachbarn einem Risiko aus. Es könnte Gas austreten und entflammen, der Ofen könnte explodieren. Mit einer Wahrscheinlichkeit, die größer als Null ist, könnte den Nachbarn sogar der Tod drohen. Andererseits ist der Ofen in gutem Zustand und das Risiko ist trivial. Wir würden sagen, es sei erlaubt, den Gasofen anzudrehen. Wir erwarten zudem von den Nachbarn, dass sie diese Handlung zulassen. Wir würden es wohl als pathologische Reaktion ansehen, wenn einer der Nachbarn

---

[2] Judith Jarvis Thomson. "Imposing Risk", in: Mary Gibson (Ed.). *To Breathe Freely. Risk, Consent, and Air.* Totowa: Rowman & Littlefield, 1985: 124–140, 126 ff. (Wiederabgedr. in: dies. *Rights, Restitution, and Risk, Essays in Moral Theory.* New York: Harvard University Press, 1986: 173–192.)

[3] Peter Railton. "Locke, Stock, and Peril: Natural Property Rights, Pollution, and Risk", in: Mary Gibson (Ed.). *To Breathe Freely. Risk, Consent, and Air.* Totowa: Rowman & Littlefield, 1985: 89–123.

hier dazu neigte, zur Notwehr zu greifen. Marios Nachbarn werden einem Risiko ausgesetzt, haben aber – so unsere Intuition – keinen Anspruch, sich gegen dieses Risiko zu wehren. Spannend wäre allenfalls die Frage, wie es zu beurteilen wäre, wenn der Ofen doch explodierte. Hat Mario dann etwas moralisch Falsches getan?

Wir stellen fest, dass wir es in gewissen Situationen für moralisch falsch ansehen, eine Person einem Risiko auszusetzen; in vielen Alltagshandlungen scheint es freilich moralisch erlaubt, Personen einem Risiko auszusetzen. Wo liegt dann aber die Grenze zwischen dem Erlaubten und Nicht-Erlaubten? Verletze ich durch eine gefährliche Handlung das Verfügungsrecht über Leben, Körper und Eigentum, überschreite ich eine Grenze, wo ich Rechte von Personen verletze oder nicht dem gerecht werde, was der Respekt vor Personen fordert? Und wenn ich dies tue, ab welchem Punkt liegt ein unzulässiger Eingriff vor bzw. wann ist der Umstand, dass ich Personen einem Risiko aussetze, mit deren moralischen Rechten zu vereinbaren? Gibt es irgendeinen Grenzwert, von dem ab eine Gefährdung moralisch unzulässig ist – oder gibt es andere Kriterien, zwischen Erlaubtem und Unerlaubtem Risiko zu differenzieren.

Um Klarheit zu gewinnen, müssen wir zunächst zwei Fragen beantworten:
(i) In welchem Sinne tut man anderen Personen etwas Schlechtes an, wenn man sie einem Risiko aussetzt?
(ii) Wann ist es erlaubt, Personen einem Risiko auszusetzen?

2. Personen einem Risiko aussetzen und der Schadensbegriff

Wenn ich jemanden einem Risiko aussetze, tue ich der anderen Person damit etwas Schlechtes? Im Falle des russischen Roulettes scheint die Frage eher zu bejahen zu sein, im Falle des Gasofens liegt eine verneinende Antwort nahe. Was ist aber nun der Fall? Könnte eine Gefährdung einmal eine Beeinträchtigung für andere sein, das andere Mal aber nicht? Betrachten wir zur Klärung dieser Fragen zwei Beispiele:

A) Lotterie
Ich schenke einer befreundeten Person ein Lotterielos. Sagen wir, es gebe eine 1:1.000.000 Chance, dass sie 3.000.000 Franken gewinnt. Die Chance, dass das Los gewinnt, ist gering, aber die Person erhält doch eine kleine Aussicht auf einen Gewinn – und dies ist etwas, das einen Vorteil für sie ausmacht. Ich tue ihr etwas Gutes. Es ist keineswegs irrational, ein Lotterielos zu verschenken. Aus diesem Grunde können Personen auch rationalerweise Lotterielose kaufen. Nehmen wir an, ich verkaufe ein spezielles Los, das mit einer Wahrscheinlichkeit von 1:5 250.000 Franken gewinnt. Nur sehr risikoaverse Personen würden es ablehnen, mir das Los für 2000 Franken abzukaufen. Dieser Betrag liegt so deutlich unter dem Erwartungswert, dass es sich lohnt, das Risiko einzugehen. Der Besitz eines Loses mit einem

hohen Erwartungswert ist etwas, das einem nutzt und zum Vorteil gereicht.[4] – Offensichtlicher ist dies noch in anderen Fällen, wo ich Personen Chancen eröffne. Vermittle ich einer Freundin einen Vorstellungstermin, tue ich ihr etwas Gutes. Sie ist mir auch dann zu Dank verpflichtet, wenn sie die Chance nicht nutzen konnte oder Pech hatte. Eröffne ich anderen Personen Möglichkeiten, tue ich ihnen etwas Gutes.

B) Die Furcht durch die Serpentine
Zwei Autofahrerinnen fahren die gefährliche Serpentine an der Tremola hinunter. Beide haben zwei Tramper mitgenommen. Die erste, Ursula, fährt behutsam, die zweite, Michaela, mit überhöhter Geschwindigkeit. Betrachten wir die möglichen Fälle eines glücklich überstandenen gefährlichen Handelns und einer Schädigung durch gefährliches Handeln.

Fall 1: Glücklich überstandenes gefährliches Handeln
Beide Autos kommen heil die Serpentine hinunter. In diesem Fall hat keine Person einen Schaden erlitten. Die Mitfahrer der Raserin waren jedoch einem Risiko ausgesetzt. Heißt dies, dass Michaela ihnen etwas Schlechtes zugefügt hat? Darauf gibt es zwei mögliche Antworten: Die erste lautet: ‚Nein. Denn es ist ja gut gegangen.' Die zweite lautet: ‚Obwohl sie keinen Schaden erlitten haben, hat Michaela ihnen etwas Schlechtes zugefügt. Der Umstand, dass ihr Leben von anderen auf Spiel gesetzt wurde, ist von Bedeutung.'

Fall 2: Schädigung durch gefährliches Handeln
Beide Fahrerinnen verunglücken. Sie selbst haben nur leichte Verletzungen, die vier Mitfahrer sind schwerst verletzt. Mit Sicherheit werden wir in diesem Falle der Raserin größere moralische Schuld zuweisen. Michaela hat in schuldhafter Weise die Gefahr verkannt und ihre Beifahrer gefährdet. Die vorsichtige Fahrerin Ursula hatte dagegen moralisches Pech. Eigentlich war nicht zu erwarten, dass ein Unglück geschieht. Aber hier geht es nicht allein um ein moralisches Urteil über die beiden Akteure. Es geht auch um die Frage, ob der Umstand, eine Person einem Risiko auszusetzen, eine Form der Schädigung oder in einer Weise etwas für eine Person Schlechtes sein kann.

Kann man sagen, dass den Beifahrern der Raserin größerer Schaden zugefügt wurde als denen der behutsameren Fahrerin, weil sie zusätzlich zu den Verletzungen durch den Unfall einem Risiko ausgesetzt wurden? Dies ist nicht der Fall. Es ist nicht so, dass der Schaden dadurch größer wurde, dass sie einem höheren Risiko ausgesetzt waren. Wir können nicht eine Gefährdung und den entstandenen Schaden zu einem höheren Gesamtschaden addieren.

Die zweite Frage ist, ob die Raserin ihren Beifahrern im Unfallsfalle in höherem Masse in ihr Verfügungsrecht über die eigene Person eingegriffen hat als in jenem

---

[4] Dasselbe gilt für andere Dinge, welche die Wahrscheinlichkeit eines Gewinns erhöhen. In einem Hollywoodklassiker mit Henry Fonda wird sogar die – nicht von vorne herein absurde – Frage angeschnitten, ob man auf ein besonders gewinnträchtiges Pokerblatt einen Bankkredit aufnehmen darf bzw. bewilligen sollte.

Fall, wo es zu keiner Schädigung kam. Dies ist – auch wenn dies vielleicht etwas unsinnig erscheinen mag – nicht der Fall. Denn eigentlich hat sie im glücklichen wie im unglücklichen Fall der Person dasselbe getan. Michaela hat das Risiko, dass den beiden Trampern ein Schaden zustößt, erhöht. Dass der Schaden einmal eintrat, das andere Mal nicht, sind Fälle von ‚bad luck' und ‚good luck'.

Wie komme ich zu diesem Befund? Mir scheint, dass ‚Lotterie' und ‚Die Fahrt durch die Serpentinen' gleich zu beurteilen sind. Es geht in beiden Beispielen nicht um einen realen Gewinn bzw. um den realen Schaden, sondern um die Aussicht auf einen Gewinn bzw. die Aussicht auf einen Schaden, also eine Gefährdung. Diese stellen etwas Gutes bzw. etwas Schlechtes dar. Auch im Fall der glücklich überstandenen Gefährdung hat Michaela ihren Beifahrern etwas Schlechtes getan – und im gleichen Masse etwas Schlechtes wie im Fall zwei –, sie hatte in diesem Falle nur Glück. Sie hat ihnen etwas zugemutet, was rechtfertigungsbedürftig ist.

Betrachten wir die Parallelen zwischen den beiden Beispielen noch genauer. Indem ich Personen Aussichten auf Gewinn schenke, gebe ich ihnen einen Vorteil in Höhe des Erwartungswerts. Ob der (reale) Gewinn eintritt, ist Frage des Glücks. Es ist nicht so, dass ich einer Person durch das Lotterielos in anderer Weise genützt habe, wenn das Los gezogen wurde, als in dem Fall, in dem sie nicht gewinnt. Allein die durch das Los gegebene Chance stellt einen Vorteil dar, das Risiko einen Nachteil. Aber dann gilt auch analog: Indem ich Personen Risiken aussetze, füge ich ihnen etwas Schlechtes zu – und zwar wiederum in Höhe des Erwartungswerts. Ob der (reale) Schaden eintritt, ist Frage des Glücks.

Wir tadeln eine Person, die eine andere Person wirklich schädigt, freilich stärker, als jene, welche moralisches Glück hatte. Dieses vortheoretische Urteil ist allerdings auch stark durch die rechtliche Beurteilung geprägt. Werfen Kinder Pflastersteine von einer Autobahnbrücke, haben wir im Falle des Pechs (das Treffen des Autos) einen ganz anderen juridischen Tatbestand als im Falle des Glücks (das Verfehlen des Autos). Vom moralischen Standpunkt jedoch, so die These, tun auch sie in gleicher Weise etwas moralisch Verwerfliches. Die gleiche Position vertritt Jeremy Waldron,[5] der allerdings das Beispiel einer Schädigung durch einen Moment der Unaufmerksamkeit untersucht. Zwei Autofahrer, Fate und Fortune, werden durch das Sonderangebot in einem Schuhgeschäft kurz abgelenkt. Fate fährt deswegen Harm an und bricht ihm das Rückgrat. Das moralische Vergehen liegt allein darin, dass die Autofahrer einen Moment unaufmerksam sind. Rechtlich wird nur jene Person geahndet, die wirklich eine Schädigung verursacht. Waldron spricht von einer grundlegenden – aber nicht zu überwindenden – Ungerechtigkeit des Rechtssystems. Der Pechvogel wird belangt, der Glückliche kommt ungeschoren davon. Dies gilt umso mehr, wenn der schädigende Autofahrer auch persönlich für die verursachten Schäden haftbar gemacht wird. Aber auch hier stellt sich die Frage, ob

---

[5] Jeremy Waldron. "Moments of Carelessness and Massive Loss", in: David G. Owen (Ed.). *Philosophical Foundations of Tort Law*. Oxford: Clarendon Press, 1995: 387–408, 387ff.

es eine weniger schlechte Möglichkeit gibt. Soll ein allgemeiner Pool eingeführt werden, in den alle Verkehrsteilnehmer einzahlen? Das Verursacherprinzip hat seine pragmatischen Vorteile.

Pragmatische Gründe sprechen auch dagegen, unsere Alltagsmoral an obigen Gedanken anzupassen. Würden wir uns weigern, Glück und Pech in die moralische Beurteilung einer Handlung aufzunehmen, hätte dies weit reichende Folgen. Damit würden, so schon Charles Frieds Einwand, nahezu alle Handlungen prima facie verboten. Schließlich setzen wir permanent Menschen einem Risiko aus. Man denke an das Halten von Hunden, das Autofahren, ja selbst das Großziehen von Kindern. Nur bestimmte Fälle, in denen Personen einem Risiko ausgesetzt werden, erfordern staatliche Regulierung. Und nur in wenigen Fällen verurteilen wir Personen moralisch, weil sie anderen Risiken zumuteten. Zu klären ist freilich, welche dies sind.

3. Wann ist es moralisch (nicht) erlaubt, andere Personen Risiken auszusetzen? – Die Idee eines Schwellenwerts

Im Fall des Gasofens besteht eine geringe Wahrscheinlichkeit des Schadens, beim Russischen Roulette eine hohe. Wenn man dies nimmt, scheint es ein nahe liegender Gedanke, dass sich erlaubtes und nicht erlaubtes Aussetzen von Risiken einfach durch den Erwartungswert unterscheiden. Sind hohe Schäden und hohe Wahrscheinlichkeiten im Spiel, scheint es moralisch falsch, Personen einem Risiko auszusetzen. Ist die mögliche Schadenssumme klein oder die Eintrittswahrscheinlichkeit gering, scheint es zulässig, Personen einem Risiko auszusetzen. Denkbar wäre also anzunehmen, dass folgendes gilt: Es ist moralisch erlaubt, andere Personen einem Risiko auszusetzen, solange dieses Risiko unterhalb eines bestimmten Schwellenwerts r liegt.

In diese Richtung geht etwa Shelly Kagan. Er vertritt die Ansicht, das Schadensprinzip sollte so konstruiert werden, dass von einer bestimmten Wahrscheinlichkeit der Schädigung an auch die wahrscheinliche Schädigung in das Schadens-Prinzip eingeschlossen wird.[6] Kagan nimmt dabei zunächst die Eintrittswahrscheinlichkeit in den Blick. Von einer bestimmten Eintrittswahrscheinlichkeit an wäre ‚Risk-Imposing' eine Form der Schadenszufügung. Dieser Schwellenwert ist nach Kagan keine absolute Größe, er geht von einem je nach Ausmaß des erwarteten Nutzens gleitenden Schwellenwert aus. Ginge es z.B. darum, mehr Menschenleben zu retten, könnte ein – in Bezug auf die Wahrscheinlichkeit – höheres Risiko erlaubt sein. Kagan sieht natürlich, dass neben der Höhe der Wahrscheinlichkeit auch die Höhe des möglichen Schadensausmaßes eine Rolle spielt.[7] Dies hält er für einen zweiten möglichen, aber unabhängigen Vorschlag, der mit dem ersten kombiniert werden kann. Er lehnt nur ab, dass man einen bestimmten Erwartungswert als Schwellenwert an-

---

[6] Shelly Kagan. *The Limits of Morality*. Oxford: Clarendon Press, 1989: 87–91.
[7] Ebd. 92.

nehmen sollte. Ein Risiko mit einer großen Wahrscheinlichkeit und einem kleinen Schadensausmaß muss ebenso wenig einen niedrigen Schwellenwert haben wie ein Risiko mit einem hohen Schadensausmaß, aber geringer Wahrscheinlichkeit einen solchen niedrigen Schwellenwert haben muss.

Aber kommen wir über den Grad der Wahrscheinlichkeit und/oder die Höhe des möglichen Schadens zu solchen Schwellenwerten? Ist die Sache so einfach, dass man zu ‚hohe' von zulässigen Risiko unterscheiden kann?

Wir können nicht davon ausgehen, dass zwei Risiken mit gleicher Wahrscheinlichkeit und/oder gleichem möglichen Schaden für gleich akzeptabel gehalten werden. Die kognitive Psychologie hat gezeigt, dass die Risikowahrnehmung von Faktoren abhängt wie der Bekanntheit der Risiken, von der Neuartigkeit der Gefährdung oder dem Glauben, ein Risiko kontrollieren zu können. Man denke zudem an die typischen Risikotäuschungen wie:

‚*Representation Fallacy*': Die Erreichbarkeit von Informationen bestimmt die Risikobeurteilung. Die Aufmerksamkeit, die durch öffentliche Diskussion entsteht, verändert die subjektive Risikoeinschätzung.

‚*Anchor Fallacy*': Die Person hält trotz neuer Informationen an bestehenden Risikoabschätzungen fest.

Neuartigkeit von Risiken: Neuartige Risiken werden über-, etablierte unterschätzt. Hier bieten sich zwei Möglichkeiten an. Entweder man berücksichtigt die subjektive Risikoperzeption und kommt so zu unterschiedlichen Schwellenwerten, niedrige bei neuartigen und unbekannten Risiken und höhere bei bekannten Risiken. Oder aber man ignoriert die subjektive Risikowahrnehmung und richtet sich nach einer stärker objektivierten Risikoanalyse. Das hieße, man geht davon aus, dass Handlungen mit gleicher Wahrscheinlichkeit und gleich großem Schaden moralisch gleich beurteilt werden sollten.

Autoren wie Herman Leonard und Richard Zeckhauser[8] würden die zweite Option wählen. Vergleichende Risikoanalysen sind rational und effizient. BürgerInnen wollen rational und effizient sein; also würden sie wissenschaftliche Risikoanalysen wählen, wenn sie informiert wären. Allerdings sprechen dagegen drei Argumente:

a) Die vergleichende Risikoanalyse wird von der Bevölkerung nicht akzeptiert. Zeckhauser und Leonhards Vorschlag könnte als eine ‚Diktatur der Vernunft' wahrgenommen werden. Und postmoderne Überlegungen (Ist das Expertenurteil wirklich das bessere? Sind nicht beide sozial konstruiert? Sind nicht auch Expertenurteile stritig? Kommen nicht auch hier subjektive Elemente hinein?) werden dieses Gefühl stützen.

---

[8] Herman B. Leonard and Richard J. Zeckhauser. "Cost-Benefit Analysis Applied to Risks, Its Philosophy and Legitimacy", in: Douglas MacLean (Ed.). *Values at Risk*. Savage: Rowman & Littlefield, 1986: 31–48.

b) Vergleichende Risikoanalysen lassen im Gegensatz zum Laienurteil zudem moralische Aspekte außen vor. Dies ist besonders relevant, wenn Risiken ungleich verteilt sind und damit Gerechtigkeitsfragen angesprochen sind.[9]

c) Die Vorstellung ist mit moraltheoretischen Problemen verbunden. Sind wirklich alle Schadensmöglichkeiten miteinander zu vergleichen? Dies ist nicht allein ein psychologisches Problem, sondern ein ethisches. Ist der Verlust des Augenlichts kommensurabel mit dem Verlust von Eigentum oder dem Verlust der Heimat? Hat man je nach erzieltem Vorteil andere Risiken zu ertragen – und welche Vorteile können es legitimieren, Personen einem Risiko auszusetzen?

Die Annahme von Schwellenwerten für zulässige Gefährdungen ist mit einem weiteren Problem behaftet: der Bewertung menschlichen Lebens. Das Gasherd-Beispiel scheint nach Kagans Ansatz solange kein Problem, als er sich nur auf die Eintrittswahrscheinlichkeit bezieht. Aber wir haben hier auf der anderen Seite einen hohen möglichen Schadenswert. Mit einer geringen Wahrscheinlichkeit droht Marios Nachbarn nicht weniger als der Tod. Soll allein der Schadensausmaß zählen, nicht aber die Eintrittswahrscheinlichkeit, müssten alle Handlungen über dem Schwellenwert liegen, in denen der Tod eines Menschen denkbar ist. Aber auch dies führte zu einer enormen Erweiterung des Bereichs prima facie unzulässiger Handlungen.

Gegen die Idee von Schwellenwerten sprechen noch andere Gründe: Mit Kagan muss man einräumen, dass je nach erwartetem Vorteil unterschiedliche Schwellenwerte angenommen werden müssen. Auf ein weiteres Problem hat Peter Railton verwiesen:[10] Wenn ich bisher Risiken unter r akzeptiert habe, heißt das nicht, dass ich ein neues Risiko akzeptiere, auch wenn es unter r liegt.[11] Und dieses Problem ergibt sich sowohl für subjektive wie objektive Risikobemessung. Denn auch wenn ich Risiken unter r akzeptieren sollte, kann dies nicht heißen, dass ich stets neue Risiken akzeptieren sollte. Selbst wenn man sagte, die Risiken, denen man ausgesetzt sei, dürften eine bestimmte Gesamtsumme r2 nicht überschreiten, kommt man zu keiner Lösung. Denn es besteht ein Unterschied, ob ich einer Vielzahl kleiner Risiken ausgesetzt bin und dann einem weiteren kleinen Risiko ausgesetzt werde, das die Gesamtsumme über r2 hebt, oder ob ich einem einzigen großen Risiko ausgesetzt bin, auch wenn dieses unter r2 liegt. Railton hält die Möglichkeit eines solchen Schwellenwerts für in sich konfus.

Vielleicht könnte man allenfalls sagen, dass es gewisse Faustregeln gibt: dass etwa nicht erlaubt ist, andere Personen Risiken auszusetzen, wenn die Wahrscheinlichkeit des Schadenseintritts groß ist oder wenn es um einen (objektiv?) großen

---

[9] Robin Keller und Rakesh K. Sarin. "Equity in Social Risk, Some Empirical Observations", in: Risk Analysis 8, 1988: 135–146.
[10] Railton FN 3: 108f.
[11] Ebd.: 109

möglichen Schaden geht. Joel Feinberg etwa beschränkt sich auf die Nennung solcher Faustregeln.[12]

F1 Andere Personen einem Risiko auszusetzen, ist prima facie nicht moralisch erlaubt, wenn die Wahrscheinlichkeit des Schadenseintritts groß ist

F2 Andere Personen einem Risiko auszusetzen, ist prima facie nicht moralisch erlaubt, wenn es bei geringem Nutzen um einen großen möglichen Schaden geht.

Aber selbst diese Faustregeln geben unsere moralischen Überzeugungen nicht angemessen wieder. Das Andrehen des Gasherds ist mit einem großen möglichen Schaden verbunden (dem Tod eines oder mehrerer Menschen). Im Vergleich dazu ist der Nutzen dieser Handlung gering. Aber dennoch halten wir dieses Handeln moralisch für zulässig.

4. Wann ist es moralisch (nicht) erlaubt, andere Personen Risiken auszusetzen? – Andere Optionen

Wir müssen noch andere Optionen prüfen, welche als Kriterien herangezogen werden können, um die Zulässigkeit von Gefährdungen zu prüfen.

Reziproke Risiken

Angelehnt an eine Theorie der angelsächsischen rechtsethischen Literatur zur Haftbarkeit von Schäden wird darauf verwiesen, dass Gefährdungen dann moralisch zulässig seien, wenn es sich um reziproke Risiken handelt.[13] Ein reziprokes Risiko liegt dann vor, wenn A B keinem Risiko aussetzt, das höher ist als jenes, welchem er durch B ausgesetzt ist. Als Beispiele für reziproke Risiken gelten im Allgemeinen Kampfsportarten, Mannschaftssport wie Fußball und Eishockey oder der Straßenverkehr. Auch den Gebrauch von Alltagstechnologien könnte man als reziproke Risiken ansehen.

Allerdings ist die Idee reziproker Risiken problembehaftet. Sie hilft zum Beispiel nicht im Blick auf riskante Technologien. Der Biolandwirt ist durch einen Freisetzungsversuch Risiken ausgesetzt, seine Tätigkeit erzeugt aber kein reziprokes Risiko. Riskante Technologien gefährden zudem auch künftige Generationen, welche ihren Vorfahren kein reziprokes Risiko zumuten. Weiterhin ist fraglich, ob etwa der Straßenverkehr als Situationen reziproker Risiken beschrieben werden sollte. Setzen sich Fußgänger und Autofahrer im Straßenverkehr gleichen Risiken aus? Man darf dies bezweifeln.

---

[12] Joel Feinberg. *Harm to Others*. The Moral Limits of Criminal Law, Vol. 1. Oxford: Oxford University Press, 1984: 216.
[13] Vgl. George P. Fletcher. "Fairness and Utility in Tort Liability", in: *Harvard Law Review* 85, 1972: 537–573; Jules L. Coleman. *Risks and Wrongness*. Cambridge: Cambridge University Press, 1992: 236f.

Mannschaftssportarten und Kampfsportarten sind überdies spezifische Fälle, weil es sich hier auch um ‚persönliche Risiken' handelt.[14] Personen wählen diese Aktivitäten im Wissen um die damit verbundenen Risiken. Man könnte also argumentieren, sie seien nicht deshalb moralisch zulässig, weil sie reziprok sind, sondern deshalb, weil sie freiwillig gewählt wurden. Dies kann man gut am Russisch Roulette Beispiel demonstrieren. Nehmen wir zwei Szenarios, in denen einmal Ivan und Ivanovitch, das andere Mal Peter und Petrovitch Roulette spielen. Ivan und Ivanovitch lieben gefährliche Spiele und entschließen sich im besten Wissen über Wahrscheinlichkeit und mögliche Auswirkungen, Russisches Roulette zu spielen. Sie halten sich gegenseitig die Pistolen an die Köpfe und drücken ab. Wenn man es für moralisch erlaubt hält, dass Personen ihr eigenes Leben aufs Spiel setzen, könnte man dieses Spiel für moralisch zulässig halten. Ähnliches gilt auch, wenn die Spieler abwechselnd nächtlicherweise den schlafenden Mitspieler besuchen und gefährden. Ganz anders ist aber folgendes Szenario zu beurteilen: Peter und Petrovitch spielen ebenfalls russisches Roulette und entschließen sich unabhängig voneinander und ohne das Wissen des anderen, das Spiel zu beginnen. In der ersten Nacht besucht Peter Petrovitch und setzt ihm die Pistole an den Kopf. In der zweiten Nacht besucht der glücklich am Leben gebliebene Petrovitch Peter und drückt die Pistole ab. Auch Peter überlebt. Beide planen, die Tat zu wiederholen. Keiner weiß, was ihm widerfahren ist, noch ahnt einer von den Plänen des anderen. Auch wenn wir es moralisch für zulässig halten, dass Personen ihr eigenes Leben gefährden, würden wir die Handlungen von Peter und Petrovitch, die ohne die Einwilligung des anderen agieren, ablehnen. Wenn dies der Fall ist, kann die Reziprozität aber keine Rolle spielen. Denn sowohl Ivan und Ivanovitch wie Peter und Petrovitch setzen sich reziproken Risiken aus.

Man könnte vielleicht einwenden, die Verurteilung des unfreiwilligen Russischen Roulettes folge einfach nach den Feinbergschen Faustregeln und Reziprozität sei ein zusätzliches Kriterium, das zur Beurteilung von Zweifelsfällen herangezogen werden kann. Aber auch dies scheint mir verkehrt. Der Gedanke, dass Reziprozität Gefährdungen akzeptabel machen soll, scheint mir grundsätzlich verquer. Wenn ich einer Person ohne deren Einwilligung in den Finger schneide, wird die Tat ja auch nicht dadurch moralisch gerechtfertigt, dass die andere Person mir ohne meine Einwilligung in meinen Finger schneidet. Dies wäre kein Akt ausgleichender Gerechtigkeit, sondern eine Verdopplung des moralischen Übels. Man kann auch nicht sagen, dass es bei Gefährdungen anders aussehe, weil es hier nicht um Schäden, sondern um Wahrscheinlichkeiten geht.

Wenn man dies nimmt, dann kann Reziprozität der Risiken kein Kriterium sein und man muss nach anderen Kriterien suchen, weswegen es zulässig sein könnte, durch den Gebrauch von Autos und anderen Alltagstechnologien andere Personen

---

[14] Als ‚persönliche Risiken' bezeichne ich Handlungen, die die Wahrscheinlichkeit erhöhen, dass man selbst geschädigt wird. Vgl. hierzu Amartya Sen. "The Right to Take Personal Risks", in: Douglas MacLean (Ed.). *Values at Risk*. Savage: Rowman & Littlefield, 1986: 155–170.

einem Risiko auszusetzen. Zwei Möglichkeiten sind oben in den Blick gekommen, im Szenario von Ivan und Ivanowitch lag eine Einwilligung vor, im Lotteriebeispiel hatte ich kurz von der Möglichkeit der Kompensation gesprochen. Eine dritte Möglichkeit legt das Beispiel des Straßenverkehrs nahe. Vielleicht ist es hier ja zulässig, andere Personen einem Risiko auszusetzen, weil für jeden einzelnen Teilnehmer die Nutzen-Risiko-Bilanz positiv ist. Es ist für alle vorteilhaft, wenn hier erlaubt ist, andere Personen einem Risiko auszusetzen. Ähnliches könnte für die anderen Beispiele gelten, die Fletscher unter dem Begriff reziproker Risikosituationen behandelt. Betrachten wir diese Möglichkeiten näher.

Positive Kosten-Nutzen-Bilanz einer Praxis

Man könnte annehmen, dass eine Praxis dann moralisch zulässig ist, wenn sie für jeden einzelnen vorteilhaft ist, auch wenn sie damit verbunden ist, dass Personen andere oder einander einem Risiko aussetzen. So ist für jeden einzelnen sinnvoll, dass Alltagstechnologien benutzt werden, und er hat für diesen Vorteil bestimmte Gefährdungen in Kauf zu nehmen. Allerdings scheint diese Klugheitsüberlegung nur mit einigen Moraltheorien zu vereinbaren, zudem stellt sich die Frage, ob wir wirklich so weit gehen können.

Nehmen wir wieder die Gefährdung eines Beifahrers durch schnelles Fahren. Diese Gefährdung ist z.B. moralisch zulässig, wenn damit das Leben des anderen gerettet werden soll. Diese Handlung kann sogar dann zulässig sein, wenn sich der andere zu einem vorgängigen Zeitpunkt dagegen ausgesprochen hat, besagte Risiken einzugehen und sich also als gesunder Beifahrer gegen Fahren mit überhöhter Geschwindigkeit und die damit verbundenen Risiken verwahrt hat. Dann könnte man nämlich folgendermaßen argumentieren: Das Risiko, durch einen Unfall getötet zu werden, ist für den Beifahrer erheblich geringer als das Risiko, durch die Erkrankung zu sterben. Es besteht daher guter Grund zu der Annahme, dass er in diesem Ausnahmefall zustimmen würde, dass zu schnell gefahren wird. Wir würden uns hier auf den mutmaßlichen Willen beziehen.

Anders sieht es freilich aus, wenn der Beifahrer zu einem früheren Zeitpunkt explizit gesagt hat, dass er selbst in diesem Falle nicht dem Risiko eines Autounfalls ausgesetzt werden will. Sagt eine Person, sie wolle lieber sterben, als einem Risiko x ausgesetzt zu werden, so verbietet dies, sie diesem Risiko auszusetzen. In diesem Falle verbietet es der explizite Wille, sich auf die mutmaßliche Zustimmung der gefährdeten Person zu beziehen.

Kompensation

Mitunter kann ich eine Person zudem durch Kompensationen dazu bringen, dass sie ein Risiko auf sich nimmt. Man könnte vermuten, dass es moralisch erlaubt sei, andere Personen einem Risiko auszusetzen, solange ich sie dafür kompensiere. Ich kann eine Person entweder (i) kompensieren, wenn der Schaden eingetreten ist oder aber (ii) dafür kompensieren, dass sie ein Risiko auf sich nimmt.

Betrachten wir zunächst die erste Möglichkeit. Heißt dies, dass es moralisch zulässig ist, Personen einem Risiko auszusetzen, solange nur sichergestellt ist, dass sie im Nachhinein kompensiert werden? Mit Sicherheit nicht. Wir stehen hier nämlich vor einer Reihe von Problemen. Eine Schädigung kann nur dann kompensiert werden, wenn die Möglichkeit besteht, dass man sich über die Höhe der Kompensation einigen kann. Aber dies setzt erst einmal voraus, dass ein Verlust einfach durch ein neues Gut ersetzt werden kann. Ginge es im Gasofen-Beispiel nur darum, dass möglicherweise ein Fenster in der Wohnung des Nachbarn zerstört würde, könnte man wohl sagen, dass der Nachbar leicht dafür kompensiert werden kann. Aber es stehen nicht allein das Fenster, die Wohnungseinrichtung oder andere ersetzbare Dinge auf dem Spiel, sondern das Leben des Nachbarn. Einige irreversible Verluste könnten vielleicht durch Geldzahlungen ausgeglichen werden. Aber wer sagt, dass alle Verluste monetarisierbar sind? Zudem ist Kompensation kein hinreichendes Kriterium für die moralische Zulässigkeit von ‚Risk imposing'. Wenn ich Personen ohne deren Wissen oder Einwilligung Risiken aussetze, mute ich ihnen etwas zu, das ich nicht einfach durch eine nachträgliche Kompensation ausgleichen darf.

Wäre es sinnvoller, Personen gleich für die Übernahme von Risiken zu kompensieren? Dies geschieht mitunter, etwa wenn Arbeitnehmer toxischen Stoffen ausgesetzt werden oder sonstige die Gesundheit gefährdende Arbeiten übernehmen. Und es geschieht stets, wenn Personen besondere Prämien bezahlt werden, damit sie ein Risiko übernehmen. Aber angesichts der Allgegenwärtigkeit nicht-reziproker Gefährdungen wäre eine Forderung nach einer allgemeinen Kompensation für Gefährdungen nicht realisierbar. Die Frage bleibt zudem, ob es rein um Kompensationen geht und wie weit uns der Gedanke einer möglichen Kompensation weiterhilft.

Peters und Petrovitch Russisches Roulette-Spielen würde auch nicht dadurch moralisch zulässig, dass sie dem Schlafenden einen bestimmten Geldbetrag auf den Tisch legen. Auch wenn der Geldbetrag noch so hoch ist, würden wir stets die Zustimmung des anderen einfordern. Auch Michaela könnte sagen, sie kompensiere das Risiko durch das schnellere Fortkommen. Aber wie viel Zeit sie den beiden Deutschen auch verschafft, ihr Handeln bleibt eine unzulässige Gefährdung, solange die Beifahrer nicht zugestimmt haben, dass sie wegen des Zeitgewinns in Kauf nehmen, dass sie einem Risiko ausgesetzt werden. Also scheint – auch bei Arbeitsplätzen – neben Kompensation noch etwas anderes zu zählen: die Zustimmung. Kompensationen machen es nicht zulässig, dass Personen einem Risiko ausgesetzt werden. Sie dienen allenfalls dazu, die Zustimmung von Personen zu erhalten, um ein Risiko einzugehen. Kompensation verwandelt eine Risiko-Aussetzung in ein persönliches Risiko.

Konsens

Man könnte annehmen, dass es moralisch erlaubt ist, andere Personen einem Risiko auszusetzen, solange die Person der Gefährdung zustimmt. Oben habe ich oft darauf verwiesen, dass Personen nur dann einem Risiko ausgesetzt werden dürfen, wenn sie faktisch zugestimmt haben.

Allerdings ist die Forderung eines expliziten Konsenses keine Lösung für die Beurteilung von Alltagstechnologien und anderen Alltagshandlungen, mit denen wir

Personen einem Risiko aussetzen. Nicht einmal bei neuartigen Risiken ist dies der Fall. Nehmen wir an, in Otto Normalverbrauchers Nachbarschaft gebe es drei Personen. A hat eine Klapperschlange, B besitzt einen selbst fabrizierten Verbrennungsofen, C übt sich im Garten als Messerwerfer. Wir erwarten nicht, dass eine der Personen Otto Normalverbraucher anspricht und um seine Zustimmung bittet. Vielmehr kann dieser erwarten, dass die drei allgemeine Vorsichtsmassnahmen treffen werden. Erst dann, wenn Otto bemerkt, dass eine dieser Personen dies nicht tut oder er anderer Ansicht darüber ist, was die allgemeinen Vorsichtsmassnahmen verlangen, wird er aktiv. Er wird dann die betreffende Person ansprechen und bitten, die Praxis zu unterlassen oder zumindest für bessere Sicherheitsmassnahmen zu sorgen. Otto Normalverbraucher kündigt damit einen vorher angenommenen stillschweigenden Konsens auf.

Bei Alltagshandlungen bedarf es also keines expliziten Konsenses, da ein stillschweigender Konsens angenommen wird. Es ist moralisch erlaubt, andere Personen einem Risiko auszusetzen, solange wir einen stillschweigenden Konsens voraussetzen können. Im juridischen Bereich würde von der Sozialakzeptanz gesprochen. Sozialakzeptanz bezieht sich hier nur auf jene Bereiche, wo wir es im alltäglichen Leben stillschweigend dulden, dass andere Personen uns einem Risiko aussetzen. Dies gilt etwa für die Alltagstechnologie und Mitfahrsituationen (wie beim Trampen). Aber es gibt auch Fälle, wo wir eine stillschweigende Zustimmung nicht voraussetzen dürfen. Bei sehr hohen Risiken wie im Russischen Roulette-Beispiel würden wir einen expliziten Konsens verlangen. Aber dann stellt sich die Frage, warum man in einigen Fällen stillschweigenden Konsens voraussetzen darf, in anderen dagegen nicht. Hierfür muss es Kriterien geben, will man Handelnden nicht die Willkürmöglichkeit geben, einfach Sozialakzeptanz vorauszusetzen.

Vertrauen auf verantwortungsvolles Handeln

Gehen wir davon aus, dass es eigentlich eines expliziten Konsenses bedarf, Personen einem Risiko auszusetzen. In diesem Falle wäre zu fragen, in welchen Situationen man statt von einer expliziten von einer mutmaßlichen Zustimmung ausgehen darf. Eine Möglichkeit hatten wir oben beschrieben: Situationen, in denen die Chancen die Risiken eindeutig überwiegen. Bei Alltagshandlungen liegt diese Situation aber nicht vor. Im Gegenteil sind sie dadurch gekennzeichnet, dass Personen relativ geringe Vorteile erhalten (ein warmes Essen, ein frühes Erreichen des Reiseziels, usw.), sie aber anderen bei kleiner Eintrittswahrscheinlichkeit hohe Schädigungen zumuten (den Tod durch Explosion oder Verunfallen). Dass es zulässig ist, solche Risiken zuzumuten, setzt voraus, dass man einander vertraut und davon ausgeht, dass andere mit solchen Situationen verantwortungsvoll umgehen. Was heißt freilich verantwortungsvolles Handeln? Es ist sinnvoll, zunächst das Gegenteil: unverantwortliches Handeln zu erklären. Personen handeln unverantwortlich, wenn sie die möglichen Folgen ihres Handelns ignorieren, sie also nicht jene Folgen in Betracht ziehen, die zu erwarten sind. Diese zu erwartenden Folgen auferlegen dem Handelnden gewisse Sorgfaltspflichten. Weicht er von diesen ab, handelt er ebenso unverantwortlich, wie wenn er diese Folgen nicht in Betracht gezogen hat. Autofahren ist ein gutes Beispiel, um dies zu verdeutlichen. Sieht eine Fahrerin auf der einen Seite ein Haus und auf der anderen Seite einen Spielplatz, so muss sie damit rechnen, dass Kinder die Strasse überqueren. Auf Grund dieser zu erwartenden Folgen hat sie das Tempo zu drosseln und auf mögliche Fußgänger zu achten. Ähnliche Überlegungen gelten im Falle des Anzündens eines Gasherds. So ist nicht zu erwarten, dass ein gut gewarteter und bestimmungsgemäß gebrauchter Gasherd plötzlich explodiert. Andererseits müssen Benutzer wissen, dass ein ungewarteter oder ein zu alter Gasherd für einen selbst wie für andere gefährlich ist. Die Benutzerin des letzteren hat ihn zu warten und gegebenenfalls umzutauschen.

Sozialakzeptanz liegt also dann vor, wenn die Mitglieder einer Gesellschaft davon ausgehen, dass die Akteure die künftigen Folgen ihres Handelns im betreffenden Bereich angemessen abschätzen und in ihrem Handeln berücksichtigen. Akteure dürfen nicht einfach vorauszusetzen, dass Sozialakzeptanz besteht. Sie sind vielmehr angehalten, jenen Bedingungen zu genügen, von denen Sozialakzeptanz abhängt. Das heißt, sie sind verpflichtet verantwortungsvoll zu handeln. Nur unter dieser Bedingung dürfen sie voraussetzen, dass andere ihrem Handeln mutmaßlich zustimmen.

5. Anwendung auf ein umweltethisches Beispiel – eine Skizze

Wenden wir diese Überlegungen auf eine umweltethische Frage an, und zwar auf die Frage, ob ein Antrag auf Freisetzung von gentechnisch verändertem Mais in der Gemeinde O bewilligt werden soll. Die Freisetzung dient Versuchszwecken. Es soll die biologische Wirksamkeit eines herbiziden Wirkstoffs untersucht und die Selektivität des herbiziden Wirkstoffes gegenüber den gentechnisch veränderten Maispflanzen überprüft werden. Durch diesen Versuch werden Menschen und andere Lebewesen einem Risiko ausgesetzt. Der Versuch könnte Auswirkungen auf die lokale Flora und auf Insekten haben, was wiederum negative Folgen für Menschen nach sich ziehen könnte. Zudem könnten nahe liegende Maisflächen anderer Landwirte durch den gentechnisch veränderten Mais kontaminiert werden. Die umweltethische Grundfrage, ob eine mögliche Schädigung von Tieren, Pflanzen und der Umwelt direkt relevant ist, kann hier nicht diskutiert werden. Ich werde daher nur auf die Gefahren für den Menschen konzentrieren und mich auch hier der Einfachheit halber auf eine Gruppe von Personen beschränken, auf Menschen, die im Umkreis des Versuchsgelände wohnen, landwirtschaftlich tätig sind oder Gärten haben. Einer der betroffenen Personen, ein Biolandwirt, baut in naher Entfernung ebenfalls Mais an.

Man wird nicht ohne weiteres sagen können, dass die risikoexponierten Anwohner hier selbst einen potentiellen Nutzen durch den Versuch hätten. Allenfalls müsste man auf eine höhere Ebene übergehen und fragen, ob alle Personen einer industrialisierten Gesellschaft Vorteile durch solche Versuche haben. Aber dies ist höchst umstritten. Wir können uns hier auch nicht einfach auf eine allgemeine Faustregel berufen, also darauf verweisen, dass die Wahrscheinlichkeit einer Kontamination gering und der Versuch so zulässig sei. Denn auch wenn sich Risikoanalytiker einig wären, ist anzunehmen, dass die Betroffenen eine andere Auffassung haben, ob die Faustregel angewandt werden kann. Wir können hier nicht einfach den stillschweigenden und mutmaßlichen Konsens voraussetzen. Denn im Bereich der Gentechnik besteht gerade kein gegenseitiges Vertrauensverhältnis. Hier ist expliziter Konsens verlangt. Werden die Anwohner mangelhaft informiert und nicht in die Entscheidung einbezogen, darf das Gesuch nicht bewilligt werden. Die Anwohner haben einen Anspruch auf Partizipation.

Diese Forderung gilt aber allgemein für riskante Technologien. Für die Partizipation lokaler Gruppen spricht nicht nur, wie oft gesagt wird[15], dass nur diese die Technikfolgenbewertung vornehmen können. Diese Annahme wäre nur auf Basis sehr spezifischer moralphilosophischer Annahmen richtig. Die Partizipation ist aus viel weniger umstrittenen Gründen einzufordern: Personen, die von anderen einem Risiko ausgesetzt werden, müssen in Fällen, wo wir keine Sozialakzeptanz voraussetzen können, ihren Konsens geben.

Fraglich scheint mir, ob Kompensationen in Partizipationsverfahren eine Rolle spielen sollten. Bruno Frey und sein Team haben diesbezüglich die Standortsuche für ein Lager für radioaktive Abfälle (Wolfersschiessen, Kt. Nidwalden) untersucht. Sie weisen dabei auf den ‚Besuch des alten Dame-Effekts' hin.[16] Angesichts von Kompensationen verlieren Bürger das allgemeine Wohl aus dem Auge. Jeder einzelne sieht nur noch den durch die Kompensationen möglichen Vorteil und übersieht das moralisch Geforderte.

Auch wenn hier explizite Zustimmung gefordert werden muss, entlastet dies Forschende nicht von verantwortungsvollem Handeln. Dabei stellen sich freilich zwei neue Fragen: Mit welchen negativen künftigen Folgen müssen die Forschenden rechnen? Und wie haben sie auf diese erwarteten Folgen angemessen zu reagieren? Die Frage, welche Anforderungen an das antizipatorische Denken von Forschenden gestellt werden müssen, kann hier freilich nicht beantwortet werden.

---

[15] Vgl.: Christoph Rehmann-Sutter, Risiko-Ethik, in Christoph Rehmann-Sutter, Adrian Vatter & Hansjörg Seiler (Hrsg), *Partizipative Risikopolitik*, Opladen: Westdeutscher Verlag 1998, 29-166.
[16] Vgl. Bruno S. Frey. „Unerwünschte Projekte, Kompensation und Akzeptanz", in: *Analyse und Kritik*, 19, 1997: 3–14.

RISIKOSZENARIEN ALS INSTRUMENT IM UMGANG MIT DER UNSICHERHEIT
Ihre Einsatzmöglichkeiten und Relevanz für die ethische Auseinandersetzung[1]

BEATRICE CAPAUL

1. Einführung

Die erhöhte Vernetzung und Globalisierung verursachen eine zunehmende Intransparenz und Dynamik im Geflecht der Risiken.[2] Die raum-zeitliche Trennung von Ursache (Risikoerzeugung) und Wirkung (Gewinn, Schaden), erschwert die Prüfung der Folgen unserer Entscheidungen und Handlungen. Dies bewirkt, dass die Unschärfe der absehbaren Konsequenzen unsere Entscheidungen zunimmt und es schwieriger wird, die Auswirkungen auf die prognostizierten Ziele – im positiven wie im negativen Sinn – abzuschätzen.

Durch die erhöhte Beschleunigung des technologischen und sozialen Wandels fehlt uns die Zeit, auf die entsprechenden Konsequenzen unserer Entscheide, Handlungen, d.h. auf die entsprechende Erfahrung zu warten. Gemäß Ackoff brauchen ‚trial and error' mehr Zeit als zwischen der induzierten Veränderung und der entsprechenden Antwort zur Verfügung steht. Ackoff schlägt in diesem Zusammenhang vor, Erfahrung durch Experimente zu ersetzen.[3] Die heutige Zeit, geprägt durch die zunehmende Beschleunigung der Veränderung, lässt uns auch dazu keine Zeit, sodass wir Erfahrung mit Szenarien austauschen müssen. Daraus resultiert, dass wir ungewollt in eine zunehmende Virtualität verfallen. Szenarien können wir vermeintlich kontrollieren und dabei Sicherheit gewinnen, jedoch steigt das Risiko, durch die Realität überrascht zu werden. D.h. wir scheitern, weil wir die Realität verlassen haben.

---

[1] Der Text basiert auf einer früheren Fassung mit dem Titel „Risikoszenarien – eine Auseinandersetzung", die im Tagungsband zum Symposium „Vorausschau und Technologieplanung", vom 3./4.11.2005, in Berlin vom Nixdorf Institut Paderborn veröffentlicht wird.
[2] Das Risikogeflecht impliziert, dass Risiken nicht mehr voneinander unabhängig sind.
[3] R.L. Ackoff. *Redesigning the Future*. New York: John Wiley & Sons, 1974.

Sich mit Risiken auseinanderzusetzen bedeutet, dass wir den Zeithorizont auf die Zukunft ausrichten. Vorausschauen heißt, sich in einen noch nicht eingetretenen Zeitraum hineinzuversetzen und diesen mit dem gegenwärtigen ‚Sensorium' zu ergründen, zu erkennen und das Erfasste in einen Kontext einzubinden, so dass wir schlussendlich darüber eine Aussage machen können. Die Basis für das Vorausschauen bilden die Szenarien. Sie starten im Denken der Gegenwart und bilden eine Brücke in die vorstellbare Zukunft. Vorausschauen transferiert unsere heutige Erkenntnis und Erfahrung, aber auch unsere Paradigmen in einen mit der Gegenwart liierten Zukunftsraum und lotet diesen nach bestimmten Fragestellungen aus. Die Resultate sind dann unter den Sammelbegriffen Früherkennung, Früherfassung oder Frühwahrnehmung zu finden.

2. Definition und Einsatzmöglichkeiten von Risikoszenarien

Im Risikobereich dienen Szenarien zur Auslotung von möglichen zukünftigen Ereignissen, jedoch mit dem konkreten Ziel, diese auch zu quantifizieren. Risikoszenarien umschreiben einerseits die möglichen Wege und deren Vielfalt zum Risiko hin, sie helfen die Risiken zu identifizieren, indem sie die Frage beantworten, welche Risiken vorstellbar und zu erwarten sind und wie diese entstehen können. Anderseits dienen Risikoszenarien auch als Basis zur Quantifizierung der Eintretenswahrscheinlichkeit des im Szenario beschriebenen Ereignisses und des Ausmaßes der entsprechenden Konsequenzen, d.h. sie werden für die Risikoabschätzung verwendet. Risikoszenarien beleuchten gleichwohl Risikozustände. Sie umschreiben mit unterschiedlichen Methoden einen zukünftigen Umstand, Zustand, ein Ereignis, Ergebnis oder eine Risikokonstellation und definieren auch deren Elemente und Beziehungen. Risikoszenarien sind Konstrukte, die die Konstellation zukünftiger, noch nicht eingetretener jedoch definierter Ereignisse beschreiben, denen anschließend mit unterschiedlichen Methoden ein entsprechender Zahlenwert zugeordnet wird.

Das Wort ‚Risikoszenario' setzt sich aus den Termini Risiko und Szenario zusammen. Der Begriff ‚Risiko' ist unscharf, da seine Bedeutung und Interpretation je nach Kontext und Verwendungsfeld unterschiedlich ausfallen. Im technischen Bereich ist Risiko eine Zahl, genauer das Produkt zwischen der Eintretenswahrscheinlichkeit eines Ereignisses und dessen Ausmaß. Risiko ist aber auch ein Beobachtungskonzept und nicht nur dessen Untersuchungsgegenstand.[4] Wie wir die Risiken betrachten ist abhängig von unserem Wissensstand, unserer Erfahrung und Wertvorstellung sowie unserem Weltbild. Dehnen wir den Bedeutungsbereich des Risikobegriffs noch etwas weiter, dann stellt schlussendlich Risiko eine menschliche Angelegenheit dar. Es ist der Mensch, der Risiken wahrnimmt, der einen Zusam-

---

[4] F. Holzheu und P.M. Wiedemann. „Perspektiven der Risikowahrnehmung", in: *Bayerische Rück: „Risiko ist ein Konstrukt"*. München: Knesebeck GmbH Verlags KG, 1993: 9.

menhang zwischen Handlung und Konsequenzen herstellt, und es ist auch der Mensch, der diese bewertet, mit ihnen umgeht und der etwas dabei zu gewinnen oder zu verlieren hat. Extrahiert man die Gemeinsamkeit aus allen möglichen Risiko-Definitionen so umschreibt Risiko die Möglichkeit, dass etwas Unvorhersehbares eintritt oder dass das Eintreten eines definierten zukünftigen Ereignisses zu einem bestimmten Grad unsicher, ungewiss und nicht voraussagbar ist. In der Risikokonzeption ist der Zufall als gemeinsamer Nenner der Ungewissheit, Unsicherheit[5] und Unvorhersehbarkeit zu sehen. *Szenarien* beschreiben – ausgehend von einer bestimmten Fragestellung und anhand ermittelter Kriterien – Konstellationen möglicher Zustände. Szenarien umfassen verschiedenartige und konsistente Projektionen und füllen damit einen Möglichkeitsraum. Dieser kann zum Experimentieren für die Entscheidungsfindung, die Strategieentwicklung oder als Fundus für Innovationen etc. genutzt werden.

Risikoszenarien bilden dann die Schnittstelle zwischen dem Möglichkeitsraum (definiert durch die Szenarien) und dem Erwartungsraum (der Risiken). Risikoszenarien erlauben, Risikokonstellationen, -zustände zu formulieren, zu modellieren, simulieren und zu quantifizieren. Im Risk Management werden sie zur Entscheidungsfindung verwendet und bilden die Grundlage für die Ausformulierung einer Risikostrategie. Risikoszenarien dienen zur Steuerung von komplexen Systemen wie Unternehmen, um jene Risiken anzupeilen, die die prognostizierten Unternehmensziele auch erfüllen oder sogar übertreffen. Als konkretes Beispiel soll hier ein aktueller Fall aufgezeigt werden. Das Management eines Unternehmens steht vor der Entscheidung, ob es dazu übergehen soll, keramische Nanopartikel in ihrem Produktionsprozess für die Oberflächenbehandlung einzusetzen. Sie sehen die Vorteile, sind jedoch besorgt, dass diese Nanopartikel gravierende gesundheitliche Folgen für die damit Arbeitenden haben könnten. Da es zurzeit in der Schweiz keine gesetzliche Regulierung gibt, wie mit Nanopartikeln umzugehen ist und welche Grenzwerte einzuhalten sind, erschwert diese Situation die Entscheidungsfindung. Die Unsicherheiten, denen das Management ausgesetzt ist, betreffen:

- die potentiellen Gesundheitsrisiken und die damit verbundenen finanziellen Auswirkungen
- die notwendigen adäquaten Sicherheitsvorkehrungen
- die zukünftige gesetzliche Regulierung
- den Erfolg der Produktionsumstellung
- den potentiellen Marktvorteil

In einer solchen Situation ist es sinnvoll, verschiedene Risikoszenarien zu formulieren, um dann die bestmögliche Option zu eruieren. Damit werden die Entscheidungsträger trotz der vorherrschenden Unsicherheit in die Lage versetzt, das Risiko

---

[5] Es wird bewusst zwischen Unsicherheit und Ungewissheit differenziert. Unsicherheit ist mit dem Wahrscheinlichkeitskonzept verknüpft. Ungewissheit bezieht sich auf das Nichtwissen um und die Unbestimmbarkeit zukünftiger Entwicklungen und Ereignisse.

für die Unternehmung hinsichtlich der Verwendung (oder eben Nichtverwendung) dieser Nanopartikel klarer zu beurteilen und eine entsprechende Risikostrategie zu definieren. Risikoszenarien stellen einen wesentlichen Bestandteil eines proaktiven Risk Managements dar. Sie helfen nicht nur, zukünftige Risikogebiete umfassender und schneller zu erkennen, sondern gegenüber dem Unbestimmten besser gewappnet zu sein. Zunehmend müssen mögliche Risiken, die aus der Anwendung neuer Technologien stammen und keine Erfahrungswerte oder Schadenerfahrung aufweisen, auf der Ebene von Szenarien erst ermittelt werden. Erst dann können sie überhaupt einer Risikoprüfung unterzogen werden. Die Auseinandersetzung mit Risikoszenarien öffnet aber auch einen Weg, zukünftige Chancen aufzudecken, die dann durch das Wissen um die Risiken optimal genutzt werden können; Risikoszenarien als ein Instrument des Chancen- und Zukunftsmanagements. Der Einsatz von Risikoszenarien empfiehlt sich überall dort, wo die vorherrschende Unsicherheit um zukünftige Entwicklungen die Entscheidungsfindung erschwert. Als Beispiele sind die ‚systemischen Risiken' und die ‚emerging risks' zu nennen. Systemische Risiken umfassen jene Risiken, die Systeme betreffen, von denen die Gesellschaft abhängig ist (Gesundheits-, Transportsystem, Umwelt, Telekommunikation, etc.). ‚Emerging risks' stellt ein Sammelbegriff dar für die erst zum Vorschein kommenden, auftauchenden zukünftigen Risiken, zum Beispiel aus der Anwendung neuer Technologien.[6]

3. Zufall und die Entstehung von Unsicherheit

Risikoszenarien versuchen das zu reduzieren, was man Unsicherheit nennt. Sie entspringt unter anderem aus dem Unvorhersehbaren, aus dem Zufälligen. Die Unvorhersehbarkeit ist auf das Subjekt bezogen und reflektiert das Nicht-Wissen, die Ignoranz und das für das Subjekt Unbekannte. Der Zufall findet sich auch hinter der Regellosigkeit und bringt Diskontinuität in unser kausal lineares Alltagsdenken hinein. Er wirft uns aus der Sicherheit der Planbarkeit, der Kontrolle heraus und in die Unsicherheit und Ungewissheit hinein. Der Zufall ist ein Phänomen der Gegenwart, auch der zukünftigen Gegenwart, der vielleicht eine Historie (Ursächlichkeit) aufweist oder auch nicht. Er überrascht uns im Hier und Jetzt oder erst in der Zukunft und ist charakterisiert durch:

- das Eintreten eines unerwarteten Ereignisses, das heißt, eines Ereignisses, das nicht vorausgesehen oder dessen Eintreten nicht vorausgesagt werden kann und das nicht beabsichtigt ist.
- das zufällige Zusammentreffen untereinander unabhängiger Ereignis- oder Kausalketten,[7] das keiner Gesetz- oder Regelmäßigkeit gehorcht.

---

[6] OECD. "Emerging Systemic Risks in the 21th century", in: *OECD Report*, 2003: 32.
[7] Gemäß H. Weiss. *Kausalität und Zufall in der Philosophie des Aristoteles*. Darmstadt: Wissenschaftliche Buchgesellschaft, 1967: 180, definierte Aristoteles das Zufällige in der ‚Metaphysik' als Sym-

- die Ursachelosigkeit.

Wir haben gelernt mit dem Zufall umzugehen, unter anderem durch die Anwendung der Wahrscheinlichkeitsrechnung und der Statistik, die gewisse Voraussagen ermöglichen.

4. Reduktion der Unsicherheit durch Reduktion der ‚Zufallsquellen'

Mit Hilfe von Risikoszenarien können jene Quellen des Zufalls reduziert werden, die dem subjektbezogenen Zufall entspringen. Deswegen ist es sinnvoll, einige dieser Quellen zu betrachten. Eine der Quellen des Zufalls stammt von unserer Unwissenheit und unserer Unkenntnis hinsichtlich Ursachen und Zusammenhängen. Betrachten wir komplexe Systeme, die aus einem dynamischen Netzwerk bestehen, dann können wir Thomas Hobbes[8] zitieren und sagen, dass Zufälliges entsteht, weil wir die Ursache(n) nicht kennen. Denn solche Systeme zeichnen sich aus durch das Geflecht einer Vielzahl miteinander wechselwirkender Elemente, hoher Varietät und Variabilität der Systemkomponenten. In einem solchen System gibt es nicht nur eine, sondern gleichzeitig mehrere agierende Ursachen mit unterschiedlichen Wirkungen, die wiederum selbst als Ursachen wirken können. Der Zufall bezieht sich hier auf die Unvorhersagbarkeit des Systemsverhaltens sowie die Unbestimmbarkeit der Reaktion vernetzter und rückgekoppelter Systemelemente. Entsprechend seiner Ausgestaltung kann ein komplexes System unterschiedliche Zustände einnehmen, die einen Möglichkeitsraum für das Systemverhalten bilden. Welcher Zustand eingenommen wird und wann, kann nicht vorausgesagt werden. Neben der komplexitätsbedingten Unsicherheit gibt es auch jene, die sich als Unschärfe, Ungenauigkeit oder als Fehler in die Daten oder Analysen einschleichen. Eine andere Quelle des Zufalls stellt unsere Wahrnehmung dar oder genauer, die selektive Informationsverarbeitung. Das, was die Sinnesorgane dem Gehirn übermitteln, wird nach Wichtigkeit, Erfahrung, bekannten Mustern, etc. hin selektiert, um schließlich erkannt oder verworfen zu werden. Somit wird das Unvorhersehbare zum Nicht-

---

bebekos als das was beliebig (172, „weder immer noch meistenteils") zusammenkommt und mit Kontingenz übersetzt wird. Aristoteles beschreibt den Zufall als Doppelgestalt von Tyche und Automaton (99). In seiner ‚Metaphysik' schreibt Aristoteles „Das zufällige Zusammentreffen begegnet uns da, wo Zweckmäßiges beiläufig sich einfindet." und „Die Ursachenreihe aber aus der sich solch ein zufälliges Zusammentreffen ergeben kann, verläuft ins Unbestimmte." (Aristoteles. *Metaphysik*, XI. Buch, III. Kapitel: 225; Der Text orientiert sich nach der Übersetzung von Adolf Lasson [1907]. Digitale Bibliothek „100 Werke der Philosophie", Berlin: Directmedia Publishing GmbH, 2003: 2613/428.

[8] Thomas Hobbes (Th. Hobbes. *Grundzüge der Philosophie, Lehre vom Körper*, 2. Teil, 10. Kapitel: 107/108. Der Text folgt der ersten einheitlichen Übertragung des dreiteiligen Werkes durch Max Frischeisen-Köhler von 1915/18, Digitale Bibliothek *100 Werke der Philosophie*. Berlin: Directmedia Publishing GmbH, 2003: 17335-6/169/170) definierte: „zufällig oder möglich heißt gemeinhin dasjenige, dessen notwendige Ursache man nicht durchschaut" und „Wir sehen ihn (der Regen der morgen fällt) aber als zufällig an und nennen ihn auch so, da wir seine Ursachen nicht kennen, obwohl sie jetzt schon existieren."

Erkennbaren oder zum ‚blinden Fleck'. Daneben gibt es noch eine psychologisch orientierte Quelle des Zufalls. Das, was uns verunsichert und Angst auslöst, wird verdrängt oder ignoriert und kann als ‚Nicht-Wissen-Wollen' beschrieben werden.

Das ‚Nicht-Wissen-Können' hingegen entspringt mangelnder Erfahrung und ungenügendem Wissen oder basiert auf der Unkenntnis. Diesen Zufallsquellen sind wir besonders bei der Anwendung neuartiger Technologien ausgesetzt. Dank systemisch orientierten Risikoszenarien können wir besser mit der Undurchsichtigkeit komplexer Zusammenhänge umgehen und auch das ‚Nicht-Wissen-Können und – Wollen' zu einem gewissen Maß reduzieren. Wir entwickeln szenische Risikofelder, auf denen wir mögliche Strategien entwickeln und mental erproben sowie deren Auswirkungen erkennen können. Wir gehen mental Risiken ein, simulieren sie und gewinnen so Sicherheit, weil wir dadurch neue Erkenntnis gewinnen.

5. Verwendung von Risikoszenarien zur Risikoabschätzung

Der Einsatz von Risikoszenarien zur Risikoabschätzung sollte den ganzen Lebenszyklus eines Risiko-Agens[9], z.B. einer Chemikalie[10], umfassen. Das ‚Risiko' wird von seiner Entstehung bis zu seiner möglichen Auflösung (Schaden) beobachtet und es gilt, in jeder Lebensphase des Agens, das entsprechende szenariobasierende Risikoprofil zu ermitteln. Die Summierung der Risikowerte in diesem ‚Risk Life Cycle' ergibt dann die Risikobilanz.

In die Risikobilanz-Betrachtung sollten auch die Interaktionen des Risiko-Agens mit den beteiligten Parteien entlang seines Lebensweges einbezogen werden. Zum Beispiel die Interaktionen während der Risikoerzeugung beim Hersteller und jene bei Transport und Verteilung (Transportunternehmen), bei der gewerblichen Anwendung sowie Nutzung durch den Konsumenten. Beteiligt an den Interaktionen auf der immateriellen Ebene sind auch die Risikoregulatoren, sprich Behörden, sowie die Risiko-Finanzierer (Banken) und -Träger, d.h. die Versicherungen. Es gilt, die im Risikonetz entstehende Risikolast der jeweiligen Lebensphase zu erkennen und zu quantifizieren sowie das Maß der Involviertheit und Verantwortlichkeit der beteiligten Parteien zu klären.

Dieser methodische Ansatz der Risikoszenarien unter der Berücksichtigung des ‚Risk Life Cycle' umfasst die risikotreibenden wie -tragenden Elemente, ihre Interaktionen, Interdependenzen sowie deren Schnittstellen entlang des Lebensweges des Risiko-Agens.

---

[9] Unter Risiko-Agens verstehe ich etwas Materielles, das die Ursache, den Gegenstand des entsprechenden Risikos darstellt. Risiko-Treiber wäre ein adäquates Synonym.
[10] Th. Vögl et al. "Scenariobased Risk Assessment of Multi-use Chemicals: Application to Solvents", in: *Risk Analysis*, 21/3, 2001, 481–497.

6. Verwendung von Risikoszenarien zur Früherkennung

Ein weiteres Einsatzgebiet von Risikoszenarien ist die Früherkennung von unheilvollen Entwicklungen, die zu Störfällen führen können. Dieses Gebiet ist trotz erhöhter Aufmerksamkeit und ausgefeilten Früherkennungs- und Risikoabschätzungsmethoden noch ausbaufähig, da die menschenverursachten (man-made) Störfälle in ihrer Anzahl zunehmen.[11] Diese Entwicklung kann mit der zunehmenden Vernetzung und Globalisierung der Risiken zusammenhängen, die zusätzlich verstärkt wird, durch:

- Erhöhte Vernetzung und somit Zunahme von Interdependenzen, Wechselwirkungen (zum Beispiel innerhalb der Produktions- und Materialflüsse).
- Erhöhte Vulnerabilität[12] aufgrund von versteckten Abhängigkeiten.
- Zunehmende Vulnerabilität aufgrund der Unerfahrenheit mit Anwendungen neuartiger Technologien.
- Grenzüberschreitende Risiken, die auf unterschiedliche Risikokulturen, Sicherheitsstandards und Wertevorstellungen treffen.
- Entkopplung der raum-zeitlichen Verknüpfung zwischen Risikoerzeugung und Schaden.
- Atomisierung der Verantwortlichkeit.

Störfallanalysen decken auf, dass sich gewisse Ursachen wiederholen,[13] aber auch, dass Umfeldfaktoren wie erhöhter Wettbewerbsdruck die Systemstabilität – beispielsweise einer Prozessanlage – beeinflussen können. Eine kürzlich vorgenommene Analyse[14] der Ursachenmuster von Störfällen petrochemischer Anlagen und Raffinerien deckte auf, dass das Unvorhersehbare im Sinne von Unwissenheit, Unbekanntheit relativ häufig ein Ursachenfragment darstellt, zum Beispiel in Form einer unbekannten Nebenreaktion einer chemischen Umsetzung. Dies überrascht, da der untersuchte Industriebereich eine etwa 100 jährige Geschichte aufweist und es sich um standardisierte Prozesse und Anlagetypen mit bekannten Stoffen handelt. Aus der ‚Nach-Störfall Perspektive' ist oft eine Entwicklung zu erkennen, die jedoch ‚nur' eine Systembedingung lieferte, die in Kombination mit Umfeldfaktoren und dem zufälligen, unglückseligen Zusammentreffen unabhängiger Ereignisketten und Ursachenfragmenten, also in Kombination mit einem Ursachengeflecht zu dem katastrophalen Ereignis führte.

---

[11] Swiss Re, sigma No. 1/2004.
[12] Vulnerabilität umschreibt, in welchem Maß etwas uns Wertvolles einer Gefahr ausgesetzt ist.
[13] J.C. Belke. "Recurring causes of recent chemical accidents". U.S. Environmental Protection Agency, Chemical Emergency Preparedness and Prevention Office & OSHA : The Plant Maintenance Resource Center, 1998. Der Artikel wurde präsentiert an der 'International conference and Workshop on Reliability and Risk Management' organisiert durch AIChE/CCPS im September 1998, San Antonio, Texas und ist unter http://www.plant-maintenance.com/articles/ccps.shtml im Internet publiziert.
[14] Beatrice Capaul. „Analysis of cause patterns of major incidents in the refining and petrochemical industry", unveröffentlicht.

Störfälle von morgen sind neben dem Unvorhersehbaren das Resultat heutiger Entscheide, latenter Versäumnisse sowie der Unwissenheit und Undurchsichtigkeit von Abhängigkeiten und Wechselwirkungen von Risikonetzen.

Das Verhalten von komplexen Risikosystemen (wie z.B. Prozessanlage, kritische Infrastrukturen[15]) kann mittels Szenarien, die auf risikobeschreibenden Kriterien des Systems beruhen, simuliert und analysiert werden. Zum Beispiel umschreiben Risikoszenarien das mögliche Verhalten des Systems als Funktion der Kriterien: Risikowahrnehmung, Risiko- und Sicherheitskultur, Entscheidungs- und Kommunikationsverhalten, Risiko-, Sicherheits-, Notfallmanagement sowie anderen Faktoren. Die Veränderung einzelner Parameter produzieren Projektionsbündel über das mögliche Systemverhalten und daraus resultierend über die zukünftige Systemstabilität. Dadurch lassen sich potentielle Schwachstellen des Systems früh erkennen.

7. Relevanz der Risikoszenarien für die ethische Auseinadersetzung

Risikoszenarien haben durch ihren vielseitigen Einsatz unterschiedliche Schnittstellen mit der Ethik, die im Folgenden kurz skizziert werden. Für die Risikoidentifikation schaffen sie die Grundlage, beschreiben die Risikokonstellationen und dienen zur Entflechtung der komplexen Zusammenhänge. Risikoszenarien zeigen Interaktionen, Abhängigkeiten, identifizieren Stakeholder und definieren potentiell Geschädigte, aber auch Nutznießer. Die Risikoszenarien stellen eine Vorlage für die ethische Analyse und Auseinandersetzung in Form eines ‚ethisch orientierten Assessments' dar. Anhand definierter ethisch relevanter Kriterien werden die Risikoszenarien analysiert und ebenfalls einer Bewertung unterzogen. Die in den Szenarien formulierten und zu den Risiken führenden Entscheidungen oder Handlungen begründen die ethische Auseinandersetzung. Aufgrund von Risikoszenarien können zum einen die Verantwortlichkeiten für die Risiken verortet werden, zum anderen vermögen sie die Schädigervielfalt aufzuzeigen und damit auch die Atomisierung der Verantwortung und fördern damit den gesellschaftlich ethischen Diskurs. Durch die Risikoabschätzung werden die möglichen Konsequenzen sowie deren Ausmaß erfasst, so dass die Frage nach der Tolerierbarkeit und Akzeptabilität oder Zumutbarkeit der in den Szenarien analysierten Risikokonstellationen diskutiert werden kann; zudem erlangt man eine Größenordnung der Wahrscheinlichkeit mit der betroffene Gruppierungen zu Schaden kommen könnten. Mit der Risikoevaluation oder -bewertung werden die Risikoszenarien mit ihren formulierten Konse-

---

[15] Kritische Infrastrukturen bezeichnet ein Netzwerk von abhängigen, menschlich erzeugten Systemen, deren Funktion es ist, im Zusammenspiel einen kontinuierlichen Fluss an notwendigen Dienstleistungen zu produzieren, die für die Gesellschaft als Ganzes essentiell sind, wie z.B. Energie-, Wasser-, Gesundheitsversorgung, Transportsysteme etc. (Übersetzung der Autorin nach einer Definition von Prof. W. Kröger, Laboratorium für Sicherheitsanalytik, ETH Zürich, Vortragsreihe: „Umgang mit gesellschaftsrelevanten Risiken", 13.04.05).

quenzen einem Wertesystem unterworfen, das inhärent mit den Bewertern und deren ethischen und moralischen Vorstellungen verbunden ist. Ebenfalls speisen diese ethischen Vorstellungen und moralischen Standards die Risikophilosophie, die sich in der Risikopolitik ausdrückt und an der sich die Risikosteuerung orientiert. Durch die Kenntnis der Zusammenhänge, Interaktionen und Interdependenzen in den durch die Risikoszenarien beschriebenen Konstellationen kann der Einfluss von möglichen flankierenden Maßnahmen zur Eingrenzung der ethisch problematischen Situationen eruiert und auf ihre Wirksamkeit hin überprüft werden.

Obwohl sich die Risikoszenarien meist in einem objektiv wissenschaftlich oder mathematisch gestalteten Kleid präsentieren, werden sie durch die ethischen und moralischen Vorstellungen der Szenarioerzeuger beeinflusst, und doch decken sie gleichzeitig jene Gebiete auf, die ethisch problematisch sein können oder ethisches Neuland darstellen, die dann anhand des vorherrschenden Wertesystems evaluiert werden; Risikoszenarien als Ausgestaltung der ‚ethischen Zirkularität'?

8. Grenzen der Aussagekraft von Risikoszenarien

Risikoszenarien sind auf unsere Wissensbasis und Vorstellungskraft begrenzt. Sie stellen Artefakte dar, mentale Konstrukte, die unsere Vorstellung über bestimmte Systeme und Zusammenhänge reflektiert und nur eine Annäherung der Realität darstellt. Ebenfalls sind Risikoszenarien auf die ihnen zugrunde gesetzten Risikokonstellationen limitiert und grenzen bewusst andere aus; sie unterliegen der willkürlichen Fokusierung und Grenzziehung. Dies bietet zwar den Vorteil, dass die entsprechende Risikoanalyse vereinfacht und die dem System inhärente Komplexität vermeintlich reduziert werden kann, doch die Ausgrenzung wichtiger Aspekte, die die Risikokonstellationen beeinflussen können, beeinträchtigen die Aussagekraft und Glaubwürdigkeit der Ergebnisse der entsprechenden Risikoszenarien. Die in den Risikokonstellationen angenommenen Entwicklungen werden oft als kontinuierlich angesehen und die durch den Einfall des Zufalls hervorgerufenen möglichen Diskontinuitäten nicht berücksichtigt. Dadurch können bei der szenischen Analyse der Risikokonstellationen wichtige Quellen der Erkenntnisgewinnung nicht genutzt werden. Durch die Beschleunigung der technologischen Entwicklung verändert sich die Ausgangslage für die Risikoszenarien derart, dass diese oft nach der Formulierung bereits veraltet sind oder eine kurze Verfallsdauer aufweisen.

9. Zusammenfassung

Der Einsatz von Risikoszenarien ist vielfältig, wie es auch ihre zu Grunde liegenden Methoden und ihre Anwendungsgebiete sind. Risikoszenarien empfehlen sich dort, wo die Unsicherheit und Ungewissheit hinsichtlich zukünftiger Entwicklungen und Ereignisse die Entscheidungsfindung erschweren.

Im Prozess der Risikoszenarien-Bildung werden Zusammenhänge und Ursachengeflechte aufgedeckt sowie komplexe Systeme durchleuchtet, so dass die aus der Undurchsichtigkeit und Unschärfe resultierende Unsicherheit reduziert werden kann. Risikoszenarien stellen ein Instrument für die Identifikation und Abschätzung von Risiken dar und sind die Voraussetzung für die risikobasierende Entscheidungsfindung sowie für die Strategieentwicklung und die ethisch orientierte Auseinandersetzung. Dass das Eintreten zufälliger Ereignisse nicht aus der Welt geschafft werden kann, ist uns bewusst, doch wir können mit den Risikoszenarien vorausschauend das erfassen, was sich vermeintlich im Dunstkreis des Unvorhersehbaren versteckt.

7

DIE EMPFINDUNG VON SCHULD UND DIE ETHIK DER RETROSPEKTIVE

CHRISTOPH REHMANN-SUTTER

> *„Why, we may wonder, cannot bygones be bygones? Why cannot we just forget the hurt done to us and the hurt we do to another? Does it make sense what we suffer because of what is past?"*
> Herbert Morris, On Guilt and Innocence, 1976: 92

Die Vergangenheit von Handlungen nimmt ihnen nichts von ihrer moralischen Relevanz. Aber die Ethik kann mit vergangenen Handlungen nicht gleich verfahren wie mit Optionen, die wir erst planen. Die Vergangenheit in ethischer Hinsicht ernst zu nehmen, eröffnet eine Reihe eigenständiger und sehr grundlegender philosophischer Fragen. Welche Rolle spielt z.B. die Schuld in der moralischen Auseinandersetzung mit der Vergangenheit? Kann uns ein Schuldgefühl etwas sagen?

Um diese Fragen zu erörtern, wende ich mich zuerst einem alltäglichen Vorgang zu, der uns geläufig ist: das Bitten um Entschuldigung.

1.   Entschuldige bitte!

Wenn wir uns für irgendetwas jemandem gegenüber schuldig fühlen, empfinden wir dieses Gefühl als Last, als eine Art von Schmerz, oft auch als Hindernis in der weiteren Beziehung zu dieser Person. Wir bitten sie um ‚Entschuldigung'. Eine Bitte um Entschuldigung ist zuerst eine Bewegung unseres Gemüts, die aber sogleich eine Bewegung in der Beziehung auslöst. Wenn die Bitte gehört wird, entspricht ihr eine Gemütsbewegung im Anderen, die dazu führen kann, dass die vorher drückende Last entfernt wird, der Schmerz abklingt und sich das Hindernis in der Beziehung auflöst. Diese Hoffnung auf Auflösung des Schuld-Komplexes trägt uns, wenn wir die Person, der gegenüber wir uns schuldig fühlen, um Entschuldigung bitten.

Die Feinmechanik der Entschuldigung als Geschehen in Beziehungen ist in höchstem Masse faszinierend und ihre genauere Betrachtung führt uns zu grundlegenden Aspekten des Ethischen. Weil die Schuld zeitlich in die Vergangenheit weist, auf ein vergangenes Handeln, und die Entschuldigung in die Zukunft, auf einen offenen Horizont weiterer Interaktionen, bietet sich das Thema Schuld und Entschuldigung auch speziell an für eine Untersuchung zur Temporalität des Ethischen.

Eine gelingende Entschuldigung besteht aus folgenden Teilen: Die Bitte um ‚Entschuldigung' (in leichteren Fällen und auch die Bitte um ‚Verzeihung' oder ‚Vergebung' in schwereren) beinhaltet erstens das Eingeständnis einer Schuld. Was heißt das? Um dies erklären zu können, benötigen wir eine Theorie der Schuld. Ich werde eine solche im Abschnitt II skizzieren; hier genügt erst einmal folgende Annäherung: Mit dem Eingeständnis von Schuld gibt die Person zum Ausdruck, dass sie sich selbst für das Entstehen des Übels verantwortlich fühlt, welches der Anlass für die Bitte um Entschuldigung ist. Wenn jemand sagt: ‚Bitte entschuldigen Sie, ich wollte Sie nicht beleidigen', ist damit impliziert, dass er oder sie sowohl das seelische Unbehagen des Anderen wahrnimmt, als auch die eigene Rolle als Verursacher (oder Mitverursacher) zugibt. Das Eingeständnis der Schuld hat somit beide Aspekte: den Aspekt des eigenen Betroffenseins vom Leid, das die oder der Andere verspürt, und den Aspekt der kausalen Zurechnung zu eigenen Handlungen und Entscheidungen (oder Unterlassungen).

Zweitens beinhaltet die Bitte um Entschuldigung die Anerkennung des Angewiesenseins auf die oder den Anderen. Die Verzeihung kann man nicht selbst leisten. Nachdem man vorher selbst Macht ausgeübt hat, deren Auswirkungen zum Anlass der Entschuldigungsbitte geworden sind, ist man nun in einer ebenso dramatischen Weise der Macht des Anderen ausgesetzt. Indem man eine Entschuldigung nicht verordnen, sondern nur erbitten kann (das Ausrufezeichen im Titel dieses Abschnitts bedeutet keinen Befehl), anerkennt man, dass es dem Anderen grundsätzlich frei steht, die Entschuldigung zu gewähren oder sie zu verweigern. Es ist eine Geste der Öffnung hin zur Gegenseitigkeit der Beziehung.

Der dritte Teil einer Entschuldigung ist die Ent-Schuldung selbst. Die Bitte um Entschuldigung richtet sich darauf, dass sich das Verhältnis des Verschuldens auflöst, dass die Schuld erlassen, getilgt wird und fortan nicht mehr im Wege steht.

Um diese Bewegungen ausführen zu können, sind eine Reihe von Fähigkeiten nötig, die es zweifellos verdienen, zu den fundamentalen Kompetenzen menschlicher Moralität gezählt zu werden. Welche sind es? Wenn wir das vorgestellte Schema der drei Teile einer gelingenden Entschuldigung als Ausgangspunkt nehmen, scheinen folgende Funktionen unverzichtbar:

(1) Um Schuld nicht nur fühlen, sondern anerkennen zu können, muss das Subjekt über die Fähigkeit verfügen, zu sich selbst und zu seiner Rolle in der Welt eine elementare reflektierende Distanz einzunehmen. Würde die Empfindung von Schuld fehlen, würden alle Ereignisse bloß Ereignisse sein, die mit dem eigenen Willen mehr oder weniger übereinstimmen. Das Subjekt muss merken können, dass einzelne Ereignisse von den Handlungen, die es ausführt, abhängig sind und ande-

re nicht. Für die einen Ereignisse ist es Urheberin; es übt Kontrolle über sie aus (oder vermutet es zumindest), es könnte sie verhindert oder beeinflusst haben. Für andere Ereignisse besteht diese Verbindung zu sich selbst nicht, die mit dem Verhältnis der Verantwortlichkeit verbunden ist. Es kann zwar sein, dass das entsprechende Differenzierungsvermögen nicht immer die Wahrheit trifft. Dann entstehen unangemessene Schuldgefühle oder sie bleiben in anderen Fällen aus, wo sie eigentlich angebracht wären. Wenn die Fähigkeit zur Differenzierung von ‚verschuldet' und ‚nicht verschuldet' aber fehlt, kann eine Anerkennung von Schuld nicht geschehen. Andererseits muss das Subjekt aber auch zur Anerkennung von Schuld ein Vorstellungsvermögen für die Qualität des Leides in der subjektiven Dimension Anderer aufweisen. Das ist eine Fähigkeit zur Empathie, zur Einfühlung in ihre Situation. Ohne diese Fähigkeit könnte das Subjekt nur Veränderungen in ihrem Verhalten registrieren. Schmerz und Leid gäbe es nur wirklich, sofern sie die eigenen sind. Verantwortung für das Anderen zugefügte Leid könnte nicht entstehen.

(2) Die Anerkennung des Angewiesenseins auf die Gewährung der Entschuldigung durch die oder den Anderen setzt die Erfahrung der entlastenden, lösenden Wirkung des Verzeihens voraus. Diese Erfahrung ist eine soziale. Und sie setzt die Verbindung der eigenen Schuldempfindung mit der Vorstellung eines möglichen Vorwurfes von Seiten der Anderen voraus. Ein bloßer Selbstvorwurf oder ein bloßer Schmerz aus dem Bewusstsein, Anderen Leid zugefügt zu haben, reicht nicht aus, um die vom Anderen signalisierte Verzeihung innerhalb der eigenen subjektiven Wahrnehmung zur Auflösung des Schmerzes der Schuld wirksam werden zu lassen. Eine kognitive Verbindung ist nötig zwischen der empfundenen Schuld und einer möglichen Beschuldigung (mit der entsprechenden Veränderung in der Beziehung) durch die Anderen, sodass die Versicherung, dass die Beschuldigung aufgelöst ist oder dass sie gar nie existiert hat (und vom Subjekt nur befürchtet wurde), die Schuld auflösen kann. Die Bitte um Entschuldigung setzt natürlich voraus, dass das Subjekt diese Auflösung der Schuld durch die Entschuldigung der Anderen überhaupt für möglich hält.

(3) Die Entschuldung schließlich erfordert die Fähigkeit des Loslassens der alt gewordenen Schuld-Vorstellung und die Fähigkeit des frischen Zugreifens auf die Gegenwart. Dies ist eine Fähigkeit, die wir vielleicht als ‚gesundes Selbstbewusstsein' beschreiben würden und die mit Sicherheit zu tun hat. Gewiss ist auch dies eine Fähigkeit, die mit sozialen Erfahrungen des Anerkanntwerdens im frühen Kindesalter zu tun hat und in Beziehungen erlernt werden kann.

Erst durch die analytische Zergliederung wird die Entschuldigung zu einem komplizierten Vorgang. Im Alltag ist sie uns so geläufig, dass wir kaum je daran denken müssen, welche feingliedrigen Bewegungen mit ihrem Vollzug verbunden sind und welche Fähigkeiten dabei ausgeübt werden.

2. Eine Theorie der Schuld

Die in der jüngeren Literatur geläufigste Theorie der Schuld geht davon aus, dass Schuld eine Art von Selbstbestrafung nach Regelverletzung ist. Lawrence Kohlberg beispielsweise beschreibt das Gefühl von Schuld als „das Auftreten von selbstbestrafenden, selbstkritischen Empfindungen der Reue und Angst nach einer Verletzung der kulturellen Normen."[1]

Herbert Morris erklärt das Entstehen des Konzeptes von Schuld in der moralischen Entwicklung folgendermaßen: „A child hits a playmate; he is told that that is a bad thing to do, that it is wrong to hit others; the next time he does it, he may be punished; he meets with ‚you're a bad boy'. This situation, provided other conditions are met, can lead to the child acquiring the concept of a rule, his accepting a rule, and in cases of infraction feeling guilt."[2] James Kellenberger folgt dieser Konzeption und baut sie zu einer Theorie verschiedener ‚Moralitäten' aus (‚guilt', ‚shame' and ‚sin morality'): „Essential to guilt morality, we should note, is the existence of a body of public moral rules that are understood as imposing obligations on us. [...] When one breaks, or wrongfully breaks, a moral rule, one is guilty of an infraction. One is at fault, and it is appropriate to make amends and to seek forgiveness, which restores one's place in the moral community."[3] Die Schuld-Moralität ist nach Kellenberger entsprechend eine Fehler-Moral, die von den Individuen verlangt, dass sie sich an die von der Moralgemeinschaft akzeptierten Regeln hält und die Übertretungen ahndet.

Die Schwäche dieser Auslegung des Phänomens der Schuld liegt vor allem darin, dass sie die Schuld reduktionistisch durch einen Verinnerlichungsmechanismus behandelt und ihr damit den ursprünglich ethischen Gehalt, die Wahrnehmung und die Anerkennung des einem Anderen zugefügten Leides, wegnimmt. In der entwicklungspsychologischen Erklärung, die ich von Morris zitiert habe, fehlt beispielsweise der Schmerz des Spielkameraden gänzlich. Der Spielkamerad kommt nur vor, indem an ihm ein Verhalten ausgeübt wird, das eine Regelverletzung darstellt, die von den Eltern getadelt wird.

Mit der im ersten Abschnitt vorgelegten Erklärung der Entschuldigung ist die Erklärung des Schuldgefühls als Selbstbestrafung nach Regelverletzung nicht kompatibel. Sie könnte eine Bitte um Entschuldigung nur dann erklären, wenn sie nach der Verletzung einer vorher beidseitig bekannten und akzeptierten Norm erhoben wird. Tatsächlich ist es uns aber oft ein Bedürfnis, Entschuldigung zu erlangen, wenn Regeln, die das Handeln verbietet, das Störung, Ungemach oder Leid verursacht, nicht vorhanden sind oder nicht klar vorliegen. Wenn die Straßenbahn ruck-

---

[1] Lawrence Kohlberg. „Moralische Entwicklung", in: *Die Psychologie der Moralentwicklung*. Frankfurt a.M., 1968.
[2] Herbert Morris. *On Guilt and Innocence. Essays in Legal Philosophy and Moral Psychology*. Berkeley: Univ. of California Press, 1976: 60.
[3] James Kellenberger. *Relationship Morality*. University Park, Pennsylvania: Pennsylvania State University Press, 1995: 243.

artig stoppt und ich gegen meinen Nachbarn falle, bitte ich ihn um Entschuldigung, obwohl es keine für diese Situation anwendbare Regel gibt, die mein Fallen verbieten würde. Wenn ich dazu noch beim Fallen seine Brille zerstöre und er darauf beim Aussteigen wegen seiner Sehbehinderung einen Fehltritt macht und stürzt, empfinde ich ernsthafte Schuld. Diese gründet sich auf die Tatsache meiner Mit-Kausalität und darauf, dass ich mir sagen muss, dass ich durch geschickteres Verhalten meinerseits das Unglück vielleicht hätte vermeiden können. (‚Hätte ich mich doch besser festgehalten!') Eine allfällig irgendwo geschriebene Regel, die vorschreibt, sich beim Tramfahren gut festzuhalten, hätte für meine Schuldempfindung höchstens einen sekundären Status. Primär ist das dem Anderen entstandene Leid und das Bewusstsein der eigenen kausalen Beteiligung.

Statt diese Theorie weiter zu verteidigen, möchte ich nun darlegen, welche Theorie der Schuld ich für die stärkere halte. Schuld entsteht grundsätzlich daraus, dass jemand einem Anderen ein Leid zugefügt hat und sich über die Verantwortung bewusst wird. Der Knabe, der einen Spielkameraden schlug, wird von den Eltern darauf aufmerksam gemacht, dass das dem anderen weh tut und dass man dies nicht darf, weil dies dem anderen weh tut. Es ist nicht die abstrakte Norm, die das Verbot des Schlagens mit normativer Kraft füllt, sondern die Verletzbarkeit des konkreten Anderen.[4]

Normen entstehen und sind notwendig, um das Handeln zu leiten, in Situationen, wo die Verletzbarkeit der Anderen nicht unmittelbar offensichtlich ist, z.B. im Fall des Eigentums. Es schmerzt den Anderen vielleicht nicht unmittelbar, wenn der Knabe ihm etwas wegnimmt. Aber er verletzt damit eine konkrete Grenze. Es ist die Grenze eines sozial bestimmten Raumes von Möglichkeiten. Der andere wünscht sich wahrscheinlich einen solchen Raum von Möglichkeiten, der es ihm erlaubt, ‚eigene' Spielsachen zu haben. Ich möchte diese Auffassung der moralischen Schuld mit einigen Punkten weiter erläutern.

(1) Die Empfindung von Schuld verbindet in einer ganz spezifischen Weise die Gegenwart mit der Vergangenheit. Die ‚Blickrichtung' geht zwar zur Vergangenheit; die Empfindung des Verbundenseins mit dem Gegenüber findet aber in der Gegenwart statt und mischt sich unter die Voraussetzungen der Entscheidungen über das weitere Handeln. Die Schuld bezeichnet in der Vergangenheit ein interaktives Ereignis, als dessen Ergebnis anderen Personen direkt oder indirekt (evtl. verbunden mit einer Normverletzung) Leid entstanden oder entstanden sein könnte. Die Empfindung der Schuld beinhaltet gleichzeitig die Anerkennung des (möglichen) Leides und damit einen Respekt gegenüber den Anderen in der Gegenwart. Fehlt das Schuldbewusstsein, so kann dies ein Hindernis für die weitere Interaktion im Rahmen des entsprechenden Beziehungsverhältnisses darstellen. Es kann Distanzierung, Entfremdung und Erklärungsbedarf eintreten. Vielleicht hat diejenige

---

[4] Zur Unterscheidung des abstrakten und des konkreten Anderen vgl. Seyla Benhabib. „Der verallgemeinerte und der konkrete Andere. Die Kohlberg/Gilligan-Kontroverse aus der Sicht der Moraltheorie", in: *Selbst im Kontext*. Frankfurt a.M.: Suhrkamp 1992: 161–191.

Person, die in der Meinung der anderen Schuld anerkennen müsste, gar nicht gemerkt, dass ihnen Leid zugefügt wurde, vielleicht gibt es aber zwischen ihrem Handeln und dem Leid der Betroffenen objektiv gar keine kausale Verbindung.

(2) Damit ist schon erwähnt worden, dass das Leid der Anderen demjenigen, der Schuld empfindet, nicht gleichgültig sein kann. Sie/er verbindet sich mit diesem Leid in einer anerkennenden und respektierenden Weise. Die Anerkennung bezieht sich zunächst auf die Existenz des Leides. Es ist nicht eine bloß ‚mechanische' Einwirkung, sondern etwas, das in der subjektiven Wahrnehmung des Anderen von negativen Empfindungen begleitet ist (Schmerz, Trauer, Angst etc.). Diese Empfindungen werden als etwas anerkannt, das für das Handeln eine Rolle spielt.

(3) Das Gefühl der Schuld ist eine schmerzhafte Empfindung, die dem beim Anderen vermuteten Leid entspricht und als Gefühl von Gewissensbissen, Scham, Reue oder der Angst vor Strafe, die mit ihm zusammen hängen, unterscheidbar ist. Zunächst ist es ein Ausdruck des Mit-Leids mit dem Leid, für das man sich durch die Empfindung der Schuld verantwortlich fühlt.

(4) Schuld ist deshalb eine Anerkennung von Verantwortung im Sinn der Verursachung oder Mitverursachung. (‚Ich hätte das Leid vielleicht vermeiden können.')

(5) Die Anerkennung der Schuld kann ein notwendiger Schritt zur Wiederherstellung (‚Restauration') der Beziehung sein. Es gibt Situationen, in denen eine Restauration der durch das zugefügte Leid entfremdeten Beziehung ohne ein Bewusstsein von Schuld und ohne die berechtigte Erwartung für ein darunterliegendes Empfinden unmöglich ist.

(6) Die Schuld aus Regelverletzung und die Selbstsanktionierung ist im Rahmen der fundamentalen Logik der Schuld ein spezieller Fall. Er lässt sich daraus erklären, dass mit den in einer Gemeinschaft anerkannten Normen die Vermutung verbunden ist, dass ihre Einhaltung ein konfliktfreies Zusammenleben ermöglicht und ihre Verletzung bei irgendwelchen Betroffenen zu Leid führen kann, auch wenn dies im Moment nicht offensichtlich ist. Bezüglich einer Regel, bei der diese Vermutung nicht angebracht ist, weil ihre Einhaltung zu Leid führt und Leidvermeidung die Regelverletzung verlangt, wäre nicht die Regelverletzung Grund zur Empfindung von Schuld, sondern ihre Einhaltung.

(7) Die Empfindung von Schuld ist eine Art konkrete moralische Wahrnehmung. Sie impliziert das Wahrnehmen der Verletzbarkeit, der Bedürfnisse der Anderen und das Wahrnehmen der mit dem eigenen Handeln verbundenen Konsequenzen. Die Schuld ist nicht bloß eine sich im Subjekt selbst ergebende Emotion (Gemütserregung), sondern ein auf die Situation ausgerichtetes Aufnehmen von Informationen, also ein echtes ‚Gefühl' (im Sinne eines Merkens oder Spürens).

Diese Auffassung von der Bedeutung des Schuldgefühls sieht die Übertretung von Verboten nicht wie Kohlberg als Grundtatbestand der Schuld, sondern als abgeleitet von einem tiefer liegenden Verhältnis der Angst und der Mitbetroffenheit aufgrund einer Verletzung des geliebten Objekts. Sie steht der These der Psychoanalytikerin Melanie Klein näher, die in dieser Verbindung die Gründe für die Entwicklung des Schuldgefühls beim Kind erblickte. Sie leitete ihre These aus psychologischen Frühanalysen her, die sie mit einer selbst entwickelten Spieltechnik unternahm: „Die Phantasie, dass der dem Liebesobjekt zugefügte Schaden durch die aggressiven Impulse des Subjekts selbst verursacht wurde, bildet meiner Ansicht nach den Kern des Schuldgefühls. (Jedes Übel, von welchem das Liebesobjekt heimgesucht wird, kann das Schuldgefühl des Säuglings wecken – sogar der durch seine verfolgenden Objekte verursachte Schaden.) Der Drang, diesen Schaden ungeschehen zu machen oder ihn zu reparieren, resultiert aus dem Gefühl des Subjekts, ihn selbst verursacht zu haben, d.h. aus einem Schuldgefühl. Somit können wir das Streben nach Wiedergutmachung als Folge des Schuldgefühls betrachten."[5] Damit widersprach sie Freuds These, dass das Schuldgefühl aus der Angst vor der Autorität oder später dem Über-Ich erklärbar sei.

Nietzsches Behauptung, Schuld habe einen außermoralischen Ursprung im Verhältnis zwischen Schuldner und Gläubiger,[6] mag ‚genealogisch' überzeugen, entwicklungspsychologisch kann sie aber nicht zufrieden stellen. Auch in phänomenologischer Perspektive würde ich ihr widersprechen, weil die Schuld schon als Phänomen inhärent moralische Züge aufweist. Sie ist gar nicht ohne die moralische Beziehung zu denken und, als Phänomen aufgefasst, eigentlich eine Anomalie zur anderweitig durchaus zutreffenden Beobachtung Nietzsches, dass Phänomene als solche nicht moralisch sind, sondern erst durch ihre Ausdeutung in den moralischen Raum hineingebracht werden.[7] Der Kritik Nietzsches an einer ‚Moral', die Schuld gegenüber einem Gläubiger, Gott oder gegenüber früheren Generationen insinuiert und sie als Mittel zur Erhaltung der Macht der jeweils Herrschenden gebraucht, möchte ich aber gleichzeitig nachdrücklich beipflichten.[8] Die Geschichte der Schuld ist belastet und eine Rehabilitation des Schuldbegriffs für die zeitgenössische Ethik muss von Sorgfalt und kritischer Aufmerksamkeit für das Missbrauchspotential der Schuld zu Zwecken der Unterdrückung und der Machtsicherung geleitet sein.

3. Retrospektion als ethische Perspektive

Das Vorhaben einer Ethik der Retrospektivität kann nur gelingen, sofern es möglich ist, zur Vergangenheit überhaupt eine ethische Perspektive einzunehmen. Damit ist gemeint, Vergangenheit nicht nur in Kategorien der Moral zu erfassen, sondern eine

---

[5] Melanie Klein. „Beitrag zur Theorie von Angst und Schuldgefühl" (1948), in: *Gesammelte Schriften* (übers. Elisabeth Vorspoh) Bd. 3, 43–70, Zit. 62.
[6] Friedrich Nietzsche. „Zur Genealogie der Moral", II/8, in: *Sämtliche Werke*. Hrsg. von Colli und Montinari, Bd. V, München/Berlin: de Gruyter, 1980: 305.
[7] „Es gibt keine moralischen Phänomene, sondern nur eine moralische Ausdeutung von Phänomenen." (Friedrich Nietzsche. Jenseits von Gut und Böse § 108, *Sämtliche Werke*, Kritische Studienausgabe hrsg. von G. Colli und M. Montinari, München: Deutscher Taschenbuchverlag, 2. Aufl. 1988, Bd. 5.
[8] Vgl. die Übersicht über verschiedene philosophische Schuldtheorien bei Christian Schulte. „Schuld", in: *Enzyklopädie Philosophie*, Bd. 2. Hrsg. von Hans-Jörg Sandkühler. Hamburg: Meiner 1999: 1405–1410.

Auseinandersetzung mit den moralischen Dimensionen in der Vergangenheit zu führen.

Ethik ist nicht dasselbe wie Moral. Ethik handelt von Moral; sie setzt sich mit ihr auseinander. Dazu bringt sie die Moral in eine reflexive Perspektive und muss sich dazu von der Unmittelbarkeit moralischer Wertungen ein Stück weit distanzieren. Die Distanz muss so weit reichen, dass Kritik, der Einbezug anderer, nicht beachteter Aspekte, der Vergleich, die Begründung, die Neuinterpretation und dergleichen möglich werden.

Die Perspektive, in welcher Ethik die Praxis samt der in ihr aktiven Moral bringt, ist inhaltlich zu bestimmen als die Perspektive eines gelingenden, erfüllten Lebens. Dies ist eine Formel, die der inhaltlichen Konkretisierung bedarf. Für die Ethik ist eigentümlich, dass man nicht nur darüber in Diskussionen gerät, wie ein bestimmtes Element der Praxis (z.B. eine Handlung, eine Beziehung, eine Regel, eine Institution oder eine bestimmte moralische Bewertungsweise) im Horizont des erfüllten und gelingenden Lebens evaluiert werden soll, sondern regelmäßig auch darüber, worin das Konzept des guten Lebens denn besteht und weshalb ein Konzept im Hinblick auf eine Situation adäquater ist als ein anderes. Ethik bringt Moral in Fluss und ermöglicht es dadurch, dass sich moralische Bewertungen neu konfigurieren. Dies ist der Sinn der Reflexion, die die ethische Perspektive ausmacht.

Es wäre aber ein Missverständnis, wenn man diese Reflexion in einem bloß destruktiven Sinn auffassen (und praktizieren) würde. Das kritische Moment der ethischen Auseinandersetzung mit moralischen Normen und Bewertungen, das In-Fluss-Bringen der Moral, hat nicht zum Ziel, alles verfließen zu lassen, indem keinem Grund mehr vertraut werden könnte und keine Perspektive mehr wirklich eingenommen werden könnte. Es geht vielmehr darum, moralische Bewertungen kritisch zu überprüfen, damit sich danach wieder ein Gleichgewicht einstellen kann. Das Ziel ist, neue Konfigurationen moralischer Bewertungen entstehen zu lassen, die gegenüber den früheren den Vorzug der diskursiven Überprüfung besitzen.

Die ethische Perspektive setzt deshalb von denjenigen, die sie einzunehmen versuchen, nicht nur ein Interesse an Transparenz und Stringenz der Gründe voraus, sondern zwei Dinge mehr: Erstens eine Bereitschaft zur möglichst unvoreingenommenen und umfassenden Wahrnehmung und zweitens das Engagement, für das Gute auch einzustehen. Die ethische Perspektive gewinnt man nicht, indem man sich aus der Praxis ausklinkt und in einen Raum reiner ethischer Theorie eintritt. Diesen Raum ‚reiner Theorie' gibt es nicht. Man ist immer praktisch aktiv, auch wenn man reflektiert und diskutiert, nur in einer anderen Weise. Man kann auch in der reflexiven Perspektive ungerecht sein: Man kann z.B. Menschen vom Gespräch ausschließen, sie verletzen, diskriminieren, man kann es verfehlen, in der Wahrnehmung den Situationen gerecht zu werden. Auch die reflexive Praxis ist deshalb eine moralische Praxis. Auch wenn sie sich von einer bestimmten Praxis distanziert, hebt sie sich doch nicht von Praxis überhaupt ab (dies wäre in einer Art Jenseits von Praxis), sondern findet letztlich immer in ihr selbst statt.

Die Empfindung von Schuld und die Ethik der Retrospektive

Wenn wir die ethische Perspektive in dieser Art verstehen, ist es selbstverständlich, dass sie sich in die Vergangenheit genauso richtet, wie in die Gegenwart und Zukunft. Die Auseinandersetzung mit Vergangenem möchte ich aber genauer betrachten. Sie kann auf zwei Ebenen stattfinden: mit dem Handeln, das stattgefunden hat und mit den moralischen Bewertungen, die sich eingestellt haben. Die erste möchte ich die *detektivische Retrospektion* nennen, weil es in ihr darum geht, herauszufinden, was passiert ist, wer was getan hat, welche alternativen Optionen offen gestanden waren etc. Die zweite möchte ich die *evaluative Retrospektion* nennen, weil es in ihr darum geht, die Bewertungen, die sich eingestellt haben, in eine ethische Perspektive zu bringen und sie darin kritisch zu überprüfen. Die beiden Ebenen interferieren, weil die vergangenen Handlungen nicht analysiert und verstanden werden können, ohne sie mit den Bewertungen, die sich eingestellt haben, in einem Zusammenhang zu sehen. Beide Bewegungen der Retrospektion gemeinsam bringen eine Perspektive auf vergangene Praxis zustande, die für das Verständnis der uns gegenwärtig gestellten Aufgaben von unschätzbarem Wert sind. Sie lassen es nämlich zu, aus den Erfahrungen der Vergangenheit heraus praktisch gegenwärtig zu sein. Sie machen uns für die verborgenen Dimensionen der gegenwärtigen Situation, für die in ihr liegenden Gefahren und Chancen, aufmerksam.

Was wir antreffen, wenn wir in die Vergangenheit blicken, sind Erinnerungen. Wenn wir erinnern, rufen wir Vergangenes ins Leben.[9] Wir sind darin notgedrungen ausgesprochen selektiv. Luzia Sutter Rehmann drückt es so aus: „Wir behalten im Gedächtnis, was uns auf irgendeine Weise angeht oder angehen soll."[10] Die Selektionskriterien sind nicht nur unser Erinnerungsvermögen, das begrenzt ist, die Zeit, die uns für das Erinnern zur Verfügung steht, oder die Verfügbarkeit von Erinnerungsstützen (wie Dokumente, Gegenstände, Bilder). Ein wesentliches, wenn wir den grundsätzlich sozialen Charakter des Erinnerns mit einbeziehen, das zentrale Motiv für die Auswahl von Erinnerungsinhalten, ist die doppelte Unumgänglichkeit, die sich im Wort des ‚Angehens' zeigt: Gewisse Dinge gehen uns an, weil wir einsehen, dass wir, ohne sie zu berücksichtigen, nicht wirklich frei oder bewusst oder nicht authentisch leben könnten. Andere Dinge sollen uns angehen in dem Sinn, dass die Auseinandersetzung mit ihnen eine Aufgabe oder eine Pflicht darstellt, teils den Personen gegenüber, die in der Vergangenheit gelebt haben, teils den jetzt lebenden Menschen gegenüber, denen wir ein aufklärendes Verhältnis schulden. Erinnern ist, wie Avishai Margalit es ausdrückt, „ein konstitutives Element der Anteilnahme".[11]

Damit ist deutlich geworden, dass wir uns erinnernd, nicht einfach Bestandsstücke aus der Vergangenheit heraufziehen und sie ins Licht der Gegenwart stellen. Es

---

[9] Luzia Sutter Rehmann. „Ins Leben rufen. Ein Beitrag zur Hermeneutik des Erinnerns", in: *Erinnern. Erkundungen zu einer theologischen Basiskategorie.* Hrsg. von Paul Petzel und Norbert Reck. Darmstadt: Wiss. Buchges., 2003: 26–40.
[10] Ebd., 27.
[11] Avishai Margalit. *Ethik der Erinnerung. Max Horkheimer Vorlesungen.* Frankfurt a.M.: Fischer, 2000: 26.

geht nicht um ein unmittelbares Begegnen mit diesen Bestandsstücken als einfache Phänomene. Erinnern ist als eine aktive Tätigkeit anzusehen, die unter den Erinnerungselementen selektioniert, Bezüge herstellt und evaluiert. Wenn sie sozial organisiert ist, kann die Erinnerung in bestimmten Situationen durch rationale Entscheide gesteuert werden. Es können z.B. Historikerkommissionen gebildet, beauftragt und finanziert werden, die dann einen bestimmten Aspekt der Vergangenheit systematisch beleuchten können.[12] Aber auch das Individuum ist beim Erinnern aktiv, wenn auch nicht immer. Es gibt auch das Phänomen, dass uns Erinnerungen erst dann einfallen, wenn wir nicht aktiv nach ihnen suchen, wenn wir loslassen. Aber auch dann kann das Eingefallene ergriffen, festgehalten und verarbeitet werden oder es kann gleichsam unbenützt bald wieder in den Ozean des Unbewussten versinken.

Welchen Platz in der Retrospektive nimmt nun aber die Schuld ein? So wie ich den Begriff dargestellt und abgegrenzt habe, enthält Schuld kognitive Elemente (bezüglich Kausalität, Leid der Anderen und Normen). Schuld ist ein Gefühl nicht nur eine Emotion. Andererseits hat die Schuld aber einen genuin moralischen Teil: die Anerkennung des begangenen Unrechts sowie der betroffenen Anderen als moralische Subjekte, die zählen und das Angewiesensein auf eine gute Beziehung zu ihnen. Deshalb ist die Rolle der Schuld in der Retrospektion sowohl als eine kognitive als auch als eine moralische aufzufassen.

In kognitiver Hinsicht besteht sie darin, im komplexen dynamischen Wirkungsgefüge der Wirklichkeit hypothetisch einzelne Kausalitätsbeziehungen zu erkennen, die unser vergangenes Tätigsein mit anderen Menschen verbindet. (Man kann sich auch Tieren gegenüber schuldig fühlen; ich kann dies hier aber nicht weiter diskutieren.) Diese Kausalitätsbeziehungen zwischen einem vermuteten Leid und einem eigenen Verhalten gewinnen durch das Gefühl der Schuld eine besondere Relevanz und treten aus dem Geflecht der übrigen Kausalbeziehungen heraus, in die wir unvermeidlich und ständig eingebunden sind, solange wir in der Welt leben. Allerdings ist eine Vorsicht angezeigt. Nicht jede vermutete Kausalbeziehung ist auch wahr. Es gibt Schuldgefühle, die in unnötige Selbstvorwürfe münden. Sie können aufgelöst werden, wenn erkannt werden kann, dass die Vermutung nicht zutrifft und das Leid, für das man sich schuldig fühlt, mit dem eigenen Verhalten kausal nicht verbunden ist. Dasselbe kann bei Vorwürfen geschehen, die von anderen erhoben werden. ('Du bist schuld daran!') Mit einem Nachweis des Nichtzutreffens der implizierten Kausalverbindung ('Ich kann es gar nicht gewesen sein.' 'Ich hätte es nicht vermeiden können, auch wenn ich anders gehandelt hätte.' etc.) kann ein Schuldvorwurf abgewiesen werden. Mit dem Spüren von Schuld, mit der Auseinandersetzung mit ihrem Berechtigtsein und mit der Stichhaltigkeit von Vorwürfen

---

[12] Ein Beispiel war die sog. Bergier-Kommission in der Schweiz, die die Flüchtlingspolitik der Schweiz im zweiten Weltkrieg untersuchen sollte. Vgl. ihren Schlussbericht: *Unabhängige Expertenkommission Schweiz – Zweiter Weltkrieg: Die Schweiz, der Nationalsozialismus und der Zweite Weltkrieg. Schlussbericht.* Zürich: Pendo Verlag, 2002.

geschieht eine ethisch relevante Aufklärung über ein vergangenes Geschehen. Die kognitive Rolle der Schuld in der Retrospektion geht aber noch weiter und schließt auch die Wahrnehmung des subjektiven Betroffenseins bestimmter Anderer ein, sowie die Identifikation der konkreten Bedeutung von Normen. Die Norm selbst muss vorher schon bekannt sein, damit ein Gefühl von Schuld aufgrund der Normübertretung überhaupt entstehen kann. Aber zwischen der Norm in abstrakter Form – ‚Das Betreten privater Grundstücke ist verboten.' – und ihrer Bedeutung in einer konkreten Situation – ‚Ich darf heute die Quitten vom alten Nachbarsbaum pflücken, denn das Grundstück ist verlassen und morgen rücken dort die Baumaschinen an.' – besteht eine Diskrepanz, die nicht durch rationale Deduktion alleine geleistet werden kann. Ob ich mich schuldig fühle, dies getan zu haben (die Quitten liegen eingemacht als Konfitüre in unserem Keller), ist zumindest ein Indiz unter anderem dafür, wie die Norm in der konkreten Situation meiner Meinung nach angewendet werden kann. Offensichtlich besteht bei diesem Verfahren das Risiko, die Norm über Gebühr zu meinen Gunsten auszulegen. Wir tun daher gut daran, die gefühlsmäßige Normerkenntnis rational zu überprüfen.

Die moralische Rolle besteht im Wesentlichen darin, innerhalb der erinnerten eigenen Handlungen eine Differenzierung zwischen Recht und Unrecht einzuführen und bei Unrecht nicht nur eine Norm zu identifizieren, die verletzt wurde (sofern eine solche existiert), sondern es in einer Beziehung zu konkreten Betroffenen zu situieren. Das Schuldgefühl hat, wenn es aufkommt, einen Adressaten, der gleichzeitig identifiziert wird und in seiner subjektiven Verletzbarkeit anerkannt ist.

Die Vergangenheit hat somit zweifellos eine genuin moralische Dimension. Die Auseinandersetzung mit ihren moralischen Gehalten gehört naturgemäß zu Ethik genauso hinzu wie die Auseinandersetzung mit den moralischen Aspekten von Handlungsplänen. Die Gefühle von Schuld spielen in der Wahrnehmung dieser moralischen Gehalte eine wichtige und unverzichtbare Rolle, die klar zu bestimmen ist und die gleichzeitig auch begrenzt ist. Diese Rolle besteht, wenn meine Auffassung von Schuld akzeptabel ist, nicht nur darin, Negatives und Belastendes in die Bezüge zur Vergangenheit einzumischen, sondern sie hat auch positive Komponenten, die eng mit der Anerkennung der Betroffenen als beziehungsrelevante Subjekte und mit der Ausübung eigener Beziehungsfähigkeit zu tun haben.

4. Genetische Beratung – ein Beispiel aus der Praxis

In der Literatur zur ‚angewandten' Ethik und Bioethik herrscht die Tendenz vor, ethische Probleme in der Praxis als Probleme der Anwendung und Begründung von Normen und den implizierten Rechten und Pflichten aufzufassen. Innerhalb dieses diskursiven Rahmens gibt es wenig Interesse an Schuld als eigentlich moralisches Phänomen. Zudem bietet die grundsätzlich meistens vorwärtsorientierte Perspektive relativ wenig Raum, sich überhaupt mit der Auswertung von vergangenen

Handlungen zu beschäftigen. Ausnahmen stellen vor allem diejenigen Autorinnen und Autoren dar, die die ethischen Probleme durch die Augen der in der Praxis Beteiligten wahrzunehmen versuchen und in zunächst soziologischer Einstellung von Interviews auszugehen. Ein klassisches Beispiel ist Barbara Katz Rothman's Buch *The Tentative Pregnancy* (1986).

Eine wirksame Strategie, Schuld als Phänomen aus dem relevanten Bereich des Ethischen auszuschließen ist die Emotionalisierung der Schuld: Schuld kommt zwar zweifellos vor, als verbreitetes moralisches Gefühl, sei aber nur eine Gemütsregung ohne kognitiven und ohne genuin moralischen Gehalt. Schuldgefühle müssen konsequenterweise mittels Psychotherapie behandelt werden oder sie lösen sich mit der Zeit einfach auf; Menschen kommen schließlich darüber hinweg. Ich sehe Schwierigkeiten mit der damit verbundenen Banalisierung der Schuld als bloße Sentimentalität, weil sie den moralischen Problemen nicht gerecht wird, mit denen Menschen wirklich kämpfen. Es trennt den Ethikdiskurs von der moralischen Wahrnehmung ab und lässt die Akteure alleine. Damit wird die Ethik aber einer Aufgabe nicht gerecht, von der ich denke, dass sie zentral sein müsste. Sie kann die moralische Verantwortung der Menschen nur ungenügend unterstützen, wenn sie einen zentralen Gegenstandsbereich der Verantwortung unreflektiert zurücklässt. Ich möchte dies mit einem Beispiel illustrieren, das aus einem Forschungsprojekt unserer Arbeitsgruppe stammt.[13]

In einem Interview erzählte uns eine 44-jährige Mutter von 6 Jahre alten Zwillingen und einer 2-jährigen Tochter von einer Abtreibung, die sie vier Jahre früher durchführen ließ, als die Zwillinge zwei Jahre alt waren. Nach einigen Wochen Schwangerschaft erhielt sie nach einer Ultraschalluntersuchung die Diagnose einer abnormal dicken Nackenfalte. Sie unterstrich, wie stark sie sich mit ihrem Baby in einer Situation der Bedrohung verbunden fühlte. Darauf hatte sie eine Chorionzetten-Biopsie. Bevor sie von ihrem Arzt die Ergebnisse der Tests erhielt, fragte sie ihn, was es denn sein könne. Er sagte, vielleicht sei es ein Turner-Syndrom. Während der folgenden zwei Tage habe sie intensiv über das Turner-Syndrom nachgeforscht und sie erzählte, dass sie herausgefunden habe, dass Kinder mit Turner-Syndrom leben können.

> *... auch die leben ...*
> *und das habe ich ja schon damals gesagt, wenn es lebt und eine Chance hat, einigermaßen ein lebenswertes Leben zu haben, dann ist es okay für mich.*
> *(Interview Nr. 6, 27.11.2002)*

Ihr Mann war aber skeptischer als sie und wäre nicht für das Austragen eines Kindes gewesen, das behindert sein würde, auch wenn es eine Lebenschance hätte.

---

[13] Das Projekt heißt „Time as a contextual element in ethical decision-making in the field of genetic diagnostics" und wird unterstützt vom Schweizerischen Nationalfonds (Nr. 1114-064956 und Nr. 101311-103606). Die Gruppe besteht aus Jackie Leach Scully, Rouven Porz und mir.

Die Empfindung von Schuld und die Ethik der Retrospektive 115

Aber dann erhielt sie die Ergebnisse aus dem Test. Und sie sagten, es handle sich nicht um Turner, sondern um Trisomie 13.

> ... dann wurde ich aufgeklärt, dass Trisomie 13 eigentlich keine Lebenserwartung hat, dass meistens schon in der Schwangerschaft abgeht und allerhöchstens vielleicht eine Woche lebensfähig [sei] nach einer Geburt, wenn sie die überhaupt übersteht. (ibid)

Ihr Gynäkologe riet zu einem raschen Abbruch.

> ... der hat das so angeschaut und hat gesagt, „ja, ist ja klar", er wolle mich jetzt anmelden zur Abtreibung nach Bern. (ibid.)

Aber dann fragte sie ihn nach anderen Optionen. Der Arzt bot ihr einen weiteren Test an, wohl eine Amniocentese nach der 16. Woche der Schwangerschaft. Diese könnte verlässlichere Information geben. Weil die Chorionzottenbiopsie nicht 100% genau ist, könnte es sich grundsätzlich um ein falsch positives Testergebnis handeln. Aber sie sagte ihm, dass sie so spät in der Schwangerschaft keinen Abbruch durch eine eingeleitete Geburt machen wolle. Dies engte die offenen Optionen wiederum ein:

> ... das war für mich eine sehr, sehr schwere Zeit, weil dann habe ich mich immer gefragt, dann muss ich ja ein noch lebendiges Kind ... jetzt abtreiben, jetzt töten ... (ibid.)

Die Aussicht, das Leben eines Kindes nach dem nächsten Test eventuell beenden zu müssen, indem sie es gebiert, engte die Optionen auf eine einzige ein: das Kind jetzt zu töten. Sie verwendete das Wort explizit:

> Und ich habe immer ganz klar vom Töten gesprochen. (ibid.)

Was die Frau uns in ihrer Erzählung zu ihrer Abtreibung bot, ist eine perfekte moralische Verteidigung ihrer Entscheidung. Sie versucht zu sich selbst aufrichtig zu sein und die moralisch anstößige Seite nicht zu verdecken oder schönzureden. Deshalb unterstrich sie, welches Wort sie benutzt habe.

Aber die retrospektive Analyse ihrer Verantwortung war hier nicht beendet. Sie fuhr fort, indem sie das Element der Ungewissheit betrachtete, die ihr blieb, sofern sie nicht auf die Amnio als Zweittest wartete.

> ... ich glaube, es waren dann so 7 Prozent noch offen. (ibid.)

Dann habe sie gesehen, dass sie die Schwangerschaft nicht austragen konnte. Einer der Zwillinge war krank und sie hatte keine Unterstützung von ihrem Partner. Das Kind würde höchstwahrscheinlich ohnehin sterben, es wäre höchstens eine Frage des Zeitpunktes. Aber es war immer noch die Problematik der nicht hundertprozentigen Zuverlässigkeit des Tests. An dieser Stelle sagte sie, dass sie das Gefühl hatte, die Wahrheit schon zu wissen. Sie habe schon früher ‚Zeichen' wahrgenommen, dass etwas nicht stimme.

... irgendwie war ich für mich dann eigentlich gerade sicher, dass das Resultat richtig ist ... weil vorher waren schon gewisse Dinge, die mich nicht überrascht haben über dieses Resultat ... habe ich einige Zeichen schon gehabt ... (ibid.)

Dies ist ihr Schlussplädoyer in ihrer Sache. Während sie es uns im Interview erzählte, weinte sie. Sie war immer noch sehr traurig über die schlechten Nachrichten aus dem Test und über den Verlust ihres Kindes, zerknirscht über diese ‚so klare' Notwendigkeit der Entscheidung. Die Klarheit ihrer Argumentation, die Perfektion ihres Plädoyers schienen ihr zu helfen. Obwohl sie selbst das Wort nicht verwendete, könnte die Empfindung von Schuld für die Frau ein Motiv gewesen sein. Die Situation bot ihr einen dramatisch verdoppelten Anlass dazu. Sie sah sich dazu genötigt, in einen Schwangerschaftsabbruch einzuwilligen, den sie selbst als ‚Töten' ihres Kindes beschrieb. Und der Grund für die Abtreibung die Diagnose auf Trisomie 13, die einzige Rechtfertigung, soweit sie von ihr selbst überhaupt anerkannt werden konnte, bot sich ihr mit einem Janusgesicht der Unsicherheit dar. Diese ‚7 Prozent', die ihrer Meinung nach noch offen waren, bedeuteten für sie doch einen 15-tel Wahrscheinlichkeit, ein gesundes Kind zu töten. Diese Lücke wurde durch die ‚Zeichen' gefüllt, die sie unabhängig wahrgenommen hatte und die für sie die Richtigkeit des Testresultates stützten. Vielleicht war dies eine verzweifelte Argumentation, weil der Gedanke, einen gesunden Fötus abgetrieben zu haben, zu schrecklich gewesen wäre. Dieser Gedanke hätte sie vielleicht zu stark schuldig gemacht.

Die interviewte Frau ist ein Mensch, der zuerst selbst eine Verletzung erlitten hat und aus dieser Verletzung heraus dem Kind in ihrem Bauch eine tödliche Verletzung zugefügt hat. Die Verletzung, die sie selbst erlitten hat, war das Ergebnis aus den beiden Tests (Nackenfalte, Karyogramm) und die damit verbundene Unsicherheit über die Faktenlage. Die Abtreibung spielte sich sodann innerhalb eines von der Gemeinschaft akzeptierten normativen Rahmens ab. Sie hat keine Gesetze oder Regeln verletzt, keine Versprechungen und Verträge gebrochen. Ihr Verhalten war normkonform. Dennoch kann sie moralische Unsicherheit, Ambivalenz und Schuld empfinden. Sie leidet darunter und sieht sich für ihr Weiterleben vor die Aufgabe gestellt, mit dem Geschehen einen Umgang zu finden.

Das Beispiel zeigt sehr deutlich, wie einseitig und eigentlich ungerecht es ist, wenn sich die Bioethik nur mit der normativen Ebene dieser Situation in prospektiver Sicht befasst und die Fragen erörtert, unter welchen Umständen eine Abtreibung erlaubt ist. Dabei lässt sie nämlich die Akteurin im Stich, deren moralisches Drama nicht bei der argumentativen Prüfung der Akzeptabilität der Normen aufhört, sondern eigentlich erst beginnt, wenn in der Perspektive des Selbstseins ein Entscheid gefällt werden muss. Dieser Entscheid hat, wie auch immer er ausfällt, Konsequenzen, die moralisch belastend sind und Empfindungen von Schuld nach sich ziehen können. Die Frau könnte von der Ethik mit Recht erwarten, dass sie ihre Perspektive ernst nimmt, sich auf sie einlässt und ihr Hilfestellungen anbietet, mit welchen Methoden und Begriffen sie eine Klärung ihrer existenziellen Fragen herbeiführen kann, die sie belasten. Ob jemand dieses Angebot der Ethik in Anspruch nehmen möchte (indem sie z.B. in einem ethischen Buch über den Schwangerschaftsabbruch blättert), muss ihr natürlich überlassen bleiben. Aber von Seiten der Ethik besteht, so möchte ich behaupten, doch die Herausforderung, sich in diese Situation aus allen relevanten Perspektiven hineinzudenken und sich nicht nur auf die Perspektive von Regeln und Normen zu beschränken. Die Retrospektion müsste deshalb in der Ethik als Perspektive ernst genommen und methodisch ausgearbeitet werden. Dazu einige wenige Bemerkungen.

5. Fünf Thesen zur Methodik einer retrospektiven Ethik

(1) Was passiert ist, kann vergegenwärtigt und in seiner Bedeutung für die Gegenwart geklärt werden, indem man es erzählt. Die *narrative Klärung* ist eine Methode des strukturierten Erinnerns vergangener Ereignisse, der Rekonstruktion der in ihnen wichtigen Entscheidungen, Reaktionen und ihrer Kontexte. In Erzählungen wird klar, welche Rolle ein Individuum (oder eine Gruppe) gespielt hat. Erinnern kann schwierig sein, gefährlich und konfliktbeladen. Es gibt vielleicht mehrere Erzählungen derselben Ereignisse, die sich in bestimmten Aspekten unterscheiden, weil die Erinnerung notwendig perspektivengebunden und immer teilweise subjektiv ist. Was die Ereignisse und die Kausalität angeht, kann aber in Verständigungsprozessen teilweise Einigkeit erzielt werden. Die Erzählung hebt aus den Kontexten die sinnhaft relevanten Züge heraus, die zur Darstellung des zu erzählenden Geschehens von Bedeutung sind.

In dem oben beschriebenen Beispiel unterstützte die Interviewpartnerin ihre Erinnerung mit einem Tagebuch. Sie zeigte ein ausgeprägtes Interesse daran, dass ihre Erzählung akkurat sei. Welche Version aber nach der Kritik als akkurat stehen bleibt, mag sich mit der Zeit verändern. Vielleicht hätte dieselbe Person in der Geschichte andere Betonungen gemacht, wenn wir sie fünf Jahre früher interviewt hätten. Gewiss hätte ihr Partner andere Aspekte derselben Ereignisse zur Sprache gebracht, ohne dass deshalb die eine Version richtig und die andere falsch wäre.

(2) Erinnern und Erzählen heißt interpretieren. Damit enthält eine Ethik der Retrospektion an zentraler Stelle hermeneutische Aufgaben: „Interpretation wird ein Ausdruck für das Zurückgehen hinter die offenkundigen Phänomene und Gegebenheiten."[14] Innerhalb der erinnerten Vergangenheit können *moralische Probleme aufgesucht und dargestellt* werden. Dies ist eine Aufgabe der Interpretation. Man muss ein Problem ‚sehen' oder erkennen, das hinter den offenkundigen Gegebenheiten liegt.

---

[14] Hans-Georg Gadamer. „Hermeneutik als praktische Philosophie" (1972), in: *Hermeneutik als Ethik*. Hrsg. von Hans-Martin Schönherr-Mann. München: Fink, 2004: 33–53, Zit. 43. Vgl. zum narrativen Ansatz den von Hilde Lindemann Nelson herausgegebenen Band *Stories and their Limits. Narrative Approaches to Bioethics*. New York/London: Routledge, 1997.

Im Interview hat die Frau betont, dass es sich beim Schwangerschaftsabbruch um einen Akt des ‚Tötens' ihres ‚Kindes' handelte. Dies brachte die moralische Problematik, wie sie es gesehen hat, in ihrer schärfsten und gefährlichsten Form zum Ausdruck. Abtreibung, sagte sie, wäre nur ‚eine Umschreibung' des wahren Problems gewesen. Andere Frauen würden einen Schwangerschaftsabbruch wahrscheinlich mit anderen Begriffen beschreiben, ohne dadurch die moralische Problematik aus dem Auge zu verlieren. Sie würden vielleicht vom ‚Abtöten des Fötus' sprechen und damit einen moralischen Unterschied setzen zur Tötung eines Kindes. Gleichwohl können Empfindungen von Trauer und Schuld dazugehören. Die Erzählung brachte aber eine Reihe weiterer, miteinander verkoppelter schwieriger moralischer Probleme zum Ausdruck: die Zumutung einer Entscheidung mit unsicherer Evidenz über die Trisomie 13 oder die Entscheidung der Frau, die Amniocentese doch noch abzuwarten.

(3) Ein isoliertes Problem kann einer *moralischen Analyse* unterzogen werden. Um welche Art von Problem handelt es sich? Besteht Anlass für eine Beschuldigung? Worin besteht die Beschuldigung? Welche alternativen Verhaltensmöglichkeiten wären möglich gewesen (wenn überhaupt)? Ist ein bestehendes Schuldgefühl am Platz? Ist es adäquat oder ist es grundlos?

Dieser Teil der retrospektiven Ethik ist am ähnlichsten zur prospektiven. Moralische Probleme werden in gleicher Weise untersucht. Die Ethik der Retrospektion kann potentiell alle etablierten Methoden ethischer Analyse verwenden, alle Prinzipien heranziehen und alle Moraltheorien zur Anwendung bringen, die auch zur Beurteilung von projektiven Handlungsplänen verwendet werden. Man kann z.B. fragen, ob die als problematisch oder fragwürdig eingestufte Verhaltensweise unter den entsprechenden Umständen auch für andere oder sogar allgemein wünschbar sei. Die Frau im Interview könnte z.B. fragen, ob es nur die aus den wahrgenommenen ‚Zeichen' bezogene Sicherheit war, dass etwas mit ihrer Schwangerschaft nicht stimmte, die die Abtreibung nach früher Diagnose von Trisomie 13 mit einer verbleibenden Testunsicherheit vertretbar macht, ob die ‚Zeichen' diese gewichtige Rolle zur Rechtfertigung überhaupt tragen können. Man kann auch fragen, ob der gewählte Handlungsverlauf weniger Leid als die anderen möglichen Optionen hervorgerufen hatte. Die Frau könnte sich überlegen, ob das Austragen des kranken Kindes und sein frühes Sterben für das Kind, sie selbst und ihren Partner mehr Leid bedeutet hätte als die Abtreibung mit den verbliebenen Unsicherheiten und Schuldgefühlen. Man kann auch fragen, ob die Handlungsweise dem entsprochen hat, was man für umsichtig, tapfer, großzügig, weise etc. hält, bzw. als welche ‚Art von Person' man sich verhalten hat. War ihre Entscheidung für sie die einer ‚guten Mutter'? Oder man kann fragen, ob die Verhaltensweise verantwortlich und fürsorgend war im Bezug auf die Verletzbarkeit der Betroffenen, einschließlich ihrer selbst. Hat sie diese Verletzbarkeit, z.B. die des kranken Zwillings, gesehen oder ist sie darüber hinweggegangen?

Die Prinzipien der Universalisierbarkeit (Deontologie), der Minimierung von Leid (Konsequentialismus), die Tugendethik und die Ethik der Fürsorge gehören zum Grundbestand der Ethikansätze. Sie beziehen sich nicht nur auf zukünftiges, sondern auch auf vergangenes Handeln. Insofern unterscheiden sich die beiden temporalen Perspektiven nicht. Aber es gibt dennoch eine Differenz. Die Vergangenheit kann nicht mehr verändert werden. Für die Ethik stellen sich verschiedene Aufgaben, weil sich die Gestaltungsmöglichkeiten im Bezug auf vergangene Handlungen zwangsläufig nur noch auf der Ebene der Interpretation, der Bewertung, der Nutzbarmachung von Erfahrung und der Weiterbildung der moralischen Identität bewegen. Wir können nicht mehr in die Vergangenheit zurück steigen, um dort unsere Fehler zu korrigieren. Aber auch wenn uns dies (außer in der Phantasie) versagt bleibt: die Gestaltungsmöglichkeiten, die uns im Bezug auf vergangene Praxis offen stehen, sind doch ausgedehnt, einzigartig komplex und für die Klärung der uns gegenwärtig zur Aufgabe gestellten Situationen von ausgesprochen tiefer Bedeutung.

Was geändert werden kann, ist die Art, wie wir die Vergangenheit erinnern, unser gegenwärtiger Bezug zu dem, was geschehen ist. Wir können fragen, welches die Implikationen unseres Wissens von der Vergangenheit für unser Leben in der Gegenwart hat. Ob wir über Handlungspläne nachdenken, die in die Zukunft führen oder vergangene Handlungen in Frage stellen – die moralische Reflexion findet immer in der Gegenwart statt und macht in ihr einen Unterschied.

(4) Die zentrale Aufgabe einer Ethik der Retrospektion ist, *das Wissen von der Vergangenheit in eine gute Beziehung zum Leben in der Gegenwart zu bringen*. Was kann aber mit einer ‚guten Beziehung' in dieser Hinsicht gemeint sein? Die Kriterien zu diskutieren, die eine solche Beziehung als ‚gut' (gemeint im Sinn eines ‚guten Lebens') qualifizieren, ist eine Aufgabe für die Moralphilosophie, deren Inhalt ich hier nur andeuten kann.

Ich vermute, dass ein erstes und zentrales Kriterium sein muss, dass diese Beziehung *befreiend* ist. Damit meine ich, dass sie das Leben in der Gegenwart verwesentlichen und als freies Leben unterstützen soll. Erinnerungen sollen uns nicht gefangen nehmen, sondern wir sollen uns an ihnen weiterentwickeln können. Die Gegenwart nur durch die Brille bestimmter Erfahrungen aus der Vergangenheit sehen zu können, würde ein freies Handeln in der Gegenwart erschweren, weil neue Situationen nicht als das wahrgenommen werden können, was sie sind, sondern bloß als Neuinszenierungen eines Stücks, dessen Plot schon bekannt ist. Auf der anderen Seite ist ein freies Handeln in der Gegenwart nicht durch die Verdrängung oder gar Elimination von Erinnerungen zu erreichen, denn auch dies würde die Wahrnehmungsfähigkeit in der Gegenwart beeinträchtigen, indem z.B. Dinge, die an das Verdrängte erinnern könnten, ausgeblendet würden.

Als zweites zentrales Kriterium für eine gute Beziehung zwischen Erinnerung und Gegenwart möchte ich deshalb vorschlagen, dass die Vergangenheitsbezüge *unsere Sinne für die Gegenwart vertiefen* und uns von der Gegenwart oder von bestimmten ihrer Elemente nicht entfremden sollen.

(5) Damit verbunden ist eine fünfte Aufgabe. Wenn Schuld nicht unbegründet ist, wenn sie sich nach den Anstrengungen detektivischer Retrospektion nicht auflöst, sondern immer noch, vielleicht erst recht ein Faktum bildet, braucht es Strategien der Verzeihung, welche die Beziehungen wieder herstellen. Wir stoßen auf die existenziell wichtige Frage, welches die praktische Bedeutung des Rechts ist, ein anderer zu werden.[15] Dies ist die Frage nach der *restaurativen Gerechtigkeit*.

Bei der Restauration sind wir auf Andere angewiesen. Herbert Morris betonte, dass wir uns nicht alleine aus dem Eingeschlossensein in die Schuld erlösen können: „What is most troubling about guilt is its focus on some specific past wrong and the righting of it. Thinking in terms of guilt alone too easily locks us into an endless round of hurt done, hurt felt, hurt made up for. [...] But in this struggle to understand and to relinquish what makes for defeats in life, it is impossible for a man to travel far alone. [...] Love for others and ourselves conditioned our earliest feelings of guilt; love for ourselves and love from others can help release us from its crushing effects."[16] Die zentrale Frage der restaurativen Gerechtigkeit ist, wann und wie Entschuldigung möglich ist.

Wenn wir auf eine solche Weise mit der Temporalität umgehen, verändert sich das Konzept der Zeit selbst. ‚Zeit' ist dann nicht, wie sie Kant aufgefasst hatte, eine abstrakte, subjektive ‚Form der Apprehension' oder eine Dimension der Ausdehnung des Universums wie in der Physik. Zeitlichkeit ist noch weniger ein Zeichen des Verfalls aller endlichen Dinge in der Welt. Zeit ist nicht Teil eines Subjekts für sich, sondern vielmehr eine Beziehung zu Anderen.

Emmanuel Levinas formulierte: „Die Situation des Von-Angesicht-zu-Angesicht wäre der eigentliche Vollzug der Zeit; das Übergreifen der Gegenwart auf die Zukunft ist nicht die Tat eines einsamen Subjekts, sondern das intersubjektive Verhältnis. Die Bedingung der Zeitlichkeit liegt im Verhältnis zwischen menschlichen Wesen oder in der Geschichte."[17]

---

[15] Vgl. Dorothee Sölle. *Das Recht ein anderer zu werden. Theologische Texte.* Stuttgart: Kreuz, 1981 (vorher Neuwied: Luchterhand, 1971).
[16] Herbert Morris, a.a.O., 108 und 110.
[17] Emmanuel Lévinas. *Die Zeit und der Andere* (übers. Ludwig Wenzler). Hamburg: Meiner, 2003: 51.

III. ERZÄHLEN UND ERINNERN

8

WRINKLES IN TIME: NARRATIVE APPROACHES TO ETHICS

HILDE LINDEMANN

Why would one wish to adopt a narrative approach to ethics? And how might such an approach shed light on the significance of time in ethics? As the philosopher Alasdair MacIntyre has usefully observed, a human act of any kind becomes intelligible only by finding its place in a narrative.[1] More specifically, the philosopher Margaret Urban Walker claims the story is the basic form of representation for *moral* problems.[2] Stories serve the function of making our moral lives intelligible because, as we weave actions and other events into meaningful narratives, we come to make sense of who we and others are, which in turn allows us to see what we may or must take responsibility for, what we can count on from others, and how we may expect to be treated.

Even more important for our present purposes, stories are the *only* means of displaying the temporal dimensions of the moral situations in which we find ourselves. There is no way for us to model how we got 'here', into this particular moral context, except by a backward-looking story that explains how 'here' came about. Similarly, there is no way for us to model how to go on from 'here' in some mutually acceptable moral way except by a forward-looking story that causally connects 'here' to a future state of affairs brought about by what we do now.

Standard approaches to ethics, such as Kantian, utilitarian, and contractarian moral theories, admittedly have temporal orientations. Utilitarianism is future-oriented, weighing the moral worth of an act or rule by its consequences tomorrow, or two years from now, or for the next generation. Kantian ethics is oriented toward the past, basing the moral worth of an action on its maxim, which ultimately traces its way back to the agent's reverence for the moral law. Social contract theories look to the past as well, to the agreement whereby rational agents bind themselves to the dictates of morality. These temporal orientations, however, serve merely to lay the

---

[1] Alasdair MacIntyre. *After Virtue*. 2nd ed. Notre Dame, Ind.: University of Notre Dame Press, 1984: 210–211.
[2] Margaret Urban Walker. *Moral Understandings: A Feminist Study in Ethics*. New York: Routledge, 1998: 110.

foundations of the moral theories; the edifices erected on those foundations have nothing to do with time. The principles that are logically deduced from the theories and then applied to an instant case are not only transcendental, impersonal, and impartial – they are atemporal, dismissing as morally irrelevant how an ethically troubling situation came into existence or what certain solutions might mean to particular affected parties in the future. And because the standard theories depict morality as if it were fundamentally a set of problems to be acted upon, they lack the means of capturing how time permeates morality itself. Narrative approaches to ethics, by contrast, possess the temporal resources to make many aspects of our moral lives intelligible – not only choices and deeds, but also morally valuable relationships, commitments, and identities; shifts in our socially shared moral understandings; how certain distributions of responsibility came about.

Stories also model morally significant wrinkles in time. To see what I mean by a wrinkle, think of time as a straight line that connects the past to the future. Or better yet, think of that line as a piece of string. Now put your mental fingers on two places on the string, and push them together. The result will be a wrinkle – a place where moments spaced far apart from each other on the continuum nevertheless connect. As I hope to demonstrate in this chapter, these wrinkles in time play a crucial role in our moral commitments, relationships, and responsibilities. I begin by briefly surveying four central features of stories that make them particularly suitable for displaying the moral shape of a situation. I then examine three sorts of cases in which the *temporal* dimension of morality is clearly visible, and I show how that dimension is best captured in narrative form as a wrinkle in time.

1. Four Features of Stories

Let us begin by considering what makes a story a story. First, stories are *depictive*. They are representations of some actual or imaginary set of events, brought about or suffered by actors, that takes place over time. The raw material for any story is the stuff of actual people's lives – the things they do and experience, what they believe, their interactions with other people and the rest of the world. Even a fantasy begins with our actual experience of the world: the depiction of a phoenix, for instance, draws on our experience of 'bird', 'fire', and 'ash'. Stories depict events and experiences by describing them in words or other symbolic systems that are capable of representing a temporal sequence, and this is a crucial point. Not all symbolic systems depict successive moments in time – photographs, to take just one example, ordinarily represent only one such moment. Narrative representations, by contrast, must depict time passing.

A portrayal of logically related events, actors, and places that is arranged into a simple chronological succession is not yet a story – it is simply a *chronicle*. A chronicle represents events as occurring in a strict temporal sequence, but the events of a story can deviate from this sequence. Stories can contain flashbacks or flashforwards, or rapid switches between the two. An event can be separated by an interval from the narrative present ("Last year I went to Venice") or it can be presented as occurring at some unspecified moment. A story can linger over an event so that its representation takes more time than did the event itself, or the time it took can be compressed or skipped. An event that occurs only once can be presented a number of times from the same or a different perspective, or a whole series of similar events can be presented simultaneously. In a story, then, time is pliable – it can be bent, twisted, forced back on itself, and wrinkled.

Second, stories are *selective* in what they depict. Chronicles too are somewhat selective – a chronicle of the kings of England does not contain depictions of, say, coming-of-age rituals among American teenagers – but they are indiscriminate about which events in the lives of the kings they might include. Unlike a chronicle, which simply tells you that this happened, and then this, and then this, the elements of a story must be chosen in such a way as to form a meaningful whole. A chronicle becomes a story when its elements are restricted to inaugural, transitional, and terminating motifs. In the words of Hayden White,

> *"Chronicles are, strictly speaking, open-ended. In principle they have no inaugurations; they simply 'begin' when the chronicler starts recording events. And they have no culminations or resolutions; they can go on indefinitely. Stories, however, have a discernible form (even when that form is an image of a state of chaos) which marks off the events contained in them from the other events that might appear in a comprehensive chronicle of the years covered in their unfoldings."*[3]

Third, stories are *interpretive*. They are not merely selective about which actors, events, times, and places are permitted to contribute to their creation – they show the relationships among these elements. They do this by setting the elements into a plot that invites the reader or listener or viewer to draw a particular conclusion: the wrath of Achilles was at the root of all the trouble; the eternal feminine draws us upward; after great pride comes a fall. The most important way in which the plot facilitates interpretation, perhaps, is by displaying the causal connections among the narrative elements. To borrow E. M. Forester's example, 'The king died and then the queen died' is not yet a story. By contrast, 'The king died and then the queen died from grief', *is* a story, because it not only shows us what happened, it also explains *why* it happened as it did. Another important mechanism for guiding interpretation is the point of view from which the elements of the story are presented. In the unfolding of the plot, these elements are always revealed from within a particular angle or way of seeing that the receiver of the story is invited to share. Mieke Bal's term for the relation between the elements that are presented and the perspective through which they are presented is *focalization,* and the person from whose point of

---

[3] Hayden White. *Metahistory: The Historical Imagination in Nineteenth-Century Europe.* Baltimore: Johns Hopkins University Press, 1973: 6.

view the story is told is the focalizer.[4] We see only what the focalizer sees, and when this person is a character in the story, we may be moved to adopt her outlook. Sometimes we see by how the focalizer behaves that we ought *not* to adopt her outlook, and this too is one of the story's interpretive functions.

And finally, stories are *connective*. The elements of a story draw some of their meanings from their relationships to one another, as when a setting is related to an event (the gallant young doctor enters the operating room) or an action is related to a character (the absent-minded professor keeps mislaying his spectacles). These relationships, as we have seen, are often causal ones, but others are symbolic: the depiction of a person, thing, or action stands for something greater than itself. Still other connections are created by recurrent patterns or motifs that recall an earlier scene or foreshadow an episode yet to come. In addition to connections *within* a story, meanings are created by the connections *among* stories. The mode of emplotment, or genre, relates a given story to other stories that offer the same kind of explanation of people's place in the cosmic (or local) order of things – of whether reconciliation among people is possible, of whether what happened was inevitable or a matter of good or bad luck. The connection to a genre thus invites the receiver of the story to interpret the depiction of events as farcical, as comic, as an instance of chaos in a meaningless universe, and so on. Stories also draw explicit connections to other stories. A contemporary story, for example, can contain a Beatrice-figure and so establish a narrative connection to the *Divine Comedy,* or it can recapitulate a plot, as *Bridget Jones's Diary* does in a deliberate nod to *Pride and Prejudice.* Character types and the stock plots that are associated with them can be lifted from familiar stories that circulate widely within a culture, and be reworked as variations on old themes. Or fragments of one story can be spliced to those from another story and so shed light on both.

Because stories are selective, interpretive, and connective depictions of human experience over time, they model possibilities for how we *might* live, as well as making claims about how we *do* live. Both are important for morality. The selective nature of narratives allows their tellers to pick out the features of a situation that seem morally salient, and their interpretive nature allows their receivers to put one moral construction on the situation rather than another. Their connective nature ties many of them to the familiar stories that circulate widely and serve as summaries of socially shared moral understandings. For all these reasons and more, then, stories are central to our lives as moral agents. Now let me demonstrate briefly how they display morally significant wrinkles in time.

---

[4] Mieke Bal. *Narratology: Introduction to the Theory of Narrative,* trans. Christine van Boheemen. Toronto: University of Toronto Press, 1985: 100.

2. Commitments

One place in our moral lives where such wrinkling occurs is in our substantive commitments. Commitments are best understood narratively for two reasons. First, we can make sense of a substantive commitment in no other way than as the story of a person's relationship to a value over time. A commitment functions as a plot structure that puts an interpretive spin on the history of a person's actions. The depiction of a particular act (staining and waxing a piece of wood, for example) can take its significance from being juxtaposed with descriptions of other events, persons, or places that have been characterized in certain ways (the location is a carpenter's shop, the finish is applied to the underside of the tabletop, no one will see that the underside is finished, the carpenter makes all her tables this way) which together add up to a particular person's being committed to some value (doing the job right). Just as the events surrounding Joan of Arc are cast as tragic by the plot Schiller used when he retold the ancient story, so, in the tiny story I have just told, the plot casts the elements as a commitment to fine craftsmanship.

The second reason that commitments are best understood narratively is that they cannot be seen to *be* commitments until the passing of time shows us that they are. A commitment can never be judged 'from here'. Whether the act expresses a commitment can only be seen 'from there', after subsequent actions reveal that the commitment was actually present. When, at this moment, I finish the underside of a piece of furniture, the meaning of what I am doing is indeterminate, even if I have, in the past, finished the undersides of many pieces of furniture. This is not to say that the action actually means something but we cannot tell what it means. Rather, the claim is that only the future, and not my state of mind right now, will determine what it means. 'From here' I might be purposefully committing myself to good craftsmanship and 'from there' it will turn out that I did not make the commitment after all. *Mutatis mutandis,* even if 'from here' I am merely admiring the grain of the wood, or spinning out the work so that my boss believes I'm busy, or thinking about nothing in particular, it can turn out that 'from there' I was also expressing the beginnings of a commitment to doing the job right. The gap between 'here' and 'there' is a wrinkle in time, and we understand it as a story. The philosopher Christine Korsgaard has something like this in mind when she writes:

> "You cannot, just by making a resolution, acquire a virtue or recover from a vice. Or better still, we will say that you can, because you are free, but then we must say that only what happens in the future establishes whether you have really made the resolution or not. I do not mean that only the future will produce the evidence; I mean that only what you do in the future will enable us to correctly attribute a resolution to

you. There is a kind of backwards determination in the construction of one's character."[5]

Substantive commitments are identity-constituting: they contribute to our own and others' conceptions of who we are. The commitment, narratively understood, takes its place in the complicated tissue of stories, some arising from one's own point of view and some from third-person perspectives, that constitute our personal identities. From a first-person perspective a moral agent can, by an exercise of strong moral self-definition, endorse or repudiate a substantive commitment by characterizing her past actions and the events in her life in terms of what she cares about or has cared about, and then setting those commitments into the forward-looking story of how she hopes to go on from here. The backward-looking story reveals her character. It makes intelligible to her where she has been and what her actions say about what has mattered most to her. The forward-looking story allows her to confirm what she cares about, to own that she never did care as much as she thought, to acknowledge that she ought to care more, or to renounce what she cares for but ought not to – and henceforth to act accordingly. In either renouncing or affirming the substantive commitment, the agent bridges the gap between who she once was and who she hopes to be, and the stories that allow her to do this once again display a wrinkle in time.

3. Relationships

The temporal dimensions of morality, then, are particularly visible in the commitments that contribute to our sense of who we are. But stories of commitments and the identities they partly constitute are not the only kinds of stories that are crucial for making sense of our moral lives. Equally important are stories of relationships, and these too display wrinkles in time.

Stories of relationship are ethically significant for many reasons, not least because our relationships to others often dictate what we are responsible for. The fact that you and I have a particular sort of history together might make it reasonable for you to depend on me for something and reasonable for me to believe that you do in fact depend on me for that thing. It is then morally important for me to acknowledge our history, the present state of the relationship, and our possible or probable future together, because the relationship shows me what I owe you, why I owe it, and whether I have any latitude in how or when I discharge my obligation.[6] Sometimes my responsibilities are role-related, and then it is the role that sets up expectations on the part of those with whom I am in relationship. The backward-looking stories

---

[5] Christine M. Korsgaard. "Morality as Freedom", in: *Kant's Practical Philosophy Reconsidered*. Ed. by Yirmiahu Yovel. Dordrecht: Kluwer, 1989: 45.
[6] Margaret Urban Walker "Picking Up Pieces", in: *Feminists Rethink the Self*. Ed. by Diana Meyers. Boulder, Col.: Westview, 1997: 67–68.

of my relationship to you can show me not only what I owe you but also how we got into this situation where something is owed. Sideways-looking stories can show me who else has responsibilities here, who will be affected by what I do, and the nature of the context in which I do it. And forward-looking stories display the possibilities for how, or perhaps whether, you, I, and the others will go on in the future, and what that going on will mean for all of us. These stories display wrinkles in time when, as often happens, they hop from one episode in the past to the next, skipping what may be days or years in between. Or, if my responsibility is one that I and others take for granted, the stories of relationship might skip the present moment altogether and compress the gap between past and future so that the obligation does not even figure in my response.

These temporal wrinkles occur commonly in any story of moral relationship. A less common but deeply significant wrinkle occurs when the relationship is *proleptic*. Prolepsis, as a literary device, is the treating of a future state of affairs as if it already existed. It is achieved by means of an anticipatory adjective, as in the poetic 'Hang his poison in the sick air', where the air will not actually be sick until later, when the poison pervades it. Proleptic *relationships* also treat the future as if it were the present. Unlike the wrinkles in the past or the wrinkle between past and future that are commonplace in ordinary narratives of relationship, however, the wrinkle in a proleptic relationship is between 'now' and 'later'. An example of a proleptic relationship is a pregnancy in which the developing fetus is thought about and talked about as if it is already the born child one hopes it will be. William Ruddick calls this view of pregnancy the 'maternalist' conception, because the mother-with-child thinks of the pregnancy from its inception as a maternal 'project' of baby-making, not baby-carrying.[7] Adoptive parents too may enter into a proleptic relationship with children who are not yet their own. And when those of us who teach philosophy, especially in graduate seminars, treat our students as if they already were philosophers, we are forming a proleptic relationship with them. The moral worth of these relationships lies in their hospitality, for they are part of the process of preparing a place within the existing familial or institutional structures for those who are yet to come.

4. Identities

Now that I have identified wrinkles in time that are displayed by narratives of commitment and narratives of relationship, let me turn to a third area in our moral lives where we are apt to encounter these wrinkles. As I have already suggested, personal identities, understood as a complex interplay of our self-conceptions and other people's sense of who we are, consist of a shifting tissue of stories that are

---

[7] William Ruddick. "Ways to Limit Prenatal Testing", in: *Prenatal Testing and Disability Rights*. Ed. by Adrienne Asch and Erik Parens. Washington, D.C.: Georgetown University Press, 2000: 95–107.

woven around the things about us that matter the most, either to us or to those others. Some are personal and local stories about the acts, experiences, physical characteristics, long-term commitments, roles, and relationships that figure importantly in our or other peoples' characterizations of us, while other stories in the tissue draw on the plot templates and character types of the master narratives of our culture – the widely circulated and socially shared stories that display cultural and moral understandings that are held in common. So, for example, I might refer to my mischievous sons as *Max und Moritz,* and you instantly have a sense of who they are. Or a total stranger who is kind to someone might be identified in biblical terms: she is a Good Samaritan. And because identities are narrative in nature, they are capable of capturing both how we change over time and the respects in which we remain the same. In the stories that constitute our identities, the past and the future interpenetrate, suffusing each other with their colors and suffusing too the 'now' of the present moment.

As identities are indicators of the kind of treatment we can expect from others and how, in turn, those others expect us to behave, it is a matter of no small moral importance that the stories that go into their making faithfully represent who we actually are. This concern raises the question of *credibility*. What criteria might there be for determining whether an identity-constituting story is a credible one?

I have elsewhere identified three credibility criteria: strong explanatory force, correlation to action, and heft.[8] By *strong explanatory force* I mean that the story must do a better job of explaining who someone is than other, competing stories do. Several different stories might, for example, explain the connection between who a person takes herself to be and what she holds herself responsible for; why it is important to her that she stains and waxes the underside of the tabletop; how her relationship with her father continues to play itself out in her marriage; or what it is about her that causes her to keep being passed over for promotion. Credible identity-constituting stories do not just take the available evidence into account – they are the ones that fit the evidence best.

Because actions often express who we are, one way of judging the credibility of a story is by determining the story's *correlation to action.* The action criterion allows us to disqualify adolescent daydreams that are never realized in the person's behavior, and it also rules out the psychotic's story of having been conquered by Wellington at the Battle of Waterloo. Just as important, the action criterion also sheds light on cases where a person is unconscious of the beliefs or intentions that motivate her. The man who believes that he loves his brother but is unconsciously hostile toward him, for example, operates out of a defective set of identity-constituting stories, and the conclusion that they *are* defective is licensed by what we see when we observe his interactions with his brother.

---

[8] Hilde Lindemann Nelson. *Damaged Identities, Narrative Repair.* Ithaca, N.Y.: Cornell University Press, 2001: 92–99.

By *heft*, I mean that to be credible, identity-constituting stories must get the proportions right. They must not exaggerate or minimize the importance of a personal characteristic, experience, or action. They may not gloss over the person's failings, unfairly exaggerate one feature to the exclusion of others, or ring in prejudicial stereotypes about the social group to which the person belongs. A story that depicts a person who cannot walk as if that were the only important thing about her, for example, puts disproportionate weight on one feature of the person and thereby loses its claim to credibility. And the story must bear some relationship to the narratives that contribute to the person's identity from *other* people's points of view. Suppose I simply do not care that I am appallingly and habitually arrogant, so that no narrative about my arrogance figures into my first-person contribution to my identity. If everyone else does care about how arrogant I am, however, my self-portrait is out of proportion, much as if I had drawn one of my eyes or half of my mouth too small.

5. A Distorting Mirror

The difficulty with these credibility criteria, however, is that they are no defense against yet another wrinkle in time. For time is the mirror we hold up to ourselves when we want to see who we are. We look back in time to make narrative sense of who we have been, and forward in time to create the stories of who we hope to become. And if that mirror is wrinkled, the distorted image that we see there cannot be corrected by the application of the credibility criteria, for what we see appears to conform to the criteria quite well.

It is terribly easy to wrinkle the mirror. We do it by a selective forgetting of experiences that have shaped our lives and characters, by leaping over painful or embarrassing moments, by endowing other moments with a significance they do not possess. We overrate the importance of this episode and underrate that one; make too much of the ways in which we have changed and not enough of the ways in which we are held captive by firmly entrenched habits. It is perhaps because self-deception is so effortless that self-knowledge is prized as a virtue.

What, in the face of the wrinkles in time that distort the mirror, is the responsible moral agent to do? One possibility is that the credibility criteria I have developed are simply mistaken, and that other criteria exist that do not fall afoul of the distorting mirror. Another possibility is that no criteria, but only a virtuous character, can guard against self-deception. In either case, however, there would seem to be strategies that might minimize the danger. First, the agent might set aside the common presumption that she is the definitive arbiter of her own identity, and acknowledge that she could be self-deceived. Second, she might test her self-conception against the judgments of people who know her best and whom she has reason to trust. And third, she might bear in mind that her intimates too are fallible and just as capable as she is of falsely wrinkling time.

Time doubtless has other roles to play in our moral lives, but its wrinkled presence in our commitments, relationships, and self-understandings will, I hope, suffice to encourage further exploration of the temporal dimensions of ethics. At the very least, it suggests the inadequacy of approaches to ethics that cannot capture this important dimension.

SPRACHLOS IN DER ZEIT
Der unerklärte Suizid in der Literatur als Herausforderung für die Ethik

CHRISTINE ABBT

Seit der Neuzeit meidet die Philosophie die Räume der Sprachlosigkeit. Das Subjekt konstituiert sich seit Descartes durch sein eigenes Denken und mit dem linguistic turn im 20. Jahrhundert rückt es schließlich ganz in die Sprache. Was sprachlich nicht einholbar ist, kann nicht existieren und wird philosophisch verdrängt und vergessen gemacht oder, wo dies nicht gelingt, pathologisiert. Die Räume der Wortverlassenheit werden von der Dynamik dieses Denkens systematisch ausgeblendet. Dem gegenüber hat die Literatur ihr spezifisches Interesse am sprachlich Abwesenden nie ganz verloren. Parallel zur aufklärerischen Vorstellung eines starken Subjekts lässt sich eine literarische Spur ausmachen, die die Räume der Wortverlassenheit ins Zentrum des ästhetischen Augenmerks rückt und den unerklärten Suizid zum Motiv erhebt. Die darin vorgestellten Figuren erinnern nicht an die autonomen Helden, die sich selbstbewusst für den eigenen Tod entscheiden, sondern sie gleichen „jenen Wilden, von denen erzählt wird, dass sie kein anderes Verlangen haben als zu sterben oder vielmehr sie haben nicht einmal dieses Verlangen, sondern der Tod hat nach ihnen Verlangen und sie geben sich hin oder vielmehr sie geben sich nicht einmal hin, sondern sie fallen in den Ufersand und stehen niemals mehr auf."[1]

Am literarischen Motiv der Randgänger, die sich wortlos an der Grenze zwischen Leben und Tod bewegen und stumm, beinahe beiläufig, abtreten, wird nicht nur deren sprachliche Abwesenheit, sondern darüber hinaus die Abwesenheit von Sprache überhaupt reflektiert und zum Ausdruck gebracht. An diesem Motiv zeigt sich insofern das besondere literarische Sensorium für dasjenige, was außerhalb der Sprache ist, und was sich, wenn überhaupt, nur indirekt von Sprache einholen lässt. Was dem philosophischen Diskurs weitgehend verschlossen bleibt, versuchen literarische Texte ästhetisch zum Ausdruck zu bringen. In der literarisch vermittelten Grenz-Erfahrung kann das Unmögliche momenthaft gelingen: Eine Vergegenwärti-

---

[1] Franz Kafka. „Fragmente aus Heften und losen Blättern", in: *Hochzeitsvorbereitungen auf dem Lande und andere Prosa aus dem Nachlass*. Hrsg. von Max Brod in sieben Bänden, Frankfurt a.M., 1983: 181.

gung des Abwesenden. Darin liegt eine Herausforderung, die Literatur an die Ethik stellt.

1. Die Sprachlosigkeit im Diskurs der Ethik

Die Sprache der Ethik ist geprägt von der Vorstellung des Diskurses. Mindestens zwei Personen sprechen miteinander über etwas. Sie argumentieren, wägen ab, handeln einen Kompromiss oder günstigstenfalls einen Konsens aus. Selbst wo ein solcher Diskurs nicht stattfindet, ist dieses Konzept wirksam. Es bestimmt auch die Vorstellung vom Verhältnis des Subjekts zu sich selbst. Der Monolog wird in der Folge als Gespräch vorgestellt, worin sich jemand mit sich selbst über etwas verständigt und dann für sein Handeln Gründe angeben kann. Dieses Konzept stößt an Grenzen, wo sich Menschen in Situationen befinden, in denen sie sich nicht mehr reflexiv zu sich verhalten können oder wollen. Liebe, Leid, Schmerz, Rausch, Sucht, Schock, Scham, Verzweiflung, Trauma u. a. lassen die Sprache als Mittel des Ausdrucks bei Betroffenen ungenügend werden. Der endgültige Abbruch der direkten Kommunikation, der sich im Tod vollzieht, findet eine Vorwegnahme im Leben.[2] Die Betroffenen schweigen, verstummen und handeln ohne Erklärung oder sie sprechen zwar, aber fremdartig, unverständlich und konfus.

In der Ethik, die im Konzept des Diskurses begründet ist, haben solche Sprachlosigkeit und solches Reden keinen Ort. Existentielle Gegebenheiten oder Notwendigkeiten, die sich nur noch im Stummen vollziehen, finden keinen Raum. Personen, die in dieser Weise wortlos geworden sind und nicht über sich und ihr Handeln Auskunft geben, werden meistens pathologisiert.[3] Sie fallen als ethische Gesprächspartner aus. An ihre Stelle tritt Ersatz, eine Stellvertretung, die im besten Fall im Diskurs für die wortverlassene Person spricht. Die ethische Stellvertretung hat im Modell des Diskurses zwei Möglichkeiten als Fürsprecherin zu handeln: Entweder sie macht den unerklärten Suizid zum abstrakten Thema und argumentiert für oder gegen ein Recht auf den eigenen Tod oder sie macht den unerklärten Suizid zum konkreten Thema und versucht sich in die Situation des Betroffenen einzudenken und einzufühlen und spricht dann im tatsächlichen Sinn für den Verstorbenen. In beiden Fällen wird die Stille, in der sich der suizidale Prozess vollzogen hat, ersetzt durch Sprache. Die Sprachlosigkeit wird so im ethischen Diskurs von der Sprache des Diskurses verdeckt. Sie wird in eine Sprache verwandelt, die vom Diskurs als Sprache anerkannt wird. Dabei geht vergessen, dass die Sprachlosigkeit, die Stille, das Stumm-Sein und das Schweigen selbst Orte in der Sprache

---

[2] In Bezug auf den Schmerz schreibt Le Breton: „Die Unmöglichkeit, die Leidenssituation zu benennen (…) lässt die Vorstellung von einem Tod aufkommen, der sich ins Leben hineingefressen hat." David Le Breton. *Schmerz, Eine Kulturgeschichte*. Zürich, Berlin, 2003: 38.
[3] Das passiert sogar auch dort, wo versucht wird, den Suizid als „erlaubte Handlung" deutlich zu machen. So in: Annemarie Pieper. „Lässt sich der Suizid ethisch rechtfertigen?", in: Joachim Küchenhoff (Hrsg.). *Selbstzerstörung und Selbstfürsorge*. Giessen, 1999: 266–267.

sind und als solche in den ethischen Diskurs, der der sozialen Wirklichkeit der Wortverlassenen gerecht werden will, Einlass erhalten müssen.

2. Den Verstummten Stimme geben

Nimmt man den kommunikationstheoretischen Grundsatz ernst, dass man nicht nicht kommunizieren kann,[4] dann gilt es, das Unausgesprochene und das Unaussprechbare als eigene Ausdrucksformen von Sprache anzuerkennen und für die Ethik zurück zu gewinnen. Dabei darf allerdings nicht vergessen werden, welche Transformationen sich vollziehen, wenn sprachliche Abwesenheiten in kommunikative Strukturen überführt werden. Jene Sprachlosigkeit zwischen Leben und Tod, die die literarisch vorgestellten Grenzgänger anfällt, bricht aus der kommunikativen Struktur aus. In der Bewegung an der Grenze verwischt sich die Trennung zwischen Subjekt und Objekt und die pronominalen Größen ‚ich' und ‚mich' können nicht mehr eindeutig auseinander gehalten werden. Das Sein an der Grenze zwischen Leben und Tod ist nicht mehr imstande sich zu sich selbst oder zur Welt zu verhalten.[5] Sprache verliert an dieser Grenze ihre sinnstiftende Funktion, sie bricht ab. Wo dieser kommunikative Abbruch sprachlich erinnert und angegangen wird, äußert sich die Sprache eines Außenstehenden. In der Beschreibung des Abbruchs, in der Interpretation des Geschehens und insbesondere im Versuch, die Grenz-Erfahrung durch Sprache wieder neu erlebbar zu machen, wird die abwesende Sprache in eine kommunikative eingebunden.

Diese Transformation von Nicht-Sprache in Sprache vollzieht sich über eine Außenperspektive. Dabei bedeutet es einen entscheidenden Unterschied, ob die Sprachlosigkeit in der Sprache der Außenperspektive als Ort innerhalb der Sprache anerkannt wird oder nicht.[6] Wenn der Grundsatz zutrifft, dass nicht nicht kommuniziert werden kann, dann muss das Sprachlose als etwas anerkannt werden, das nicht als nichts vernachlässigt werden darf, aber nach einer spezifischen Sprache verlangt, um nicht verloren zu gehen.

Die Sprache selbst hat für die Wortverlassenen eine Auswahl an Ausdrücken bereit, die als sprachliches Indiz darauf hindeuten, dass das Nicht-Sprechen einen kommunikativen Akt bedeutet. Jemand sagt nichts. Diese feststellbare Tatsache

---

[4] Paul Watzlawick; Janet H. Beavin und Don D. Jackson. *Die menschliche Kommunikation, Formen Störungen Paradoxien*. 10., unveränderte Aufl., Bern, 2000: 50 ff.
[5] Die literarischen Annäherungsversuche an den Ort der Sprachlosigkeit können als Kritik an einer Kommunikationstheorie verstanden werden, die als Prämisse annimmt, dass es unmöglich ist, sich nicht zu verhalten. „Verhalten hat vor allem eine Eigenschaft, die so grundlegend ist, dass sie oft übersehen wird: Verhalten hat kein Gegenteil, oder um dieselbe Tatsache noch simpler auszudrücken: Man kann sich nicht nicht verhalten." Watzlawick et al.: 51. Jene Literatur hingegen, die die Wortverlassenheit zwischen Leben und Tod thematisiert, geht davon aus, dass es einen Zustand der Selbstaufhebung gibt, die noch nicht mit dem Tod gleichgesetzt werden kann.
[6] Zur Funktion des Schweigens in der Sprache: Hartmut Eggert und Janusz Golec (Hrsg.). *„...wortlos der Sprache mächtig": Schweigen und Sprechen in der Literatur und sprachlichen Kommunikation*. Stuttgart, 1999.

kann mit verschiedenen Adjektiven beschrieben werden: Wortverlassen, stumm, sprachlos, wortlos, verstummt, still, schweigsam, schweigend, verstockt, mundtot, ruhig, verhalten. In diesen Ausdrücken, es gibt noch weitere, kommt jedoch stets die Perspektive zur Geltung, die den Umgang mit den Wortverlassenen bestimmt. Es ist eine Außenperspektive, die den Umstand beschreibend festhält, dass da jemand ist, der nichts sagt. Die Interpretation, die in den Adjektiven mitklingt, wird von einem Sprechenden vorgenommen, nicht vom Wortverlassenen selbst. Damit ist die Grundproblematik angesprochenen, die den Umgang mit der stummen Todesbereitschaft begleitet. Immer ist es eine Außenperspektive, die das Wort ergreift. Erst durch sie wird die stumme Todesbereitschaft erinnert oder vorgestellt. Nur durch sie kann der unerklärte Todesvollzug in die Sprache zurückgeholt werden, da die direkte Kommunikation mit dem Wortverlassenen meist bereits vor dem Tod, in der Bewegung hin zur Grenze, Verwerfungen aufweist und durch den Tod endgültig und irreversibel abbricht.

Die Ethik sieht ausgehend vom Diskurskonzept für den Wortlosen einen Stellvertreter vor, der anstelle des Wortlosen spricht. In der Literatur hingegen ist ein Umgang mit Wortverlassenheit auszumachen, der dem Unausgesprochenen und Unaussprechbaren zum Ausdruck verhilft. Während in der skizzierten Ethik die fehlende Sprache durch Sprache ersetzt wird, geht es literarischen Texten darum, die fehlende Sprache als fehlende sprechen zu lassen. In der Ethik wird die sprachliche Lücke gefüllt, die in der Literatur erst durch die Sprache und mit der Sprache als Lücke kenntlich zu machen versucht wird. In literarischen (und poetischen) Texten wird der Versuch unternommen, den Verstummten Stimme zu geben, sie selbst als Wortlose zu Wort kommen zu lassen. Es geht diesen literarischen und poetischen Texten darum, den unerklärten Suizid so zu erinnern und vorzustellen, dass die Wortlosigkeit der Verstorbenen zu eigenen Aussagen wird.

3. Der unerklärte Suizid in der Literatur

Seit der frühen Moderne ist in der Literatur der Suizid als stummes Geschehen auszumachen. Vorher und auch noch nachher verbindet sich der Suizid mit der großen Rede. Die letzten Worte werden zur absoluten Aussage, in der Erkenntnis und Aufklärung formuliert werden. Zwar begegnen wir auch noch in Texten späterer Zeit der fulminanten Rede vor dem Dolchstoss und dem eindrücklichen, alles erklärenden Abschiedsbrief auf dem Küchentisch, aber neu seit dem ausgehenden 19. Jahrhundert ist die Beschreibung des scheinbar grundlosen, unerklärten, stummen Suizids von Protagonisten und Protagonistinnen. Der Tod der Wortlosen wird zum Thema gemacht und hält sich als Thema bis heute.[7] Folgt man dieser Spur[8] wird

---

[7] Der Bogen lässt sich von Hermann Melvilles „Bartleby der Schreiber, Eine Geschichte aus der Wall Street" von 1856 bis zu Adelheid Duvanels „Der Selbstmörder", 1997 oder Michel Houellebecqs „Elementarteilchen" 1998 aufzeigen.

deutlich, dass sich darin eine zwar variantenreiche, aber doch kontinuierliche, kritische Stellungnahme zu den zivilisatorischen, bürgerlichen und aufklärerischen Konzepten des gefestigten, freien Subjekts nachlesen lässt. Die Fassbarkeit der Identität wird in Frage gestellt und dem Leser oder dem Publikum werden ästhetische Erfahrungen zugemutet, die das Konzept von Eindeutigkeit als brüchiges erscheinen lassen. Zeichen und Bezeichnetes fallen auseinander, Eindeutigkeit weicht vager Vielheit, Sprache wird als limitierte kenntlich gemacht. Der theoretischen Geschlossenheit wird in der Literatur die Offenheit und Unsicherheit der sozialen Wirklichkeit entgegen gestellt. Die Sprache wird dabei wirklich an ihre Grenzen geführt.[9]

Im Unterschied zum ethischen Diskurs ist die Sprache der hier thematisierten literarischen Texte, die seit der Moderne vom unerklärten und unerklärlichen Tod berichten, geprägt von Ansprechungsmomenten. Die Instanz, die im Text erzählt, hat sich ansprechen lassen vom Unausgesprochenen und Unaussprechbaren und möchte durch das Erzählen auch andere davon sich ansprechen lassen. Das bedeutet, dass in der Sprache des Erzählers im Text der Raum geschaffen werden muss, in dem das Schweigen zum Ausdruck kommen kann. Es bedeutet auch, dass der Erzähler nicht vorgibt, den unerklärten Suizid anstelle des Verstorbenen erklären zu können. Die Erzählinstanzen in den Texten sprechen nicht anstelle der Toten. Sie erzählen, damit den Verstorbenen das Wort nicht aus dem Mund genommen wird, sondern als zurückgehaltenes Wort erinnert und vorgestellt wird. Der Versuch geht bis an die Grenzen der sprachlichen Möglichkeiten, denn dort, an den Grenzen der Sprache, scheinen die Stimmen der unerhörten Grenzgänger am besten hörbar gemacht werden zu können. Das Erzählen, das erzählt, um das Nicht-Erzählbare zum Ausdruck zu bringen, genügt den Bedingungen, die Jacques Derrida für das Zeugnis bestimmt.

4. Der Erzähler als Zeuge

In den hier diskutierten literarischen Texten geht es um den Tod einer Figur, die sich und ihr Handeln nicht erklärt oder nicht verständlich machen kann und deren Tod ein nicht formuliertes Fragezeichen ohne Antwort bedeutet. Jedenfalls bedeutet es ein solches für eine am Tod der Figuren interessierte Außenwelt. Denn erst durch die Außenperspektiven der Erzählinstanzen in den Texten erfahren wir überhaupt von den Verstorbenen, die sich nicht nur von der Welt, sondern auch von der Sprache verabschiedet haben. Erst durch die Erzählenden wird das Fragezeichen als

---

[8] „Die ganz stumme Selbstvernichtung zieht sich doch als schmale, intensive Spur durch das moderne Bühnenschaffen." Peter v. Matt. „The tongues of dying men...", Zur Dramaturgie der Todesszenen, in: Ders.: *Das Schicksal der Phantasie, Studien zur deutschen Literatur*. München, Wien, 1994: 32.

[9] Beispiele dafür sind u.a.: Samuel Becketts „Acte sans paroles II", 1959, Franz Xaver Kroetz's Stück „Wunschkonzert", 1971, Adelheid Duvanels „Der Selbstmörder", 1997, Theodor Fontanes „Unwiederbringlich", 1891, Thomas Bernhards „Der Atem. Eine Entscheidung", 1978.

Fragezeichen sichtbar. Die Erzählinstanzen berichten erinnernd oder vorstellend von den Verstorbenen. In beiden Fällen, ob erinnernd oder vorstellend, machen sich die Erzählenden zu Zeugen des Ereigneten. Ihre Nacherzählung ist die Folge eines Gedächtnisakts, der eine Vorgeschichte aufzeigt. Jacques Derrida weist in seinen Ausführungen zu Maurice Blanchots Text „Der Augenblick meines Todes" auf das Zeugnis hin, das erst dadurch seine Funktion als Zeugnis bewahrt, wenn es seine Zurückführbarkeit auf das Fiktionale offen legt.[10] Jedes Zeugnis birgt den Status der literarischen Fiktion. „Wenn das Zeugnis zum Beweis, zur Information, zur Gewissheit oder zum Archiv geriete, würde es seine Funktion als Zeugnis verlieren."[11]

Derridas Akzentuierung widerspricht dem gewohnten Umgang mit dem Zeugnis. In der Rechtsprechung fungiert die Zeugenaussage als Beweismittel. In dem Rückgriff auf Zeugen spiegelt sich aber nur der Umstand, dass ein Tathergang nicht eindeutig ist, sondern im Dunklen passiert ist und nun erst nachträglich ans Licht gebracht werden soll. Um in der Rechtsprechung als Beweismittel wirksam sein zu können, muss die Verbindung des Zeugnisses zur Fiktion ausgeblendet werden. Würde diese Verbindung aber nicht bestehen, wäre das Zeugnis nicht mehr Zeugnis.[12]

Das Zeugnis als Zeugnis ist gebunden an die Form der Möglichkeit. Etwas kann sich so ereignet haben, aber eben auch anders. Selbst Maurice Blanchot, der in seinem Text „Der Augenblick meines Todes" autobiographisch über den eigenen Tod berichtet, der ihn heimgesucht hat als er glaubte, erschossen zu werden, legt ein Zeugnis ab. Blanchot berichtet, wie Soldaten bereits auf ihn, der aufgestellt war, erschossen zu werden, zielten. Dann aber bleibt der Schussbefehl aus. Die Soldaten müssen flüchten und Blanchot, der sich schon tot wusste, schon tot war, lebt weiter. Er hat den Tod erlebt, aber er lebt trotzdem weiter. Aus dieser Spannung heraus schreibt er das Zeugnis seines eigenen Todes, das sogar in dieser Konstellation das Fiktionale nicht ablegen kann.

Noch deutlicher als in Blanchots Text ist der fiktionale Anteil im Zeugnis in den hier thematisierten literarischen Texten sichtbar, wo die Erzählenden vom Sterben und Tod anderer berichten. Nicht ihr eigener Tod steht im Zentrum, sondern der unerklärte Tod des Anderen. Der Bericht als Zeugnis stellt eine Möglichkeit vor. Dadurch bewahrt das Zeugnis das Geheimnis um den Tod der Verstorbenen. Ödön von Horváth zum Beispiel gestaltet im Text „Eine Unbekannte aus der Seine", auf den später näher eingegangen wird, eine Möglichkeit, die sich hinter einer Totenmaske auftut. Die literarische Gestaltung ist darauf hin angelegt, das Geheimnis um die Unbekannte nicht zu verraten, aber als Geheimnis offen zu legen. Das Geheimnis um die Dahingegangene bleibt gewahrt. Das an den Augenblick gebundene Geheimnis wird sprachlich nicht verraten, wo sich die sprachliche Darstellung als Zeugnis zu erkennen gibt. „Das Zeugnis bleibt selbst da geheim, wo es offensicht-

---

[10] Jacques Derrida. *Bleibe, Maurice Blanchot*. Wien, 2003.
[11] Derrida: 28.
[12] Derrida: 28.

lich und öffentlich macht."¹³ Wo die Fiktion Zeugnis sein will, muss sie das Geheimnis als Geheimnis kenntlich machen, ohne das Geheimnis zu verraten. „Ich muss genau das, wovon ich Zeugnis ablege, geheim halten können."¹⁴

Das Zeugnis steht in einem Verhältnis zum Geheimnis. Es steht aber auch in einem engen Verhältnis zur Öffentlichkeit. Es wendet sich an eine Öffentlichkeit, die das Geheimnis als Geheimnis nicht vergessen soll. Übertragen auf literarische Texte geht es also um das Erinnern von Sterbeprozessen, die als Unaufgelöste und Unerklärte nicht vergessen werden sollen. Die Texte sprechen nicht über die Toten und nicht für die Toten, sondern sie erinnern erzählend an die Stummheit der Toten, und sie sprechen als Lebende zu den Lebenden. Darin liegt das kritische Potential der literarischen Texte als Zeugnisse. Darin auch liegt ihr ethisches Vermögen. „Zeugnis ablegen von einem Geheimnis, bezeugen, dass es Geheimnis gibt, doch ohne das Innerste des Geheimnisses zu enthüllen, wird eine kritische Möglichkeit sein (…).“¹⁵

Wenn wir die Bedingungen, wie sie von Derrida formuliert werden, ernst nehmen, begegnen wir in literarischen Texten seit der frühen Moderne erzählenden Zeugen und Zeuginnen.¹⁶ Diese berichten von einem Tod, von dem nur feststeht, dass er stattgefunden hat. Dabei machen die Texte den individuellen Tod von Figuren zum Thema. Die Todesbereitschaft wird aber nicht von den Todesnahen selbst thematisiert, sondern von einer Erzählinstanz. Das Thema des eigenen Todes wird also aus einer Perspektive angegangen, in der der dargestellte eigene Tod der Tod des Anderen ist. Die erzählenden Zeugen berichten in den hier besprochenen Textbeispielen vom Tod des oder der Anderen. Ausgehend vom Thema des Selbstmords, des Suizids, des Freitods bzw. des tödlichen Zufalls¹⁷ wird der je individuelle, unerklärte Tod zum Ausdruck gebracht, der sich in diesem Ausdruck allerdings immer als der Tod des Anderen präsentiert.

5. Die Ungleichzeitigkeit des Anderen

Albert Camus beginnt seinen Versuch über das Absurde mit der Benennung des philosophischen Problems, das er vor allen anderen Fragen ins Zentrum des Denkens setzt. „Es gibt nur ein wirklich ernstes philosophisches Problem: den Selbst-

---

[13] Derrida: 28.
[14] Derrida: 29.
[15] Derrida: 30.
[16] Im Gegensatz dazu gibt es literarische Texte, die vorgeben, das Geheimnis eindeutig lüften zu können oder aber versuchen, das Geheimnis aufzulösen. Letzteres wird in Peter Handkes Text: „Wunschloses Unglück" vorgeführt. Darin versucht der Sohn, den unerklärten Suizid seiner Mutter aufzuklären. Die vorherrschende Frage ist die nach dem Warum. Diese kann bis zum Schluss nicht beantwortet werden. Das Nicht-Beantworten-Können wird hier aber als Scheitern vorgestellt und nicht als Bedingung, der Sprache der Mutter gerecht zu werden. Darin liegt ein grundlegender Perspektivenunterschied.
[17] Die Begrifflichkeit betrifft jeweils bereits eine Deutung des Todesgeschehens.

mord."[18] Camus stellt also, wie auch Martin Heidegger, den eigenen Tod ins Zentrum seines Denkens. Anders Emmanuel Lévinas: Nicht der eigene Tod bedeutet ihm die zentrale Frage, sondern der Tod des Anderen wird zum Ausgangspunkt seiner Philosophie. In diesem Perspektivenwechsel ist die grundlegende Differenz zwischen Camus oder Heidegger und Lévinas begründet.[19] Im Text „Die Zeit und der Andere"[20] entwickelt Lévinas eine philosophische Ethik, die nicht den eigenen Tod, sondern den Tod des Anderen ins Zentrum stellt.

Der Tod des Anderen rückt ins Zentrum, wo geliebt wird. Denn der Liebe stellt sich nicht mehr der eigene Tod als Grundproblem, sondern die Vergänglichkeit des Anderen. Erst in der Liebe löst sich das Ich aus der Selbstbefangenheit und kann sich, aus sich heraustretend, auf den Anderen zubewegen und Verantwortung für diesen übernehmen. Liebend gerät die Selbstsorge zur Fürsorge.

Die Liebe wird von Lévinas neben dem Leiden als ein ‚Widerfahrnis' vorgestellt, das reflexiv nicht einzuholen ist, das einen aber erst zu einem moralischen Selbst und zur Existenz führt. Liebe wird dabei vorgestellt als eine Berührung, in der sich eine Sehnsucht nach der Gegenwart des Anderen einstellt. Diese Gegenwart ist aber nicht zu erreichen. Auch in der Liebe nicht. Im Gegenteil ermöglicht erst die Liebe, dieses ständige gegenseitige Zu-Spät-Kommen und Sich-Verpassen bewusst wahrzunehmen. In der Liebe macht man die Erfahrung des Anderen als eine Erfahrung der Ungleichzeitigkeit. Nicht nur die Ungleichzeitigkeit wird sichtbar, der Liebende macht auch die Erfahrung der Vergänglichkeit. Dabei bedeutet dem Liebenden aber nicht der eigene Tod, die eigene Vergänglichkeit, das zentrale Thema, sondern die Vergänglichkeit und der Tod des Anderen.

Im Angesicht des Geliebten wird dem oder der Liebenden der unaufhaltsame Tod offenbar. Die Vergänglichkeit des Anderen springt ins Auge. Gerade in dieser Erfahrung, in der Erfahrung der Sterblichkeit des Anderen, entsteht nach Lévinas Verantwortung. „Das, was man mit einem leicht verfälschten Ausdruck Liebe nennt, ist die Tatsache schlechthin, dass der Tod des Anderen mich mehr erschüttert als der meine. Die Liebe zum Anderen ist die Empfindung des Todes des Anderen. Nicht die Angst vor dem Tod, der mich erwartet, sondern mein Empfangen des Anderen macht den Tod aus. Wir begegnen dem Tod im Angesicht des Anderen."[21]

Die liebende Person tritt aus dem einsamen und zeitlosen Ich-Sein heraus in den Raum der Begegnung in der Zeit. Die Gegenwart des Anderen kann aber nicht erreicht werden. Im Heraustreten gehen die Erfahrung der Ungleichzeitigkeit und die Sehnsucht nach Gleichzeitigkeit einher. Dabei verwandelt sich die Frage von Leben und Tod in eine nach dem Tod der anderen Person. Ihre Vergänglichkeit, ihr Tod ist

---

[18] Albert Camus. *Der Mythos von Sisyphos, Ein Versuch über das Absurde*. Düsseldorf, 1956.
[19] Für Heidegger ist der Tod die letzte Möglichkeit im Dasein, für Lévinas bedeutet der Tod die Unmöglichkeit schlechthin.
[20] Emmanuel Lévinas. *Die Zeit und der Andere*. Hamburg, 2003.
[21] Emmanuel Lévinas. *Gott, der Tod und die Zeit*. (1993), Wien, 1996: 116.

der Liebe im Blick. In dieser Verschiebung ortet Lévinas die Möglichkeit zur Verantwortung für den Anderen.[22]

In den hier thematisierten literarischen Texten vollzieht sich diese Verschiebung in der Perspektive der Erzählinstanzen. Manchmal vollzieht sie sich in den Texten sogar noch auf einer anderen Ebene. Nicht nur die Erzählenden rücken den unerklärten Tod anderer in die Aufmerksamkeit, sondern auch auf der Ebene der Handlung der Figuren vollzieht sich das liebende Heraustreten auf den Anderen zu. Am Stück „Eine Unbekannte aus der Seine" von Ödön von Horváth[23] lässt sich das Verhältnis von Liebe, Zeit und Verantwortung aufzeigen.

6. Der Gang ins Dunkle

Horváth hebt in einem Kommentar zu seinem Stück „Eine Unbekannte aus der Seine" hervor, dass das Dunkel um Leben und Tod der Frau durch das Stück nicht aufgehoben werden kann oder soll. Das Tappen im Dunkeln ist im Gegenteil das eigentliche Thema der so genannten Komödie.

> *„Erlauben Sie, – bemerkt Horváth – dass ich in knappen Worten den Fall skizziere: vor einigen Jahrzehnten zog man eine Mädchenleiche aus der Seine, irgendeine junge Selbstmörderin, also eine ganz alltägliche Begebenheit. Man wusste nichts von ihr, nicht wie sie lebte, wie sie starb, wer sie war, wie sie hieß und warum sie ins Wasser ging – man hat es auch nie erfahren, und das junge Geschöpf wäre verscharrt worden, sang- und klanglos, hätte sie nicht zufällig ein junger Bildhauer erblickt, den das unbeschreiblich rätselhafte Lächeln, das das Antlitz der Leiche überirdisch verklärte, derart anzog, dass er ihr die Totenmaske abnahm. So blieb uns dies ewige Antlitz mit seinem zarten, göttlich-traurigen Lächeln – und dies Lächeln eroberte die Welt. Viele Dichter hat die Unbekannte angeregt, aber alle tappen im Dunkeln –."*[24]

Eine Annäherung an die Unbekannte aus der Seine kann also nur im Dunkeln stattfinden. Sie muss das Dunkle selbst in ihre Sprache mit einbeziehen. Die nicht zufällig weiße Maske markiert einen Gegensatz zu einer solchen Annäherung. Im Stück geht es nicht um die Maske, sondern um das von der Maske verborgene unfassbare Leben. Der Stilllegung in einer eindeutigen Form wird sprachlich durch die Struk-

---

[22] Lévinas' Ausgangspunkt des Denkens macht Hille Haker für die aktuelle ethische Debatte fruchtbar. In ihrem Artikel führt Haker auch aus, inwiefern in der Erzählung, in der narrativen Struktur, die Spannung zwischen Selbstverlust und Selbstkonstitution ausgetragen werden kann. Hille Haker. „Wie die Ränder einer Wunde, die offenbleiben soll – Ästhetik und Ethik der Existenz, in: Cornelia Blasberg und Hans-Josef Deiters (Hrsg.). *Denken/Schreiben (in) der Krise – Existentialismus und Literatur*. St. Ingbert, 2004.

[23] Ödön v. Horváth. *Eine Unbekannte aus der Seine* (1933). Frankfurt a. Main, 2001. Horváth selbst nennt das Stück ein „ausgesprochen literarisches Experiment".

[24] Ödön von Horváth 1935 zum Stück, zitiert nach: Herbert Gamper. „Die Unbekannte aus der Seine", *Theater am Neumarkt*, Heft 5, Zürich, 1973: 2.

turierung und die Auswahl der Zeichen entgegengewirkt. Die ästhetischen Mittel des Stücks zwingen, stets mehrere Bedeutungen zugleich zu aktualisieren.[25]

Das Stück gibt der Unbekannten vorübergehend den Raum zurück, den sie im Leben nicht hatte und im Leben der Kleinbürger[26] nie haben wird. Horváth macht die Unbekannte nicht bekannt, sondern lässt sie als Unbekannte auf- und auch wieder abtreten. Die gesellschaftliche Ordnung kann durch die Fremde auch im Stück nicht aufgebrochen werden. Es spricht ihr diese Möglichkeit nicht zu. Nicht als sprechendes Selbst, nur als stumme Maske hat die Unbekannte einen Platz in dieser Ordnung.

Sehnsucht spricht aus vielen Äußerungen der Unbekannten. Beinahe formelhaft verwendet die Unbekannte den Ausruf: ‚Fort!' Das Fortgehen wird zum Impetus einer Sehnsucht, die sich an Ort und Stelle nicht erfüllt. Gleichzeitig stellt sich aber die Frage nach dem Wohin. „Fort! Aber wohin?"[27] Wo gibt es eine wirkliche Alternative zu dem Hier und Jetzt? Die Frage nach dem Wohin bremst die Dynamik des Aufbruchsimpetus. Der intuitiv-spontane Ausruf ‚Fort!' wird durch die reflexiv-nachdenkliche Frage ‚Wohin?' relativiert. Die Möglichkeit des Fortgehens wird grundsätzlich in Frage gestellt. Erst kurz vor dem Ende des letzten Akts hat die Unbekannte eine Antwort auf die Frage nach dem Wohin, die Albert stellt. ‚Hinab', sagt sie und fügt den angesichts ihres Gangs ins Wasser seltsam anmutenden Satz hinzu: ‚Du wohnst im zweiten Stock.' Die Unbekannte schreitet hinab und weg, ihrem Tod entgegen. Albert kehrt zurück in die gesellschaftliche Ordnung an die Seite von Irene und beginnt ‚ein neues Leben'. Der Moment der Begegnung in der Zeit, der nicht stattgefunden hat, aber dessen Möglichkeit vorhanden war, löst sich auf mit dem Tod der Frau und der fatalen Selbsttäuschung des Mannes. Beide verlassen die Grenze und tauchen in die Zeitlosigkeit ein, jedoch in divergenter Richtung.

Beide, die Unbekannte und Albert, möchten leben. Ihre Lebensformen schließen sich aber aus. Albert kann nur dann daran glauben, ein neues Leben zu beginnen, wenn es ihm gelingt, die Unbekannte, die ihn an die Unsicherheiten und Schattenseiten seiner Existenz erinnert, zu vergessen. Die Unbekannte aber könnte leben, wenn Albert bereit ist, diese Unsicherheiten der Existenz und den Schatten mit ihr zu teilen. ‚Zueinander' müsste seine Antwort auf die Frage ‚Wohin' heißen. Bei ihm und mit ihm könnte die Unbekannte das Dort ihrer Sehnsucht finden. Denn bei ihm könnte sie alles vergessen. Bei ihm könnte das entzweite Ich wieder zu einer selbst-

---

[25] Karl Müller. „'Wo ganz plötzlich ein Mensch sichtbar wird' – Lebens- und Todeskämpfe", in: Klaus Kastberger (Hrsg.). *Ödön von Horváth, Unendliche Dummheit – dumme Unendlichkeit*. Wien, 2001: 23. Zur mehrfachen Semantisierung und „Mehrschichtigkeit" der Sprache von Horváth auch: Herbert Gamper. *Horváths komplexe Textur. Dargestellt an frühen Stücken*. Zürich, 1987.

[26] „Der Kleinbürger wie ihn Horváth schildert ist weniger der Angehörige einer Klasse als der dumpf gebundene, dem Geist widerstrebende, der schlechthin verstockte Mittelmensch. (...) Erbittert kämpft er um die Lüge, denn ohne sie geht er zugrunde." Franz Werfel im Nachwort auf Horváth zitiert nach: Traugott Krischke. *Materialien zu Ödön von Horváth*. Frankfurt a.M., 1970: 134.

[27] Auch bei Markus Werner begegnen wir dieser Formel. Der Roman „Festland" beginnt mit ihr. Dort heißt es: „Fort. Aber wohin?" Markus Werner. *Festland*. Salzburg, Wien, 1999: 2.

vergessenen Ganzheit zurück finden, in der sich die Frage nach sich selbst nicht mehr stellt.

„*Unbekannte: Bei dir könnt ich alles vergessen, wer ich bin und aus was ich bin.*"[28]

Die Selbstvergessenheit, nach der sich die Unbekannte sehnt, erscheint im Konjunktiv.[29] Die Unbekannte stellt sich vor, bei Albert alles vergessen zu können. Sie vergisst aber gerade nicht alles, auch nicht bei ihm. Sie, nicht er, spürt die Distanz, die zwischen Albert und ihr ist. Bereits nach dem ersten kurzen Kuss sagt sie: ‚O du, so schön wird es nimmer werden.' – Das Glück ist flüchtig. Kaum da, ist es schon wieder fort. Im Gegensatz zu Albert ist der Unbekannten dies bewusst. Gerade deshalb ist der Konjunktiv angebracht. Der Zustand der Selbstvergessenheit ist fern.

Die „Glasszene"[30], die die Unbekannte in einem Zustand zwischen Rausch und Traum, zwischen Absturz und Erkenntnis, entwirft, als sie bei Albert in der Wohnung ist, deutet auf die nicht zu lösende Distanz zwischen ihr und Albert, aber auch auf die Distanz zwischen allen Sprechenden hin. Eine Glasscheibe trennt sie. Man kann sich sehen, aber man hört sich nicht. Und man kommt nicht zueinander, solange es diese Scheiben gibt.

„*Unbekannte: Jetzt seh ich dich wie durch Glas. Und ich stehe hinter dem Glas und jetzt hörst du nicht, was ich rede – Du bist es? Bist wieder da? Ich hab so lang auf dich gewartet und war so viel allein – Nein! Komm nicht herein zu mir, bitte nicht – lass mich, du lass mich.*"[31]

Das Glas ist zwar durchsichtig, man kann den anderen sehen, aber nicht hören und auch nicht verstehen. Das Du in der Rede der Unbekannten kann sich auf Albert beziehen, der neben ihr im Zimmer sitzt. Es richtet sich aber vermutlich auch an Josef, eine frühere Liebe, von der die Unbekannte sagt: ‚Ich hab mal einen geliebt, es hat weh getan und gut. Josef hat er geheißen.' Die Unbekannte sagt ‚du' und beide, Albert und Josef, können gemeint sein. Das lange Warten der Frau wird von beiden nicht beendet. Ihr Gefühl wird von keinem der Männer erwidert. Deshalb die Bitte: Komm nicht herein zu mir. Mach mich nicht (wieder) verwundbar! Das Glas ist aber nur scheinbarer Schutz vor Verletzung. Nicht nur die Öffnung gegenüber dem Gefühllosen, sondern auch das Glas, das Ich und Du trennt, lässt die Wunde der Sehnsucht nicht heilen.

Auch in einem anderen Stück von Horváth, in „Don Juan kommt aus dem Krieg" begegnen wir einer Frau, die verdeckt ist durch eine Maske, die vom trennenden Glas redet. Die Maske weigert sich mit Don Juan aufs Zimmer zu gehen.

„Don Juan: *Komm* –

---

[28] Horváth: 31.
[29] Die romantische Vorstellung der Auflösung des Ichs in der Liebe wird hier von der Moderne bereits als unmögliche vorgestellt.
[30] Horváth: 58ff.
[31] Horváth: 58.

> Maske: *Nein. Weil ich momentan nichts bei dir fühl –*
> Don Juan: *Das ist ein gewaltiger Irrtum.*
> Maske: *Bei dir ist alles tot, als wär Glas zwischen uns, so dickes Glas, auf das man treten kann – Lass mich gehen, bitte! Du gehörst einer Anderen!*
> Don Juan: *Ich gehör keiner.*"[32]

Auch hier will die Frau nicht zum Mann. Das Glas, das sie zwischen sich und ihm fühlt, hemmt sie. Das Glas trennt das Gefühl von der Gefühllosigkeit. Die Liebe und die Sehnsucht nach Liebe und Leben lassen das Glas zwischen den Menschen dünn werden und die Menschen zerbrechlich. Wo keine Liebe ist, da ist das Glas zwischen den Menschen so massiv, dass man darauf treten kann, ohne dass es zerbricht. Dort, wo das Glas nicht nur durchsichtig, sondern auch durchlässig wird, drohen aber andere Gefahren der Vernichtung. Manchmal kostet es die Liebenden das Leben. Wo das Glas ist, ist keine Hoffnung auf realisierbare Nähe möglich. Ohne Glas aber kann die Nähe tödlich enden, für die, die lieben.

Die Sprachlosigkeit der Unbekannten und die Sprachlosigkeit der anderen Figuren im Stück sind verschieden. Die Unbekannte spricht eine Sprache, die nicht verstanden wird. Die anderen Figuren sprechen ebenfalls eine Sprache, in der es zu keinem Verstehen kommt. Der große Unterschied zwischen der Unbekannten auf der einen Seite und den Figuren auf der anderen Seite ist die Sehnsucht bzw. die Selbsttäuschung. Während die Fremde das Unverstandensein wahrnimmt und eine abgrundtiefe Sehnsucht nach einer echten Sprache hegt, die aber dann genau das Andere der konventionellen Sprache sein muss, bemerken die anderen Figuren das Unverstanden-Sein und Nicht-Verstehen-Können nicht und leben in einem Zustand der Selbsttäuschung.[33] In der Sprache der Selbsttäuschung aber hat die poetische Sprache, die ihre Kraft aus dem Schweigen schöpft, keinen Platz. Sie schweigt wie die Maske.

Nicht zufällig ist es im Epilog ein Kind, das noch vom Dunkel eine Ahnung hat und deshalb zu weinen beginnt. Der kleine Albert, das Kind von Albert und Irene, weint plötzlich fürchterlich. Er fürchtet sich, wie Irene, seine Mutter erklärt, vor dem dunklen Hauseingang. ‚Ach er hat schon wieder mal Angst vor dem dunklen Hauseingang. Immer hat er Angst vor Hauseingängen'. – Nur auf das Kind hat das Dunkle noch eine Wirkung. Es verstummt erst, als Lucille das Tor zumacht. Das dunkle Innere ist dann durch das Tor weggeschlossen. Es drängt nicht mehr nach Außen. Die Fassade hat keinen Riss, keinen Spalt, keine Öffnung mehr, durch die das Verdrängte zum Vorschein kommen kann.[34] Der Mord hinter der Fassade, der

---

[32] Ödön v. Horváth. „Don Juan kommt aus dem Krieg", in: *Gesammelte Werke*, 2, Schauspiele, Werkausgabe, Frankfurt a.M., 1973: 633.
[33] Müller: 24–25, s. FN 25.
[34] Das zu Verdrängende ist der Tod des Anderen, der im Stück als Mord und Selbstmord vorkommt. „Der Tod des Anderen besiegelt quasi das, was zwar im Leben auch gilt, worüber ich mich aber hinwegtäuschen kann: Ich ‚habe' den Anderen nicht, es gibt keine Ökonomie der Beziehung. Begegnung des Anderen ist Widerfahrnis, ist Erfahrung der Alterität. (...) Deshalb gehört es zum

Selbstmord hinter der Maske: Alles, was in die Tiefe geht, macht fürchterlich Angst und muss verschwinden.[35]

Horváths Stück endet mit der Maske, die, wie bereits erwähnt, der Anlass für das Schreiben des Stücks ist. Sie ist umgeben von Horváths *Stille*, die sich allgegenwärtig durch das ganze Stück zieht und stets auf die Glaswand verweist, von welcher die Unbekannte in Bezug auf sich und Albert redet, die aber alle sprechenden Personen im Stück unerbittlich voneinander trennt, solange es nicht gelingt, sich selbst zu überschreiten, das Glas wegzuschieben und das Fenster zum Andern zu öffnen.

7. Das Unerhörte hören

Das Heraustreten aus der Zeitlosigkeit in die Zeit ist auch ein Herausfallen. Es kann nach Lévinas nicht reflexiv eingeholt werden. Es stellt sich ein. Als Widerfahrnis nennt Lévinas Liebe und Leid. In ihnen passiert das Heraustreten aus der selbstverständlichen Ordnung. Während das Ich im Leid so auf sich zurückgeworfen wird, dass es zu keiner Verantwortung fähig ist, vollzieht sich das Heraustreten in der Liebe auf den Anderen zu und Verantwortung wird möglich. Im Leid wird die subjektive Zeit zur absoluten Zeitrechnung. Die eigene Vergänglichkeit wird intensiv erlebt. In der Liebe offenbart sich die Ungleichzeitigkeit zwischen den Menschen. Die gegenseitige Gegenwart, nach der man sich unentwegt sehnt, wird stets verpasst. Die Vergänglichkeit des Anderen rückt ins Zentrum der Aufmerksamkeit. In beiden ‚Widerfahrnissen' werden die Grenzen der Sprache für die Betroffenen deutlich. Die Selbstverständlichkeit der Rede wird radikal in Frage gestellt. Das in der Sprache Unsagbare wird zur Erfahrung.

Das liebende Heraustreten oder Herausfallen aus der Ordnung führt die Herausgetretenen nach Lévinas in die Existenz und damit zu Begegnungen in der Zeit. Das in dieser Art zum moralischen Selbst geratene Ich befindet sich dabei in einem Zustand der Unruhe. Es wandert wie auf einem Grat, der links und rechts von Abgründen umgeben ist. Der eine Abgrund ist die Sprache des Alltags und des Diskurses, in der die Sprachlosigkeit vergessen und verdrängt wird. Der andere Abgrund bedeutet das endgültige Abbrechen der Sprache, die vollständige Verstummung. Die Unbekannte von Horváth befindet sich im Stück auf solch einer Gratwanderung.

Solche Wanderung birgt auf allen Seiten das Risiko des Selbstverlusts. Die Sehnsucht nach Auflösung der Entzweiung hin auf eine Einheit ist existentiell. Diese ist aber nur um den Preis des Selbstverlusts zu erreichen. Fort! Aber wohin? Wir hören

---

Wunsch der Erinnernden, die Wunde des Verlusts möge sich nicht schließen, während die Handelnde gerade das Vergessen, die ‚Vernarbung' braucht." Haker, s. FN 22.

[35] „Die Verkleisterung des dunklen Lochs bedeutet Eliminierung der Tiefenperspektive, Rückzug auf die Fassade, die das Nicht-Zeigbare maskieren soll." Ingrid Haag. „Der weiße Mantel der Unschuld. Dramatische Textur eines Horváthschen Motivs", in: Klaus Kastberger (Hrsg.). *Ödön von Horváth, Unendliche Dummheit – dumme Unendlichkeit*. Wien, 2001: 68.

die Stimme der Unbekannten. Der Dichter Novalis gibt die romantische Antwort auf ihre Frage. „Immer nach Hause"[36], lautete seine Antwort. Dem romantischen Impetus von Novalis widerspricht Lévinas. Die Antwort auf die Frage nach dem Wohin lautet bei ihm: In der Existenz, in der Zeit, in der Unruhe, im Sehen der Vergänglichkeit des Anderen, für den wir Verantwortung übernehmen, bleiben, die Gratwanderung aushalten.

Dieser Balanceakt auf dem Grat wird zum ethischen Anspruch an die Sprache der Ethik. Erst in der Begegnung in der Zeit, erst auf dem Grat, stellt sich mit dem Bewusstsein, dass es die Sprache ohne Sprachlosigkeit nicht gibt, die Sehnsucht nach einer solchen, unmöglichen Sprache ein. Diese Sehnsucht begründet das Bemühen, dem Unvermögen der Sprache entgegenzuwirken. Solches Wirken kann aber gerade nicht darin bestehen, die Sprachlosigkeit der Sprache vergessen zu machen. Dem Unvermögen der Sprache kann nur entgegengewirkt werden, wo das Unvermögen von Sprache erinnert wird.

Die hier thematisierten literarischen Texte und darin die Zeugen und Zeuginnen von unerklärten, stumm vollzogenen Todesgängen versuchen, solche Erinnerungs- und Vorstellungsarbeit zu leisten. Sie beschreiben verschiedene Formen von Herausgetreten-Sein und rücken so den Tod einer anderen Person und deren Sprachlosigkeit ins Zentrum. Dabei sprechen sie nicht für die Verstorbenen, sondern zu den Lebenden, die sie an den stillen Weggang und den Tod der anderen Person erinnern. Das Geheimnis um den eigenen Tod des Anderen wird dabei nicht verraten. Das Geheimnis des Anderen, die Ungleichzeitigkeit zwischen den Menschen, wird dichterisch gestaltet und so erfahrbar gemacht.

Einerseits treten die Erzählenden in den literarischen Texten selbst aus der Ordnung. Nur so können sie das Unerhörte hören. Andererseits lassen sie durch ihre Sprache Zuhörende und Lesende mit-heraustreten. Das Unerhörte, der unerklärte Tod des Anderen, wird hörbar gemacht. Die Stimme spricht nicht deutlich, aber man erfährt und weiß: Da ist eine Stimme, eine Stellungnahme, ein stummer Todesvollzug. ‚Unerhört' beinhaltet dabei zwei Bedeutungsebenen: Zum einen bedeutet es das Noch-Nicht-Gehörte, verstanden als eine Neuigkeit, zum anderen bedeutet es aber auch das Skandalöse, welches sich von der moralischen Norm absetzt. Im literarischen Motiv des unerklärten Suizids schwingen beide Bedeutungen mit: Es wird von einer kleinen Neuigkeit als von etwas Noch-Nicht-Gehörtem berichtet, und es wird von einem Geschehen Zeugnis abgelegt, welches sich nicht innerhalb der Ordnung ereignet, sondern welches bereits in der Bewegung des Heraustretens auf ein Außerhalb hin stattfindet, auf das es verweist.

Die Ethik, deren Sprache vom Diskurs geprägt ist, sieht nicht das Heraustreten aus dem Diskurs, sondern das Eintreten und Einmischen in ihn, vor. Ausgehend vom literarischen Umgang mit den Grenzen der Sprache lässt sich demgegenüber

---

[36] Novalis. „Heinrich von Ofterdingen", in: Hans-Joachim Mähl und Richard Samuel. *Werke, Tagebücher und Briefe Friedrich von Hardenbergs*. Lizenzausgabe 1999 für die Wiss. Buchgesellschaft, Band I: 373.

aber ein Heraustreten aus dem Diskurs vorschlagen. Der unendliche Diskurs kann nur mithelfen, dem Unvermögen der Sprache entgegenzuwirken, wenn in ihm die Begegnung mit der Endlichkeit möglich ist. Die selbstverständlich gewordene Sprache muss auf das in ihr nicht zu Wort Kommende überprüft werden. Das setzt eine Offenheit voraus, die erst durch das Heraustreten aus der Geschlossenheit möglich wird. Sich ansprechen lassen von der Sprache und der Sprachlosigkeit der anderen Person und eine Sprache suchen, die von der eigenen und der fremden Sprachlosigkeit zeugt: Diese Forderungen stellt die Sprache der Literatur an den Diskurs einer Ethik, die verantwortungsvoll mit der Abwesenheit von Sprache umgehen möchte.

ововиться# IV. KÖRPERLICHKEIT UND MEDIZIN

10

TIME, TESTS, AND MORAL SPACE

JACKIE LEACH SCULLY

> "Choices need time, the fullness of time, time being the horizontal axis of morality – you make a decision and then you wait and see, wait and see."[1]

All human experience occurs in time. To say this is to state the obvious; but it is precisely because of this obviousness that time, whether its subjective perception or in its more objective, chronographic aspects, is taken for granted as part of the structure of the moral world. We take it for granted that we can remember past events and evaluate them morally, anticipate future ones and predict their consequences, and that we experience one event following another in linear sequence so that moral cause and effect can be judged. As Zadie Smith notes in *White Teeth*, time is the horizontal axis, if not of all morality, then at least of moral decision making. Collectively and individually, we make moral decisions and then wait to see how they turn out. To fully grasp the combination of intention, agency, behaviour, consequences and relationships that we characterise as moral responsibility means taking its constitutive temporality into account. And for ethicists, sensitivity to the structuring role of time in normative ethical judgement can highlight things that might otherwise be missed.

1. The time structure of genetic tests

Genetic testing offers a rich example of the interplay between ethical choice and time. For one thing, the (brief) history of genetic testing has now reached a crucial point in which the number of tests clinically available is increasing pretty much on a daily basis, but testing is not yet clinically routine; meanwhile, although the concept of genetic testing has entered public discourse it is still not culturally commonplace.

---

[1] Z. Smith. *White Teeth*. Harmondsworth: Penguin, 2001.

There remains a sense of strangeness, and the ethical concerns of genetic testing have not yet lost their impact through overfamiliarity. As genetic tests become commoner, and especially as they become available through direct to patient sales instead of via the clinic, more and more people will face decisions that they would not previously have needed to take, in areas of their lives -- such as employment or pregnancy -- they would not have considered as up for moral evaluation of this kind. It is not merely that genetic testing throws up new difficulties, but that the possibility of genetic testing rearranges the moral contours of familiar situations into something novel and strange.

Considering genetic tests together in a single category is meaningful because they have significant temporal elements in common. There is a shared predictive fuzziness – genetic tests are events of the present that make statements about the individual's future, statements that are more or less probabilistic depending on the genetic locus. Genetic tests force people to imagine their future(s). Beyond the test lie multiple possible futures, some of which will be closed off by the test result, while others remain open because of the uncertainty. But as well as illuminating the future, genetic information can also change the patient's account of her present, and perhaps more unexpectedly, her past. The facts of past events may be unalterable but interpretation is not, and genetic information can provide new interpretations of an individual life, a family history and a person's place within it. In the present in which a decision is made, it is also obvious that at some point in the future, this event will be history. When the patient asks, *How will I live with this decision?* she is struggling to make an assessment of a past that has not yet happened.

Notwithstanding the commonalities, temporal structure is not uniform across all genetic tests. Although genetic testing is now most commonly available in clinical settings to do with reproductive choices, as the genetic contributions to chronic conditions are identified more and more testing will be performed on adults for presymptomatic conditions or predispositions. Prenatal test decisions are generally made under time pressure, while testing for, say, Huntington's disease is not. In testing for a late onset disease, the consequences of the result may be remote, while in diagnostic testing they may mean making an immediate decision whether to have further clinical intervention. Predictive or diagnostic testing directly affects the life of the person being tested, while prenatal testing also involves a third party, the foetus.

Above all, real-life genetic testing decisions are stories that take place in time. They extend over months or weeks, inserted into the life story of the individual being tested. In familial conditions this in turn is overlaid on the family history, extending generations into the past, and carrying the hopes and fears for the generations to come. This longer perspective is absent from most of the literature on the ethics of genetic testing;[2] as Tod Chambers notes, the way bioethical cases are presented makes the world that is spatially and temporally beyond the clinical consultation appear irrelevant to ethical discussion.[3] For the patient, however, the situation may be very different.

2. Patients talking about testing

Over the last decade the ethics of genetic testing have been exhaustively rehearsed in the bioethical and policy literature. This discussion is almost exclusively driven by the need of medical professionals and policy makers for ethical guidance on healthcare provision. Some attempts to model genetic decision making by patients draw on economic or social science decision theory.[4] But by focusing on a rationalist maximisation of benefit, these theoretical models neglect relevant features of real genetic decisions that can be epistemological (the difficulty of understanding probabilistic information)[5] or ontological (the influence of contingency and context, the power of moral emotions such as regret, guilt or shame), and include the subtle effects of time. In sociology and psychology, research into patients' behaviour in genetic testing decisions has generally been concerned with correlating social or psychological variables and specific outcomes.[6] What is notably absent is the view

---

[2] Nuffield Council on Bioethics. *Genetic Screening: Ethical Issues*. London: Nuffield Council on Bioethics, 1993. D.H. Smith et al. (Eds.). *Early Warning: Cases and Ethical Guidance for Presymptomatic Testing in Genetic Diseases*. Bloomington and Indianapolis: Indiana University Press, 1998. R. Chadwick, D. Shickle, H. Ten Have and U. Wiesing (Eds.). *The Ethics of Genetic Screening*. Dordrecht/Boston/London: Kluwer Academic Publishers, 1999. Human Genetics Commission. *Inside Information: Balancing Interests in the Use of Personal Genetic Data*. London: Human Genetics Commission, 2002.

[3] T. Chambers. *The Fiction of Bioethics*. New York: Routledge, 1999.

[4] J. von Neumann and O. Morgenstern. *Theory of Games and Economic Behavior*, 2nd edition. Princeton, New Jersey: Princeton University Press, 1947. M.C. Weinstein and H.V. Fineberg. *Clinical Decision Analysis*. Philadelphia: WB Saunders and Company, 1980. S.G. Pauker and S.P. Pauker. "Prescriptive Models to Support Decision Making in Genetics", in: *Genetic risks, risk perception, and decision making*. Ed. by G. Evers-Kiebooms, J.J. Cassiman, H. Van den Berghe and G. d'Ydewalle. New York: Alan R. Liss, 1987: 276–296. G.F. Pitz. "Evaluating Decision Aiding Technologies for Genetic Counseling", in: *Genetic risks, risk perception, and decision making*. Ed. by G. Evers-Kiebooms, J.J. Cassiman, H. Van den Berghe and G. d'Ydewalle. New York: Alan R. Liss, 1987: 251–278.

[5] R.B. Black. "The Effects of Diagnostic Uncertainty and Available Options on Perceptions of Risk", in: *Risk, communication, and decision making in genetic counseling*. Ed. by C.J. Epstein, C.J.R. Curry, S. Packman, S. Sherman and B.D. Hall. New York: Alan R Liss, 1979: 341–354. G. Evers-Kiebooms, J.J. Cassiman, H. Van den Berghe and G. d'Ydewalle (Eds.). *Genetic Risks, Risk Perception, and Decision Making*. New York: Alan R Liss, 1987. B.K. Koenig and H.L. Silverberg. "Understanding Probabilistic Risk in Predisposition Genetic Testing for Alzheimer Disease", in: *Genetic Testing*, 3, 1999: 55–63.

[6] S. Shiloh. "Decision-making in the Context of Genetic Risk", in: *The troubled helix: Social and psychological implications of the new human genetics*. Ed. by T. Marteau and M. Richards. Cambridge. Cambridge University Press, 1996: 82–103. D.W. Coon, H. Davies, C. McKibben and D. Gallagher-Thompson. "The Psychological Impact of Genetic Testing for Alzheimer Disease", in: *Genetic Testing*, 3, 1999: 121–131. T.E. Power and P.C. Adams. "Psychosocial Impact of C282Y Mutation Testing for Hemochromatosis", in: *Genetic Testing*, 5, 2001: 107–110. E. Claes, G. Evers-Kiebooms, A. Boogaerts, M. Decruyenaere, L. Denayer and E. Legius. "Diagnostic Genetic Testing for

from the moral worlds of the patients, in particular, how testing is experienced, what values underly ethical judgements, and what approaches are used in complex evaluations (but see Scully et al, 2004).[7]

To gather this kind of information means stepping beyond the usual experience of the professional bioethicist. Perhaps the most accessible way of doing this is by simply asking people who have been there what it was like, in the formalised setting of an interview. Over 3 years we talked to people about their decisions for or against genetic testing, and how their reasons were affected by time – for example, the time in life when it happened, how long they took to consider it, whether the passage of time had affected their evaluation of the decision, and so on. Our interviewees had undergone or were undergoing (i) prenatal testing of a foetus for a genetic condition, (ii) predictive or diagnostic testing for breast and colon cancer, or (iii) testing for Huntington's disease (HD).[8]

Using interviews of course raises methodological issues of accuracy, articulation, memory and the reconstruction of past events. Our primary aim was not to judge the veracity of people's accounts, but to see how, from the point in time when they were asked, participants constructed a moral account of their decision. For this purpose, subjective accounts are the appropriate information sources as long as their limitations are kept in mind. For one thing, can people accurately *remember* their reasons for actions in the past? We were sometimes talking about events that had taken place years previously, and questions of memory and narrative reconstruction are pertinent. Everyday experience, as well as more rigorous evidence from psychological studies, suggests that memory is highly selective and that forgetting can play an important justificatory role. Inevitably, interviewees' narratives of their genetic testing decision were likely to have undergone both the normal degradation of memory and a degree of post-hoc editing to justify it, and we had to keep this in mind.

A further question is whether anyone can ever fully *account for* their actions or choices. One issue here is articulacy. We did not expect people to be able to articulate their justifications in language recognisable by a moral philosopher – the methodology was devised to uncover unspoken, implicit judgements as well as manifest ones. Whether people can actually *perceive* their own reasons is a different, and more complex, question. In our interviews people were encouraged first to give their own narrative of 'what happened to bring you here', while subsequent questions probed further into the moral reasoning being used, and our growing

---

Hereditary Breast and Ovarian Cancer in Cancer Patients: Women's Looking Back on the Pre-Test Period and a Psychological Evaluation", in: *Genetic Testing*, 8, 2004: 13–2. B.L. Hicken, D.A. Calhoun, J.C. Barton and D.C. Tucker. "Attitudes About and Psychosocial Outcomes of HFE Genotyping for Hemochromatosis", in: *Genetic Testing*, 8, 2004: 90–97.

[7] J.L. Scully, C. Rippberger and C. Rehmann-Sutter. "Non-professionals' Evaluations of Gene Therapy Ethics", in: *Soc Sci Med*, 58, 2004: 1415–1425.

[8] A fuller account of the project methodology is given in Scully et al. *Bioethics*. (submitted).

understanding of their experience was used to revise the questions we asked. In this way we hoped that major omissions in their accounts would become apparent to us.

But we would not know if participants had no conscious access to particular motivations. For a psychologist these might be the 'real' reasons for a choice. What relationship do they bear to the articulations of value and principle? Shiloh[9] concludes that patients' direct reporting of their reasons for choices indicate their (consciously owned) values, while their actual actions may better indicate their underlying motives. From this perspective our interviews tell us about conscious values, for our purposes the information most likely to be useful in attempting to understand how people navigate through their moral worlds towards an ethical judgement: the question of unconscious motivation in ethics is a larger, and different, one. We have always to leave open that the justifications we hear bear a contested relationship to the 'real' reasons for choices, but this is a criticism that could be made about any reflection on a moral choice, including that of philosophers.

3. Prenatal testing: "I'll cross that bridge when I come to it"

The decision for our 8 prenatal test interviewees had been whether to have amniocentesis or a chorionic villus biopsy plus karyotyping or DNA testing to confirm a possible abnormality. In Switzerland this testing is offered from the 10th week of pregnancy. The biological timetable of pregnancy, the scheduling of testing, and the greater clinical and emotional difficulty of late abortion, all create a sense of time pressure. Four interviewees spoke about this pressure and their ambivalence towards it:

> *"On the one hand I was looking forward to the moment when I would at least have something to base my decision on, when I could have some peace of mind...and on the other hand this pressure, 'it's coming, it's coming, it's coming, I have to decide then, I have to choose'."* [KT, 36 years old, talking about testing in her second pregnancy][10]

Beyond the test and result lie multiple possible futures: life with a normal child, with a disabled child, with no child, as a woman who has had an abortion, and so on. We had anticipated that the decision process would involve comparing these possible long-term outcomes, with interviewees imaginatively projecting themselves into the future to assess life in the various scenarios. They did do this, but in a more temporally complex way than we expected. When imagining the long-term future, for example, DT and others described feeling initially torn "this way and that" between all the possible outcomes, to an extent that she found intolerable:

---

[9] S. Shiloh. "Decision-making in the Context of Genetic Risk", in: *The troubled helix: Social and psychological implications of the new human genetics*. Ed. by T. Marteau and M. Richards. Cambridge. Cambridge University Press, 1996: 82–103.
[10] Interviews were originally in German and have been translated into English by the author.

"...This being pulled to and fro, shall I have it, I mean the test, shall I not, what shall I do afterwards if there's another decision to make, can I trust that decision, erm, shall I keep it, shall I abort it; I'd already been through this three times...and I just had the feeling, I didn't have the strength left to deal with this backwards-and-forwards stuff." [DT, 54 years old, talking about 4th pregnancy 11 years previously]

In order to avoid this tension, 5 interviewees said they deliberately limited their mental projection into the future during the decision-making process. Well aware that a test at this point in the pregnancy could entail a further decision if an abnormality were detected, they mentally excluded this knowledge when thinking about the test, restricting their focus of attention to the immediate weeks or even days ahead:

"In the end I decided to go ahead [with the test]. Everyone said to me, that means you will abort it if there's a problem, and I said, I can think about that later." [DT, 54 years old, talking about her first pregnancy]

"Well, I felt that I would be able to make that decision [to terminate or not], deal with that, if something showed up on the test, and I just didn't want to start worrying about something unless I had to. {Interviewer: So were you holding off thinking about that consciously?} Oh yeah, yeah, very consciously, yes." [OH, 49 years old, talking about her first pregnancy]

This shift was not something that happened involuntarily. These women reported an *active* manipulation of their subjective experience of time passing. They fractionated the anticipated future into an immediate step to be dealt with *now*, and further steps that could be thought about later. This active contraction of their concern onto the immediate future was a shift in the *temporal depth of the field* of their attention.

4. Familial cancer: the medical conveyor belt

Three people who were being tested for familial cancer exemplified distinct model situations: tests offered (1) presymptomatically because of known family history, (2) to a patient during treatment of existing disease, or (3) after successful treatment of disease, when the test result will primarily be of interest to their children or other family members. In these situations the ongoing clinical context played a subtle but decisive role in how the timecourse of testing was perceived and how much of a decision was taken. Two people who had been offered testing as part of treatment for cancer felt they were on a conveyor belt of medical processes that could not be interrupted. They experienced the test decision as less prominent; in fact, both of these interviewees felt that they had never actively *decided* to have a test at all. The same point was made by one woman in our prenatal testing group who, becoming pregnant through IVF, was similarly embedded in a clinical context throughout her pregnancies. She said, *"[The test] wasn't really any kind of decision."*

Whether or not testing is done at the same time as other clinical involvement, then, can radically alter the patient's perception of her role in events. The way people described it suggested that what is going on is not straightforwardly about medical professionals failing to explain or inform properly. Another way of looking at it is as the confusing (to the patient) entanglement of two different narratives, with different time structures. As we found in the account of one cancer patient, the resulting problems only became apparent much later, in a crisis of identity and ambivalence about knowing her genetic status. This raises some ethical questions about appropriate timing of an offer of genetic testing, if the result is not of immediate therapeutic use.

5. Huntington's disease: family stories

"{I: Could you tell us the story of your genetic test, from your own point of view?} Yes, the story really began with my grandfather, just before his retirement..."[TK, 29, at-risk HD]

Huntington's disease is a dominantly inherited, severe late-onset neurological disorder. Since the gene responsible for the production of the aberrant huntingtin protein was cloned[11] it has been possible for people at risk of developing the disease to be tested to see if they have inherited the gene. Thus many members of HD families are now, for the first time, faced with novel questions. For older people, these are largely about having knowledge of their own future health, but for their children the availability of testing informs their reproductive plans as well.[12]

We interviewed 7 members of 3 different HD families. Three people had opted for testing and 4 against. For all, the story of their decision was part of an extended family history, coloured by the peculiarities of their own experience of the disease. Their accounts of the test decision began by introducing the first known affected relative, usually a grandparent, and went on to consider real or potential children. This differs from the women talking about prenatal testing, who generally began their accounts with their first plans to have a child. It seems that prenatal testing 'belongs to' the individual woman's biography more than to a family chronicle, while HD stories make more sense to the narrators if they are integrated into an over-arching family narrative.

---

[11] The Huntington's Disease Collaborative Research Group. "A Novel Gene Containing a Trinucleotide Repeat that is Expanded and Unstable on Huntington's Disease Chromosomes", in: *Cell*, 72, 1993: 971–983.
[12] J. Binedell, J.R. Soldan and P.S. Harper. "Predictive Testing for Huntington's Disease: II. Qualitative Findings from a Study of Uptake in South Wales", in: *Clin Genet*, 54, 1998: 489–496. S. Creighton et al. "Predictive, Pre-natal and Diagnostic Genetic Testing for Huntington's Disease: the Experience in Canada from 1987 to 2000", in: *Clin Genet*, 63, 2003: 462–475.

6. Manipulating time

In the HD stories, progress towards a point where a person could say 'yes', 'no', or 'not yet' to a test, was incremental. As one man said, "Of course, you don't make a decision like this from one day to the next." In place of one big decision, something more like a series of microdecisions is involved. A good example is given by Sabine J. (name changed), aged 29 at the time of interview, whose mother (who also spoke to us) already had symptoms of HD. As the timeline in the Figure shows, Sabine first noticed her own grandfather's illness during her childhood, but it had no real meaning for her until she learned about HD and its heritability during her paramedical training: the first of her microdecisions was then choosing *not* to find out any more. On a shopping trip a few years later Sabine realised that her mother was showing symptoms: she told us that she chose to push the knowledge aside. Then at a party her brother revealed that he too had noticed their mother's symptoms. Shortly after this, she went home for Christmas and her mother's deterioration became apparent. It was at this point that she made her next decision, to engage with the problem and find out what it meant for her. That January Sabine began to read and search the internet for information about HD. Coincidentally, her mother announced that she herself was going to have a genetic test for the disease, and two weeks later reported her result – which was, as expected, positive.

After that, Sabine went rapidly through a series of microdecisions and acts. She decided to get psychological counselling and information about what having the test entailed, and then asked herself the question: 'Shall I do it sometime, or not?' Having made that decision for herself, she found out which institutes in Switzerland offered testing, sorted out her insurance, and opted for an appointment with a HD specialist to discuss things further. When we interviewed her, she had decided against having the test for the moment, but felt that she would be likely to have it one day.

Our interviewees' accounts contained distinct types of microdecision. In terms of the actual *outcome* of the decision process (i.e., whether it leads to yes, no, or don't know), a crucial moment for Sabine was when she asked herself whether she would *ever* have the test. She has decided that she will be tested if not knowing becomes intolerable, or if she wants to have children. So decisions against testing in the *present* may nevertheless entail a commitment in the *future*: 'Yes, but not yet' rather than 'No'.

Time, Tests, and Moral Space

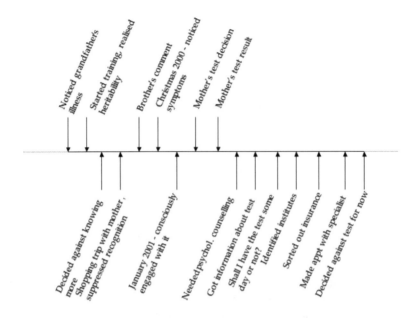

Figure Legend

Timecourse of Sabine's microdecisions. The horizontal axis indicates time. Events in her life that she recounted in her interview are indicated by arrows above the line, her microdecisions by arrows below the line.

In other accounts, the turning point in the series of microdecisions had actually been taken years before, with the trigger (to take the test *now*) an ostensibly trivial event:

> "Since 1993 you could have the blood test, I've known about it since then. I just said to myself, I'll put it off as long as I can…erm, I'll have the test, when there's nothing else to be done. And the stimulus for the blood test was actually a visit to my new doctor. The practice had been taken over, a doctor from K.___…he knew about HD and it was a problem for him at first, because he was afraid of talking to me about it, about what I might have. So I reassured him a bit, by saying there's no point in doing any more investigations, I'll take the test." [WH, 59, HD]

What is subjectively experienced as the turning point in the process might not be the decision that leads most obviously to the final outcome. So although for Sabine the key decision was whether to have the test at all, she said that the turning point for her, and the most taxing microdecision, had come earlier, in the post-Christmas period when she chose aggressively to confront the disease and its implications for her life.

Moving stepwise through a series of smaller decisions was also reported by a cancer patient, whose decision was being made at the time of interview, against a background of a strong family history of the disease but who unlike our other cancer patients was presymptomatic:

> *"And then my sister had treatment...I had never felt directly threatened, really not thought about it, and then last winter, about a year ago, I started to think about it, slowly, what exactly does it mean for me, what, what, what should I do? (Pause) And then I sort of made an appointment with my doctor...and she offered to give me more information about my risk and maybe the risk to my daughters...and now I think I'm really in the middle of this phase of thinking it over, about what I should do."* [TC, 42 years old, familial breast cancer]

7. Enduring moral agency

The people we spoke to described two ways in which they manipulated time as they groped their way to their test decision: (i) a stepwise process involving multiple microdecisions, seen in predictive testing or testing for late onset diseases; and (ii) "crossing that bridge when I come to it", or changing the depth of temporal field of the evaluation, by women making prenatal testing decisions. Both of these involve manipulating the relationship between the time course of the decision and chronological time. Both can also be thought of as strategies to retain a sense of internal control over major life events. The heavy affective and cognitive burden of the decision is managed by partitioning it into smaller units. In the stepwise process, this is achieved by people inching forward through microdecisions that are small enough not to be irreversible commitments (for example, to find out about the location of testing centres). Since HD patients are not under acute time pressure for testing, they can take it at a pace they find comfortable. Pregnancy does not offer this luxury, and in "crossing that bridge when I come to it" women narrow the temporal depth of field of their attention, to distinguish difficult moral decisions that in practice are linked. These decisions might be overwhelming if considered together, but the change in depth of field allows women to treat them cognitively as separate microdecisions.

Clearly time manipulation is a psychological coping mechanism. But can it also be a moral strategy? Most moral philosophers have considered mental processes like these as irrelevant to ethical judgement. If you take the approach that the correctness of an act depends on how closely it follows moral laws or principles, then what goes on inside the moral agent's head in the meantime is neither here nor there. Nevertheless some other philosophers hold that moral psychology does have relevance to the analytical work of ethics. Moral psychologists model moral behaviour as requiring both cognitive and affective functions, usually involving perception, judgement, motivation and implementation.[13] And although the models proposed by moral psychologists differ in detail, most agree that explanations of moral action often draw on aspects of mental life (such as defences, or moral emotions) that are empirically validated but traditionally thought to fall outside the boundaries of moral philosophy. In particular, although a discussion of ethical *theory* does not have to be empirically grounded (ideas about how we ought to behave need not have anything to do with how we actually do behave), a theory of moral *agency* must be, because it attempts to account for the behaviour of real moral agents and so makes some ontological as well as ethical claims. A compelling philosophical account of moral agency must take seriously what other disciplines tell us about how people really do think and act: otherwise, it is epistemically unsound and has no moral authority.

Moral agency in the context of a genetic test means the ability to make and carry out a decision for or against having it. If the decision is imagined as a singular event in a clinical setting, the analysis of agency will focus on how competent the patient is to make the decision, the adequacy of the information provided, or the power differentials and other constraints of the patient/doctor relationship that might distort the ability of the patient to exercise agency. All of these are salient elements of the clinical encounter.

But our interviews suggest that, in order to perceive the patient's full exercise of agency, decision making has to be seen as a *process over time*. Few of the people who spoke to us talked in terms of a single point where *the* test decision was consciously taken. Instead there was a series of microdecisions of greater or lesser magnitude, which sometimes seemed not to include any point at which the patient exploited her agential capacity. And in one sense this is true: the microdecision sequence does lack a *single* moment that can be identified with 'the decision'. But this does not mean that no moral agency is involved. A microdecision model sees the genetic testing decision as constituted by multiple steps that result, ultimately, in an outcome. Each step involves a genuine choice (the person's actions could have been otherwise), which is as autonomous as possible within the constraints of circumstances, and for which people can generally provide reasons (so they are not *irrational* choices, even if they are influenced by factors other than rationality).

A series-of-microdecisions could even imply *more* agency than a single decision. Looking at Sabine's story, at each of her *n* microdecisions she had to consider her immediate and long-term goals, and how she wanted to reach them, in order to

---

[13] D. Narvaez and J. Rest. "The Four Components of Acting Morally", in: *Moral development: An introduction*. Ed. by W. Kurtines and J. Gewirtz. Needham Heights, MA: Allyn & Bacon, 1995: 385–400. A. Blasi. "Moral Identity: Its Role in Moral Functioning", in: *Morality, moral behavior and moral development*. Ed. by W. Kurtines and J. Gewirtz. New York: Wiley, 1984: 123–139. A. Blasi. "Moral Understanding and the Moral Personality: the Process of Moral Integration", in: *Moral development: an introduction*. Ed. by W.M. Kurtines and J.L. Gewirtz. Boston: Allyn and Bacon, 1995: 229–253. L. Blum. *Moral Perception and Particularity*. Cambridge: Cambridge University Press, 1994.

pursue her decision sequence over time consistently enough to feel that she was continuing to do the right thing (with 'the right thing' itself changing as time went on). The test could still be rejected, even after a series of earlier steps led her closer to consent. Subsequently, a narrative recollection of all the earlier steps, together with the experience of their consequences as far as they are yet known, can lead to a new assessment. This enduring form of agency is different to the kind of agency visible in a single crucial moment of choice.

But as well as *permitting* the exercise of enduring moral agency, time manipulation also *defends the ability* to exhibit agency. This aspect of its ethical character is uncovered by asking, why do people in these situations feel they need to cope at all? In addition to avoiding the pain and terror of mentally falling apart, coping is also about preserving a "space" in which moral agency can be exercised. Moral agency requires moral competence, and full moral competence demands a whole set of attributes: the ability to perceive the ethical dimensions of a situation, to describe them accurately and scrupulously, to identify morally salient features, to judge whether action is required and what that action might be, and to relate this to one's guiding moral values. All these functions in turn demand a high degree of cognitive, affective, imaginative and motivational capacity, and are vulnerable to the mental state of the agent. It's worth noting that these prerequisites for moral agency are more extensive than the classic Kantian ones of being able to think rationally and act autonomously. Although a person may find it hard to be rational under conditions of external pressure and internal distress, the loss of other morally salient mental skills (such as emotional intelligence, empathy, or a sense of proportion and perspective) is just as compromising to her capacity for moral agency.

People who have gone through exceptionally difficult experiences recognise that their moral competence is put at risk if their emotional stability is severely reduced. The strategies of restricting the focus of moral attention or slicing the process up into manageable microdecisions are used not solely to attenuate the psychic pain of difficult choices – although that comes into it – but also to preserve a cognitive and affective space within which a person can continue, sensitively and accurately, to recognise and acknowledge her moral responsibilities.

Finally, time manipulation also demonstrates the *desire* for moral responsibility. People do whatever they can to preserve moral competence because they want to make reliable decisions that are congruent with their persisting moral values. The ontological importance of being able to do so has been demonstrated by philosophers who have described how the orientation to ethical norms provides one of the key "sources of the self" of the modern world.[14] Defensive strategies, like the ones our participants used, prevent the fragmentation of the self as a *moral* as well

---

[14] I. Murdoch. *The Sovereignty of Good*. London: Routledge, 1970. C. Taylor. *Sources of the Self: the Making of the Modern Identity*. Cambridge: Cambridge University Press, 1989.

as a psychological entity. If the aim is to maintain the coherence of the interior sense of self, including the capacity to act as a moral self, the defence of moral capacity is itself a demonstration of moral commitment.

8. Implications for clinical practice and ethics

This rather theoretical discussion raises some wider issues in bioethics and clinical practice. The manipulation of time to preserve moral space, for instance, suggests that some aspects of informed consent need to be reconsidered. Models of informed consent assume that the information given to patients is understood by them and remains accessible to them throughout the whole decision making process. The people who spoke to us indicated that this is not necessarily what happens, and (if our interpretation is right) that when it doesn't happen it is not always indicative of a flaw in the procedure. Particularly where tests are closely coupled to another intervention (termination of pregnancy, surgery) requiring its own decision, some patients preserve moral competence by choosing not to draw on all the information they have. The strategy of reducing the temporal depth of field may be why some women request prenatal testing even though they would never accept termination,[15] a position that many clinicians and ethicists find counterintuitive and that leads to the charge of women failing to think through the consequences of their decision. Our interpretation suggests that a woman who agrees to testing, apparently without taking on board the further possibility of termination, is not necessarily being irrational, nor failing to understand what is going on, but might be struggling to retain competence as best she can.

It comes naturally to doctors and ethicists to treat genetic tests as singular events, and to focus on ethical issues close in time to the clinical encounter. But from a patient's perspective the test decision may not feel like a single event or act, and the important step towards their final decision may happen well outside the timeframe of the clinical story. Patients who appear to be acting precipitously have sometimes spent years doing their thinking through (and feel patronised by the suggestion that they now need 'proper' counselling). The rationale people give to explain their decision to test, and its timing, can appear contingent or unreflected, and yet could make sense in the context of a life story that, for example, reveals the overt and seemingly trivial reason as a trigger activating a decision that has long been made. All of this means that peoples' choices may be incomprehensible unless the

---

[15] E.M. Kraus and D.B. Brettler. "Assessment of Reproductive Risks and Intentions by Mothers of Children with Hemophilia", in: *Am J Med Genet*, 26, 1987: 259–279. S. Whitelaw, J.M. Northover and S.V. Hodgson. "Attitudes to Predictive DNA Testing in Familial Adenomatous Polyposis", in: *J Med Genet*, 33, 1996: 540–543. M. Levy and S. Richard. "Attitudes of Von Hippel-Lindau Disease Patients Towards Presymptomatic Genetic Diagnosis in Children and Prenatal Diagnosis", in: *J Med Genet*, 37, 2000: 476–479.

narrative frameworks and time perspectives within which their choices are made are taken into account.

For the patient, her primary task may best be described as finding a morally responsible way to go forward that can be part of her whole biography, in the present and stretching into the future. This is not the same as making an objectively (or even subjectively) ethically correct or ideal decision, and in part this is because patients make their decisions in a moral world with a different temporal framework than the world of clinical ethics. Within the long narrative of a life or of a family, the test decision and test result can sometimes – not invariably, but sometimes – become a side-issue. I want to end with a quote from Sabine, who at the start of her decision process had not faced the reality of HD at all, and who finally had this to say about being tested:

> "HD will always be in my life. My mother has the illness and there are 4 of us [in the family] who are potential gene carriers, and one of us will have the disease [sic[16]]. So whether I have it or not, it will be in my life."

Perspectives like these are harder to incorporate into bioethical thinking than the more time-limited medical point of view, but they are essential for bioethics' contribution to the moral understandings of the world outside the clinic.

Acknowledgements

The project *Time as a contextual element in ethical decision making in the field of genetic diagnostics* was supported by the Swiss National Science Foundation, project numbers 11-64956.01 and 101311-103606. Some of the data were presented at the European Society for Philosophy of Medicine and Healthcare meeting on *Genetics and Health Care*, Reykjavik, August 2004 and at a workshop on *Zeithorizonte des Ethischen* which we organised on 16-18 October 2003. I am grateful to the University of Basel and the Freiwillige Akademische Gesellschaft Basel for funding the workshop and to the participants. I thank Christoph Rehmann-Sutter and Rouven Porz as colleagues in the project and for their helpful criticisms of the paper.

---

[16] Sabine appears to be misinterpreting the genetic probabilities involved here (the fact that 4 relatives are potential carriers does not make the odds of getting the disease higher than 1 in 2 for any of them), but it can also be understood as a statement about meaning rather than probabilities. It is as if HD is now so much a part of her understanding of her identity that she can barely imagine herself or her family without it.

11

TIME TO BE BORN: ETHICAL CONCERNS IN THE CONSTRUCTION OF TIME IN HUMAN PROCREATION

BARBARA KATZ ROTHMAN

1. Introduction

There is a sense in which all there is in life is time and space. Most of my work on issues related to birth has focused on space: My first serious work was on the home birth movement in the United States, and what it means to move birth to different locations.[1] And in changing space, I learned, time – its value and its meaning – changed as well. This paper will begin by looking at that relatively simple and straightforward use of time as a resource controlled by institutions, even at great cost to birthing women. I will then turn to the more complicated questions of prenatal testing. In prenatal testing, we are given enough information to 'imagine' the person a fetus might become, and future characteristics are superimposed upon the existing fetus. In such imagining, the fetus is understood as a person across time, the person it will become. With the use of selective abortion, prenatal testing asks to confront the medically constructed imagination of a potential human being, in order to determine whether or not to continue the pregnancy that would produce such a being. Finally, I will consider the way in which the understanding of humanity offered by the new genetics – the person as the product of a genetic blueprint – challenges our understanding of the self.

2. Giving Birth: How Space Governs Time in and out of Hospitals

I came to bioethics from issues of procreation, specifically from a concern with issues of birth and midwifery care. I am grounded in the midwifery and home birth

---

[1] Barbara Katz Rothman. *In Labor: Women and Power in the Birthplace.* New York: W.W. Norton and Company, 1982.

movement, and that grounding – political, philosophical, ethical and personal – continues to influence the way I think about procreation. I make sure to continue to work with the midwives, to attend their meetings and spend time with them regularly. Midwives bring a celebration, an appreciation and a simple acceptance of the ability of women to become pregnant and to give birth. That acceptance is increasingly hard-come-by in our world, and something to be valued.

What I learned in my study of American midwives who had moved from hospital to homebirth is that time, in birth care, is perhaps best understood as a resource. I saw midwives selectively measure time, caught within medical standards and guidelines. They could not control those medical protocols under which they too often had to work, but they could, by selective time measures, offer some control to birthing women. Medical protocols had developed within the institution of the hospital, reflecting the demands of that system. As strange as it is to realize, there was no medical basis, no research basis, for the strict time limits imposed by medical management. The most famous list of standards, introduced by Friedman and known as 'Friedman's Curve' was based on observations of times of each stage of labor. These statistical norms – how long it took a first time mother, for example, to go from full dilatation to birth – were translated unthinkingly into behavioral norms, and statistical variation became pathologized. If a woman took longer than the statistical average, she would be treated – with forceps extraction or other invasive medical procedures – to bring her back within the observed time limits. These kinds of time demands tell us more about the problems of running an institution with a limited number of rooms for labor, for birth and for postpartum care than they tell us about healthy birth itself. It is easier to make the adjustment on the body of a given birthing woman, than for the institution to accommodate her idiosyncratic needs. If medical protocols can be understood to be based on institutional demands, then consider midwifery practice as an attempt to place the woman and her needs first – a profoundly ethical reordering of the hierarchy of need.

Let me give you a very simple example. The medical protocol in the US typically calls for one hour for second stage. Longer than an hour, and the medical protocol demands intervention: even as dramatic an intervention as surgery, a cesarean section to remove the baby. Second stage is the time from full dilation of the cervix to the birth of the baby itself, the actual pushing out of the baby. It is quite clear when second stage is over: the baby is out of the mother. But when does it begin? When is the woman 'fully dilated', and how does one know?

One knows by examining the woman and feeling the condition of the cervix. And here is where clever, caring midwives could buy some time. One midwife, I remember, said: 'I never examine the mother for full dilation until I hear her pushing, I hear that grunt in her throat, and I then check if she is fully dilated.' Measuring that way, she reassured me: 'None of my mothers have prolonged second stages.' Another midwife, perhaps less sure of herself, said: 'Second stage begins when they're fully dilated. But I check. If there's a little bit of cervix left, the least little bit of cervix, just a bit of a lip left, then they're not yet in second stage. It wouldn't be fair.' She too was 'buying time' for her women, being very careful in how she doled out a precious resource.

3. Making Space for New People: Prenatal Testing

When I began working on issues in prenatal diagnosis,[2] I came upon a new set of problems in the meaning and uses of time. Prenatal diagnosis is the testing done in pregnancy to decide whether to continue or to terminate the pregnancy based on the condition of the fetus. There is much discussion in the bioethics literature about other uses of prenatal diagnosis: just for information, for reassurance, for better planning for the birth of a child with disabilities. But I am quite certain that this entire industry of prenatal testing would not have arisen without selective abortion.

When I first began work on prenatal diagnosis, it was because I had met women through my midwifery work who were experiencing it – they were having amniocentesis, and it appeared to me that it seriously changed the experience of pregnancy. As I began to explore the problems posed by prenatal testing, some people assured me that there was nothing much there – surely not enough for a whole book. It was just one more pregnancy test added to the already highly medicalized American experience. And yet, it seemed to me, that prenatal testing was indeed something new under the sun. Abortion – as ethically, politically, socially and psychologically complex a question as it is – was about a woman's decision to become a mother at a particular moment in her life. With prenatal diagnosis, abortion became something else indeed: a woman's decision to become a mother to a particular potential child. Rather than denying the existence of a child and getting 'unpregnant', returning to her non-pregnant state, a woman using prenatal testing is asked to imagine into the future – maybe even years or decades into the future depending on the conditions diagnosed – and decide if that particular potential person should have been born.

The questions raised by such medical technology both fascinated and disturbed me, and did eventually become the subject of book-length study. I called the book *The Tentative Pregnancy*, to reflect this new status of being pregnant, accepting the pregnancy status, but not yet committed to having the baby. This entirely new set of decisions creates new ethical – and political, psychological, legal and social – dilemmas. I could see the complex political alignments that would arise.

When I began my work on prenatal diagnosis, the project that eventually became *The Tentative Pregnancy*, I made two lists. One was of all the people and groups that

---

[2] Barbara Katz Rothman. *The Tentative Pregnancy: Prenatal Diagnosis and the Future of Motherhood.* New York: Viking, 1986; *Schwangerschaft auf Abruf: Vorgeburtliche Diagnose und die Zukunft der Mutterschaft.* Marburg: Metropolis Verlag, 1991.

would be angered by my writing: pro and anti-abortion advocates; disability rights advocates; parents of people with disabilities, etc. I knew that no matter what I said, I could not help but offend in some way each of these groups. After the book was out, I checked each one off my list as they checked in with their anger and dismay. The other list started out as a practical list: things I needed to understand to understand the meaning of prenatal testing and selective abortion. I had to understand, for example, what disability means in contemporary society. I had to understand more about the psychology of pregnancy. I had to know more about abortion. And, I realized, I had to know the meaning of life.

Just as an intellectual problem: if I did not know the meaning of life, if I did not have a reason for it, a purpose, an understanding of what life is for, then how could I understand selective abortion? How could I know when a life might not be worth bringing into the world, if I didn't know what the purpose was of life itself – not any individual life, but life itself, life not-yet.

And what is a life not-yet? In the United States, I feel I cannot even begin this discussion. I cannot begin this discussion in my own country without falling directly into the great abyss of the 'right to life' debate. It appears to be easier in the German context to understand that some women at some times must have abortions, and that we must honor and respect that need. And we can put that problem aside for the moment, and go on.

4. Counting your chicks before they're hatched: The future child in the present

In prenatal testing, I found, time itself became unwieldy. I didn't know how to talk: in what tense to place myself. Let me give you a story:[3]

Zachary is a chick counted long before the hatching. Zachary is – or was, or will be, I'm not quite sure any more which is right – John and Linda's second child. Their second child of this their second marriage.

Like Mathew, their firstborn, Zachary is the product of a planned pregnancy. John and Linda planned Mathew for when they felt their relationship was ready, and Zachary for when they felt Mathew was ready. They are a responsible, warm and loving couple, building their family with care and concern.

Mathew's birth was predictable enough if one follows contemporary trends in American obstetrics, but it was not what John and Linda expected. Weeks of Lamaze training notwithstanding, Mathew arrived by caesarean section. Zachary's birth is a planned C-section. His birthday, along with his name, his clothes, and his teddy bear, are all picked out and waiting.

Linda turned 35 during this pregnancy, and so crossed the divider into the age where amnio is routine. She'd had sonograms while pregnant with Mathew, and

---

[3] This story is drawn from *The Tentative Pregnancy*, 116–118.

had had two already in this pregnancy, so that procedure held no surprises for her. She felt no particular fear of the needle, and all in all the amnio was no big deal. There was a little anxiety, waiting for the results, but John and Linda never really believed anything could be seriously the matter with this healthy, planned, wanted pregnancy.

There was perhaps a twinge of disappointment when the letter came, confirming the baby's health but declaring it a boy, another boy. They only planned two children, so any fantasies they had ever had, from Linda's childhood doll play through to last week's discussion of girls' names, ended abruptly. No girls. But Mathew was to have a brother, and that's awfully nice. And they could reuse the blue panda-bear quilt and all the 'Li'l Slugger' stretchies.

Mathew knew, as well as a two and a half year old knows such things, that there was a baby 'growing in mommy's belly'. Now he learned that the baby was going to be a brother, Zachary. When Mathew outgrows a pair of overalls now, he knows they're put aside for Zachary. And when he says goodnight to Mommy, with just a little prompting, he also says goodnight to Zachary.

John and Linda are Jewish, not observant, but they did have a bris for Mathew and plan one for Zachary. A bris is the ceremonial circumcision held on the eighth day after a boy is born. There is no comparable ceremony for a girl. For the first eight days after birth the child is in some ways more like a fetus, not yet fully recognized Zachary's bris, three months ahead, is planned. They know he's a boy, his birth date is set – there will be no traditional last-minute flurry of activity preparing for this bris. One friend, invited to the bris of a child not yet born, was caught between horror and laughter: 'What now, engraved invitations and booking a hall for a bris?' The eight-day waiting period seems meaningless, planned from three months ahead. All that's left of the tradition is the celebration of the penis, the special welcome for a son.

Zachary, it seems, is as good as here. John, as a matter of fact, won't be around for the birth. As long as Lind and Zachary will be in the hospital for a few days recovering from the section, he figures he might as well take care of some out-of-town business. He's not needed for this birth, he says, as he was to 'coach' the first labor. And as for actually seeing Zachary – well, he'll be back in a week, in time for the bris. He doesn't say so, but Linda thinks maybe it would be different if it were a girl this time. It's only their second child, but it seems the novelty has worn off.

Somehow the birth of Zachary has become just the transition from the inside to the outside, and doesn't seem all that important. Now that they have had the amnio, John and Linda believe even less that anything could be wrong, could go wrong, with this baby. They won't have a sick, imperfect, or damaged baby. This is all too well planned, too well organized; they've been too careful for things like that to happen.

Reality tells us something different. Reality tells us that the cesarean section is more dangerous, certainly to Linda and probably to Zachary, than a vaginal birth would be. And even though Zachary does not have Down Syndrome, or any of the other conditions for which he was tested, he is no less at risk for other disease, deformity or accident of birth than any other baby. But to John and Linda, this birth feels somehow cleaner, more controlled, and so safer. They know exactly what to expect. There will be no grunting sweaty, scary labor. They expect their healthy baby boy to be lifted out by caesarean section, as planned. They have photographs of Zachary's sonogram pasted in the baby album.

John and Linda expect no surprises. If all goes well, Zachary's birth will be routine, almost anticlimactic. The celebration came the night they got the amnio results, and drank a toast to their new son. Birth isn't going to make all that much difference in the creation of Zachary. This chick will have been counted for months.

Zachary's story, and stories like that, are now normalized, made ordinary. So much so that I think the younger people to whom I tell this story probably don't even understand what the older ones among us find so distressing. An enormous change has taken place in the meaning and place of the fetus, and it makes the very language of time unworkable: Zachary is? Will be? How can we talk about a person not-yet whose future seems so present?

5. From 'Defect' to 'Disability': Projecting the Future

Zachary's is the 'good news' story, the story of prenatal diagnosis when the diagnosis is good and the pregnancy continues. But prenatal diagnosis is for selective abortion. And that brings me to another language problem, one with which I have been wrestling for more than twenty years now: how can we discuss the fetus with the bad diagnosis? I accept wholeheartedly the critique offered by the disability activists who have rejected language like 'deformed' and 'damaged' and 'defective' applied to any human or potential human being. But what can we call the fetus whose pregnancy is terminated because of its 'condition'? Disabled? What precisely is a 'disabled fetus'? I can imagine a deaf fetus – not Deaf with a capital D, not deaf as part of a deaf culture and life, but 'deaf' as a cat can be deaf, unable to hear. Fetuses do, normally, hear. So a fetus that cannot hear is deaf, even if it is hard to imagine it as disabled in its deafness. And perhaps a fetus can be understood to be 'blind', if it truly cannot distinguish light and dark, there being not much else to see in fetal life. But a 'mobility impaired' fetus? What is it that it cannot do? Walk?

Even harder to talk about, to find words for, is the fetus with 'mental disabilities'. The words we use to talk about those conditions, the English phrases available to us, are 'retarded', and 'slow'. Both are words with time built in: the person who is retarded mentally has a physical age that does not match its mental age: a 10 year old who reasons like a 3 year old; a 25 year old with the mental ability of a nine year old. But a fetus? These words are grounded in time, time is implicit in the language, and then they are taken out of time.

And yet the decisions must be made, and in very short time. A woman receives a diagnosis of a fetus with a condition which might, or almost certainly will, or absolutely surely will, some day cause it to develop or not develop some characteristics. The potential information is enormously varied: One woman learns her fetus will not learn long division in elementary school and maybe never; another that hers will develop senile dementia in its fourth or fifth decade of life; yet another that hers will not learn to walk. Sometime between the projected time of birth and the end of its life span, something will happen or not happen that makes that fetus 'disabled'. And the woman has to decide – now, almost immediately, as the pregnancy progresses, as the fetus grows and perhaps starts to move against her, to 'quicken' within – if such a disability makes life not worth living.

6. Calling Forth: The Person in Time

This is a problem not only in selective abortion, but in the newer issues brought to us by the new genetics.[4] Scientists seem to think they are 'creating' life these days, rearranging things, taking bits of DNA from here and putting it there, moving it from one species to another, copying at will. We move between species, between life forms. Genetics is teaching us to read the connections between all life forms on earth. We share genetic structures not just with chimpanzees or even dogs and cows, but with such simple life forms as yeast. I knead the bread and the cells in my hand and the cells in the yeast are written in the same language with, even, here and there, a recognizable fragment of a word, a DNA sequence in common. But while some of us are left staring into the bread bowl pondering the wondrousness of life, others among us are running around the planet looking for 'markers' for difference, and ways to create yet more perfect forms of life, and maybe even yet more perfect people.

How can we decide which lives – including animal lives and fetal lives – are in and of themselves to be valued, and which lives – including yeast and grains of wheat – are just resources for our use? That is the question we ask about destroying life: what (or who) can I kill and still be a moral person? But it is also the question the geneticists are making us confront in creating life. What, or who, can we create and for what purpose? I think about that as a mother. It's something I know something about, making lives.

There is a sense, when you are raising a child, that you are 'calling it forth', as Caroline Whitbeck beautifully phrased it.[5] It is both there, and not there. Perhaps in any relationship, our communications change in some way the other and we are therefore, in all communication, modifying, changing the other and ourselves in the

---

[4] Portions of this text are drawn from Barbara Katz Rothman. *The Book of Life: a Personal and Ethical Guide to Race, Normality and the Implications of the Human Genome Project.* Boston: Beacon, 2001.
[5] Caroline Whitbeck. "Introductory Remarks", in: Helen B. Holmes; Betty B. Hoskins and Michael Gross (Eds.). *The Custom Made Child?* Clifton New Jersey: Humana Press, 1981: 119–121.

interaction. But something quite dramatically distinct is happening in the early interactions with a new baby. The baby is not yet a 'person', in the fullest sense. Raising an infant, you are engaged in a creation, an act of creativity, but there is – and yes, I mean the contradiction – another person there, the very person you feel yourself creating. It is part of the experience of pregnancy, of feeling yourself become self and other, but it is also a powerful part of the experience of looking into a newborn's eyes and calling forth the being that both awaits and has yet to come into existence.

When I was working on *The Tentative Pregnancy*, I was forced to grapple with some of these issues not only intellectually, but in my own life. My middle child, Leah, was a baby. Leah is a fine and lovely grown woman today, graduated with honors from college, doing just fine in her life. But as a baby, Leah was someone who moved along slowly, at her own pace. She didn't learn to crawl until she was about a year, didn't learn to walk until almost a year and a half, hadn't said a word until she was two. Once she was with me at a friend's party and an elderly grandmother said to me, 'How old is the baby?' I told her, and she said: 'Well, don't worry.'

She was that kind of a baby. But oddly enough, I wasn't worried. I was entirely sure that there was indeed a responsive person in there, and that beautiful sweet face held understanding, and those pudgy little legs would get moving in their own sweet time. As indeed they did, and all is well. But at the same time that I was mothering that baby, I was interviewing women who had terminated pregnancies because they were told that their babies would be retarded, would be slow, wouldn't develop 'on schedule' and that ultimately all would not be well with their babies. And as I looked at Leah, I kept trying to figure out was it that I loved her as passionately, as intensely, as totally as I did because I knew she would be okay, or did I know that she would be okay, that 'it' would be okay – her life, our lives together as a family – because I loved her so? The midwives talk about that, how a woman will say when she learns her baby is not all right – a moment that might come at birth or might come in the pregnancy – 'It doesn't matter any more. She is in my heart and I love her.' It's not what they wanted for their child, but it is what they have for their child, and it is what it is. Life is what it is, and you go on, and you love.

To question that is to question the nature of mother love, of all love. What is the nature of this love? What is the nature of faith? What is the relationship between love in the present and faith in the future?

It is troubling as an abstract question. It is incapacitating while you are doing the acts of love and faith that make it okay if it ever to be okay. To mother – or to deal with other people in the deeply nurturing way that is motherhood – we have to start from the position that the other is there. We assume a self in the other person, and in so assuming, call it forth. We start with the belief, the value, the commitment that the other is a person of intrinsic wholeness and worth: we posit a soul.

Who then is this person, the soul that we posit, that we acknowledge as we call it forth? Or, more accurately, when is this person? You can see that these are issues I simply cannot afford to discuss in the United States with its hotly contested 'right to life', anti-abortion activity. Here I am putting aside the question of abortion, and wrestling with the meaning of the person across time.

In pregnancy, one becomes two. There have been some interesting legal cases arising out of this, cases of children suing their mothers for their behavior during pregnancy. You must understand of course, the American context for such suits: we have no universal health care, no public health services, so insurance companies must be made to cover costs. If a woman's behavior during pregnancy caused damage to a fetus which results in expensive costs in the child, who can be made to pay? Can that come out of the woman's insurance at the time the damage was done? It raises some interesting avenues of thought: Can my older self, my self in later time, sue my younger self? Say, for example, I had excellent home-owners insurance as a young woman and fell down my front steps and did damage to myself, damage which did not fully show itself for many years. Then later, as an older woman, I need expensive corrective surgery. Can I sue my younger self, covered by insurance, for this repair?

These are silly-sounding situations. Besides the legal convolutions, they are absurd on the face of it, because we think of the self as continuous. I am the same self over time; there is a pure dot of essential self that changes externally only. That external change is extraordinary: from fetus to baby to child to woman to old woman. But something, we think, remains the same, continuous, throughout all of that change. If the change is external, what is there internally, free of change over time?

The modern, contemporary answer has been the 'genes', the 'program', the 'blueprint' or DNA. We have the famous image of the geneticist holding up the CD and saying 'This is you.' It is 'uniqueness' that is claimed to be the essential thing here: that each individual's DNA is unique in all the world, that no one – with the oft-mentioned exception of the 'identical' twins – is 'just like you'.

This focus on the 'uniqueness' or individuality of the genome of each person shows the American domination of the science and the ideology: the sensibility of late capitalism is laid bare in this. And there is no separating the science from the ideology. As science, the Human Genome Project, this attempt to map all of the genes, and the new genetic determinist thinking that has been accompanying it, is a lot like the man-on-the-moon project of a generation ago. It pulls together a lot of the scientific community, gives a finite goal and inspires much talk about human control. But the words of a Leonard Cohen song keep running through my mind: 'No, they'll never, they'll never reach the moon now. At least not the one we were after.'

They wanted to understand our place in the cosmos. They found some interesting rocks. They want to understand the meaning of life. They're finding some interesting proteins. We're always trying to find the meaning of life and our place in the cosmos. The meaning of life is no more to be found in the genetic code than in the composition of rocks.

7. Towards a Conclusion: Life as Process

The problem, as I see it, as that we are looking for the 'self' in space, when really it exists in time. There is no 'dot' of essential self, but an unfolding of humanity over time. Rather than looking in the DNA or in the brain, rather than looking for the space where an individual exists, we must look at the time in which an individual exists.

Zachary is a boy – or was to be one when he was born – but what it is to be a 'boy' depends on the historic moment in which he is born. Born in one social world, and his boyness makes him a warrior; in another, it makes him a scholar; in yet another, a farmer. He may well succeed fail at any of these – but his maleness, his success as a man and as a human being, depends not just on his chromosomes and his physiology, but on the world in which those develop. A fetus with a 'genetic defect' that prevents it from developing hearing might become an isolated, lost, sad soul in a hearing world – or might become a poet of the hands in a Deaf community. In one social world a child who cannot walk might die by the side of the road, unable to keep up in a forced march; in another, a child who cannot walk might become a wheelchair athlete. The self is not self-contained, in the DNA inside the self, or the person inside the skin, but unfolds relationally.

The soul, the self, the individual, is made not just from the letters of a code, but also from other people, with other people. That which is holy and precious and unique about each of us is also that which is shared between all of us, in the ongoing process that is life: not a structure not an object, but a process with time itself built into the meaning of life.

12

Richtiger oder falscher Zeitpunkt?
‚Kairos' oder ‚Unschärfe' in der präsymptomatischen Gendiagnostik

Rouven Porz

> „Wir müssen immer vor diesem mächtigen Gefühl auf der Hut sein, dass alles vorherbestimmt sei. [...] Das Schicksal zeigt sich in dem Maße, wie es sich vollendet – nicht im Voraus."
>
> Jacques Monod (1970) ‚Zufall und Notwendigkeit' [dt. Übers. (1996) Piper: 129]

1. Einleitung

Will ich wissen, dass ich mit 80prozentiger Wahrscheinlichkeit eine Disposition für Brust-, Ovar- oder Prostatakrebs in mir trage, bevor die Krankheit ausgebrochen ist? Kann ich der Tatsache ins Auge sehen, dass sich in meinem Erbgut eine beinahe 100prozentige Wahrscheinlichkeit zur Entwicklung der Nervenkrankheit Chorea Huntington findet?

Die molekulargenetischen Errungenschaften unserer Zeit können den medizinisch Betroffenen im Bereich der Gendiagnostik mit unübersichtlichen Entscheidungssituationen konfrontieren.[1] Gerade im Hinblick auf die obigen Fragen, d.h. die viel diskutierten präsymptomatischen genetischen Tests[2], ist leicht zu verdeutlichen,

---

[1] Vgl. hierzu z.B. A. Pilnick. *Genetics and Society*. Philadelphia: Open University Press, 2002: 79–100. Siehe auch: C. Coverston und S. Rogers. "Winding Roads and Faded Signs: Decision-making in a Postmodern World", in: *Journal of Perinatal and Neonatal Nursing*, 14, 2, 2000: 1–11. Oder: M. Baldus. „Von der Diagnose zur Entscheidung", in: *Praxis Kinderpsychologie, Kinderpsychiatrie*, 50, 2001: 736–752. Oder: R. Porz, J. Leach Scully und C. Rehmann-Sutter: „Welche Rolle spielt der Faktor Zeit bei Entscheidungsprozessen zu genetischen Tests?", in: *Medizinische Genetik*, 14, 2002: 382–384.

[2] Vgl. allgemein: T. Marteau und M. Richards. *The Troubled Helix. Social and Psychological Implications of the New Human Genetics*. Cambridge: Cambridge University Press, 1996. Oder spezieller: E. Chapmann. "The Social and Ethical Implications of Changing Medical Technologies: the Views of People living with Genetic Conditions", in: *Journal of Health Psychology* 7, 2, 2002: 195–206. Oder: J. Smith et al. "Risk Perception and Decision-making Processes in Candidates for Genetic Testing for Huntington's Disease: An Interpretative Phenomenological Analysis", in: *Journal of Health Psychology* 7, 2, 2002: 131–144.

welche schwerwiegenden Entscheidungen für die Betroffenen durch die gendiagnostischen Errungenschaften generiert werden. Ein solcher Gentest bietet die Möglichkeit der prädiktiven Diagnosestellung bzw. der Dispositionsvoraussage *vor* dem eigentlichen Ausbruch der Krankheit.[3] Die obigen Fragen lösen Verunsicherungen aus und die Liste der Krankheitsbeispiele ließe sich fortsetzen.[4] Es sei für die vorliegenden Zwecke dahin gestellt, ob eine solche Zukunftsprognose im Einzelfall aus medizinisch präventiv-therapeutischer Sicht positiv oder negativ zu bewerten ist. Auf jeden Fall lässt sich deutlich nachvollziehen, dass sich *nach* einer solchen Zukunftsprognose für die Betroffenen *nicht die Zukunft*, sondern vielmehr die *Gegenwart* ändert:[5] Wie gestalte ich meinen gegenwärtigen Handlungsraum ab dem Moment, indem ich mit dem präsymptomatischen Testresultat in der Hand die Arztpraxis verlasse? Wie gehe ich in meiner gegenwärtig eingerichteten Lebenswelt mit diesem neuen prädiktiven molekularen Wissen um?

Nimmt man diese Problematik der veränderten Gegenwart durch eine Zukunftsprognose als gegeben, dann stellt sich die Frage nach präsymptomatischen genetischen Tests nicht mehr nur in der Weise des ‚Soll ich mich einem präsymptomatischen Test unterziehen?' als vielmehr auch in der Form:

Zu welchem Zeitpunkt in meinem Leben bin ich bereit, mich dem präsymptomatischen Test zu unterziehen? bzw.

Wann kann ich als medizinisch Betroffener einen wirklichen persönlichen Nutzen aus den Wahrscheinlichkeitswerten über mein Erbgut ziehen?

Der vorliegende Text widmet sich genau diesen Fragen nach dem individuellen ‚richtigen Zeitpunkt' in Bezug auf die Inanspruchnahme eines präsymptomatischen genetischen Tests. Außerdem soll aufgezeigt werden, was passieren kann, wenn ein präsymptomatischer Gentest zum ‚falschen Zeitpunkt' durchgeführt wird.

Es ist allerdings nicht mein Ziel, diese Fragen nach dem richtigen oder falschen Zeitpunkt *beantworten* zu können. Das erscheint unmöglich, da für jeden Betroffenen ein anderer Zeitpunkt richtig oder falsch sein kann, und nur das möchte ich verdeutlichen.

Die gerade beschriebene Problematik der veränderten Gegenwartssituation durch eine Zukunftsprognose hat mich in ‚Umwegen' an die Experimente meines naturwissenschaftlichen Studiums erinnert: Eine Situation soll untersucht werden –

---

[3] Ich unterscheide im Folgenden nicht die Begriffe ‚prädiktiv' und ‚präsymptomatisch', sondern benutze sie synonym – möchte aber andeuten, dass manche AutorInnen präzisieren und unter ‚prädiktiven Tests' solche verstehen, die mit einer ‚größeren' Unsicherheit verbunden sind – und den Begriff ‚präsymptomatisch' verwenden, wenn die Wahrscheinlichkeit des Krankheitsausbruches an die 100 Prozent beträgt. Für meine vorliegenden Zwecke sei diese Unterscheidung nicht wichtig.

[4] Vgl. zum Überblick über das schnell anwachsende Feld der genetischen Tests z.B. Hj. Müller (Hrsg). *Sonderdruck Therapeutische Umschau: Genetische Prädispositionen – Klinische Konsequenzen.* Bern: Hans Huber Verlag, Band 60, Heft 8, 2003.

[5] Siehe hierzu C. Rehmann-Sutter. „Prädiktive Vernunft. Das Orakel und die prädiktive Medizin als Erfahrungsbereiche für Rationalität", in: *Zugänge zur Rationalität der Zukunft.* Hrsg. von N.C. Karafyllis und J.C. Schmidt. Stuttgart: Metzler, 2002: 203–233.

und dadurch verändert man den Verlauf der Situation – bzw. in naturwissenschaftlichen Begriffen: Ein Experiment zur Untersuchung eines Sachverhaltes soll durchgeführt werden und allein durch die Messung verändert man das Versuchsobjekt (bzw. den Ausgang des Experiments). Ein leicht verständliches ‚Makro'-Beispiel für diesen Sachverhalt findet man z.B. in der Verhaltensbiologie: die Gorillaforscherin vor dem Fenster des Gorillakäfigs im Zoo verändert die Gesamtsituation, weil auch der Gorilla den ständigen Fenstergast wahrnimmt und dadurch sein Verhalten (vielleicht) ändert. Es gibt aber neben diesem verhaltensbiologischen Beispiel auch viel subtilere ‚Mikro'-Experimente von physikalischen Messungen, in denen im ersten Moment ‚unsichtbar' der Gegenstand der Untersuchung gerade durch die Messung beeinflusst wird – ein paradigmatisches Beispiel für eine solche Untersuchung lieferte die quantenphysikalische Messung von Elektronen. Aus genau dieser Überlegung heraus wende ich mich im nächsten Kapitel der quantenphysikalischen Unschärferelation von Werner Heisenberg zu (2). Ich möchte dadurch neue Begriffe und Vergleichswerte für die prädiktive Gendiagnostik finden. Mit Hilfe dieses Vergleichs möchte ich schließen, dass ein zum ‚falschen Zeitpunkt' durchgeführter Test zu einer problematischen ‚Unschärfe' bei den Betroffenen führen kann (3). Den Hauptteil der vorliegenden Ausführung stellen von mir kommentierte empirische Interviewzitate aus einer von unserer Arbeitsstelle durchgeführten qualitativen Studie[6] dar, die aufzeigen, wie sich bei drei konkret Betroffenen deren Leben im Zusammenhang zu einer Testentscheidung geändert hat. Damit einher geht eine Einschätzung, ob der prädiktive genetische Test für diese Betroffenen zum ‚richtigen' oder ‚falschen' Zeitpunkt in ihrem Leben stattgefunden hat oder vielleicht noch stattfinden wird (4). Ich ende mit einer kurzen ethischen Betrachtung zum ‚richtigen Zeitpunkt' und thematisiere darauf aufbauend eine idealisierte ‚kairische' Entscheidung in der Medizin (5).

2. Die Heisenberg'sche Unschärferelation als heuristischer Umweg in die prädiktive Gendiagnostik

In den 20er Jahren des letzten Jahrhunderts haben Physiker wie Nils Bohr, Werner Heisenberg, Erwin Schrödinger, Wolfgang Pauli und andere die für unser heutiges Verständnis wegweisenden Grundlagen zum quantenmechanischen Atommodell entwickelt.[7] Der Weg zum neuen Atommodell war aber nicht nur von Erkenntnis-

---

[6] Jackie Leach Scully, Rouven Porz und Christoph Rehmann-Sutter: „Zeit als Kontextelement bei ethischen Entscheidungen im Bereich der Gendiagnostik" (gefördert vom Schweizerischen Nationalfonds, Projektnummer 1114-64956 und 100011-103606). Zur qualitativen Methodik der Studie vgl. die Vorläuferstudie: „Non-professionals evaluation of gene therapy ethics", J. Leach Scully, C. Rippberger und C. Rehmann-Sutter. In: *Social, Science and Medicine*, 58, 2004, 1415–1425. Wir danken unseren Interviewteilnehmern und Teilnehmerinnen für ihre freiwillige Teilnahme. Weitere Ergebnisse werden an anderer Stelle veröffentlicht.
[7] Siehe z.B. K. Bräuer. *Die fundamentalen Phänomene der Quantenmechanik und ihre Bedeutung für unser Weltbild*. Berlin: Logos, 2000.

sen, sondern auch von einer Vielzahl an Problemen begleitet. Ein entscheidendes Problem war z.B. die Ambivalenz, dass sich Elektronen (wie auch das Licht) in manchen Experimenten wie Teilchen verhielten, in anderen Experimenten aber als Wellen beschrieben wurden. Dieser Welle-Teilchen Dualismus stellte in der Entwicklung des neuen Atommodells eine große Herausforderung dar, da das vorherige, zu überarbeitende Bohr'sche Atommodell von 1913 Elektronen nur als bewegte Teilchen beschrieben hatte. Auf dem Weg zu Schrödingers versöhnenden Lösung, die Elektronen als ‚Wellenfunktionen' zu beschreiben, den Elektronen in unserer heutigen Sprechweise also ‚Orbitale' zuzuordnen, war es Heisenberg, der 1926 die Problematik des Welle-Teilchen-Dualismus ebenfalls dadurch aufzeigte, indem er in seiner Unschärferelation nachwies, dass es grundsätzlich unmöglich ist, Elektronen als bewegte ‚Teilchen' zu messen.[8] Nach der Heisenberg'schen Unschärferelation kann man von Elektronen nie gleichzeitig ‚Ort' und ‚Impuls' bestimmen – die Messung des Ortes verändert den Impuls und umgekehrt:[9]

> Um ein so kleines Objekt wie ein Elektron zu **orten**, ist Licht mit sehr kurzer Wellenlänge nötig. Kurzwelliges Licht hat eine hohe Frequenz und ist sehr energiereich. Wenn es das Elektron trifft, erteilt es ihm einen zusätzlichen **Impuls**. Der Versuch, das Elektron zu **orten**, verändert seinen **Impuls** drastisch. Heisenberg zeigte mathematisch, wie die Unschärfe (Ungenauigkeit) bei der Bestimmung des ‚Ortes' mit der Unschärfe des ‚Impulses' verknüpft ist.[10]

Im weiteren Verlauf des vorliegenden Textes soll mir die Heisenberg'sche Unschärferelation als Metapher für einen präsymptomatischen gendiagnostischen Eingriff dienen: Der Eingriff versetzt dem Individuum einen ‚Impuls', der persönliche und soziale Folgen für das Individuum mit sich bringt und der die Gegenwart des Betroffenen durch eine probabilistische ‚unscharfe' Zukunftsvoraussage überschattet.

3. ‚Unschärfe': Zukunftsaussagen verändern die Gegenwart

Im Allgemeinen ist das Ziel der Gendiagnostik die verbesserte Diagnosestellung bzw. Diagnosesicherung, welche wiederum zu Verbesserungen in den Bereichen Prävention, Therapie, Nachbehandlung führen soll.[11] Wie in der Einleitung darge-

---

[8] Siehe hierzu W. Heisenberg. *Der Teil und das Ganze. Gespräche im Umkreis der Atomphysik.* Piper: München, 1996 [Erstauflage 1969].

[9] Für gewöhnliche Objekte – wenn es nicht gerade mit Bewusstsein ausgestattete *lebendige* Objekte wie ein Gorilla sind! – ist wegen der Eigenmasse die Unschärfe einer (physikalischen) Messung in der Regel unerheblich. Vgl. z.B. C. Mortimer. *Chemie.* Thieme: München, 1991: 63.

[10] Vgl. die verständliche Darstellung in H. Pietschmann. *Quantenmechanik verstehen.* Berlin: Springer, 2003: 25ff. Siehe z.B. auch E.P. Fischer. *Einstein und Co.* Piper: München, 1997: 139–158. Der Vollständigkeit halber sei aus physikalischer Sicht betont, dass (wie die Formel $\Delta x \cdot \Delta p \geq h$ beschreibt) entweder der Ort oder der Impuls zwar heute genau bestimmt werden können, jedoch die Genauigkeit der einen Größe eine Ungenauigkeit der anderen Größe zur Folge hat – und umgekehrt im jeweils selben Maß.

[11] Vgl. hierzu z.B. M. Zimmermann-Acklin. „Ethische Überlegungen zur genetischen Diagnostik an kranken Menschen", in: *Zeitschrift für medizinische Ethik,* 48, 2002: 371.

stellt, konzentriere ich mich im vorliegenden Text nur auf den gendiagnostischen Bereich der prädiktiven bzw. präsymptomatischen Tests. In diesem Bereich stellt sich mit dem Testresultat für den oder die Betroffene in besonderem Maße eine Verwobenheit zwischen Zukunftsprognose und Gegenwartserleben ein, da er oder sie zum Zeitpunkt des Testes noch gar nicht persönlich von der eigentlichen Krankheit *betroffen* ist – und da somit vielleicht ein präventiver, aber noch kein direkter therapeutischer Handlungsbedarf besteht. Folgerichtig stellt sich in diesem Bereich die Frage, ob man sich dieser Verwobenheit aussetzen will bzw. wann für die potentiellen Testteilnehmer der ‚richtige Zeitpunkt' gekommen ist, um sich dem prädiktiven Voraussagen zur eigenen Körperkonstitution zu stellen. Bevor ich mich im nächsten Kapitel ausführlicher dem ‚richtigen Zeitpunkt' (*kairos*) widme, sei zunächst die Verwobenheit zwischen Zukunftsprognose und Gegenwarterleben genauer erläutert. Ich bediene mich dazu der bereits vorgestellten Unschärferelation von Werner Heisenberg.

Dieser Vergleich mag in einigen Punkten ironisch klingen – dennoch ergeben sich ernsthafte Vergleichswerte für die ethische Betrachtung der Gendiagnostik. Wenn man sich also einmal auf das Gedankenexperiment einlässt, dass es möglich ist, ein quantenmechanisches Experiment zur Messung von Elektronen mit einer molekularmedizinischen Diagnostik zur ‚Messung' des Erbgutes in Relation zu setzen, dann ergibt sich als Verbindung:

Das Heisenberg'sche Experiment zielte auf den Versuch ab, ‚Ort' und ‚Impuls' des ‚Elektrons' zu messen. Ich setze die ‚physikalische Messung mit kurzwelligem Licht' mit dem *Gendiagnostischen Eingriff* gleich, woraus sich weiter ergeben soll:

- Das ‚Elektron' stehe, vereinfacht gesprochen, für das *Erbgut*.
- Der ‚Ort' des Elektrons sei metaphorisch für die zu bestimmende *Gensequenz*.
- Der ‚Impuls' des Elektrons stehe (sehr vereinfacht!) für die *zukünftigen Entwicklung* des Erbgutes – bzw. in meinem Zusammenhang: für die *zukünftige Entwicklung des **Trägers** des Erbgutes* (damit soll deutlich werden, dass sich der Impuls auf persönliche und soziale Entwicklungen des Individuums auswirkt – das Erbgut an sich wird nicht verändert[12]).

Es ergibt sich aus der in Kapitel 2 gegebenen Beschreibung:

> *Um ein so kleines Objekt wie eine Gensequenz zu ‚orten' ist ein gendiagnostischer Eingriff nötig. Ein gendiagnostischer Eingriff hat eine ‚hohe Frequenz' und ist sehr ‚energiereich' – soll hier heißen, dass der Eingriff persönliche und soziale Auswirkungen für das Individuum mit sich zieht.*

---

[12] Ganz deutlich: Ich meine nicht, dass der zusätzliche *Impuls* zu einem *veränderten* Erbgut des Trägers führt – das wäre eine Art ‚Lamarckismus', der mir an dieser Stelle fern liegt. Ich danke Christoph Rehmann-Sutter für diesen Hinweis. Allerdings wird das Untersuchungsmaterial *selbst* – die Gensequenz – tatsächlich drastisch verändert (x-fach dupliziert, markiert, zerschnitten etc.). Dies spielt aber für den Träger keine Rolle mehr, dass sich diese veränderte Gensequenz ja nach der Blutabnahme zur Untersuchung im Labor befindet.

> *Wenn der Eingriff am Individuum erfolgt, dann erteilt er dem Individuum einen zusätzlichen ‚Impuls'. Der Versuch, das Erbgut des Individuums zu ‚orten', verändert dessen ‚Impuls' drastisch (nur in Bezug auf dessen **soziale und persönliche Entwicklungen**). Somit ist eine scharfe (genaue) Bestimmung des ‚Ortes' (Gensequenz) mit einer Unschärfe (Ungenauigkeit) des ‚Impulses' (zukünftige Entwicklung des Individuums) verknüpft.*

Die gendiagnostische ‚Ortung' verleiht dem Individuum einen neuen ‚Impuls', Gegenwartserleben und Zukunftserwartungen können ‚drastisch' verändert sein. Dieser eventuell freiheitsberaubenden Situation sollte der oder die Einzelne vorbereitet gegenüber stehen, womit ich zu den konkreten Beispielen aus unseren Interviews überleite.

4. ‚Kairos': Der richtige Zeitpunkt – Patientenbeispiele

4.1 Cora – Prädiktiver Gentest während einer Krebstherapie: „Ich hatte so das Gefühl, ich sei ein Außenseiter"

Die von uns im November 2002 interviewte, damals 38-Jährige, ehemalige Brustkrebspatientin Cora[13] hat ihren Vater in dessen Alter von 41 Jahren wegen Darmkrebs verloren und auch der Großvater ist im Alter von 32 Jahren an Darmkrebs gestorben. Im Rahmen ihrer Brustkrebstherapie hatte man ihr aufgrund ihrer Familiengeschichte auch einen präsymptomatischen Gentest zur Dickdarmkrebsdisposition vorgeschlagen. Trotz der an sich schon problematischen Brustkrebstherapie hat sie, auf dem ‚Fließband' der medizinischen Behandlungen laufend, halb im Vertrauen und halb in Verpflichtung zu ihrem behandelten Arzt, diesen präsymptomatischen Test relativ ahnungslos durchführen lassen, sie erklärt im Interview:

> *„[...] weil ich wollte das für die Forschung, ja, wie soll ich sagen, ja, wenn die Forschung weiterkommt, bringt es mir ja schlussendlich auch etwas und ich wollte das auch für Herrn XXX [der Doktor] tun und für mich selber auch natürlich und hatte dann 1996 diesen Gentest gemacht, also für den Dickdarm, für das Dickdarmkrebsgen."*

> *„Ich war so beschäftigt in dieser Zeit mit den Therapien, mit dem [Brust] Krebs selber, dass ich eigentlich keine Probleme hatte, diesen [Darmkrebs]-Gentest zu machen."*

Die gendiagnostische ‚Ortung' führt zu einem positiven Testergebnis: Neben dem bestehenden Brustkrebs sei sie auch für Dickdarmkrebs prädisponiert. Der zusätzliche ‚Impuls', den ihr dieser präsymptomatische Test in ihrer damaligen Situation versetzt, wird ihr erst kurze Zeit nach dem positiven Testergebnis bewusst. Sie kann

---

[13] Die Namen unserer Teilnehmerinnen/Teilnehmer sind geändert.

das Testwissen nicht in ihr Leben integrieren bzw. die neue Situation nicht richtig überblicken und diese ‚Unschärfe' der postgendiagnostischen Situation beschreibt sie folgendermaßen:

> „Ja, also, als ich so das Ergebnis hatte, hatte ich schon Mühe, ein paar Jahre damit. Ich dachte mir, jetzt muss ich auch noch auf den Darm, jetzt bin ich noch Darmkrebs gefährdet. Ich machte mir Gedanken, welche andere Gene sind sonst noch defekt und also, ich hatte lange Mühe damit umzugehen. Und ich wollte auch so wie eine neue Identität annehmen".

In ihren Aussagen wird deutlich, wie sehr die vermeintliche Zukunftsaussage ihre damals gegenwärtigen, alltäglichen Lebensumstände änderte:

> „Ja, zum Beispiel beim Essen: Ich dachte, ich dürfte nur noch Rohkost essen, wegen dem Darm. Ich dürfte nur noch Vollkornprodukte. Wenn ich mal etwas gegessen hatte, das nicht so gesund ist, hatte ich ein schlechtes Gewissen und ich habe halt geraucht und wenn ich mal ne Zigarette geraucht habe, dann hatte ich auch ein schlechtes Gewissen und ich konnte nichts mehr genießen. Und ich dachte sogar im Gemüse sei was drin, was Krebs auslösen könnte, und, also, wenn ich hinter einem Auto herfahre mit dem Velo (Fahrrad) und die Auspuffgase einatme, hatte ich das Gefühl, ich bekomme jetzt Lungenkrebs. Also ich habe in allem etwas gesehen, was den Krebs auslösen könnte, wusste nicht, wie ich mich verhalten soll, dass es nicht kommt."

Sie weiß weder, wie sie sich verhalten noch wie sie sich *nicht* verhalten soll. Das Testresultat gibt ihr keine Antwort darauf, wie sie mit diesem neuem Dispositionswissen in ihrem Alltag umgehen soll. Die Vermutung liegt nahe, dass der präsymptomatische Dickdarmtest für sie nicht zum ‚richtigen Zeitpunkt' in ihrem Leben stattgefunden hat:

> „Also ich hatte so das Gefühl, ich sei ein Außenseiter. Ich hatte das Gefühl, ich gehöre nicht mehr zu den Leuten [...] ich gehöre nicht mehr dazu und niemand versteht mich."

Vielleicht hätte sie mit der Inanspruchnahme des präsymptomatischen Tests noch warten sollen, vielleicht hätte ihr eine professionelle Beratung die möglichen ‚Unschärfe'-Konsequenzen aufzeigen können. Vielleicht hätte sie mehr Zeit gebraucht, um die Brustkrebstherapie für sich zu beenden.

Festzuhalten bleibt, dass sie uns berichtet, dass es für sie mehrere Jahre gedauert hat, bis sie sich mit ihrer neuen ‚molekularen' Körperkonstitution identifizieren konnte. Sie erzählt weiter, dass sie sich mittlerweile ganz dem Sport verschrieben habe, dass sie durch den Sport ein neues Körpergefühl aufbauen konnte und dass sie für sich mittlerweile glaubt, dass ihr neues sportgeschultes Körpergefühl es ihr ermögliche, die eventuell kommende Darmkrebserkrankung schneller zu erkennen. Im Rahmen ihrer neuen Körperidentität habe sie jetzt sogar einen zusätzlichen Gentest durchführen lassen, um festzustellen, ob sie auch eine Prädisposition für Brustkrebs in sich getragen hat. Das Ergebnis dieses zweiten Gentests war zwar medizinisch nicht eindeutig, aber ihre jahrelange Auseinandersetzungen mit dem eigenen Körper und die Art und Weise, wie sie von diesem zweiten Gentest erzählt, lassen vermuten, dass für den zweiten Gentest *jetzt* der ‚richtige' persönliche Zeitpunkt in ihrem Leben gekommen war.

Im obigen Beispiel war es der behandelnde Onkologe, der Cora im Rahmen ihrer Brustkrebstherapie, wohl in bestem Wissen und Gewissen, ihren präsymptomatischen Dickdarmgentest vorgeschlagen hatte. Im folgenden Beispiel sind es zwei Schwestern aus einer Huntington-Familie, die ihren Bruder zu einem präsymptomatischen Test überreden.

4.2 Elisabeth, Hilde und Gregor – Chorea Huntington in der Familie: „Man darf einfach nicht (zum Test) überredet werden."

Chorea Huntington ist eine dominant vererbte Krankheit des zentralen Nervensystems mit progressivem Verlauf, meist gekennzeichnet durch unwillkürliche, motorische Bewegungsstörungen. Dominant bedeutet, dass jeder, der die ‚Huntington-Gensequenz' in seinem Erbgut trägt, irgendwann in seinem Leben die Krankheit bekommen wird. In unterschiedlichem Maße treten neben den motorischen Störungen auch geistige und besonders vielgestaltige psychische Veränderungen auf (in der Regel ab dem 40.–50. Lebensjahr).[14]

Im Interview mit der einen Schwester, Elisabeth (im Frühjahr 2003), erklärt diese 62-jährige Frau, dass sie selbst den Test habe durchführen lassen, um für ihre eigenen, bereits erwachsenen Kinder, zu wissen, ob diese auch gefährdet sein könnten. Sie hätte sich das überlegt, nachdem ihr die jahrelange Krankheit der eigenen Mutter als Chorea Huntington diagnostiziert worden war. Da sie selbst dann aber negativ getestet wurde, besteht für ihre Kinder keine Gefahr, dass diese die Gensequenz von ihr geerbt haben könnten. Auch ihre 60-jährige Schwester Hilde habe selbst Kinder und hätte, einige Jahre nach ihr, den Test durchführen lassen. Auch sie sei negativ getestet worden. Elisabeth und Hilde hatten zum Zeitpunkt der Testinanspruchnahme keine Symptome, für beide war es also ein präsymptomatischer Test mit negativem Testresultat. Elisabeth betont, dass sie beide den Test den eigenen Kindern zuliebe durchführen haben lassen. Da beide ein negatives Testergebnis in ihrer gendiagnostischen ‚Ortung' erhielten, hat sich neben einer erheblichen Erleichterung kein weiterer ‚Impuls' nach dem Test eingestellt, außer die Tatsache, dass sie es für wichtig empfanden, auch den 58-jährigen Bruder Gregor zum Test zu überreden, doch Gregor war eigentlich von Anfang an eher skeptisch. Elisabeth zitiert ihren Bruder Gregor:

> *„Er hat dann gesagt, ja, wenn man ja doch nix machen kann, das bringt ja nix."*

---

[14] Vgl. z.B. H.P. Hartung (Hrsg.). *Prinzipien der Neurologie.* Frankfurt: McGraw-Hill, 1997: 1086ff. T. Brandt (Hrsg.) *Therapie und Verlauf neurologischer Krankheiten.* Stuttgart: Kohlhammer, 2000: 915ff.

Bei weiteren Familientreffen wäre man unter den Geschwistern aber immer wieder auf den möglichen Test des Bruders zu sprechen gekommen. Da Gregor auch schon eine bereits erwachsene Tochter hat, sei es hauptsächlich ihre Schwester Hilde gewesen, die den Bruder immer wieder an seine ‚Verantwortung' gegenüber seiner Tochter erinnert hätte:

> „Da war sie hier [Hilde] mit ihrem Mann und da haben wir auch hier über dieses Thema gesprochen und besonders mein Schwager und auch meine Schwester haben gesagt [zu Gregor], aber du hast doch Kinder, eine Tochter, wenn die mal heiratet, du solltest dich doch testen lassen."

Gregor lässt sich überreden und wird 1999 *positiv* getestet. Mit den Folgen dieses ‚Impulses' hatten weder die beiden Schwestern noch der Bruder selbst gerechnet. Unsere Interviewteilnehmerin Elisabeth erzählt:

> „Nach dem Test hat er gesagt, jetzt muss ich zuerst das Testergebnis für mich verdauen und nach einer gewissen Weile werde ich es meiner Tochter sagen, aber dann hat er gemerkt, dass das mit dem Verdauen nicht so einfach ist, deshalb ist jetzt seine Überzeugung: ‚nein, ich sage es nicht'."

Kurze Zeit nach dem eigenen positiven Testergebnis bekommt Gregors Tochter ein Kind, die Existenz des Enkelkindes macht es für den Bruder/Großvater noch schwerer, seiner Tochter von ihrer möglichen Huntington-Veranlagung zu erzählen:

> „Aber mein Bruder hat eigentlich gedacht, er sagt ihr etwas, bevor sie ein Kind bekommt, aber jetzt sagt er auch: Wenn es nur drei Monate sind, die sie unbeschwert leben kann, dann soll sie diese drei Monate genießen. Wenn möglich noch länger, vielleicht sind es 2, 10 Jahre vielleicht. Und sie weiß nichts von dieser Krankheit. Ich habe diese Krankheit immer im Hinterkopf und das will ich nicht für meine Tochter."

Im Moment lebt Gregor noch symptomfrei und er ist sich wohl bewusst darüber, dass seine Tochter irgendwann von Huntington erfahren wird, spätestens dann, wenn er selbst die Krankheitssymptome entwickeln wird. Aber auch Schwester Elisabeth, die uns von diesen Familienereignissen aus ihrer Sicht im Interview berichtet, war von dem positiven Testergebnis des Bruders überwältigt, schließlich hatte sie ihn ja zum Test überredet:

> „Aber als mein Bruder sein Testergebnis hatte, musste ich zum Arzt. Ich hatte fast einen Nervenzusammenbruch. [...] Ich konnte nicht mehr sprechen, ich habe nur geheult. Bin dort gestanden und habe geweint und konnte gar nichts sagen."

Die Schwestern erwarten mittlerweile bewusst, dass die Krankheit irgendwann bei dem Bruder auftreten wird und sie wissen, dass Gregors Tochter auch gefährdet ist. Allerdings müssen sie erleben, dass es dem Bruder selbst nur schwer gelingt, das neue molekulare Wissen um sich und seine vererbbare ‚Huntington-Sequenz' in sein Familienleben zu integrieren.

> „Und weil ich jetzt auch sehe, wie mein Bruder leidet und das versteckt, er kann das gar nicht ausdrücken. Meine Schwester hat gesagt, er trifft Vorkehrungen für Pflegedienste, studiert Unterlagen, aber er sagt nichts, aber es beschäftigt ihn so sehr, auch jetzt mit seinem Enkelkind. Das beschäftigt ihn furchtbar, er liebt sein Enkelkind, liebt seine Tochter und er weiß nicht, ob die krank werden, weil er weiß, dass er krank wird."

Im Nachhinein machen sich die Schwestern Vorwürfe, dass sie den Bruder überhaupt zum Test überredet haben. Retrospektiv fragen sie sich, ob sie ihm die Zeitwahl des Testes nicht hätten selber überlassen sollen, gerade weil ihnen scheinbar allen die ‚Unschärfe' der ‚positiven' Testfolgen nicht bewusst waren. Elisabeth fragt sich, ob es dem Bruder jetzt nicht vielleicht besser gehen würde, wenn er zumindest wüsste, dass er sich zum für ihn ‚richtigen Zeitpunkt' *selber* für diesen Test entschieden hätte:

> „Ich finde es gut, dass es die Tests gibt. Und das ist sehr individuell: Soll man sich testen lassen oder nicht. Für viele Menschen kann das sehr positiv sein. Das kommt immer auf den einzelnen Menschen an. Man sollte nur vor dem Test die Menschen informieren, über was sie sich testen lassen, genau. Man darf einfach nicht überredet werden. Man sollte den Interessenten genau informieren, vorher, und dann ist es die Entscheidung des Interessenten. Er sollte nicht gepuscht werden. Sonst bereut er das eventuell sein ganzes Leben lang, wie jetzt mein Bruder und das finde ich schlimm. Wenn er sich sagen würde [...], es war meine Entscheidung ganz allein, dann wäre es wahrscheinlich auch leichter für ihn."

Das von Elisabeth erzählte Beispiel ihres Bruders und auch das als erstes angeführte Beispiel von Cora bezogen sich auf einen verhältnismäßig ahnungslos durchgeführten präsymptomatischen Test, dessen ‚Impulse' das gegenwärtige Leben der Betroffenen in andere Bahnen gelenkt haben. Die entstehenden Identitätsprobleme dieser Betroffenen und die individuellen Versuche, sich mit dieser hereinbrechenden neuen Lebenssituation auseinanderzusetzen, möchte ich insofern als ‚falschen Testzeitpunkt' beschreiben, als dass ich zur Diskussion stellen möchte, ob die Integration des neuen molekularen Wissens um den eigenen Körper nicht von beiden Betroffenen zu einem späteren, ‚aufgeklärteren' Zeitpunkt leichter in ihrem Leben gewesen wäre. Bleibt allerdings die Frage, ob es den ‚richtigen Zeitpunkt' überhaupt gibt? Oder ob die Konfrontation mit einem positiven Testresultat nicht per se als ‚falsch' wahrgenommen wird? Dazu sei im dritten und letzten Beispiel eine Frau vorgestellt, die sich zum Interviewtermin gerade überlegt, ob sie sich zu diesem Zeitpunkt in ihrem Leben einem präsymptomatischen Test zur Erfassung ihrer eventuellen Brustkrebsdisposition aussetzen will oder nicht.

4.3 Gerlinde und ihre Schwestern mit Brustkrebs: „In weit ist es schon meine Geschichte?"

Zur Zeit des Interviews im Dezember 2002 waren die beiden älteren Schwestern der 42-jährigen Gerlinde bereits an Brustkrebs erkrankt. Bei einer hatte sich der Krebs weiter ausgebreitet und sie lag zu dieser Zeit gerade im Sterben. Unsere Interviewpartnerin war von ihrer Frauenärztin vorsichtig mitgeteilt worden, dass sie sich einmal Gedanken um einen prädiktiven genetischen Test zur Brustkrebsdisposition machen sollte, da der in der Familie auftretende Brustkrebs offensichtlich erblicher Natur sei. In unserem Interview beschreibt Gerlinde:

> „Und sie [die Frauenärztin] hat natürlich dann sich verpflichtet gefühlt, mich zu informieren [...] und sie hat mir dann auch so den Vorschlag gemacht, mich noch mehr zu informieren, über mein Risiko jetzt und dann eventuell das Risiko auch für meine Töchter, weil ich habe 2 Töchter."

> „Und sie hat dann für mich auch noch so einen Kontakt geknüpft, in Zürich gibt es [eine Doktorin], die befasst sich sehr so mit den genetischen Abklärungen bei Brustkrebs."

Sie nimmt diese Informationen an, überlegt, sich mit der Doktorin in Zürich in Verbindung zu setzen, ist sich aber nicht ganz sicher darüber, ob sie will, dass der vermeintlich familiäre Brustkrebs in der Familie schon in der ‚prädiktiven Form' auf ihr eigenes Leben übergreifen soll. Dazu stellt sie im Interview die explizite Frage:

> „In wie weit ist die Geschichte immer noch die Geschichte meiner Schwester, in wie weit ist es meine?"

Und für den Fall, dass sie akzeptieren sollte, dass es auch schon ‚ihre Geschichte' ist, bleibt für sie dennoch fraglich, was ihr dieser präsymptomatische Test im Moment überhaupt bringen soll. Sie ist eine beruflich stark beschäftigte Frau, außerdem zweifache Mutter einer 10- und einer 12-jährigen Tochter, sie sorgt auch teilweise für ihre kranken Schwestern, wie viel Nutzen hätte die prädiktive potentielle Krankheitsaussage für sie jetzt?

> „Also, das ist genauso meine Frage, also, wenn ich es [das defekte Gen] habe, dann kann man auch nicht viel mehr machen, als was ich jetzt schon tun muss, oder nicht tun kann."

Neben diesen Überlegungen beschleicht sie auch die schwer rational zu erklärende Angst, dass ein Wissen um eine Disposition auch ein Auslöser für eine Erkrankung sein könnte:

> „Ich denke, das würde ich eigentlich gar nicht unbedingt wissen wollen, ich wüsste ja dann nur eine Zahl, und diese Zahl, ich weiß nicht, ob die mich dann irgendwie beeinflussen würde, dass ich dann sicher bekomme, nur weil ich dann diese Zahl kenne, also, das Prinzip der ‚self-fulfilling prophecy'."

Ihre Aussagen machen deutlich, dass sie sich sehr wohl darüber bewusst ist, dass der ‚richtige Zeitpunkt' zum präsymptomatischen Test in ihrer jetzigen Lebenskonstellation noch nicht vorliegt, vielleicht später einmal:

> *„Ich bin ziemlich sicher, dass ich in 10 Jahren nicht mehr ganz genau gleich denken würde wie jetzt."*

In 10 Jahren wären die Töchter auch älter, ‚näher' an einer eventuell eigenen Brustkrebserkrankung, vielleicht wäre dann der ‚richtige Zeitpunkt' zum Test, ganz unabhängig davon, ob sie bis dahin selbst Brustkrebs entwickelt hat oder nicht, der Test könnte den Töchtern dann einen viel konkreteren Nutzen bringen als jetzt noch:

> *„Und das geht ja dann auch um meine Kinder, das kann ja dann viel später dann auch sein, dass das für sie auch wichtig wird."*

Gerlinde scheint sich sehr wohl darüber bewusst zu sein, dass ein präsymptomatischer Test in ihrer jetzigen Situation mehr Fragen aufwerfen würde, als dass er ihr hilfreiche Antworten bieten kann. Den möglichen ‚Impuls', den das Testresultat auf ihr Leben ausüben könnte, macht sie insofern deutlich, indem sie etwas ängstlich spekuliert, ob ein Wissen um die Krankheit sogar zu einem Auslösen der Krankheit führen könnte (wenn sie von den *self-fulfilling prophecies* spricht). Sie macht auch deutlich, dass sie zu einem späteren Zeitpunkt in ihrem Leben einen größeren Nutzen aus dem Test ziehen könnte – wenn das Wissen um die eventuelle Disposition ihren Töchtern einen ‚Nutzen' bringen kann. Auch wenn sie sich wohl im Moment wohl noch nicht ganz sicher ist, wie dieser ‚Nutzen' einmal aussehen könnte, es bleibt festzuhalten, dass sie sich nicht unbedacht in die Entscheidung zum Gentest stürzt, sondern sich vielmehr die Zeit lässt, solange abzuwarten, bis ihr individueller Moment zu einem ‚Ja' zum Test gekommen ist.

5. Ausblick: Kairos, Ethik und medizinische Entscheidungen

Es mag ironisch klingen, gendiagnostische Untersuchung mit den Begriffen ‚hohe Frequenz' und ‚energiereich' zu beschreiben und zu folgern, dass ein Test einen ‚Impuls' auf das Individuum ausübt. Ich bin mir auch darüber bewusst, dass es so aussehen könnte, als würde ich die molekulare Ebene der Laboruntersuchung mit persönlichen und sozialen Entwicklungen ‚vermischen' – dennoch: es bleibt ernsthaft festzuhalten, dass gerade ein präsymptomatischer gendiagnostischer Eingriff tatsächlich *nicht* lediglich eine ferne Zukunftsprognose generiert, der man präventiv gegenüber treten kann,[15] sondern dass sich das eventuell unvorbereitete Indivi-

---

[15] Ganz abgesehen von dem Missverhältnis, dass die zunehmend verbesserten Diagnostikmethoden oft noch nicht in Relation zu verbesserten Therapiemöglichkeiten stehen, dass also der Betroffene sich ‚im schlimmsten Fall' (so z.B. bei der Nervenkrankheit Chorea Huntington) mit der Situation

duum durch den Test in einer absurden Lebenssituation wieder finden kann, in der durch das genetische Testwissen die Freiheit der persönlichen Zukunft durch molekulare Zwänge im eigenen Erbgut beschnitten zu sein scheint.[16] *Wann* aber bin ich vorbereitet genug, um mich dem genetischen Testwissen auszusetzen? *Wann* ist für mich der richtige Zeitpunkt zur Entscheidung für einen präsymptomatischen Gentest gekommen?

Cora brauchte Jahre, um die voreilige ‚Entscheidung' des prädiktiven ‚Dickdarmgentests' in ihren Lebensalltag integrieren zu können, Gregor wurde zu seinem Test überredet, für ihn konnte dabei von einem ‚richtigen Zeitpunkt zum Test' kaum die Rede sein. Gerlinde gibt sich selbst die Zeit abzuwarten – wohl wissend, dass ihr eigener Zeitpunkt zum Test vorrausichtlich noch kommen wird und dann wohl in direktem Zusammenhang zu ihren Töchtern stehen wird.

Überlegungen zum ‚richtigen Zeitpunkt' wurden bereits vor zweieinhalb Tausend Jahren von den Sophisten, von Platon und von Aristoteles angestellt.[17] Melissa Lane beschreibt im ersten Textbeitrag dieses Bandes sehr detailliert die Unterschiede in den platonischen und aristotelischen Überlegungen zum richtigen Zeitpunkt – *kairos*. Etwas vereinfacht ausgedrückt stellt *kairos* eine individuelle, subjektive und qualitative Zeitwahrnehmung dar, wohingegen *chronos* der altgriechische Ausdruck für die objektive, messbare Zeitwahrnehmung ist. Ein besonders charakteristischer Punkt in der Konzeption zu *kairos* ist, dass die Konnotation mitschwingt, dass ein solcher Zeitpunkt vielleicht nicht wieder kommen wird – gewissermaßen eine Gelegenheit, die ergriffen werden muss oder anderenfalls für immer vergangen ist. Lane sieht im Rückgriff auf Konzepte zu *kairos* hilfreiche Ideen, um das Verhältnis zwischen Ethik und Zeit zu präzisieren, gerade weil eine Entscheidung ‚zum richtigen Zeitpunkt' impliziert, dass der Handelnde seinen Kontext versteht und diesen als Bedingung annehmen kann:

> "For both of these classical Greek thinkers, the kairos was not a unique event but rather a condition for the virtous action of all political leaders (Plato) or all individuals (Aristotle). Both imply that every moment of time in principle has a kairos which the virtuos agent or statesman must discern […]."

---

konfrontiert sieht, dass es für die festgestellte Krankheitsdisposition noch keine ausreichende Therapie bzw. Heilungsmöglichkeit gibt.

[16] Vgl. hierzu R. Porz. „Das Absurde erleben. Grenzsituationen, Sinnfragen und Albert Camus' Absurdität im Bereich der Gendiagnostik", in: *Folia Bioethica* Nr.30, 2004. Hrsg. von der Schweizerischen Gesellschaft für biomedizinische Ethik.

[17] Bei Platon z.B. zur Zeitmessung im Dialog *Timaeus* (37–38). Zum richtigen Zeitpunkt z.B. im *Phaidros* (271–273) und zu Beginn seines *Siebenten Briefes* gesteht er sich selbst den ‚richtigen Zeitpunkt' ein, um diesen Rechtfertigungsbrief zu verfassen. Vgl. dazu ausführlicher: John E. Smith. "Time and Qualitative Time", in: *Rhetoric and Kairos. Essays in History, Theory and Praxis*. Ed. by Philip Sipiora and James S. Baumlin. Albany: State University of New York Press, 2002, 46–57. Siehe auch: Eric Charles White: *Kaironomia: On the Will-to-Invent*. Ithaca: Cornell University Press, 1987.

> *"The* kairos *is a vision of our ability to marry ethics and time."*[18]

Auch Amelie Frost Benedikt verdeutlicht den Zusammenhang zwischen *chronos* und *kairos*, indem sie schreibt:

> *"A person approaching death may say, 'my time has come'. A pregnant woman who feels the onset of labour might say 'it is time', but her meaning is kairic as well as chronic. A platoon leader scans the horizon and yells, 'time to go!' At such moments, time changes from* chronos-*centric to* kairos-*centric. Although people say that things happen at the right or wrong time, what they mean, in fact, is that things happen at a right or wrong* kairos.*"*[19]

Benedikt macht deutlich, dass eine ‚kairisch' getroffene Entscheidung immer an eine Sensitivität für den Kontext der Entscheidungssituation gebunden ist und dass Gelegenheiten von dem oder der Handelnden als solche erkannt werden müssen. Man muss in der Lage sein, besondere Momente von anderen Momenten unterscheiden zu können:

> *"I will argue that concern for* kairos *begins with an effort to recognize opportunity, making one sensitive to the critical character of moments that require decision. The decision concerning the right moment signifies understanding concerning* this *moment as distinct from others, concerning* this *moment as the culmination of a series of events."*[20]

Und daraus folgert sie, ähnlich wie Melissa Lane, dass *kairos* eine ethische Komponente in sich trägt:

> *"A concern for* kairos *signals in being ‚on time' chronologically speaking, which leads to being ‚on time' ethically speaking."*[21]

Wenn das stimmt, dann bedeutet es, dass Entscheidungen (und damit auch gendiagnostische Entscheidungen) immer in einem Kontext von Situationen und in einem Netz von Relationen stattfinden und dass das Erkennen dieser Zusammenhänge eine wichtige Rolle für das Finden des richtigen Zeitpunkt spielt. Nur wenn es dem Betroffenen möglich ist, Zusammenhänge zu verstehen und zu überschauen, kann dieser eine individuell ‚richtige' Entscheidung im ‚kairischen' Sinne treffen.

Ich habe anhand meiner ersten beiden Interviewbeispiele (Cora und Elisabeths Bruder) beschrieben, dass durch eine unbedachte Testentscheidung eine Art ‚Unschärfe' bei den Betroffenen ausgelöst wurde. Im Rahmen einer ‚kairisch' getroffenen Entscheidung sollte es eben gerade *nicht* zu einer solchen Unschärfe kommen, da der Kontext und die Relationen von den Betroffenen im idealen Fall so gut ver-

---

[18] Melissa Lane, erster Textbeitrag in diesem Sammelband.
[19] Amelie Frost Benedikt. "On Doing the Right Thing at the Right Time", in: *Rhetoric and Kairos. Essays in History, Theory and Praxis*. Ed. by Philip Sipiora and James S. Baumlin. Albany: State University of New York Press, 2002, 226–235: 228.
[20] Benedikt, ibid. 227.
[21] Benedikt, ibid. 227.

standen wäre, dass *keine* folgende Unschärfe entstehen kann. Natürlich ist dies ein ‚idealer' Anspruch, aber es lohnt sich, diese Argumentation zur ‚kairischen' Entscheidung bei einer gendiagnostischen Entscheidungssituation anzuwenden, weil dieser Gedankengang z.B. zu folgender medizinethisch relevanter Frage führt:

Wie *kann dem Betroffenen die eigene Situation der Testentscheidung so vermittelt werden,* **dass er oder sie eine ‚kairische' Entscheidung treffen kann?**

Vielleicht ist es möglich, dass dem betroffenen Patienten durch ein besonderes Maß an Kommunikation in der genetischen Beratung oder im Arzt-Patientenverhältnis zu einer ‚kairischen Bedingung' verholfen werden kann – vielleicht ist es manchmal aber auch nur nötig ein wenig *chronologische* Zeit abzuwarten, um an den ‚richtigen' *kairischen* Zeitpunkt zu kommen. Zu dieser Überlegung war es gerade das dritte Beispiel von Gerlinde, das aufzeigen sollte, dass es sich medizinisch (und ethisch) lohnen kann, dem betroffenen Patienten mögliche eintretende Impulse bewusst zu machen, ihnen zu verdeutlichen, dass es durchaus ‚erlaubt' ist, den eigenen ‚richtigen Zeitpunkt' abzuwarten.

Diese dargestellte Verbindung zwischen *kairos*, Ethik und Entscheidung stellt auch eine Herausforderung für medizinethische Konzepte zum ‚Respekt der Patientenautonomie' dar. ‚Patientenautonomie' wird in vorherrschenden Konzepten der Medizinethik meist so verstanden, als dass es den Patienten möglich sein muss, zu *verstehen,* welche Behandlungen mit ihnen durchgeführt werden und dass sie *freiwillig* und in *rationaler Art und Weise* diesen medizinischen Behandlungsschritten zuzustimmen haben – hier ist weder die Rede davon, dass Patienten vielleicht in anderen *Zeitdimensionen* denken als die behandelnden Ärzte, noch dass die Patienten vielleicht *mehr Zeit benötigen,* um Informationen und Situationen auf sich *wirken* zu lassen.

Ich danke Jackie Leach Scully und Christoph Rehmann-Sutter für ihre fruchtbaren Ideen und alle gemeinsamen Diskussionen. Außerdem danke ich dem Soziologen Gereon Stock für die Durchsicht des Manuskripts und dem Physiker Markus Dietrich für seine hilfreichen Ergänzungen zur physikalischen Seite der Medaille und Franziska Genitsch und Georg Gusewski für ihre Hilfe im Entstehungsprozess dieses Buches.

13

EINE ZWEI-QUELLEN-THEORIE DER MORAL
Spekulative Gedanken vor dem Hintergrund einer neurologischen Fallstudie

CHRISTINA AUS DER AU[1]

Zeithorizonte sind in der Ethik allgegenwärtig. Die technischen Möglichkeiten verändern sich; was gestern noch nicht einmal denkbar war, verlangt heute schon nach moralischer Beurteilung und gesetzlicher Regelung. Die Gesellschaft verändert sich; was gestern Sünde war, ist heute ein akzeptierter Lebensstil. Das Leben verändert uns; die Werte, die wir gestern noch mit Inbrunst als universal verteidigten, sehen wir heute mit Gelassenheit als Elemente eines Wertepluralismus.

So ist es unter Ethikerinnen und Ethikern auch weit gehend akzeptiert, dass die Reflexion auf die Zeithorizonte, innerhalb derer sie moralische Strukturen auszumachen sucht, auch die Ethik selber verändert hat. So wie die Moral etwas zeitlich Gewordenes und Geprägtes ist, ist es auch die Ethik, sind es ihre Voraussetzungen, ihre Kriterien, ihre Methode. Die Erkenntnis ihrer eigenen Geschichtlichkeit hat das Selbstverständnis der Ethik, ihren Anspruch und ihre Grundlegung neu zur Diskussion gestellt.

Moral und Ethik sind zeitliche Phänomene. Dies gilt ganz grundlegend auch für die Moralfähigkeit des Menschen überhaupt, die nicht per se zum Menschsein gehört, sondern sich – wie die Fähigkeit des Sehens, des Riechens, des Hörens – im Laufe der Ontogenese entwickelt. Dazu braucht sie nicht nur ihre Zeit, sondern auch ihren Ort; ganz konkret und physikalisch, so wie es für die Sehfähigkeit der visuelle Cortex und für das Hören der auditorische Cortex ist: der Ort, an dem ein Sinnesinput auf eine bestimmte Art interpretiert und bewertet wird.

Neurobiologische Forschungen präsentieren uns nun einen solchen raumzeitlichen Sitz moralischer Wahrnehmung, als die Bedingung der Möglichkeit jeglicher Moral und ethischen Reflektierens überhaupt: im orbitofrontalen Cortex des Gehirns.[2] Diese Region soll bei komplexen moralischen Urteilen eine zentrale Rolle

---

[1] Für kritische Durchsicht danke ich Alexander Heit und Berthold Heymann.
[2] Vgl. dazu J. Moll, P. J. Eslinger et al. "Frontopolar and Anterior Temporal Cortex Activation in a Moral Judgment Task", in: *Arquivos de Neuro-Psiquiatria* 59(3-B), 2001: 657-664; J. Moll, R. de Oliveira-Souza et al. "Functional Networks in Emotional Moral and Nonmoral Social Judgments", in: *NeuroImage* 16, 2002: 696-703; J. Moll, R. de Oliveira-Souza et al. "The Neural Correlates of Moral

spielen, zusammen mit dem limbischen System, welches bei der Bildung von Emotionen aktiv ist.[3]

Empirisch untermauert werden solche Aussagen mit Untersuchungen von Patientinnen und Patienten, deren entsprechende Gehirnregionen geschädigt waren. Der Eisenbahner Phineas Gage, dem 1848 eine Eisenstange durch das Gehirn geschleudert wurde und der sich – nach seiner wundersamen Genesung – aus einem liebenswerten und verantwortungsbewussten Menschen in einen primitiven Rohling verwandelte, ist wohl das berühmteste Beispiel dafür.[4]

Die meisten dieser Unglücklichen waren, wie Gage, erwachsene Menschen, die durch Unfall oder Krankheit versehrt wurden. Sie waren zwar in ihrem Verhalten sehr auffällig, aber dennoch durchaus noch ansprechbar auf soziale Konventionen und moralische Normen. Sie konnten Situationen angemessen kommentieren und Verhaltensweisen vorschlagen, auch wenn sie im konkreten Fall nicht in der Lage waren, diese auch umzusetzen. Anders hingegen liegt offenbar der Fall, wenn diese Gehirnregionen geschädigt werden, bevor die relevanten neuronalen Systeme vollständig ausgebildet sind. Untersuchungen[5] haben nahe gelegt, dass sich die Patienten nach einer frühkindlichen Schädigung des präfrontalen Cortex nicht nur sehr auffällig verhalten, sie sind zudem auch nicht in der Lage, das moralisch Defiziente ihres Benehmens wahrzunehmen. Sie kennen weder Reue noch Einsicht, sind also sozusagen moralblind.

Haben solche empirischen Resultate einen Einfluss auf unser ethisches Denken? Oder konkreter: Ändert es etwas an unserem Verständnis von Ethik als der Reflexion moralischen Handelns im Rahmen geschichtlicher und kultureller Bedingtheit, wenn wir entdecken, dass das Wissen um moralische Normen und das eigene moralische Verhalten im Gehirn auf unterschiedliche Weise verarbeitet werden? Dies ist nur auf den ersten Blick dasselbe wie in der alten Frage nach der Willensschwäche, welche den (oft fehlenden) Zusammenhang von theoretischen Wissen und praktischem Tun thematisiert. Der Primat des Wissens in der Moral bleibt in dieser Fragestellung bestehen; die moralische Normativität stammt aus den Prinzipien, und die Frage ist lediglich, wie man die Menschen dazu bringt, diese Prinzipien im Handeln auch anzuwenden. Was ich dagegen hier skizzieren möchte, ist dass Normativität nicht nur in ethischen Prinzipien liegt, sondern notwendigerweise auch schon vorreflexiv in der emotional eingefärbten Wahrnehmung vorhanden ist. Diese Fallstudien legen so etwas wie eine Zwei-Quellen-Theorie der Moral nahe.

Sensitivity: A Functional Magnetic Resonance Imaging Investigation of Basic and Moral Emotions", in: *The Journal of Neuroscience* 22(7): 2730-2736.

[3] Vgl. J.D. Greene, R.B. Sommerville et al. "An fMRI Investigation of Emotional Engagement in Moral Judgement", in: *Science* 293 (5537), 2001: 2105-2108; J. Haidt. "The Emotional Dog and Its Rational Tail: A Social Intuitionist Approach to Moral Judgement", in: *Psychological Review* 108 (4), 2001: 814-834.

[4] Vgl. dazu H. Damasio, T. Grabowski et al. "The Return of Phineas Gage: Clues about the Brain from the Skull of a Famous Patient", in: *Science* 264, 1994: 1102–1105.

[5] Vgl. S.W. Anderson, A. Bechara et al. (1999). "Impairment of social and moral behavior related to early damage in human prefrontal cortex", *nature neuroscience* 2 (11), 1999: 1032-1037.

1. Anna und Bert

Bei zwei Jugendlichen, nennen wir sie Anna und Bert, wurden bei einem Unfall bzw. einer Operation Teile ihres präfrontalen Cortexes in Mitleidenschaft gezogen, bevor sie 16 Monate alt waren. Anna ist mittlerweile 20, Bert 23 Jahre alt, beide kommen aus stabilen Mittelklassefamilien und haben Eltern mit College-Abschluss, die viel Zeit und Ressourcen für ihre Kinder aufwenden. Beide haben Geschwister, die sich normal und unauffällig entwickeln. Im Gegensatz zu Anna und Bert.

Anna fällt schon in der Schule auf, sie lügt, flucht, ist gewalttätig und zeigt weder Schuldgefühl noch Reue. Sie wird mit 18 schwanger und zeigt keine mütterlichen Gefühle – bis hin zur Gefahr für das Kind. Sie gibt den anderen die Schuld an allem und sieht selber keine Probleme in ihrem Verhalten.

Bert hat zwar Abitur gemacht, verbringt aber die Zeit nachher mit Fernseh- und Musikkonsum. Er kann keinen Job behalten, macht große Schulden und begeht kleinere, schlecht geplante Diebstähle. Er lügt oft, bedroht andere mit Gewalt und zeigt ein verantwortungsloses Sexualverhalten. Auch er zeigt weder Schuldgefühl noch Reue.

Neurologen charakterisieren dies als „impairment of moral behaviour".[6] Dahinter steht ein sehr rudimentäres[7] Verständnis von Moral: Wer lügt, stiehlt, flucht und sich gegenüber Unschuldigen aggressiv verhält, ist in seinem moralischen Verhalten defizient. Von einem ähnlich intuitiven Verständnis geht auch Bernard Williams in seinen Reflexionen über den Amoralisten aus:

> „Was also müssen wir dem Amoralisten absprechen, um ihn wirklich amoralisch erscheinen zu lassen? Nun, vermutlich solche Dinge wie Rücksichtnahme auf die Interessen anderer, die Neigung, auch dann die Wahrheit zu sagen oder ein Versprechen zu halten, wenn es ihm nicht passt, und die Tendenz, bestimmte Handlungsweisen zu verwerfen, weil sie unfair, unehrenhaft oder selbstsüchtig sind."[8]

Anna und Bert verhalten sich also in diesem Sinne amoralisch – aber nicht nur dies, sondern sie zeigen auch, darauf angesprochen, keinerlei Einsichtigkeit und verfügen über eine nur mangelhafte Fähigkeit zur Empathie. Empathie ist das Vermögen, die Folgen von Handlungen oder Einstellungen vom Standpunkt anderer Menschen aus emotional nachvollziehen zu können, d.h. sich vorstellen zu können, wie sich etwas für jemand anderen anfühlt. Dazu muss ich zuerst darum wissen,[9] wie es sich für mich anfühlt, um dann davon auszugehen, dass es sich für den anderen auch so anfühlt wie für mich.

---

[6] Vgl. ebd, 1032.
[7] Hier kann natürlich leicht mehr Differenzierung eingefordert werden. Allerdings geht es nicht um eine Bestimmung von moralischem, sondern von amoralischem Verhalten, und so mag hier eine Minimalmoral reichen.
[8] B. Williams. "Der Amoralist", in: K. Bayertz: *Warum moralisch sein?* Paderborn: Schöningh 2002: 213-221: 214.
[9] Dies ist nicht notwendigerweise ein propositionales Wissen im Sinne eines ‚ich weiß, dass …', sondern kann auch vorsprachlich, ja sogar unbewusst sein.

Anna und Bert sind in zweierlei Hinsicht eingeschränkt: Einerseits fehlt ihnen dieses Einfühlungsvermögen in andere, andererseits fehlt ihnen auch die Einsicht in ihr eigenes Fehlverhalten, das Wissen um Gut und Böse.

Die fehlende Empathiefähigkeit teilen Anna und Bert mit solchen Patienten wie Phineas Gage, die erst als Erwachsene eine Hirnschädigung erlitten haben. Ein unversehrtes cortico-limbisches Netzwerk scheint eine Voraussetzung dafür zu sein, dass sich ein grundlegendes Gefühl für die moralische Relevanz des Anderen[10] entwickeln kann. Wird dieses zerstört, fehlt den Betreffenden die Fähigkeit, eine Situation vom Standpunkt des Opfers aus zu empfinden.

Das Wissen um Gut und Böse dagegen bleibt denjenigen Hirnverletzten erhalten, welche die Schädigung erst als Jugendliche oder Erwachsene erlitten haben. Sie können weiterhin zwischen sozialen Konventionen und moralischen Normen unterscheiden,[11] was es den meisten von ihnen ermöglicht, ein unauffälligeres Leben als Anna und Bert zu führen. Auch wenn sie nicht fühlen können, warum etwas moralisch schlecht sein soll, so wissen sie doch, dass es so ist und sind daraufhin ansprechbar.[12]

Nicht so Bert und Anna. Sie verhalten sich nicht nur auffällig asozial und lassen jegliche Anzeichen von Sympathie und Mitgefühl vermissen, sondern sie verspüren überhaupt kein Schuldbewusstsein. Ähnlich wie die so genannten Psychopathen können sie keinen grundlegenden Unterschied sehen zwischen einer Szene, in der ein Kind ein anderes Kind prügelt und einer Szene, in der ein kleiner Junge einen Rock trägt.[13] Beide Szenen sind etwas irritierend, aber was ein moralisches Problem sein könnte und was bloße Konventionsübertretung ist, können sie nicht unterscheiden. Sie haben kein Wahrnehmungsorgan für Moral. Und so wie sich Auge, Ohr und Geruchssinn allererst entwickeln müssen, um nachher sehen, hören und riechen zu können, muss hier anscheinend auch erst eine biologische Voraussetzung gegeben sein, um die moralische Qualität von Handlungen wahrnehmen zu können. Offenbar konnten sich – bedingt durch die Hirnverletzung im frühkindlichen Stadium – gewisse Strukturen nicht ausreichend ausbilden, welche notwendig[14] sind, um zwischen moralisch relevant und moralisch irrelevant unterscheiden zu können.

---

[10] Moll et al. nennen dies 'a natural sense of fairness', vgl. Moll, de Oliveira-Souza et al. "The Neural Correlates of Moral Sensitivity: A Functional Magnetic Resonance Imaging Investigation of Basic and Moral Emotions", FN 1: 2730.

[11] So können sie etwa durchaus Fragen zu hypothetischen Dilemmata beantworten, auch wenn sie unfähig sind, dieses Wissen in Situationen des Lebens anzuwenden.

[12] Vgl. J. Saver and A. Damasio (1991). "Preserved access and processing of social knowledge in a patient with acquired sociopathy due to ventromedial frontal damage", in: *Neuropsychologia* 29, 1991: 1241-1249.

[13] Vgl. R.J.R. Blair. (1995). "A cognitive developmental approach to morality: investigating the psychopath", in: *Cognition* 57, 1995: 1-29: 14.

[14] Damit soll auf keinen Fall gesagt sein, dass diese Strukturen auch hinreichend sind!

2. Warum überhaupt moralisch sein?

Sind Bert und Anna damit zwei Fälle der Amoralisten, wie sie in der philosophischen Literatur erscheinen und eigentlich auf „der freien Wildbahn des wirklichen Lebens"[15] gar nicht vorkommen dürften? Solche, die sich allen Ernstes fragen, warum sie überhaupt moralisch sein sollen? Ja – und nein. Ja, sie sind im wahrsten Sinne des Wortes Amoralisten, weil ihnen nicht nur die Geltung der Moral nicht selbstverständlich ist, sondern weil sie gar kein Sensorium für deren Normativität haben. Wenn sie sich fragen, warum sie moralisch sein bzw. handeln sollen, dann vor dem Hintergrund dessen, dass für sie moralisches Handeln gar kein besonders gekennzeichnetes und von anderem unterschiedenes Handeln ist.

Genau deswegen gehören sie aber andererseits nicht zu besagten Amoralisten, weil sie gar nicht auf die Idee kommen, nach dem moralischen Handeln zu fragen. Moral ist ihnen nicht einmal fraglich, ebenso wenig wie sich ein Farbenblinder fragen würde, ob dies jetzt rot oder grün ist. Für ihn ist beides dieselbe Schattierung von Grau, und so sind auch Bert und Anna mehr (oder weniger) als Amoralisten: sie sind geradezu ‚moralblind'. Bestimmte Gehirnstrukturen müssen sich offenbar ungestört entwickelt haben, damit Menschen den Unterschied zwischen moralisch relevanten und nicht moralisch relevanten Aspekten, Situationen oder Handlungen überhaupt erkennen können.

Damit ist nicht nur gesagt, dass sich moralische Normen im Kontext einer Gemeinschaft entwickeln. Das alleine wäre trivial und würde unsere Aufmerksamkeit nicht rechtfertigen. Natürlich hängt unsere grundsätzliche Fähigkeit zur Moral, der Übergang von tierischen Amoralität zur menschlichen Moralfähigkeit, mit bestimmten Hirnstrukturen zusammen. Aber die alte philosophische Frage, warum überhaupt moralisch sein sollen, lässt sich nun neurologisch präzisieren: Nicht nur dass wir überhaupt sollen *können*, ist in unserem präfrontalen Cortex angelegt, sondern mehr: Dass wir sollen *müssen*, ist dort angelegt; dort hat sich die Fähigkeit zur Empathie ausgebildet. Empathie färbt die Wahrnehmung von Situationen, in welchen die Empfindungen anderer Lebewesen eine Rolle spielen, im Akt selber schon mit einer unhintergehbaren Normativität ein. Diese ist noch nicht an sich moralisch, sondern spiegelt unsere eigenen Präferenzen. Was Du nicht willst, dass man Dir tu, das füg auch keinem andern zu, sagt der Volksmund. Dazu muss ich allerdings wissen, dass es einem Andern ebenso weh tun würde, wie mir. Die Fähigkeit, mich in den anderen einfühlen zu können, so meine These, ist unabdingbar, damit wir gut und böse – und damit das moralische Sollen überhaupt – allererst verstehen können. Wenn der präfrontale Cortex allerdings versehrt ist, dann – so legen es die Untersuchungen nahe – ist dies für die Betreffenden so unmöglich wie es für eine Katze ist, die ungerührt mit der Maus spielt, bevor sie sie auffrisst.

---

[15] So K. Bayertz. (2002). "Einleitung: Warum moralisch sein?" in: K. Bayertz: *Warum moralisch sein?* Paderborn: Schöning, 2002: 9–33, 15.

Das stellt unsere Moralfähigkeit auf einer sehr leibliche, genauer, auf eine biochemische Grundlage. Sie hat eine Zeit, nämlich ein bestimmtes Fenster innerhalb der Entwicklung des Gehirns, und sie hat einen Ort, in der Region des präfrontalen Cortex'. Das heißt nicht, dass die Moral selber auf biochemische Prozesse reduzierbar wäre. Aber es könnte heißen, dass vor diesem Hintergrund ein paar Fragen neu gestellt werden müssten.[16]

3. Zwei Quellen der Moral?

Zu diesen Fragen gehört, ob wir überhaupt die Alternative haben, moralisch zu sein oder nicht – ein Thema, das unter dem Stichwort der Willensfreiheit bereits das Feuilleton der FAZ erobert hat. Anna und Bert sind von der Sozialisation her Menschen wie die meisten von uns. Aber sie sind unfähig, Begriffe wie ‚versprechen', ‚vertrauen', ‚bereuen' zu verstehen, und von ihnen zu verlangen, dass sie andere respektieren sollen, ist aussichtslos.

Ihnen fehlt die Fähigkeit zur Empathie. Dies ist etwas, das nicht exklusiv menschlich ist, sondern mindestens auch bei Primaten,[17] wenn nicht auch bei anderen Säugetieren vorkommt. Und es ist fundamental dafür, dass wir überhaupt moralisch sein können. Ohne die Fähigkeit, mich in andere hineinzuversetzen, ohne eine ‚theory of mind', habe ich keinen Anlass, den Anderen als ein Subjekt wahrzunehmen und keinen Grund, das Wahrnehmen meiner eigenen Interessen auf ein Verhalten auszuweiten, das andere mit einschließt.[18] Vor dem Hintergrund der erwähnten neurobiologischen Untersuchungen liegt es nahe, dass diese Fähigkeit in unserer neurobiologischen Ausstattung verankert ist und sozusagen zu unserer moralischen Grundausstattung gehört. So groß die Plastizität des Gehirns auch ist, hier

---

[16] Daran anschließen könnten sich auch Überlegungen über das Wesen des moralischen Sollens, die nicht unähnlich sind denjenigen, die auch von so unterschiedlichen Philosophinnen wie Iris Murdoch und Martha Nussbaum angestellt wurden. Zum Beispiel der Gedanke, dass die moralische Qualität einer Person, einer Handlung oder einer Situation untrennbar mit unserer sinnlichen Wahrnehmung verbunden sein könnte. Bei Ronald de Sousa sind es biographische Schlüsselerlebnisse, in denen Situationen mit Affekten verbunden – und somit als dazugehörig ‚gelernt' – werden. Für Antonio Damasio sind es somatische Marker wie Herzklopfen, Anspannung der Muskeln oder steigender Blutdruck, welche die Wahrnehmung einer heiklen Situation begleiten. Diese körperlichen Signale beziehen sich auf ähnliche Situationen in der Vergangenheit und ‚erinnern' uns daran, wie es damals ausgegangen ist. Daraus können wir blitzschnell eine möglichst optimale Verhaltensstrategie für diesen Fall extrapolieren.
[17] Vgl. dazu z.B. Frans de Waal. *Good Natured*. Harvard University Press, 1996.
[18] Eines der eindrücklichsten Beispiele für eine Ausweitung der moralisch relevanten Gemeinschaft ist die berühmte Fussnote aus Benthams „Principles of Morals and Legislation": "The French have already discovered that the blackness of the skin is no reason why a human being should be abandoned without redress to the caprice of a tormentor. It may come one day to be recognized, that the number of the legs, the villosity of the skin, or the termination of the os sacrum, are reasons equally insufficient for abandoning a sensitive being to the same fate. What else is it that should trace the insuperable line? Is it the faculty of reason, or, perhaps, the faculty of discourse? But a full-grown horse or dog is beyond comparison a more rational, as well as a more conversable animal, than an infant of a day, or a week, or even a month, old. But suppose the case were otherwise, to what would it avail? the question is not, Can they reason? nor, Can they talk? but, Can they suffer?"

scheint es selbst bei frühkindlichen Hirnverletzungen den Verlust nicht mehr ausgleichen zu können und die zeitliche Dimension dieser Fähigkeit beschränkt sich auf die ersten Lebensmonate,[19] in welchen sich die entsprechenden Gehirnregionen organisieren.

Anders steht es mit demjenigen Aspekt, der Bert und Anna von ihren erwachsenen Leidensgenossen unterscheidet: der Tatsache, dass die beiden Jugendlichen im Unterschied zu jenen nicht einmal mehr so tun können, als ob sie moralisch handeln würden! Sie können auch bei fiktiven Konfliktsituationen nicht angeben, worin das moralische Problem besteht und sie haben eine sehr eingeschränkte Vorstellung von möglichen Handlungsoptionen.[20] Offenbar sind die nachfolgenden Jahre unabdingbar dafür, dass Menschen sich ein Wissen über moralisch relevante Aspekte und Situationen, d.h. solche, in denen andere von meinem Handeln betroffen sind, aneignen können. Sie lernen damit auf der Basis ihrer Empathiefähigkeit so etwas wie eine moralische Sprache, deren richtigen Gebrauch sie offenbar auch dann behalten, wenn ihnen verletzungsbedingt das Verständnis für die Bedeutung der Wörter verloren gegangen ist. Auch wenn sie nicht mehr nachfühlen können, was es heißt, jemandem weh zu tun, können sie doch auf entsprechende Fragen sinnvolle Antworten geben: es ist falsch, jemandem grundlos weh zu tun. Das Erlernen und Verstehen dieser Sprache ist – wie jeder natürlichen Sprache – kontextabhängig. Ob die erwachsenen Versuchspersonen in einer Szene, wo ein Kind eine Katze tritt, ein moralisches Problem sehen, wird davon abhängen, ob sie in einem Umfeld aufgewachsen sind, wo Tierquälereien als moralisch schlecht betrachtet wurden. Aber es wird immer Szenen geben, in denen sie wissen, dass das Dargestellte nicht gut ist.

Für Anna und Bert ist hingegen nichts ein moralisches Problem – weil sie überhaupt keine moralischen Probleme erkennen[21] können. Ihre frühkindliche Hirnverletzung beeinträchtigte ihre Fähigkeit zur Empathie, und damit bleibt ihnen der Schmerz anderer Lebewesen fremd.

Es scheint also, als ob es zwei Quellen gäbe, aus denen unsere Moral gespeist wird. Zum einen ist es die angeborene Fähigkeit zur Empathie mit anderen, zusammen mit der Fähigkeit, die Konsequenzen des eigenen Handelns abzuschätzen. Das ergäbe eine – eventuell von Schimpansen und anderen Säugetieren geteilte – Protomoral, in welcher eine grundlegende emotionale Normativität gegründet ist und die nachhaltiges soziales Handeln, und damit ein Leben in Gruppen, Horden

---

[19] Natürlich steht dahinter die noch grundlegendere phylogenetische Zeitdimension, auf die ich aber hier nicht eingehen werde.

[20] „The patients demonstrated limited consideration of the social and emotional implications of decisions, failed to identify the primary issues involved in social dilemmas and generated few response options for interpersonal conflicts. Their performance was in stark contrast to that of patients with adult-onset prefrontal damage, who can access the 'facts' of social knowledge in the format used in the laboratory (verbally packaged, outside of real life and real time)." (Anderson et al. 1999, 1033).

[21] Mit dem Begriff ‚erkennen' will ich nicht einem moralischen Realismus das Wort reden, ich verwende es lediglich relativ zu Versuchspersonen aus demselben Kulturkreis, die in dieser Situation ein Problem sehen würden.

und Gesellschaften, allererst möglich macht. Zum andern ist es die angelernte moralische Sprache, in welcher diese Moral weitergegeben und auch ergänzt wird. Je nach Kontext wird damit die gemeinsame Grundlage zum Teil bis zur Unkenntlichkeit[22] verändert. Hier ist der Horizont der Zeitlichkeit und der Kontextualität überhaupt fundamental und macht verständlich, wie es zu gravierenden Unterschieden im Moralverständnis kommen kann.[23]

4. Was heißt das für die Ethik?

Diese doppelte Herkunft unseres moralischen Denkens und Fühlens spiegelt sich auch in den ethischen Entwürfen, welche dieses Phänomen zu reflektieren suchen. Wir haben gesagt, dass Moral zum einen mit einer angeborenen, biologischen Fähigkeit zur Empathie zu tun hat, zum anderen mit der moralischen Sozialisation in einer bestimmten Kultur und einer bestimmten Zeit. Die klassischen ethischen Theorien dagegen konzentrieren sich meist nur auf einen dieser beiden Aspekte. Könnte es sein, dass sie es sich damit verunmöglichen, das Phänomen der menschlichen Moralfähigkeit vollständig in den Blick zu kriegen?

Die klassischen begründungstheoretischen Prinzipienethiken beziehen sich auf angeblich universale und zeitunabhängige Werte und Normen, die aber tatsächlich ein bestimmtes Charakteristikum, nämlich in einer bestimmten Hinsicht ‚wie ich' zu sein, darstellen. Im Utilitarismus sind es die leidens- bzw. interessefähigen Lebewesen, welche die Gemeinschaft der moralischen Objekte[24] konstituieren, im Kantianismus die vernunftbegabten Lebewesen, welche immer auch als Zweck an sich selber behandelt werden sollen. Die Vertragstheorie bedingt bei Hobbes, dass moralische Objekte auch moralische Subjekte sind, bei Rawls, dass sie eine Rolle in der Gesellschaft einnehmen, die auch die meine sein könnte. Gemeinsam ist diesen Theorien, dass sie von Prinzipien ausgehen, die deswegen auf eine mehr oder we-

---

[22] Dies ist besonders anschaulich bei Gruppen, in denen starke religiöse Überzeugungen die Moral prägen. Die Empathie mit anderen ist nur dann wiederzuerkennen, wenn man die unhintergehbare Relevanz der unsterblichen Seele – und damit des richtigen Glaubens – mit einbezieht.
[23] Descartes, der vor dem Hintergrund des 30-jährigen Krieges genau diese Unterschiede überwinden wollte, hat – im Gegensatz zu Kant – interessanterweise nicht diesen Horizont aus seiner Moral ausgeblendet, sondern im Gegenteil ihn absolut gesetzt. Seine provisorische Moral beginnt er damit, dass den Gesetzen und Sitten seines Vaterlandes zu gehorchen sei und Bemühungen zur Verbesserung sich vor allem auf die eigene Person zu richten hätten (vgl. Abhandlung über die Methode, Kap. 3). Den Schritt zu einer endgültigen Moral hat er bezeichnenderweise nie gemacht, und Perler argumentiert, dass es sich bei seiner Ethik nicht um eine allgemeine moralische Theorie handle, sondern um eine Theorie, „die bei einer Analyse der menschlichen Natur – der Einheit von Geist und Körper – ansetzt und zu zeigen versucht, wie aus einem besseren Verständnis dieser Natur eine bessere Einsicht in die eigenen und fremden Handlungsmöglichkeiten folgt." (D. Perler. *René Descartes*. München: Beck, 1998: 242). Die Versuchung ist natürlich groß, hier den Rückgriff auf die biologisch verankerten Fähigkeiten, Empathie und Abschätzung der Konsequenzen, zu sehen.
[24] Mit moralischen Objekten (bzw. ‚moral patients') meine ich Wesen, deren Behandlung moralisch relevant ist – im Gegensatz zu moralischen Subjekten (bzw. ‚moral agents'), deren Handlungen moralisch relevant sein können.

niger allgemeine Akzeptanz hoffen können, weil sie unserer Empathiefähigkeit entgegenkommen. Damit ein Anderer als ein moralisch relevanter Anderer (und nicht als ein Ding, ein Roboter, ein Untermensch) wahrgenommen wird, muss er eine moralisch relevante Eigenschaft oder Fähigkeit haben, in die ich mich einfühlen kann: leidensfähig, vernünftig, vertragsfähig, gesellschaftsfähig. Er muss in einem moralisch relevanten Aspekt sein wie ich. Dass es trotzdem immer noch konkurrierende Theorien gibt, liegt daran, dass sie unterschiedlicher Meinung darüber sind, welche dieser Aspekte moralisch relevant sein sollen. Aber *dass* es solche moralisch relevanten Eigenschaften[25] gibt, daran kann es keinen Zweifel geben. Es sind diejenigen Eigenschaften, die wir dank unserer biologisch begründeten Empathiefähigkeit auch in anderen wieder erkennen und nachfühlen können.

Diejenigen Ethiken, welche kohärentistisch argumentieren,[26] gehen auf der anderen Seite davon aus, dass es in der Ethik nicht um vorgängige Prinzipien gehen soll, an denen moralisches Denken und Handeln gemessen wird, sondern um den „Aufbau eines möglichst weiträumigen Geflechts von sich gegenseitig stützenden Überzeugungen, ohne dass einer bestimmten Art von Überzeugung von vornherein eine privilegierte Stellung in diesem Geflecht eingeräumt wird."[27] Das heißt, sie beziehen sich auf dasjenige, was dem Menschen erst im Laufe seiner ontogenetischen Entwicklung möglich wird, nämlich auf das Geflecht moralischen Verstehens und Verweisens vor dem Hintergrund der eigenen individuellen und überindividuellen Biographie. Dagegen hätte auch z.B. Aristoteles nichts einzuwenden gehabt, geht es ihm doch darum, die moralischen Tugenden vor dem Hintergrund der Polis und realisiert durch hier und jetzt (bzw. dort und damals) real existierende Athener zu exemplifizieren. Dies gilt auch für seine (post-)modernen Wiederentdecker wie Alasdair MacIntyre[28] und Martha Nussbaum,[29] welche beide der Situation hier und jetzt eine moralische Bedeutung zumessen. Und hier ist auch das Projekt einer Untersuchung der Zeithorizonte der Ethik anzusiedeln.

Allerdings – und dies ist das *caveat* dieses Beitrages – gibt es eben einige Anzeichen dafür, dass die beiden Aspekte nicht getrennt werden dürfen. Wenn die Empathiefähigkeit tatsächlich die Bedingung der Möglichkeit moralischen Verhaltens darstellt, dann hat Moral eine biologische Grundlage, die nicht beliebig kulturell

---

[25] Ob die Vernunft bei Kant eine Eigenschaft ist, die im konkreten Fall aktual vorhanden sein muss oder die qua Zugehörigkeit zum Menschengeschlecht auch zuschrieben werden kann, darüber streiten sich die Philosophen. Mir geht es hier lediglich darum, dass wir das Konzept der Vernünftigkeit verstehen können, weil wir selber Anteil an dieser Vernunft haben.

[26] Vgl. zum Unterschied zwischen einer fundamentistischen Prinzipienethik und einer kohärentistischen Ethik: K. Bayertz. *Praktische Philosophie. Grundorientierungen angewandter Ethik*. Reinbek bei Hamburg: Rowohlt, 1991.

[27] Vgl. K. Bayertz. "Moral als Konstruktion. Zur Selbstaufklärung der angewandten Ethik", in: P. Kampits und A. Weiberg. *Angewandte Ethik / Applied Ethics*. Wien: öbv&hpt, 1999: 73-89, 84.

[28] Vgl. A. MacIntyre. *After Virtue*. Notre Dame, Ind.: University of Notre Dame Press, 1984; A. MacIntyre. *Dependent Rational Animals. Why Human Beings Need the Virtues*. Chicago: Open Court, 1999.

[29] M. Nussbaum. *Love's knowledge: essays on philosophy and literature*. New York: Oxford University Press, 1990; M. Nussbaum. "Emotions as judgements of value: a philosophical dialogue", in: *Comparative Criticism* 20, 1998: 33-62.

kontextualisiert werden kann. Dann ist das Einfühlungsvermögen die Bedingung der Möglichkeit von Moral: Der Andere ist wie ich und deswegen moralisch relevant. Was genau dann diese Eigenschaften sind, die jemanden zum meinem Anderen machen,[30] wird zwar anschließend auch wieder gesellschaftlich ausgehandelt, und dann beeinflussen Kultur und Erziehung ihrerseits wiederum die Reichweite unserer Empathie.[31] Aber die Empathie liegt dem ganzen moralischen Unternehmen zugrunde. Sie eröffnet den Raum, in dem sich Moral und die Reflexion darüber allererst entwickeln kann.

Und so müssen wir wohl unsere Metapher von der moralischen Sprache modifizieren. Kultur und Erziehung sind wohl tatsächlich die Quelle unserer moralischen Grammatik und der Regeln der richtigen Sprachanwendung.[32] Dies ist dasjenige, was Anna und Bert nie erworben, Phineas Gage und seine Leidensgenossen auch nach ihrer Hirnverletzung nicht verloren haben: die Fähigkeit, moralisches Vokabular zu erkennen und richtig zu verknüpfen. Unschuldigen Schmerz zufügen ist böse. Versprechen einhalten ist gut. Das allein wäre allerdings nicht viel mehr, als wozu der Engländer in Searles Beispiel vom ‚chinese room'[33] fähig ist: Er verknüpft chinesische Fragen nach bestimmten Regeln zu chinesischen Antworten. Auch wenn es so aussieht, so versteht er doch selber kein Wort. Um wirklich zu verstehen, was es heißt, anderen weh zu tun, muss ich die Tränen meines Gegenübers mitfühlen können. Die Semantik, die wertgeladene Bedeutung und Normativität dieser Begriffe und die Möglichkeit, diese tatsächlich zu verstehen, nämlich am eigenen Leibe nachzufühlen, speist sich aus den eigenen Emotionen und der Fähigkeit, diese auch in anderen Lebewesen zu erkennen. Was dies für die vor allem im deutschsprachigen Bereich notorisch unterschätzte Rolle der Emotionen in der Ethik heißen könnte, bleibt noch abzuwarten.

---

[30] Dahinter versteckt sich natürlich auch die Frage, was jemanden zu meinem Nächsten macht, vgl. das Gleichnis vom barmherzigen Samariter in Lk 10.
[31] Vgl. dazu FN 18 oder das von v.a. von Feministinnen angeführte Argument für die inklusive Schreibweise, nämlich dass nicht nur die Wahrnehmung die Sprache, sondern auch umgekehrt die Sprache die Wahrnehmung beeinflusst.
[32] Ich verstehe also ‚Grammatik' nicht als eine Ur-Grammatik im Sinne Chomskys, sondern im Gegenteil als die auf Konvention beruhenden Regeln eines entsprechenden Sprachspiels.
[33] Vgl. J. Searle. „Minds, Brains, and Programs", in: *Behavioral and Brain Sciences* 3, 1980, 417-424.

14

FÜRSORGE UND DIE ZEITLICHKEIT DES LEIDENS

LAZARE BENAROYO

Seit den 1990er Jahren hat sich auf dem nordamerikanischen Kontinent die narrative Ethik mit einem Ansatz entwickelt, der sich als Alternative zum bioethischen Paradigma darstellt, wie es ungefähr zwanzig Jahre früher im *Kennedy Institute of Ethics* entstanden ist. Im Rahmen einer allgemeinen Kritik dieses Modells hat der narrative Ansatz den Vorschlag gemacht, den Krankenberichten und den Berichten des ärztlichen und pflegerischen Personals eine besondere Aufmerksamkeit zu schenken, um zu beleuchten, auf welche Weise die singuläre Erfahrung des Leidens sich innerhalb einer je einzelnen Situation ausdrückt. Hierdurch soll zugleich der Weg für die Ausarbeitung einer ausführlichen ethischen Beurteilung eröffnet werden.[1]

Dieser Ansatz hat durch seine heuristische Reichweite die klinische Ethik gewiss bereichert.[2] Gleichwohl habe ich den Eindruck, dass die Präsentation der narrativen Ethik als Alternative zum klassischen Paradigma die Aufmerksamkeit von der ethischen Bedeutung abgelenkt hat, welche der Narrativität im Zentrum des Fürsorgeakts selber zukommt, insbesondere von der Verbindung zwischen der Verantwortlichkeit und Zeitlichkeit im Bereich der klinischen Praxis – dem Ort, an dem sich diese beiden fundamentalen Aspekte des menschlichen Handelns und Leidens ausdrücken müssen, um dem Fürsorgeakt einen Sinn zu verleihen. Indem ich eine Position außerhalb des Zentrums des bioethischen Modells einnehme, versuche ich in diesem Kapitel zu zeigen, dass sich die narrative Methode nicht nur auf die Erforschung der Modalitäten beschränken kann, mit denen sich die Erfahrung des Leidens in den historischen Lebensverlauf eines Kranken einschreibt. Sie scheint gleichermaßen wirksam zu sein für die Erforschung der einzigartigen Veränderung des

---

[1] M. Montello. „Medical stories: narrative and phenomenological approaches", in: *Meta médical Ethics: The Philosophical Foundations of Bioethics*. Ed. by M. A. Grodin. Dordrecht: Kluwer Academic Publishers, 1995: 109–130. L. Benaroyo. „Ethique narrative", in: *Nouvelle encyclopédie de bioéthique*. Eds. G. Hottois et J. N. Missa. Bruxelles: DeBoeck, 2001: 406–409. G. Jobin. „Les approches narratives en éthique clinique: typologie et fondement critique", in: *Ethica* 14, 2002, 9–36; H. Brody. *Stories of Sickness*. Second Edition. Oxford: Oxford University Press, 2003.

[2] Jobin op. cit.: 10.

Sinnes von Zeitlichkeit, der auf intime Weise mit der Erfahrung der Krankheit und des Leidens verknüpft ist. Die Narration erscheint wie ein Ankerpunkt, von dem aus ein Fürsorgeakt ausgearbeitet werden kann. Dieser zielt bei den Patientinnen und Patienten auf eine innere Transformation des Zeitsinnes ab, um ihnen eine vollständige Gegenwart in der Welt zu ermöglichen, in der sie Vertrauen haben zu den anderen und zu sich selbst. Die vorliegende Studie widmet sich dem Sinn von Zeitlichkeit im Zentrum der Fürsorge und Pflege, um Wege für eine ethische Verantwortlichkeit zu markieren, welche die Autonomie des Kranken mehr als der eigentliche Zweck der medizinischen Handlung begreift, denn als eine Gegebenheit, von der auszugehen wäre. Innerhalb dieser Perspektive kann die Aufmerksamkeit gegenüber dem narrativen Phänomen als eine der Facetten der Verantwortungsethik begriffen werden, die der klinischen Medizin eigen ist.

1. Epistemologische und anthropologische Grundlagen der gegenwärtigen klinischen Praxis

Im etymologischen Sinn versteht man unter klinischer Aktivität allgemein die Gesamtheit der diagnostischen, therapeutischen und prognostischen Praktiken, die von Ärztinnen und Ärzten oder vom medizinischen Personal am Bett des Patienten ausgeführt werden. Die moderne Diagnostik und die Therapien bestehen seit dem 18. Jahrhundert, seitdem sie sich auf das epistemologische Modell der Natur- und Experimentalwissenschaften zu stützen begannen, in der Anwendung theoretischer Erkenntnisse, insbesondere der Physiopathologie und Epidemiologie auf eine Realität der Krankheit, die durch Symptome definiert wird. Dies hat Michel Foucault zutreffend dargestellt.[3] Die Symptome haben sich im Körper eingeschrieben und werden auf dem Weg der Betrachtung, der Berührung, des Gehörs und der Sprache zugänglich, eine Zugänglichkeit, welche heute die technischen Mittel erweitern. Auch wenn es wahr ist, dass die Anwendung der Technik in der gegenwärtigen medizinischen Praxis eine immer bedeutendere Stellung einnimmt, um die Wirksamkeit der Medizin zu garantieren, so kann sie dennoch nicht darauf reduziert werden. Wie es zahlreiche Arbeiten zur Philosophie der Medizin im Verlauf des 20. Jahrhunderts nachgewiesen haben,[4] kann diese Praxis tatsächlich nicht einfach als Anwendung kognitiver Elemente der theoretischen Wissenschaften betrachtet werden: Sie unterscheidet sich vom wissenschaftlichen Wissen durch die Tatsache, dass sie stets eine verantwortliche Entscheidung impliziert, die zwischen der Verwirklichung verschiedener Güter auswählt und die von den Akteuren als intrinsische Werte aner-

---

[3] M. Foucault. *Naissance de la clinique*. Paris: P.U.F, 1963.
[4] H. G. Gadamer. „What is Practice? The Conditions of Social Reason", in: *Reason in the Age of Science*. Cambridge, Mass.: The MIT Press, 1990: 69–87. H. ten Have and S. F. Spicker. „Introduction", in: *The Growth of Medical Knowledge*. Ed. by H. ten Have, G.K. Kimsma and S. F. Spicker. Dordrecht: Kluwer Academic Publishers, 1990: 1–11.

Fürsorge und die Zeitlichkeit des Leidens 203

kannt werden.⁵ Unter diesem Blickwinkel lässt sich die medizinische Praxis als ein eigenes Feld des menschlichen Handelns begreifen, das seine eigene Logik, seine eigenen Zwecke, seine Methoden, seine Regeln und seine Sprache besitzt: Wenn der Zweck der medizinischen *Wissenschaft* darin besteht, die wissenschaftliche Wahrheit zu etablieren, so besteht die medizinische *Praxis* innerhalb ihrer therapeutischen Orientierung darin,⁶ die Gesundheit eines einzelnen Individuums wiederherzustellen, das in seinem Körper und in seinem In-der-Welt-Sein leidet.⁷

Angesichts der Singularität, die jeder medizinischen Behandlung eigen ist, kann der Arzt den erkrankten Patienten nicht einfach auf eine nosologische Entität reduzieren, sondern er muss die verschiedenen Kontingenzen untersuchen, welche die Notlage der leidenden Person charakteristisieren. Der Arzt soll so zu einem eingehenden Urteil gelangen, das sich ihrer Singularität anpasst: Wird die kranke Person die Behandlung ohne Schaden durchhalten, die als die wirksamste in Betracht gezogen wurde? Hat das Milieu, in dem sie lebt, einen Einfluss auf ihre Krankheit, oder begünstigt es ganz im Gegenteil den guten Verlauf der Behandlung? Wie muss gehandelt werden, damit der Kranke am besten auf die Veränderungen reagieren kann, die aus seiner Erkrankung folgen?

Die ethische Ausrichtung der gegenwärtigen klinischen Medizin kann so als eine Sorge begriffen werden, den Weg zu finden, um einem erkrankten Individuum den Zugang zu einem neuen Gleichgewichtszustand zu ermöglichen, in dem es imstande sein wird, alle seine früheren Fähigkeiten wieder zu finden. Im Ganzen stellt sich die klinische Praxis als eine Aktivität der Wiederermöglichung dar: Sie gibt sich daher nicht nur damit zufrieden, für die Patientin oder den Patienten eine Rückkehr zur physiologischen Norm vorzusehen, sondern sie konzentriert sich gleichermaßen auf die Heilungskapazitäten des Kranken.

Wenn die Aufgabe der Ärztin oder des Arztes, wie wir soeben feststellten, darin besteht, die Existenz des Patienten wieder zu ermöglichen, dann verstehen wir ebenso, dass die praktische Verwirklichung der eingehenden medizinischen Beurteilung nicht einfach den Kategorien der diagnostischen und therapeutischen Eingriffe zugeordnet werden kann. Die Sorge für den singulären Patienten muss den Kliniker darauf aufmerksam machen, in welcher Weise die Krankheit die Identität des Patienten betrifft, den er betreut.

Von diesem letzten Gesichtspunkt aus wird die Krankheit gewöhnlich nicht nur als ein technischer Vorfall, als eine in Unordnung geratene organische Funktion, als eine Art Unfall erlebt, dem aller Sinn abgeht. Wie es Georges Canguilhem präzisier-

---

⁵ A. McIntyre. *After Virtue. A Study in Moral Theory*, 2ⁿᵈ Edition. Notre Dame: University de Notre Dame Press, 1984: 187.
⁶ Ich setze hier die präventive Orientierung der medizinischen Praxis in Klammern.
⁷ E. D. Pellegrino and D. C. Thomasma. *For the Patient's Good. The Restoration of Beneficence in Health Care.* New York/Oxford: Oxford University Press, 1988: 119–152. H.M. Sass. „Medicine – Beyond the boundaries of sciences, technologies and arts", in *Science, Technology, and the Art of medicine.* Ed. by C. Delkeskamp-Hayes and M. A. Gardell Cutter. Dordrecht: Kluwer Academic Publishers 1993: 259–270.

te, ist es nicht dasselbe, sich krank zu fühlen als sich abnormal zu fühlen – im Sinne eines Abstands zur Norm, zum Maßstab der Richtigkeit und der Wahrheit. Für den Patienten ist die Krankheit vielmehr charakterisiert durch eine neue Konfiguration seines Organismus, eine neue Form der Anpassung an die Störungen des äußeren Milieus, die sich in der Ausarbeitung einer neuen individuellen Norm umsetzt.[8] Die Gesundheit und die Krankheit sind daher nicht zwei vitale Erfahrungen gleicher Qualität, wie dies in der naturalistischen Perspektive erscheint, die von der wissenschaftlichen Medizin weitgehend übernommen wurde. Für den Patienten stellen sich Gesundheit und Krankheit als zwei qualitativ ganz unterschiedliche Zustände der individuellen Existenz dar: Die Gesundheit ist die Fähigkeit, normativ zu sein, dies heißt die Fähigkeit, Normen einzurichten, die an die Veränderungen der Umweltbedingungen angepasst sind: „Gesund zu sein", schreibt Canguilhem, „heißt nicht nur, in einer gegebenen Situation normal zu sein, sondern auch, in dieser Situation und in eventuell anderen Situationen normativ zu sein."[9] Die Krankheit ist in diesem Zusammenhang eine Reduktion der Fähigkeit, normativ zu sein. In diesem Sinn ist die Krankheit in den Augen des Patienten kein Verlust seiner Normalität, sondern vielmehr eine Reduzierung seiner Fähigkeit, neue Normen einzurichten.

Canguilhem kommt zum Schluss, dass der Zustand der Gesundheit, den der Patient wieder zu finden sucht, ein Zustand ist, in dem er erneut über „die Möglichkeit" verfügt „innerhalb neuer Situationen neue Normen einzurichten"[10] und über die Möglichkeit „die Existenz in einer Form in Angriff zu nehmen, bei der er sich nicht nur als Besitzer oder Inhaber, sondern auch als Schöpfer von Werten versteht, als der Begründer vitaler Normen."[11] In dieser Perspektive kann die vom Patienten verfolgte Suche nach Gesundheit als die Suche nach Wiederherstellung der Autonomie seines Organismus interpretiert werden – angesichts einer Krankheit, die von ihm als eine Reduzierung dieser Autonomie in Gestalt einer Verringerung des Niveaus an normativer Aktivität erlebt wird, das heißt einer Reduktion des gesamten Organismus auf eine einzige Norm.[12]

Mit guten Gründen hatte einer der Vordenker Canguilhems, Viktor von Weizsäcker, bereits im Verlauf der ersten Hälfte des 20. Jahrhunderts festgestellt, dass die Krankheit ein Ereignis ist, das sich in eine Biografie hineinschreibt, indem sie deren Kontinuität durcheinander bringt: Die Krankheit ist eine Krise, die das psychophysische Gleichgewicht gefährdet. Damit ruft sie den Patienten dazu auf, seinen Lebensrahmen innerhalb der mehr oder weniger schwerwiegenden Beeinträchtigungen zu verändern und sich seinen neuen Bedingungen anzupassen.[13] Für von Weiz-

---

[8] G. Canguilhem. *Le normal et le pathologique*. Paris: Presses Universitaires de France, 1979.
[9] Ibid.: 130.
[10] Ibid.: 130.
[11] Ibid.: 134.
[12] Ibid.: 121–122.
[13] R. Célis. „Prolégomènes à une phénoménologie de la relation clinique. Introduction à l'oeuvre de Viktor von Weizsäcker", in: *L'interdisciplinare e i processi di cura*. Eds. G. Martignoni et Merlini F. Bellinzona: Ed. Alice, 1994: 159–180.

säcker ist das ‚Pathische' – das sind die pathogenetischen Kategorien, aufgrund derer der Patient seine Krankheit und sein Leiden innerhalb seines In-der-Welt-Seins wahrnimmt[14] – über die physiopathologische Bestimmung hinaus eine Existenzweise des menschlichen Wesens, die folgende Charakteristika aufweist:

1. *Empfindung eines behinderten Lebens*
2. *Verlust des gewohnten Beziehungsrahmens*
3. *Verlust der Kontrolle über sich selbst*
4. *Befürchtung des möglichen Todes*
5. *Tiefgreifende Isolierung*
6. *Abhängigkeit im Hinblick auf die anderen*
7. *Veränderung des inneren Zeitbewusstseins*

Die letzte dieser Kategorien verdient eine besondere Aufmerksamkeit, weil sie uns gestattet, eine der grundlegenden Dimensionen der Reduzierung des Seinsvermögens zu charakterisieren, das mit der Erfahrung der Krankheit verknüpft ist. Die Arbeiten von Edmund Husserl[15] helfen zu verstehen, auf welche Weise die Veränderung des inneren Zeitbewusstseins das Leiden in die Lebensgeschichte des Patienten hineinschreibt: Es verändert die Horizonte der Gegenwart und affiziert das Spiel der ‚Retentionen' und ‚Protentionen', welches sie erfüllt, indem es das Vertrauen, zerbricht, das der Patient in sich selbst und in die ihn umgebende Welt setzen kann. Ebenso verändert sich die Art des Vertrauens oder der Evidenz, die ihn mit der Welt, mit den anderen und mit sich selbst verbinden. Das Leiden situiert daher das Individuum in eine Art endlose Gegenwart, die in der Vergangenheit verankert ist und welche sich nicht für den zukünftigen Horizont öffnet.[16] Diese Auslöschung der Zeitlichkeit stellt die ontische Dimension des Leidens dar, dessen existentieller Ausdruck sich in der Reduzierung des Seinsvermögens niederschlägt. In diesem Kontext ist das Leiden fast immer eine Sinnkrise. Alles, worin der Patient investiert hatte, kann plötzlich von Verlust oder Zerfall bedroht sein.

Nach dem Maßstab dieser Phänomenologie der Krankheitserfahrung verwandelt sich die klinische Praxis in eine Fürsorge, die auf eine Arbeit der Interpretation – eine Hermeneutik – der Zeichen und Symptome als Boten für eine Rekonstruktion von Sinn ausgerichtet ist, so dass die Frage, was der Patient werden kann oder ob für ihn noch zukünftige Möglichkeiten bestehen, einen integralen Bestandteil der Genesungsarbeit bildet. Die Anamnese kann hier eine große Hilfe bieten. Sie er-

---

[14] V. von Weizsäcker. *Der kranke Mensch. Einführung in die medizinische Anthropologie.* Stuttgart: K.F. Koehler, 1951: 274–306.
[15] E. Husserl *Leçons pour une phénoménologie de la conscience intime du temps.* Paris: Presses Universitaires de France, 1964: 325–346. Husserl gibt in diesem Text zu verstehen, dass die lebendige Gegenwart durch Retentionen (orientiert in Richtung Vergangenheit) und Protentionen (orientiert in Richtung Zukunft) verbreitert ist. In den Augen Husserls stellen diese Horizonte der Gegenwart für jedes Individuum eine unerschöpfliche Reserve von Sinn dar, der die Grundlage ist für das Vertrauen, das es in das Leben und die es umgebende Welt setzt.
[16] Von Weizsäcker, FN 14.

laubt, gemeinsam mit der Patientin oder dem Patienten einer rekonstruktiven Aufgabe nachzugehen, zum Beispiel mit Hilfe einer Vertiefung der folgenden Themen:

- *Welches ist der Lebensstil des Patienten?*
- *Auf welche Ziele hat sich seine Existenz bisher ausgerichtet?*
- *Welches sind die Konflikte oder Spannungen, die in seiner Existenz präsent sind?*
- *Wie beansprucht der Patient bei dieser Gegenüberstellung den Körper?*
- *Wie gestaltet er seine Zeit und seinen Lebensraum während der Krankheit?*
- *Auf welche Weise setzt er mit seiner Krankheit seine Existenz aufs Spiel?*
- *Welche Veränderungen im Beziehungsnetz sind mit dem Auftreten der Krankheit eingetreten?*

Da jeder Kranke ein besonderes Profil offenbart, das im Rahmen eines hermeneutischen Vorgehens aufgefasst werden kann, kann es nicht darum gehen, Entscheidungen auf ihn anzuwenden, die auf willkürlichen oder auf allgemeinen Normen basieren. Vielmehr handelt es sich darum, unter Berücksichtigung der kontingenten Umstände zu erwägen, welcher Weg für jedes einzelne Individuum der bestmögliche ist. Die Auswahl dieses Guts beruht auf der Fähigkeit der Ärztin/des Arztes zu erwägen und diejenige Wahl zu verwirklichen, welche die Maßnahmen an der Milderung des Leidens und an der Wiederherstellung der kranken Person orientiert.

Mir scheint, dass dieses erwägende Vorgehen heute der praktischen Weisheit zugeschrieben werden kann, die, wie ich weiter ausführen möchte, in der aristotelischen Philosophietradition *phronesis* genannt wurde.[17] Es ist die Fähigkeit der fürsorgenden Person, in einer singulären Situation die ‚geeignete Norm' zu finden. Im Bild des *phronimos* ist es der ‚weise und kluge' Mensch, in diesem Fall der Kliniker, der weiß, dass die „Situation", wie es René Simon sagt, „nicht vorgeschrieben sondern mit einem Risiko behaftet ist, unbequem, einzigartig und schwierig [ist]."[18] Der Kliniker muss „in gewisser Weise erfinden, was getan werden muss, was sich wie eine singuläre Pflicht auferlegt. Sie ist Ergebnis einer zuweilen schwierigen und immer mit einem Risiko behafteten Debatte, deren Elemente nicht mit einer Klarheit in Erscheinung treten, die eine rationale Beherrschung der Situation sicherstellen würde. In der Unbequemlichkeit, die aus der auftretenden Diskrepanz zwischen der Achtung der Norm und der den Personen geschuldeten Achtung hervorgeht, ist die Entscheidung zu treffen."[19]

Wie ist heute diese klassische Konzeption der praktischen Weisheit zu verstehen, die seit langem die ethische Reichweite verloren hat, die sie in der Vergangenheit besessen hatte?

Aristoteles hat die praktische Weisheit als eines der konstitutiven Momente des richtigen Urteils in konkreten Situationen angesehen. Er definierte die praktische

---

[17] S. Vergnières. *Ethique et politique chez Aristote. Physis, ethos, nomos.* Paris: Presses Universitaires de France, 1995: 129.
[18] R. Simon. „La vertu de prudence ou sagesse pratique", in: *Ethica*, 12, 2000: 65.
[19] Simon op. cit. Ibidem.

Weisheit, die heute mit ‚Klugheit' oder auch ‚Vernünftigkeit' übersetzt wird, als „die wahrhaft denkende Grundhaltung in allem Verhalten", die „bei dem ist, wo es um das für den Menschen Gute geht."[20] Diese Konzeption der ‚Klugheit' ist unter dem Einfluss bestimmter Aspekte der Philosophie Kants und im Zug der Entwicklung des modernen wissenschaftlichen Denkens, die damit verbunden war, weitgehend dem Vergessen anheim gefallen. Dieses neuere Denken begriff die Praxis letztlich als eine Anwendung praktischer Normen, die als nicht-situationsgebunden, als reproduzierbar verstanden und schematisch konzipiert wurden. Während die Tradition der Ethik bis zum Beginn der Moderne die Klugheit (prudence/prudentia) als eine Kardinaltugend begriff, bezeichnet die gegenwärtige Sprache mit ‚Klugheit' bloß noch eine Regel, die darin besteht, Vorkehrungen gegenüber Gefahren zu treffen, die eine unternommene Handlung bedrohen könnten.[21]

Es scheint mir aber, dass eine medizinische Ethik, die sich nicht auf die Legitimation durch Normen beschränkt, sondern den Versuch unternimmt, das eminent praktische Problem der Anwendung von Normen auf konkrete Inhalte zu begreifen, nicht auf eine Analyse des moralischen Urteils verzichten kann, wie sie Aristoteles unter dem Namen *phronesis* (praktische Weisheit) eingeführt hat. Wie kann die ethische Bedeutung dieser Tugend[22] heute wiederbelebt werden?

2. Neue Wege der medizinischen Vernunft: ethische Ressourcen in der Philosophie von Paul Ricoeur und Emmanuel Lévinas

Um den Horizont einer ethischen Praxis zu umreißen, in der die medizinische Vernünftigkeit in der Gegenwart Geltung erlangen kann, scheint mir die Berufung auf die ethischen Ressourcen im Denken von Paul Ricoeur fruchtbar zu sein. Wie man weiß, hat Ricoeur im Rahmen einer Reaktualisierung der aristotelischen Ethik bei der Rekonstruktion des klugen weisen Urteils drei Stadien unterschieden: (1) das teleologische Moment, das die Natur der ethischen Zielrichtung präzisiert, insbesondere die Wiederherstellung der Selbstständigkeit des Patienten im Rahmen eines auf Vertrauen gegründeten Fürsorgepakts; (2) das deontologische Moment, das die Gesamtheit aller Vorschriften enthält, welche eine gute Durchführung des medizinischen Eingriffs leiten – hierzu zählen die Forderung der ausdrücklichen Zustimmung und die Forderung der Gerechtigkeit in der Aufteilung der Fürsorgeleistungen; und schließlich (3) das Moment der praktischen Weisheit im eigentlichen Sinn, die aufgrund einer Beratschlagung unter mehreren vertrauenswürdigen

---

[20] Aristoteles. *Nikomachische Ethik VI*, übers. Hans-Georg Gadamer. Frankfurt a.M.: Klostermann 1998: (1140b 20f).

[21] P. Pellegrin. „Prudence", in: *Dictionnaire d'éthique et de philosophie morale*. M. Canto-Sperber. Paris: Presses Universitaires de France, 1996: 1201–1206.

[22] Ich beziehe mich hier auf die Definition, die René Simon vom Begriff der Tugend vorgeschlagen hat: „Par vertu, il faut entendre une disposition stable et ferme du sujet humain dans l'ordre de l'agir ou de l'action, acquise par la réitération intelligente d'une même catégorie d'actes. "(Simon, 2000: 48)

Personen ('cellule de bon conseil') zu erzielen ist, indem es eine umsichtige und individualisierte medizinische Entscheidung auszuarbeiten sucht.[23] Allgemeine besteht für Ricoeur das Ziel darin, in das Zentrum jedes medizinischen Aktes eine ethische und klinische Reflexion einzuführen, die von den verantwortlichen Hauptakteuren des Fürsorgeaktes auszuarbeiten ist.

Diese Konzeption der praktischen Weisheit durch Ricoeur scheint uns allerdings nuanciert und ergänzt werden zu müssen. Es gilt die Tatsache zu berücksichtigen, dass der auf Vertrauen gegründete Fürsorgepakt, auf den sich das gesamte Gebäude stützt, heute mehr und mehr zu zerbrechen droht. An diesem Punkt unserer Reflexion können die ethischen Ressourcen in der Philosophie von Emmanuel Lévinas eine wertvolle Unterstützung bieten. In der Tat erscheint die Konzeption der Verantwortlichkeit gemäß Lévinas als eine lebendige Quelle, die es erlaubt, im Zentrum der fürsorglichen Beziehung Fundamente für die Einrichtung eines Vertrauensklimas zu legen. Indem die Verletzbarkeit der Patientin/des Patienten am gleichen Ort verankert ist, aus dem auch das Leiden hervortritt, stattet sie den Arzt oder die Ärztin mit einer unveräußerlichen Verantwortlichkeit aus, für die sie oder er nicht selbst die Initiative hat. Es ist das Antlitz und das Wort dieses Anderen, die sie oder ihn bewusst werden lassen, dass die erste ethische Regel ‚Du sollst nicht töten' ebenso bedeutet ‚Du sollst alles tun, damit der andere lebt'. Nach dem Maßstab dieses reichhaltigen und fruchtbaren humanen Gedankens erscheint der Ärztin/dem Arzt angesichts eines in seiner Gesundheit beeinträchtigten Menschen auf Anhieb die Pflicht, sich ohne Verzögerung auf die Suche nach den notwendigen Hilfsmitteln zu begeben, um auf sein Leiden eine Antwort zu finden, sich dabei auf einen allgemeinen Grund der Humanität stützend, auf die Quelle des Vertrauens und des Dialogs, die den Fürsorgepakt in dem Sinn, wie ihn Ricoeur versteht, innerviert.[24]

3. Praxis einer Ethik der Verantwortung der klinischen Medizin

So interpretiert und bereichert durch die Arbeiten von Lévinas und Ricoeur, kann die Ausübung der Tugend der praktischen Weisheit die Leitplanken für eine Ethik der Verantwortung setzen, welche die ethischen Charakteristika der klinischen Praxis widerspiegelt. Diese Ethik kann sich in folgenden vier Momenten entfalten:[25]

1) Das Moment der ethischen Wachsamkeit für das Leiden. Darin zeigt sich, wie es Emmanuel Lévinas feststellte, die 'anthropologische Kategorie des Medizinischen, Vorrangigen, Irreduziblen und Ethischen', nach deren Maßstab der Patient, wie ich es

---

[23] P. Ricoeur. „Les trois niveaux du jugement médical", in: *Esprit*, 227, 1996: 21–33.
[24] L. Benaroyo. „Soin, confiance et disponibilité. Les ressources éthiques de la philosophie d'Emmanuel Lévinas", in: *Ethique et Santé*, 1, 2004: 60–63.
[25] L. Benaroyo. *Ethique et médecine, le lien retrouvé. Les chemins de la responsabilité éthique en médecine clinique*. Thèse de doctorat en philosophie de la médecine, Vrije Universiteit Amsterdam, 2004: 95–98 (im Erscheinen).

Fürsorge und die Zeitlichkeit des Leidens 209

mit Jacques Derrida sagen möchte, als eine Gegenwart erlebt wird und nicht als eine Kategorie, eine Repräsentation oder eine Figur.
2) Das Moment der sozialen Vermittlung. Ricoeur qualifizierte es als teleologisches Moment, dessen ethischer Kern in einem auf Vertrauen gegründeten Fürsorgepakt besteht, welcher die anfänglich im Zusammentreffen von Arzt und Patient bestehende Asymmetrie zu überwinden sucht.
3) Das Moment des Ins-Werk-Setzens von technischen Hilfsmitteln. Sie müssen für die nosologische Kategorie, denen der Patient angehört, geeignet sein. Dieses Moment hat Ricoeur als deontologisches qualifiziert.
4) Das Moment der persönlichen Restauration der Autonomie des Patienten. Ricoeur hat es als das Moment der praktischen Weisheit charakterisiert. Dabei wird die Beeinträchtigung des Seinsvermögens aufgrund von ethischen Modi retabliert, die am selben Punkt ansetzen wie auch der auf Vertrauen gegründete Fürsorgepakt.

Von hier aus lässt sich der Ort besser verstehen, den das narrative Vorgehen in der ethischen Verantwortung der Ärztin/des Arztes einnimmt: Wenn sich diese Verantwortung in der Ausübung ärztlicher Weisheit inkarniert und sich die Wiedereinrichtung der Selbstständigkeit einer Patientin oder eines Patienten zum Ziel setzt, dann muss untersucht werden, auf welche Weise das Leiden, das diese heimsucht, sich in seiner eigenen Sprache mitteilt. Erst aufgrund dieser Bedingung lässt sich eine eingehende Beurteilung aufstellen, die den Weg eröffnet für ein Projekt individualisierter Fürsorge.

4. Praktische Weisheit und die Rolle der Narrativität in der klinischen Medizin

An diesem Punkt unserer Reflexion berühren wir das Denken von Paul Ricoeur erneut: Seine ersten Arbeiten über die Beziehungen zwischen der Phänomenologie der Zeiterfahrung und der Epistemologie der narrativen Funktion[26] eröffnen den Weg für ein besseres Verständnis der Beziehungen zwischen der Verletzbarkeit des Patienten und der Bedeutung der Aufmerksamkeit, welche dem narrativen Phänomen bei Ausarbeitung des Fürsorgeprojekts entgegengebracht wird, das eine möglichst nahe Antwort auf sein Leiden gibt.

Folgen wir dem Ansatz Ricoeurs, so wird der Lebensbericht zum Ort, an dem sich die Person selber in der Zeit als die narrative Einheit ihres Lebens beschreibt: Auf eine bestimmte Art sind wir selber die Darsteller der Geschichten unseres Lebens. In seinem Bericht über die Krankheit drückt sich die Art und Weise aus, mit der das Leiden die persönliche Identität des Kranken beeinträchtigt. Die narrativen Register geben wieder, wie er seine Zugehörigkeit zu einer Gemeinschaft wahrnimmt, auf welche Weise sich das Leiden in seine eigene zeitliche Entwicklung hi-

---

[26] P. Ricoeur. „La fonction narrative", in: *Etudes théologiques et religieuses*, 54, 1979: 209–230.

neinschreibt und seine innere Wahrnehmung der gelebten Zeit verändert. Die Aufmerksamkeit, die der Fürsorgende oder das gesamte Behandlungsteam der Narration des Kranken widmet (mithin der Art, wie er sich als Subjekt seiner eigenen Geschichte konstituiert), umfasst auch die Aufmerksamkeit für die Körpersprache, zum Beispiel bei technisch vermittelten Bewegungen. Beides sind Elemente, die es möglich machen wahrzunehmen, wie die Identität des Patienten durch die Krankheit bestimmt wird. Die letztere wird vom Patienten oft als eine Erfahrung erzählt, in deren Verlauf er sich von dem Bild entfernte, das er von sich selber hatte, eine Erfahrung, die eine Leidensquelle ist, weil sie ihn mit dem unfreiwilligen Beweis einer Beeinträchtigung seiner persönlichen Integrität konfrontiert, die sich – angesichts des Unabwendbaren – wiederum in einer Empfindung der Verletzbarkeit niederschlägt, in Empfindungen des Absurden und des Verlusts an Sinn, einem Verlust an Selbstachtung.[27]

Angesichts dieser Wahrnehmung des Leidens besteht die Aufgabe der praktischen Weisheit darin, einen Weg zum aufmerksamen Zuhören zu den Berichten des Patienten zu bahnen, um auf der Grundlage des Vertrauens und der Menschlichkeit die existentiellen Inhalte seiner Erfahrungen zu untersuchen, ganz besonders die zeitliche und existentielle Struktur, mit der das Leiden den Handlungsfaden übernommen hat. Dies wird es der fürsorgenden Person gestatten, das Leiden in der Kontinuität des historischen Verlaufs zu situieren und von dort aus eine Genealogie zu erstellen. Auf dieser Basis hat die praktische Weisheit sodann die Aufgabe auszuwerten, wie die Erfahrungsdimension des Leidens gemeinsam mit den diagnostischen und therapeutischen Daten, die aus der biomedizinischen Analyse hervorgehen, ausgedrückt werden kann. Damit soll das Fürsorgeprojekt innerhalb eines narrativen Registers so strukturiert werden, dass es der Patientin oder dem Patienten gestattet, erneut einen Zeitfluss einzurichten, der sich an der Zukunft orientiert. Damit wird eine Wiederkehr des Vertrauens ermöglicht, das der Patient in sich selbst, in sein Leben und in die ihn umgebende Fürsorgewelt setzt.

Wie Warren T. Reich, Forscher am *Kennedy Institute of Ethics* der Georgetown University, Washington DC, gezeigt hat, hängt die Erfüllung dieser Aufgabe der praktischen Weisheit eng von der Phänomenologie der Begegnung zwischen Arzt und Patient ab: Um zu einer Neubegründung des Zeitflusses zu gelangen, der eine Wiederherstellung der narrativen Identität bezeugt, muss die Begegnung drei Momente aufweisen, die gleichzeitig drei Phasen einer Phänomenologie des Leidens reflektieren: die Phase des stummen Leidens *(mute suffering)*, die Phase des Leidens mit offener Klage *(expressive suffering)* und die Phase des verwandelten Leidens *(new identity in suffering)*.[28]

---

[27] P. Ricoeur. *Le mal. Un défi à la philosophie et à la théologie.* Genève: Labor et Fides, 1996: 15–16.
[28] W.T. Reich. „Speaking of Suffering: A Moral Account of Compassion", in: *Soundings*, 72, 1988: 83–108.

Gleich wie Lévinas[29] beschreibt Reich das Leiden als ein Phänomen, das sich innerhalb der ersten Zeit stumm verhält *(mute suffering)*. Indem der Patient an einem Punkt angelangt ist, an dem er nicht mehr fähig ist, seine gesetzten Ziele zu erreichen (Störung seiner Auto-nomie), wird er plötzlich von einer äußeren Kraft ergriffen, die ihn daran hindert zu kommunizieren. Angesichts der Sprachlosigkeit empfiehlt sich, so Reich, eine mitfühlende Einstellung, die ein stilles einfühlendes Zeichen zu setzen sucht: ein Sein-bei-dem-leidenden-Anderen mit einer Einstellung des Empfangens und der Achtung. Die Aufmerksamkeit und die Empfänglichkeit bringen die Absicht der Hilfe zum Ausdruck (bezeichnet als *caring receptivity*), sie ermöglichen es der singulären Stimme über das Leiden zu sprechen. Reich zufolge ist es unerlässlich, diese Phase identifizieren zu können und in diesen Augenblicken zu schweigen, damit der Übergang zur nächsten Phase möglich wird.

Die zweite Phase beginnt in dem Augenblick, in dem das Leiden einen Weg findet, sich auszudrücken, was sich auch in einem Schrei oder einem Seufzen niederschlagen kann *(expressive suffering)*. Gemäß Reich ist dieser erste, noch inkohärente verbale Ausdruck des Leidens gewöhnlich auf die Vergangenheit gerichtet: Die Erzählung der dekonstruierten Vergangenheit sucht das Leiden auf Distanz zu setzen, in eine Perspektive zu verlagern, und die Hoffnung zu nähren, dass sich eine neue Geschichte ergibt. Stets als Antwort zu Lévinas insistiert Reich auf der Tatsache, dass der Leidensschrei dem Arzt die Verantwortung gibt, Mittel zu finden, die der leidenden Person helfen, die Geschichte ihres veränderten Lebens zu formulieren und eine Narration zu finden, die sich an der Zukunft orientiert. Die Mitteilung der Diagnose kann die Geschichte des Patienten manchmal an einer Hoffnung ausrichten: Die Quelle des Übels ausfindig zu machen, kann ein Mittel sein, das Übel besser beherrschen zu können. Sobald die Mitteilung der Diagnose erfolgt ist, hat das Mitfühlen die Aufgabe, der leidenden Person zu helfen, die erzählte Geschichte zu rekonstruieren, den Knoten der Handlung und die Rolle der Personen zu identifizieren, unter denen der Kranke selbst als Hauptakteur auftritt. Das Zur-Geltung-Bringen der Geschichte der leidenden Person durch die fürsorgende Person verschafft dieser, so Reich, die Möglichkeit, die vergangene Geschichte in einer neuen Version zu erzählen: Die verschiedenen Modalitäten des Mitgefühls können daher Quelle für eine existentielle Transformation sein, die an der leidenden Person stattfindet. Diese Transformation begründet die darauf folgende Etappe auf dem Weg der Wiedereinrichtung der persönlichen Identität.

Eine mitfühlende Einstellung, welche die Verwandlung zuhörend begleitet, kann es dem Patienten in diesem Augenblick erlauben, seine Geschichte zu reformulieren und von sich ein neues Bild erscheinen zu lassen, mit dem er sich identifizieren kann *(new identity in suffering)*. Es handelt sich um den Prozess einer Neugestaltung des Selbst. Diese Erzählung drückt sich in einer neuen Geschichte der Krankheit aus. In diesem Stadium kann das Selbst das Feld der Möglichkeiten wiederfinden,

---

[29] E. Lévinas. *Le temps et l'autre*. Paris: Presses Universitaires de France, 1985: 55–56.

mit dem es in der Vergangenheit vertraut war. In dem Augenblick, in dem es sich erneut dem Weg der Suche nach Sinn anzuschließen vermag, hört das Leiden auf, reines Leiden zu sein: Es ist nun das Leiden, das innerhalb einer Geschichte einen Sinn erhält. Es erstreckt sich in die Sprache. Es wird durch die Freiheit interpretiert und ist in sie gekleidet.

Die Arbeiten von Reich zeigen gut, in welcher Hinsicht es für die fürsorgende Person wichtig ist, diese drei narrativen Register des je einzigartigen Leidens zu beachten, um dessen Natur besser verstehen und ein Fürsorgeprojekt ausarbeiten zu können, das den Weg für die Wiederherstellung der Identität des Kranken eröffnet.

In Fortsetzung des Denkens von Reich scheint es mir wesentlich, im letzten narrativen Register, das den Weg für eine Neugestaltung des Selbst eröffnet, auf die narrative Strukturierung des Fürsorgeprojekts aufmerksam zu sein: In diesem diskursiven Raum wird die fürsorgende Person die sprachlichen Zeichen des Neubeginns eines in die Zukunft gerichteten Zeitflusses wahrnehmen können. Sie kann dabei das Wiederaufnehmen des Vertrauens in die Subjektqualitäten feststellen, das es der Patientin ermöglicht, sich in die Zukunft hinein zu projizieren. Im Rahmen eines solchen prospektiven Vorgehens wird die fürsorgende Person – meistens das gesamte zuständige Team – ein Fürsorgeprojekt ausarbeiten können, das für den Patienten Sinn macht und ihm erlaubt, seine Autonomie wieder zu etablieren.[30]

Indem ich diesen Punkt betone, möchte ich auf die Tatsache insistieren, dass das narrative Vorgehen nicht nur darin besteht, die Krankheit in die historische Kontinuität des Lebens des Patienten einzufügen, sondern darauf hinausläuft, die Implikationen des Fürsorgeprojekts für die Transformation der Temporalität zu untersuchen, welche die Patientin oder der Patient in Zukunft wird leben müssen. Wie Cheryl Mattingly präzisiert: „The therapeutic success depends in part upon the therapist's ability to set a story in motion which is meaningful to the patient as well as to herself. One could say that the therapist's clinical task is to create a therapeutic plot which compels a patient to see therapy as integral to healing."[31]

5. Konklusion und Perspektiven

Es scheint, dass sich die ethische Verantwortung der Ärztin oder des Arztes in dem Maße auf die narrativen und diskursiven Dimensionen des ärztlichen Handelns berufen kann, wie sie die Wiederherstellung der ‚Autonomie' des Kranken als Zweck der medizinischen Handlung begreift, nicht nur als eine Gegebenheit, und wie die klinische Medizin daher als eine Kunst der Wiederermöglichung aufgefasst wird. Gemäß diesem Verständnis von praktischer Weisheit, das aus den Quellen des

---

[30] L. Benaroyo. *Ethique et médecine, le lien retrouvé. Les chemins de la responsabilité éthique en médecine clinique*. Thèse de doctorat en philosophie de la médecine, Vrije Universiteit Amsterdam, 2004: 126–128.
[31] C. Mattingly. „The Concept of Therapeutic ‚Emplotment'", in: *Social Science and Medicine*, 38, 1994: 811–822, cit.: 814.

Denkens von Lévinas und Ricoeur zu schöpfen ist, gehören die narrativen und diskursiven Elemente zwei verschiedenen Ebenen an: einerseits der Ebene der Untersuchung der Inhalte, der narrativen Strukturen der Erfahrungen und der Diskurse, die zwischen dem Patienten, seiner Umgebung und dem Pflegepersonal stattfinden, und andererseits der Ebene der Aufmerksamkeit, die der narrativen Strukturierung eines Fürsorgeprojekts entgegengebracht wird, das dem Patienten erlaubt, (erneut) Akteur der Wiederherstellung seiner narrativen Identität zu werden, welche sich durch die Krankheit verändert hat.

Erst anlässlich dieser beiden, für die Ausarbeitung einer eingehenden medizinischen Beurteilung, wesentlichen Momente kann die Anregung, das Leiden nicht wie eine Tatsache, sondern wie ein Ereignis zu verstehen, eine Quelle der klinischen Kreativität werden: Wie wir gesehen haben, legt das Ereignis des Leidens, das eine Veränderung im Sinn von Zeitlichkeit des Kranken zum Ausdruck bringt, gleichermaßen Zeugnis ab von einer umfassenden Veränderung der Gegenwärtigkeit des letzteren in der Welt und von der Brüchigkeit des Vertrauens, das er den anderen und sich selbst gegenüber hat. Wie Jerôme Porée im selben Geist wie Warren Reich gezeigt hat, vollzieht sich im Zentrum dieser Erschütterung ein Prozess, der Kraft des Leidens, in der die Patientin/der Patient eine „interne Transformation des Sinnes der Zeitlichkeit" herbeiführt.[32] Diese Transformation ist ein Zeichen der Hoffnung und der Öffnung gegenüber einer Perspektive, dass „noch etwas erreicht werden könnte, was das Leben erneut möglich macht."[33] Durch diese „ursprüngliche Öffnung in Richtung auf die Hilfe", wo sich, wie Lévinas sagt, „die anthropologische Kategorie der Medizin, des Vorrangigen, Irreduziblen, Ethischen aufdrängt"[34], kann eine Grundlage gefunden werden für die Ausarbeitung eines an der Zukunft orientierten Fürsorgeprojekts, das für den Patienten Sinn macht und den Weg für die Wiederherstellung seiner Gegenwärtigkeit in der Welt mit Vertrauen zu den Anderen und zu sich selbst eröffnet, einen Weg zur Wiedererlangung seiner Selbstständigkeit.

Wenn wir diese ethische Bedeutung des Sinnes der Zeitlichkeit im Bereich des Heilens erkennen, scheint es möglich, das narrative Vorgehen als eine der Facetten einer Verantwortungsethik der klinischen Medizin aufzufassen.[35]

---

[32] J. Porée. „Souffrance et temps. Esquisse phénoménologique", in: *Revue philosophique de Louvain,* 95, 1997: 103–129, cit.: 123.
[33] Ibid.: 126.
[34] E. Lévinas. „La souffrance inutile", in: *Entre nous. Essais sur le penser-à-l'autre,* Paris: Grasset, 1991: 110.
[35] Die Arbeit ist aus dem Französischen übersetzt worden von Sander Wilkens und Christoph Rehmann-Sutter. Das Kapitel nimmt einige Themen auf, die entwickelt wurden im Artikel: L. Benaroyo. „Responsabilité éthique au quotidien. La narration au coeur du soin", in: *Ethique et Santé,* 2, 2005: 76-81.

V. VERGANGENHEITEN UND EUGENIK

15

DAS „EUGENIK-ARGUMENT" IN DER BIOETHISCHEN DISKUSSION
Differenzierungen und Anmerkungen

JOHANN S. ACH

1.

Die in Deutschland geführte Debatte über medizin- bzw. bioethische Fragestellungen weist verschiedene Charakteristika auf, die sich zumindest teilweise auf die historische Erfahrung der nationalsozialistischen Verbrechen zurückführen lassen. Dies gilt beispielsweise im Hinblick auf die prominente Rolle, die das Argument der Menschenwürde in der deutschsprachigen Diskussion im Unterschied zur Diskussion in anderen Ländern spielt. In einigen Bereichen der gegenwärtigen Debatte wird diese historische Erfahrung sogar zum direkten Argument: Ein Beispiel dafür ist die Diskussion über Humanexperimente, insbesondere die Diskussion über Versuche an nichteinwilligungsfähigen Menschen, die in Deutschland vor allem im Zusammenhang der Auseinandersetzungen um das Übereinkommen über Menschenrechte und Biomedizin des Europarates von 1997, die sog. ‚Bioethik-Konvention', geführt worden ist und noch immer geführt wird. Die heftigste Kritik an der Konvention entzündete sich an Artikel 17 und wurde, wie Ursel Fuchs feststellt, „nicht zuletzt eingedenk der Forschung in der NS-Medizin"[1] vorgetragen. Nicht wenige haben in Deutschland diesen Artikel, der Forschung an nichteinwilligungsfähigen Menschen unter bestimmten Voraussetzungen zulässt, als einen Verstoß gegen das Instrumentalisierungsverbot und damit gegen die menschliche Würde angesehen. „Dieser Artikel hebt", heißt es beispielsweise in einem Memorandum des Komitees für Grundrecht und Demokratie, „das Prinzip des Nürnberger Kodexes auf, der in Reaktion auf die Menschenversuche während der nationalsozialistischen Herrschaft

---

[1] Ursel Fuchs. „Die Ethik der Bio-Macht. Bioethik oder: Tabubrüche hinter verschlossenen Türen", in: Michael Emmrich (Hrsg.). *Im Zeitalter der Bio-Macht*. Frankfurt a.M., 1999: 261–273, 266.

bestimmt hatte, dass nie wieder Versuche am Menschen ohne dessen freiwillige und informierte Zustimmung vorgenommen werden dürfen."[2]

Ein zweites Beispiel ist die aktuelle Diskussion über die Sterbehilfe, die in Deutschland insbesondere im Anschluss an die sog. ‚Singer-Debatte' und mit Blick auf die Früheuthanasie an schwerst missgebildeten Neugeborenen geführt worden ist. Besonders drastisch hat sich in diesem Zusammenhang Ernst Klee zu Wort gemeldet. Es sei erstaunlich, meint Klee,

> „mit welcher intellektuellen Lust Singer & Nachsinger diskutieren, wer denn nun alles getötet werden kann. Die akademische Verfolgung der neuen Euthanasie-Opfer ist bereits im Gange. Dabei wird kaum etwas formuliert, was die NS-Euthanasierer nicht schon gesagt hätten."[3]

Aber auch viele andere Autorinnen und Autoren in Deutschland lehnen jedwede Form von aktiver Sterbehilfe mit dem Hinweis auf die nationalsozialistischen Massentötungen und die unselige Vokabel vom ‚lebensunwerten Leben' ab; und nicht wenige Kritikerinnen und Kritiker der Diskussion über die Sterbehilfe behaupten eine Kontinuität, die von den Verbrechen im Nationalsozialismus bis hin zur gegenwärtigen Diskussion über die Sterbehilfe reichen soll.[4]

Ein drittes Beispiel schließlich ist die Diskussion über die Reproduktionsmedizin und die Humangenetik und insbesondere die genetische Diagnostik vor und während der Schwangerschaft. Mit diesem Beispiel werde ich mich im Folgenden etwas ausführlicher beschäftigen. Das Stichwort lautet hier: ‚Eugenik'. In dieser Diskussion wird immer wieder behauptet, Präimplantationsdiagnostik und Pränataldiagnostik verfolgten eugenische Ziele oder hätten doch zumindest eugenische Effekte, und es wird auf negative historische Erfahrungen verwiesen, deren Wiederholung es unbedingt zu vermeiden gelte.

Ich werde dieses Argument, das Handlungsoptionen unter Verweis auf bestimmte Diskussionen und Praktiken in der Vergangenheit, insbesondere im Nationalsozialismus, als ‚eugenisch' brandmarkt und damit moralisch diskreditiert, als ‚Eugenik-Argument' (EA) bezeichnen. Die folgenden Differenzierungen und Anmerkungen zum EA werden sich auf drei Aspekte dieses Arguments konzentrieren: Einen terminologischen, einen historischen sowie einen normativen Aspekt. Welche Handlungen werden von den Vertreterinnen und Vertretern des EA als ‚eugenisch' bezeichnet? Was wird über den Bezug der fraglichen Handlungsoption zu eugenischen Diskussionen und Praktiken in der Vergangenheit, insbesondere im National-

---

[2] Komitee für Grundrechte und Demokratie. *Die Menschenrechte werden gespalten, die Menschen werden sortiert. Zum Menschenrechtsübereinkommen des Europarates zur Biomedizin. Ein Memorandum.* Köln, 1997: 27.
[3] Ernst Klee. „Durch Zyankali erlöst", in: *Sterbehilfe und Euthanasie heute.* Frankfurt a.M., 1990: 68.
[4] Vgl. zu dieser Diskussion Johann Ach und Andreas Gaidt. „Kein Diskurs über Abtreibung und ‚Euthanasie'? Zur Rechtfertigung der Singer-Debatte", in: *Das Argument* 183, 1990: 769-776; sowie die Beiträge in: Andreas Frewer und Clemens Eickhoff (Hrsg.). *„Euthanasie" und die aktuelle Sterbehilfe-Debatte. Die historischen Hintergründe medizinischer Ethik.* Frankfurt a.M., 2000.

sozialismus, behauptet? Und schließlich: Welche Argumente bringen die Vertreterinnen und Vertreter des EA für ihre Behauptung vor, eugenische Handlungen seien moralisch falsch? Das dabei entstehende Panorama wird, soviel sei schon jetzt vorweggenommen, zeigen, dass in der gegenwärtigen bioethischen Diskussion nicht ein EA, sondern vielmehr eine Vielzahl von unterschiedlichen Varianten des EA vertreten werden.

2.

Die erste der drei Fragen scheint – zumindest auf den ersten Blick – leicht zu beantworten zu sein: Unter ‚Eugenik', so könnte die Definition lauten, versteht man die Gesamtheit der Ideen und Aktivitäten, die darauf abzielen, die genetische Ausstattung der Nachkommen und künftiger Generationen von Menschen zu sichern oder zu verbessern. Damit fangen die Probleme aber erst an. Sieht man sich die Diskussion über das EA nämlich etwas genauer an, wird man feststellen, dass die Vertreterinnen und Vertreter des EA sehr unterschiedliche Vorstellungen darüber haben, was eine Handlung als ‚eugenisch' charakterisiert. Diese unterschiedlichen Vorstellungen lassen sich sowohl an den Behauptungen über die Ziele der jeweiligen Interventionen, als auch an den Behauptungen über deren Eingriffsebene, die zugrunde liegende Motivationsstruktur oder die angemessene Verhaltensbeschreibung festmachen.

2.1 Negative vs. positive Eugenik

Im Hinblick auf das Ziel der Intervention kann man zwischen negativer und positiver Eugenik unterscheiden. Eingriffe können entweder mit dem Ziel verbunden sein, einer Verschlechterung der Erbanlagen einer menschlichen Population vorzubeugen bzw. einen bestimmten status quo zu sichern und zu erhalten, oder mit dem Ziel vorgenommen werden, eine ‚Verbesserung' zu bewirken. Im ersteren Falle spricht man von ‚negativer Eugenik', im letzteren von ‚positiver Eugenik'. Zwar nennen die Proponentinnen und Proponenten des EA in der Regel beide Typen von Interventionen ‚eugenisch'; die moralische Beurteilung fällt meist jedoch unterschiedlich aus: Während negativ-eugenische Folgen von präventiven oder therapeutischen Interventionen häufig als zumindest akzeptabel angesehen werden, treffen positiv-eugenische Handlungen fast durchweg auf Ablehnung.[5] Eine solche un-

---

[5] Jürgen Habermas beispielsweise stellt mit Blick auf eine Gentherapie bei menschlichen Embryonen fest: „So schwer es im Einzelfall sein mag, therapeutische, also Übel vermeidende, von verbessernden eugenischen Eingriffen zu unterscheiden, so einfach ist die regulative Idee, der die intendierten Abgrenzungen gehorchen. Solange der medizinische Eingriff vom klinischen Ziel der Heilung einer Krankheit oder der Vorsorge für ein gesundes Leben dirigiert wird, kann der Behandelnde das Einverständnis des – präventiv behandelten – Patienten unterstellen." Jürgen Habermas. *Die Zukunft der menschlichen Natur. Auf dem Weg zu einer liberalen Eugenik?* Frankfurt a.M., 2001: 91. Mit ähnlichen Argumenten: Ludwig Siep. 2004: *Konkrete Ethik.* Frankfurt a.M., 2004: 330.

terschiedliche Wertung legt beispielsweise die Enquete-Kommission Recht und Ethik der modernen Medizin des Deutschen Bundestages nahe, wenn sie die neue Qualität der Präimplantationsdiagnostik (PID) unter anderem darin sieht, dass diese eine positive Auswahl zwischen verschiedenen Embryonen ermögliche, wohingegen die Pränataldiagnostik nur auf eine negative Auswahl hinauslaufe.[6] Hier wird die PID offenbar als eine weitere Eskalationsstufe gegenüber der PND gesehen, die ebenfalls bereits als eugenisch wahrgenommen wird.

2.2 Individuelle vs. Überindividuelle Eugenik

Unterschiedliche Auffassungen gibt es auch bezüglich der Eingriffsebene. Eingriffe können entweder auf der Ebene der Gene von Individuen ansetzen (zum Beispiel: genetische Familienberatung, vorgeburtliche Diagnostik und selektive Abtreibung, Gentherapie) oder auf der Ebene des Genpools einer Population (zum Beispiel: Sterilisationsprogramme, Förderung der Fortpflanzung von Trägern erwünschter Merkmale, Selektion von Samenspendern). Man kann entsprechend zwischen einer individuellen und einer überindividuellen Eugenik unterscheiden. Einige Autorinnen und Autoren halten nur solche Handlungen für eugenisch, die auf der Ebene der Gene des Genpools ansetzen. Junker und Paul beispielsweise halten dies in einem Beitrag, der einer Analyse des Eugenik-Arguments in der Humangenetik gewidmet ist, für die spezifische Differenz zwischen Eugenik und Humangenetik und stellen fest:

> „Die Eugenik strebt eine Verbesserung des Genpools über mehrere Generationen an, während die moderne Humangenetik die individuelle Lebensplanung im Blick hat."[7]

Junker und Paul sind unter anderem aus diesem Grund skeptisch, was die Plausibilität des EA angeht. Aber auch manche Vertreterinnen und Vertreter des EA reservieren den Begriff der Eugenik für Handlungen, die auf den menschlichen Genpool zielen. So wird zum Beispiel im Contra-Votum des Nationalen Ethikrates[8] die Ablehnung der PID u.a. mit dem Argument begründet, es erscheine „in hohem Maße unwahrscheinlich", dass sich eine Eingrenzung der PID auf bestimmte Indikationen halten lasse. Statt dessen könne die PID auch „für Auslesen im Rahmen eines Aneuploidie-Screenings, für Zusatzuntersuchungen auf Dispositionsallele oder sonst für Embryonenverwerfungen zur Verbesserung der Geburtenrate in Anspruch genommen werden". Und weiter:

---

[6] Enquete-Kommission Recht und Ethik der modernen Medizin. 2002: *Schlussbericht*. Berlin, 2002: 216.
[7] Thomas Junker und Sabine Paul. „Das Eugenik-Argument in der Diskussion um die Humangenetik: eine kritische Analyse", in: Eve-Marie Engels (Hrsg.). *Biologie und Ethik*. Stuttgart, 1999: 161-193, 178.
[8] Der Ethikrat gab zur Frage der PND und der PID ein geteiltes Votum ab. Neben einem „Votum für eine verantwortungsvolle, eng begrenzte Zulassung der PID" ein „Votum für die Beibehaltung und Präzisierung des im EschG enthaltenen Verbots der assistierten Reproduktion (extrakorporalen Befruchtung) zu diagnostischen Zwecken und damit des Verbots der PID sowie zur künftigen Handhabung der PND", hier Contra-Votum genannt.

„Reihenuntersuchungen beispielsweise für unfreiwillig kinderlose Frauen, die oberhalb einer bestimmten Altersgrenze einer Schwangerschaft mithilfe assistierter Reproduktion in Erwägung ziehen, wären dann nur eine Frage der Zeit. Das hätte dann nicht nur das Sterben entwicklungsunfähiger Embryonen, sondern auch gesunder, aber weniger kräftig erscheinender Embryonen zur Folge, wie es beispielsweise in Großbritannien schon jetzt geschieht. Damit ist die Grenze zur Eugenik bereits überschritten."[9]

Die Autorinnen und Autoren halten die Inanspruchnahme einer PID bei Vorliegen einer individuellen Indikation also offenbar nicht für ‚eugenisch'. Zumindest legt die zitierte Textpassage die Auffassung nahe, dass sie die ‚Grenze zur Eugenik' in diesem Fall noch nicht für überschritten halten.

Für andere dagegen scheint jede Form der Selektion anhand genetischer Kriterien ‚eugenisch' zu sein. Jackie Leach Scully beispielsweise stellt fest:

„Schon allein das Angebot, auf bestimmte Eigenschaften hin zu selektieren (wie in der genetischen), oder ein genetisches Merkmal aus dem Körper eines Individuums, seiner Erblinie und so potenziell aus der Gesellschaft zu entfernen (wie in der Gentherapie), drückt den Glauben daran aus, dass die menschliche Spezies durch genetische Manipulation zu verbessern oder sogar perfektionierbar ist."[10]

Wo jede Selektionsentscheidung, ja sogar das bloße Angebot dazu, als eugenisch qualifiziert werden kann, kommt es auf die Eingriffsebene nicht an. Auch Eingriffe auf der Ebene des Individuums lassen sich dann als eugenische interpretieren.

2.3 Freiwillige vs. unfreiwillige Eugenik

Auch im Hinblick auf die Motivationsstruktur vertreten die Proponentinnen und Proponenten des EA unterschiedliche Auffassungen. Eingriffe können entweder durch (staatlichen) Druck oder Zwang motiviert sein oder sich einer selbstbestimmten und informierten Entscheidung der primär betroffenen Individuen verdanken. In ersterem Fall kann man auch von unfreiwilliger, im letzteren von freiwilliger Eugenik sprechen. In den älteren Diskussionen über die Eugenik war staatlicher Druck oder Zwang eines der notwendigen Kennzeichen eugenischer Handlungen. Diese Auffassung kommt beispielsweise auch noch in einem Dokument des Bundesministers für Forschung und Technologie von 1991 zum Ausdruck, in dem (staatlicher) Zwang zwar nicht als Kennzeichen, immerhin aber als ein wichtiges Indiz für Eugenik genannt und behauptet wird, eine eugenische Intention müsse insbesondere in jenen Fällen angenommen werden, in denen autonome Entscheidungen von Ein-

---

[9] Nationaler Ethikrat. *Genetische Diagnostik vor und während der Schwangerschaft.* Stellungnahme des Nationalen Ethikrates, 2004.
http://www.ethikrat.org/stellungnahmen/pdf/Stellungnahme_Genetische_Diagnostik.pdf).
[10] Jackie Leach Scully. „Humangenetik aus der Perspektive der Betroffenen", in: *edition ethik kontrovers* 10, 2002: 31-35, 33.

zelnen durch staatlichen Zwang oder Druck aufgehoben würden.[11] Die selbe Auffassung liegt offensichtlich auch dem Positionspapier der deutschen Gesellschaft für Humangenetik zu Grunde. Dort wird behauptet, dass von Eugenik nur im Zusammenhang mit mittelbaren und unmittelbaren (staatlichen) Zwangsmaßnahmen gesprochen werden könne. Die Autorinnen und Autoren der Stellungnahme sind daher offenbar auch der Auffassung, dass die „individuell orientierte Zielsetzung" der modernen Humangenetik ausreiche, diese von eugenischen Zielsetzungen zu distanzieren.[12]

Auch für den Humangenetiker Jörg Schmidtke scheint die Unfreiwilligkeit ausschlaggebend zu sein, wenn es darum geht, eine Handlung als eugenisch zu qualifizieren oder ihr zumindest eine ‚eugenische Komponente' zu attestieren. Für ihn allerdings ist kein handfester (staatlicher) Zwang erforderlich. Schmidtke zufolge kommen vielmehr auch andere, weniger direkte Formen von Druck in Frage. Sein Beispiel sind genetische Reihenuntersuchungen auf nicht-behandelbare Krankheiten in der Folgegeneration, die seiner Auffassung nach ‚immer eine eugenische Komponente' haben – und zwar deshalb, weil das wesentliche Merkmal solcher Reihenuntersuchungen die ‚aktive Rolle' sei, die das Gesundheitswesen dabei spiele.[13]

In den neueren Debatten über das EA vertreten zahlreiche Autorinnen und Autoren demgegenüber die Behauptung, der Begriff der Eugenik sei auch im Hinblick auf solche Handlungen angebracht, die von den Individuen freiwillig, also ohne äußeren Druck oder Zwang, durchgeführt werden. Nelkin und Lindee beispielsweise sind der Auffassung:

> „Weit verbreitete Überzeugungen von der Macht der Gene und der Bedeutsamkeit von Vererbung begünstigen eugenische Praktiken sogar dann, wenn die Reproduktion nicht direkt politisch kontrolliert wird."[14]

Eugenik müsse, wie auch Sigrid Graumann meint, als ‚soziokulturelles Projekt' verstanden werden, welches sich über „normierte, vermeintlich selbstbestimmte Einzelentscheidungen vollzieht."[15] Gegenüber der ‚alten' Eugenik, die auf äußerem Zwang beruht habe, zeichne sich diese ‚neue' Eugenik dadurch aus, dass sie selbstgesteuert durch die Individuen erfolge. Lemke spricht in diesem Zusammenhang von einer ‚Eugenik des Risikos', die dadurch charakterisiert sei, dass „an die Stelle

---

[11] Zitiert nach: Michael Fuchs und Dirk Lanzerath. Eintrag „Eugenik, 2. ethisch. in: *Lexikon der Bioethik*. Gütersloh, 2000: 701–704, 701.
[12] Kommission für Öffentlichkeitsarbeit und ethische Fragen der Gesellschaft für Humangenetik e.V „Positionspapier", in: *Medizinische Genetik* 8, 1996: 125–131.
[13] Jörg Schmidtke. *Vererbung und Ererbtes – Ein humangenetischer Ratgeber*. Reinbek bei Hamburg, 1997: 247.
[14] Zitiert nach: Jackie Leach Scully. „Humangenetik aus der Perspektive der Betroffenen", in: *edition ethik kontrovers* 10, 2002: 31-35, 33
[15] Sigrid Graumann. „Gesellschaftliche Folgen der Präimplantationsdiagnostik", in: Bundesministerium für Gesundheit (Hrsg.). *Fortpflanzungsmedizin in Deutschland. Wissenschaftliches Symposium des Bundesministeriums für Gesundheit in Zusammenarbeit mit dem Robert Koch-Institut vom 24. bis 26. Mai 2000 in Berlin*. Baden-Baden, 2001: 215–220, 217.

staatlich verordneter eugenischer Programme, die vor allem auf repressive Mittel zurückgriffen und deren Gegenstand die ‚Volksgesundheit' war", ein ‚Risikodispositiv' trete, „das im Namen von Selbstbestimmung, Eigenvorsorge, Verantwortung und Wahlfreiheit auf eine produktive Optimierung des individuellen Humankapitals zielt."[16] Andere sprechen von „backdoor eugenics"[17], einer „unbewussten Eugenik",[18] einer „impliziten Eugenik"[19] einer „Eugenik von unten"[20] oder – mit etwas anderem Fokus – von einer „liberalen Eugenik"[21].

2.4 Eugenik durch Tun vs. Eugenik durch Unterlassen

Im Hinblick auf die Verhaltensbeschreibung kann man schließlich zwischen einer Eugenik durch Tun und einer Eugenik durch Unterlassen unterscheiden. Als ‚eugenisch' bezeichnet werden von den Vertreterinnen und Vertretern des EA sowohl Handlungen als auch Unterlassungen. Die Mehrzahl der Proponentinnen und Proponenten des EA reserviert der Eugenik-Begriff zwar für Handlungen oder Praktiken, allen voran für technisch unterstützte Handlungen wie zum Beispiel eine PID mit Embryonenselektion oder eine (nicht-therapeutische) Manipulation der menschlichen Keimbahn. Andere Proponentinnen und Proponenten des EA vertreten demgegenüber aber die Auffassung, dass auch der Verzicht auf eine Handlung angesichts des Vorhandenseins der technischen Option eugenisch sein könne. Die durch technische Optionen eröffnete Wahlfreiheit verändere das Handlungsfeld irreversibel und führe einen unentrinnbaren Entscheidungszwang herbei, der auch eugenische Implikationen habe. So stellt zum Beispiel Thomas Lemke fest:

> *„Ob wir es wollen oder nicht: Selbst die scheinbar ‚nicht-eugenische' Entscheidung gegen genetische Diagnostik und selektive Abtreibung wird unter diesen Bedingungen zu einer eugenischen, da auch ihr eine (normative) Entscheidung zugrunde liegt: die Entscheidung, dass es besser sei, nicht zu entscheiden. Die Auswahl einer ‚natürlichen' genetischen Ausstattung für ein Individuum ist nur eine Option und ein ‚Selektionskriterium' unter anderen möglichen, in jedem Fall aber eine Option – und damit weder schicksalhaft noch unveränderbar."*[22]

---

[16] Thomas Lemke. „Zurück in die Zukunft? – Genetische Diagnostik und das Risiko der Eugenik", in: Sigrid Graumann (Hrsg.). *Die Gen-Kontroverse*. Freiburg im Brsg., 2001: 37–44, 44.
[17] Troy Duster. *Backdoor to Eugenics*. Rotledge, 1990.
[18] S. Kühl. *Die Internationale der Rassisten. Aufstieg und Niedergang der internationalen Bewegung für Eugenik und Rassenhygiene im 20. Jahrhundert*. Frankfurt a.M., 1997.
[19] Therese Neuer-Miebach. „Zwang zur Normalität. Pränatale Diagnostik und genetische Beratung", in: Michael Emmrich (Hrsg.). *Im Zeitalter der Bio-Macht. 25 Jahre Gentechnik – eine kritische Bilanz*. Frankfurt a.M., 1999: 69-104, 72.
[20] Leonhard Hennen et al. 1996 : *Genetische Diagnostik – Chancen und Risiken. Der Bericht des Büros für Technikfolgen-Abschätzung*. Berlin, 1996: 103.
[21] Jürgen Habermas. 2001: *Die Zukunft der menschlichen Natur. Auf dem Weg zu einer liberalen Eugenik?* Frankfurt a.M., 2001.
[22] Thomas Lemke. „Zurück in die Zukunft? – Genetische Diagnostik und das Risiko der Eugenik", in: Sigrid Graumann (Hrsg.). *Die Gen-Kontroverse*. Freiburg im Brsg., 2001: 37–44, 43.

Auch der Verzicht auf die Inanspruchnahme technischer Möglichkeiten beruht, so das Argument, auf einer Entscheidung und kann insofern als ‚eugenisch' bezeichnet werden. Eugenischen Handlungen korrespondieren eugenische Unterlassungen.

3.

Eben so vielfältig wie die herangezogenen Varianten des Eugenik-Begriffs sind die Behauptungen über den Bezug, den gegenwärtig zu beobachtende Entwicklungen im Bereich der Reproduktionsmedizin bzw. der genetischen Diagnostik zu eugenischen Diskussionen und Praktiken in der Vergangenheit, insbesondere im Nationalsozialismus, haben. Es kann kaum überraschen, dass es zwischen der jeweils herangezogenen Spielart des Eugenik-Begriffs und der Behauptung über einen historischen Zusammenhang gewisse Interdependenzen gibt. Ich werde auch hier wieder nur verschiedene typische argumentative Strategien unterscheiden, ohne im Einzelnen zu untersuchen, wie plausibel die angeführten Argumente sind.

3.1   Irrelevanz-Argument

Eine erste Argumentations-Strategie besteht darin, zu behaupten, dass es zwischen den eugenischen Ideen und Praktiken der Vergangenheit und gegenwärtigen Entwicklungen in der Humangenetik keinerlei Zusammenhang gebe. Diese Behauptung wird selbstredend von den Kritikerinnen und Kritikern des EA eher vertreten als von dessen Proponentinnen und Proponenten. Wer die Differenz zwischen eugenischen und nicht-eugenischen Handlungen beispielsweise im Hinblick auf die Motivationsstruktur daran festmacht, ob die entsprechenden Handlungen durch (staatlichen) Druck oder Zwang durchgesetzt werden, wird dazu neigen, das EA als irreführend zurückzuweisen, da sich die moderne Humangenetik doch gerade das Prinzip des informed consent auf ihre Fahnen geschrieben habe. Während das Prinzip der Selbstbestimmung von den Eugenikern in eklatanter Weise missachtet worden sei, sei dieses Prinzip gerade der entscheidende Rechtfertigungsgrund für humangenetische Diagnostik und andere humangenetische Interventionen. Jede Gleichsetzung der Methoden der modernen Humangenetik mit eugenischen Praktiken sei angesichts dessen unzulässig.[23]

3.2   Missbrauchs-Argument

Eine zweite Argumentationsstrategie besteht darin, zu behaupten, humangenetische Methoden seien zwar nicht genuin eugenisch, ließen sich aber zu eugenischen

---

[23] Vgl. zum Beispiel: Claus R. Bartram et al. *Humangenetische Diagnostik. Wissenschaftliche Grundlagen und gesellschaftliche Konsequenzen*. Berlin/Heidelberg, 2000: 49; sowie: Thomas Junker und Sabine Paul. „Das Eugenik-Argument in der Diskussion um die Humangenetik: eine kritische Analyse", in: Eve-Marie Engels (Hrsg.). *Biologie und Ethik*. Stuttgart, 1999: 161–193 wo dieses Argument zumindest der Tendenz nach vorgetragen wird.

Zwecken missbrauchen. Das Missbrauchs-Argument wird in zwei verschiedenen Spielarten vorgetragen. Eine missbräuchliche Anwendung genetischer Diagnostik kann demnach entweder von der Gesellschaft bzw. vom Staat oder aber von den Individuen ausgehen. Ersteres Argument wird wiederum vor allem von jenen vertreten, die die Differenz zwischen nicht-eugenischen und eugenischen Handlungen an der Motivationsstruktur festmachen und nur im Falle (staatlichen) Zwangs von Eugenik sprechen. Die Humangenetik wird diesem Argument zufolge für eugenische Ziele missbraucht, wenn sie als ein Instrument zur Durchsetzung staatlicher Interessen, statt als Hilfe für konkrete individuelle Patienten oder Ratsuchende genutzt wird. Die andere Variante dieses Arguments hält auch so etwas wie eine „private Eugenik"[24] für möglich, also eugenische Handlungen, die von den Individuen freiwillig und bewusst vollzogen werden. Ein Beispiel für diese Variante des EA findet sich im Bericht der Bioethik-Kommission des Landes Rheinland-Pfalz zur PID von 1999, der in der bundesrepublikanischen Diskussion einigen Einfluss hatte. Dort heißt es unter anderem:

„Gegenstand der Beratungen der Kommission war ferner die Frage, ob mittels der PID eugenische Maßnahmen möglich werden könnten. Da es embryopathische Störungen gibt, die nicht so schwer wiegen, um einen Schwangerschaftsabbruch zu begründen, war zu überlegen, ob diese Methode dazu benutzt werden kann, Abweichungen von Wunschvorstellungen festzustellen und dies dann zum Anlass zu nehmen, den Transfer des Kindes zu versagen."

Der Caesar-Bericht, wie er nach dem zuständigen Landesjustizminister auch genannt wird, beantwortet die selbstgestellt Frage wie folgt:

„Da die PID ein für das jeweilige Elternpaar sehr belastendes und auch in technischer Hinsicht ein sehr aufwendiges Verfahren darstellt, kann man davon ausgehen, dass es nur bei Eltern mit einem nachgewiesenen erheblichen Risiko für die Geburt eines Kindes mit einer Erbkrankheit angewandt wird und die Gefahr eines eugenischen Missbrauchs als gering anzusehen ist."[25]

Es gibt nach Auffassung der Autorinnen und Autoren des Berichts also einen legitimen individuellen Gebrauch und einen nicht legitimen individuellen Missbrauch der PID.[26]

---

[24] Jens Reich: zitiert nach: Michael Fuchs und Dirk Lanzerath. Eintrag ‚Eugenik', - 2. ethisch. In: *Lexikon der Bioethik*. Gütersloh, 2000: 701–704, 703.

[25] Peter Caesar (Hrsg.). *Präimplantationsdiagnostik. Thesen zu den medizinischen, rechtlichen und ethischen Problemstellungen*. Bericht der Bioethik-Kommission des Landes Rheinland-Pfalz vom 20. Juni 1999. Ministerium der Justiz Rheinland-Pfalz, 1999: 39.

[26] Natürlich würde man nun gerne noch wissen, welche embryopathischen Störungen schwer genug wiegen, um nach Auffassung der Autorinnen und Autoren des Berichts, einen Schwangerschaftsabbruch und entsprechend auch die Durchführung einer PID zu begründen; und man würde gerne wissen, bei welchen „Abweichungen von Wunschvorstellungen" die Anwendung der PID einen „eugenischen Missbrauch" durch die Elternpaare darstellt. Mit diesen Fragen lässt der Bericht die Leserinnen und Leser freilich allein.

3.3 Kontinuitäts-Argument

Eine dritte Argumentationsstrategie besteht darin, zu behaupten, bei den verschiedenen Methoden der genetischen Diagnostik vor und während der Schwangerschaft handele es sich gewissermaßen um eine Fortsetzung der ‚alten' Eugenik mit neuen Mitteln. Die Mittel haben sich geändert, so das Argument, die Ziele aber sind die gleichen geblieben.[27] Dieses Argument wird in unterschiedlichsten Varianten verwendet. Häufig belassen es die Proponentinnen und Proponenten dieses Arguments einfach beim bloßen Verweis auf die NS-Erfahrung bzw. die Geschichte der Eugenik und der Rassenhygiene in Deutschland und stellen die Methoden der Humangenetik damit in einen historischen Kontext, ohne dass mehr über den implizit behaupteten historischen Zusammenhang gesagt würde. Besonders häufig wird das Kontinuitäts-Argument aber von jenen verwendet, die einen ‚soziokulturellen Begriff' von Eugenik für plausibel bzw. eine freiwillige Eugenik im Sinne einer ‚Eugenik von unten' für möglich halten. Die moderne Humangenetik erscheint aus dieser Perspektive als eine ‚Transformation' der klassischen eugenischen Ideen und Praktiken.[28] Es gebe, so nicht wenige Vertreterinnen und Vertreter des EA, eine Kontinuität, die von den – bereits Anfang des 20. Jahrhunderts diskutierten – bevölkerungspolitischen Konzepte über die rassenhygienisch und eugenisch motivierten Verbrechen im deutschen Nationalsozialismus bis hin zur gegenwärtigen Humangenetik und Reproduktionsmedizin reiche.

3.4 Dammbruch-Argument

Eine vierte Argumentationsstrategie schließlich besteht in der Warnung vor einem Dammbruch bzw. davor, dass, wer bestimmte Diagnose- oder andere Handlungsmöglichkeiten zulasse, sich auf eine ‚schiefe Ebene' begebe. Dammbruch-Argumente sollen davon abhalten, eine bestimmte, ‚an sich' moralisch akzeptable Handlung zu vollziehen, da sie der erste Schritt auf einer ‚schiefen Ebene' sei. Diesem würden unweigerlich, so das Argument, weitere Schritte folgen, die schließlich zu Konsequenzen führen oder zumindest führen könnten, die von allen an der Diskussion beteiligten Parteien als nicht wünschenswert angesehen werden.[29] Ein Bei-

---

[27] So schon im Titel: Claudia Stellmach. „UNESCO-Biopolitik: Neue Technik – alte Eugenik", in: Michael Emmrich (Hrsg.). *Im Zeitalter der Bio-Macht*. Frankfurt a.M., 1999: 275–340.

[28] Ludger Weß. „Der Blick auf die Gene. Ein neues Paradigma in der Medizin", in: Stephan Kolb (Hrsg.). *Fürsorge oder Vorsorge. Die Ethik medizinischer Forschung*. Frankfurt a.M., 1996: 65–85, 72. Auch Weingart, Kroll und Bayertz stellen in ihrer Studie zur Geschichte der Eugenik und Rassenhygiene in Deutschland fest: „Die eugenischen Utopien, mit denen die Geschichte der Rationalisierung des generativen Verhaltens begann, sind heute zum großen Teil technisch realisierbar bzw. realisierbar; in ihren ursprünglichen Ausformulierungen haben sie sich freilich als konservativ überlebt." (Peter Weingart; Jürgen Kroll und Kurt Bayertz. *Rasse, Blut und Gene. Geschichte der Eugenik und Rassenhygiene in Deutschland*. Frankfurt a.M., 1992: 681.)

[29] Vgl. zum Dammbruch-Argument: Barbara Guckes. *Das Argument der schiefen Ebene. Schwangerschaftsabbruch, die Tötung Neugeborener und Sterbehilfe in der medizinethischen Diskussion*. Stuttgart, 1997.

spiel für ein solches Dammbruch-Argument findet sich im Contra-Votum des Nationalen Ethikrats. Den Autorinnen und Autoren des Votums erscheint es, wie sie sagen, „in hohem Maße unwahrscheinlich", dass sich „die Anwendung der PID und damit die Auslese derart begrenzen lässt, dass nur bestimmte Indikationen zugelassen werden, andere medizinisch-technisch mögliche Anwendungen aber auf Dauer verboten bleiben"[30]. Um diese These plausibel zu machen, stellen sie fest, dass die Abgrenzung von schweren gegenüber nicht schweren Erkrankungen unklar sei, für die Zukunft mit einer massiven Ausweitung der Diagnosemöglichkeiten gerechnet werden müsse, eine etwaige Zulassung der Suche nach Chromosomenstörungen „sogleich oder alsbald" auch weitere Formen der Auslese etwa im Rahmen eines Aneuploidie-Screenings nach sich ziehen würde, Reihenuntersuchungen, beispielsweise für unfreiwillig kinderlose Frauen oberhalb einer bestimmten Altersgrenze, „dann nur eine Frage der Zeit" seien, und danach „ohne weiteres" auch in Deutschland die PID zur Auslese immunkompatibler Embryonen als Zell- oder Gewebespender für erkrankte Geschwister gefordert werden könnte.

Auch die Autorinnen und Autoren dieses Votums sehen offenbar eine historische Kontinuität, wenn sie darüber hinaus feststellen:

> *„Erinnert werden muss in diesem Zusammenhang endlich auch daran, dass Eugenik nicht erst in der Zeit der NS-Gewaltherrschaft exzessiv praktiziert worden ist, sondern schon vorher von anerkannten Wissenschaftlern, die nationalsozialistischen Ideologien fern standen, unter dem Aspekt der Entlastung der Allgemeinheit von ‚lebensunwertem' aber kostenträchtigem Leben – und zwar gerade auch in Bezug auf erwachsene Menschen – gefordert wurde."*[31]

In ähnlicher Weise wird das EA auch von vielen anderen Autorinnen und Autoren vertreten. Die zitierte Passage aus dem Contra-Votum des NER deutet aber auch bereits an, worin das Problem dieses Typs von Argumenten liegt: Die Überzeugungskraft eines Dammbruch-Argumentes hängt erstens davon ab, ob der Eintritt der befürchteten Folgen als wahrscheinlich ausgewiesen werden kann, und zweitens davon, ob die behaupteten Konsequenzen tatsächlich vermeidenswert sind. Das Argument des NER scheint in beiden Hinsichten wenig überzeugend: Formulierungen wie ‚sogleich und alsbald' oder ‚ohne weiteres' jedenfalls scheinen kaum dazu geeignet, einen kausalen Zusammenhang zwischen den einzelnen Eskalationsstufen plausibel zu machen; und auch über die Frage, ob der Einsatz der PID zur Diagnose von Merkmalen ohne Krankheitswert, also zum Beispiel zur HLA-Typisierung, tatsächlich moralisch verwerflich wäre, kann man mit jeweils guten Gründen unterschiedlicher Auffassung sein.

---

[30] Nationaler Ethikrat. *Genetische Diagnostik vor und während der Schwangerschaft.* Berlin, 2002: 95.
[31] Nationaler Ethikrat. *Genetische Diagnostik vor und während der Schwangerschaft.* Berlin, 2002: 97.

4.

Damit bin ich bei meiner dritten Frage angelangt: Was ist eigentlich falsch an ‚eugenischen' Handlungen? Auch auf diese Frage geben die Proponentinnen und Proponenten des EA ganz unterschiedliche Antworten. Zum Teil wurden diese – implizit – bereits angedeutet. In diesem Abschnitt sollen einige dieser Antworten etwas genauer untersucht werden. Dabei fällt zunächst jedoch auf, dass es gar nicht so leicht ist, die jeweiligen normativen Behauptungen, die das EA impliziert, herauszuarbeiten. Denn diese werden häufig gerade nicht ausgesprochen, sondern stillschweigend unterstellt.[32] Oft scheint die Antwort auf die Frage: Warum sind ‚eugenische' Handlungen falsch? sogar einfach nur zu lauten: weil sie eben ‚eugenisch' sind.

4.1 Instrumentalisierungs-Argument

Ein erstes, häufig vorgetragenes Argument sagt, eugenische Handlungen seien falsch, weil und sofern sie mit (staatlich verordneten) Zwangsmaßnahmen bzw. mit einer Instrumentalisierung von Menschen verbunden seien. Vertreten wird dieses Argument insbesondere von solchen Proponentinnen und Proponenten des EA, die – im Hinblick auf den historischen Aspekt – ein Missbrauchs-Argument für plausibel halten. Die Interessen von Individuen werden diesem Argument zufolge bei eugenischen Handlungen von den Interessen eines wie auch immer gearteten Kollektivs überlagert bzw. diesen sogar nachgeordnet; Individuen werden im Sinne eines – wie auch immer bestimmten – gesellschaftlichen Wohls instrumentalisiert. Diese Behauptung ist freilich erstens wenig spezifisch. Nicht alle staatlichen Zwangsmaßnahmen sind eugenisch motiviert, ebenso wie umgekehrt möglicherweise nicht alle eugenischen Handlungen durch (staatliche) Zwangsmaßnahmen durchgesetzt werden. Und sie lässt zweitens die eigentliche Frage unbeantwortet: Staatliche Zwangsmaßnahmen sind generell rechtfertigungspflichtig und müssen in einem so sensiblen und für die Betroffenen existenziellen Bereich wie der Fortpflanzung und Familienplanung ohnehin auf das unbedingt erforderliche Minimum beschränkt

---

[32] Auch dafür ist das zitierte Ethikrats-Dokument ein Beispiel. Und zwar sogar in doppelter, durchaus für die gesamte Diskussion typischer Weise: In einem ersten Anlauf weisen die Autorinnen und Autoren des Votums auf bestimmte Handlungsoptionen hin, die drohen, falls die PID zugelassen wird. Darunter zum Beispiel ein Aneuploidie-Screening oder „Embryonenverwerfungen zur Verbesserung der Geburtenrate". Darüber, warum diese Handlungen von den Autorinnen und Autoren für falsch gehalten werden, erfahren die Leserin und der Leser nichts – mit Ausnahme des pauschalen Hinweises darauf, dass in letzterem Fall nicht nur entwicklungsunfähige, sondern „auch gesunde, aber weniger kräftig erscheinende Embryonen" getötet würden. Im zweiten Schritt mahnen die Autorinnen und Autoren, sich der Tatsache zu erinnern, dass „Eugenik nicht erst in der Zeit der Gewaltherrschaft exzessiv praktiziert worden ist, sondern schon vorher von anerkannten Wissenschaftlern, die nationalsozialistischen Ideologien fern standen". Das ist zwar unbestreitbar richtig; aber was besagt dies? Die Autorinnen und Autoren wollen uns vermutlich davor warnen, zu glauben, dass die Anwendung genetischer Diagnosemethoden in Abwesenheit einer totalitären Gesellschaft nicht ‚eugenisch' sein könnten. Die Frage, warum eine ‚eugenische' Handlung falsch ist, ist damit aber nicht beantwortet; und sie wäre es noch nicht einmal dann, wenn eugenische Praktiken tatsächlich nur zur Zeit des Nationalsozialismus stattgefunden hätten.

bleiben. Ob es sich dabei um eugenisch motivierte Zwangshandlungen handelt oder nicht, scheint vor diesem Hintergrund allenfalls eine sekundäre Frage zu sein – es sei denn, man könnte zeigen, dass eugenisch motivierte Zwangshandlungen gegenüber anderen staatlichen Zwangsmaßnahmen ein besonderes moralisches Problem darstellen.

4.2 Selektions-Argument

Ein zweites Argument richtet sich gegen den mit eugenischen Handlungen verbundenen Akt der Selektion. ‚Eugenik ist falsch, da sie Selektion bedeutet' – so oder so ähnlich könnte das Argument lauten. In dieser Form ist das Argument allerdings kaum überzeugend. Nicht jede Auswahl zwischen verschiedenen Optionen oder Personen ist moralisch bedenklich. In den meisten Fällen von selektiven Entscheidungen würde es uns im Gegenteil überhaupt nicht in den Sinn kommen, sie für moralisch bedenklich zu halten. Wenn zum Beispiel der deutsche Fußball-Nationaltrainer 23 Spieler für die Europameisterschaft auswählt, dann wird der eine oder andere, der nicht berücksichtigt wurde, möglicherweise enttäuscht sein und der Bundestrainer mag mit seiner Entscheidung vielleicht auch falsch liegen – ein moralisches Problem ist mit dieser Auswahl in aller Regel aber nicht verbunden. Problematisch sind selektive Entscheidungen oder Handlungen vielmehr nur in bestimmten Situationen oder im Hinblick auf bestimmte Kriterien. Für den vorliegenden Kontext heißt dies: Vertreterinnen und Vertreter des EA müssen nicht zeigen, dass eugenische Handlung überhaupt mit Selektion verbunden sind; bedenklich können solche Handlungen vielmehr allenfalls deshalb sein, weil sie mit einer bestimmten Form von Selektion verbunden sind, namentlich mit einer ‚eugenischen' Selektion.

Die Kritik kann sich hierbei auf die Ziele, die mit der – mit ‚eugenischen' Handlungen verbundenen – Selektion verfolgt werden, richten, auf die dabei verwendeten Mittel oder auf die Folgen, die aus dieser Form von Selektion resultieren. Tatsächlich werden von den Proponentinnen und Proponenten des EA mit dem Willkür-Argument, dem Tötungs-Argument und dem Kränkungs-Argument alle drei Dimensionen adressiert:

i. Willkür-Argument

Welche Ziele sollen mit eugenisch motivierten Selektionshandlungen erreicht werden? Versteht man unter Eugenik, wie eingangs angedeutet, die Gesamtheit der Ideen und Aktivitäten, die darauf abzielen, die genetische Ausstattung der Nachkommen und zukünftiger Generationen zu sichern bzw. zu verbessern, wird klar, dass die Frage nach den Maßstäben, die eine solche Sicherung oder Verbesserung anleiten können, von enormer Bedeutung ist. Manche Vertreterinnen und Vertreter des EA halten eugenische Handlungen gerade deswegen für moralisch zumindest problematisch oder sogar für moralisch unakzeptabel, weil solche Maßstäbe immer willkürlich sein müssten. Genau genommen handelt es sich beim Willkür-Argument um (mindestens) vier verschiedene Argumente: ein Hybris-Argument, ein Pluralismus-Argument, ein Normierungs-Argument und ein Expressions-Argument. Dem Hybris-Argument zufolge maßt der Mensch sich, wenn er eugenische Selektion betreibt, eine ihm nicht zukommende Entscheidungskompetenz an. Wer wir sind bzw. wer wir sein wollen, liegt, folgt man diesem Argument nicht in der Hand des Menschen, sondern ist ihm von der Natur oder dem Schöpfer zugemessen.[33] Dem Pluralismus-Argument zufolge ist jede eugenische Selektion verfehlt, weil sie fälschlich unterstellt, es gebe so etwas wie ein objektives Ziel der Verbesserung bzw. eine objektive Vorstellung menschlicher Perfektion und damit der Tatsache eines unhintergehbaren Wertepluralismus nicht Rechnung trägt. Tatsächlich, so diese Vertreterinnen und Vertreter des EA, sind bei eugenisch motivierten Selektionshandlungen daher immer die eigenen partikularen Vorstellungen der jeweiligen Akteure handlungsleitend. Eng mit diesem Argument zusammen hängt das Normierungs-Argument. Vertreterinnen und Vertreter dieses Arguments behaupten, dass eugenisch motivierte Selektionshandlungen langfristig zu einer Herabsetzung der gesellschaftlichen Toleranz von Vielfalt[34] und zur Herausbildung von Normalitäts-Vorstellungen führen werde. Eugenische Selektion impliziere daher, dass wir zwischen normalen bzw. nicht normalen, akzeptablen und nicht akzeptablen Formen menschlichen Lebens unterscheiden. Dem Expressions-Argument zufolge schließlich ist eugenische Selektion vor allem deshalb moralisch unakzeptabel, weil die Selektion ein Unwerturteil über alle jene Menschen impliziere, die Träger desjenigen Merkmals sind, gegen das selektiert wird.[35]

ii. Tötungs-Argument

Andere Vertreterinnen und Vertreter des EA kritisieren (eugenisch motivierte) Selektionshandlungen vor allem im Hinblick auf die angewendeten Mittel. Dieses Argument wird beispielsweise in der Form vorgetragen, präimplantative oder pränatale Diagnostik stellten eine Pervertierung der Medizin insofern dar, als hier nicht die Krankheit eines Menschen geheilt, sondern kranke Menschen ausgesondert und getötet würden. „Die Krankheit wird verhindert, indem man die Existenz des Kranken auslöscht."[36] Auch dieses Argument ist freilich wenig spezifisch und lässt zudem viele Fragen offen: Zum einen sind offenbar nicht alle (eugenisch motivierten) Selektionshandlungen mit Tötungshandlungen verbunden. Wer beispielsweise be-

---

[33] Typisch: Hans Jonas. „Laßt uns einen Menschen klonieren: Von der Eugenik zur Gentechnologie", in: Ders.: *Technik, Medizin und Ethik. Zur Praxis des Prinzips Verantwortung.* Frankfurt a.M., 1985: 162-203.
[34] Jackie Leach Scully. 2002: „Humangenetik aus der Perspektive der Betroffenen", in: *edition ethik kontrovers* 10, 2002: 31-35, 34.
[35] Zum Expressions-Argument vergleiche auch: Dieter Birnbacher. „Selektion von Nachkommen", in: Jürgen Mittelstraß (Hrsg.). *Die Zukunft des Wissens. Deutscher Kongress für Philosophie 1999.* Berlin, 2000: 457-471.
[36] Schröder-Kurth, zit. nach: Elisabeth Beck-Gernsheim. „Embryos, Eugenik und Ethik", in: Jürgen-Peter Stössel (Hrsg.). *Tüchtig oder tot. Die Entsorgung des Leidens.* Freiburg, 1991: 45-57, 53.

hauptet, auch genetische Paarberatungen könnten eine eugenische Wirkung entfalten, kann diese jedenfalls nicht mit dem Hinweis auf eine damit verbundene Tötungshandlung ablehnen. Aber selbst dort, wo, wie bei der selektiven Übertragung von Embryonen nach IvF und PID oder bei einem selektiven Schwangerschaftsabbruch nach einer PND, eine (eugenische) Selektion tatsächlich mit einer Tötung menschlichen Lebens verbunden ist, hängt die moralische Bewertung davon ab, welchen moralischen Status man Embryonen oder Feten zuschreibt. Selektionshandlungen als Tötungshandlungen abzulehnen, impliziert, dass man menschlichen Embryonen und Feten bereits ein ‚Recht auf Leben' o.ä. zuerkennt – eine Behauptung, die bekanntlich alles andere als unumstritten ist.

iii. Kränkungs-Argument

Im Hinblick auf die Folgen eugenischer Selektionshandlungen verweisen der Vertreterinnen und Vertreter des EA vor allem auf die Folgen für Menschen, die Träger desjenigen Merkmals sind, gegen das selektiert wird. Eine typische Formulierung lautet in etwa wie folgt: ‚Hätte es die entsprechenden Diagnoseverfahren früher bereits gegeben, wäre ich nicht geboren worden.' Das Kränkungs-Argument ist, so Dieter Birnbacher, „in gewisser Weise das empirisch-folgeorientierte Pendant zum Expressions-Argument".[37] Anders als das Expressions-Argument bezieht es sich auf eine mögliche *faktische* Verletzung von Gefühlen der Träger eines bestimmten Merkmals, gegen das selektiert wird.[38] Für das Kränkungs-Argument kommt es also nicht darauf an, ob die Gefühle der Kränkung und die Furcht vor Ausgrenzung und Stigmatisierung berechtigt sind oder nicht, sondern ausschließlich darauf, welches Kränkungspotential Selektionshandlungen tatsächlich haben.

5.

Was lässt sich aus diesem kursorischen Überblick über die verschiedenen Verwendungsweisen des ‚Eugenik-Arguments' in der gegenwärtigen bioethischen Debatte lernen? Meiner Auffassung nach zumindest das Folgende:

Erstens: Das EA übernimmt häufig die Funktion eines *discussion stoppers*. Da der Begriff der Eugenik in der deutschsprachigen Diskussion fast ausschließlich negativ konnotiert ist, reicht es offenbar aus, eine Handlung als ‚eugenisch' zu bezeichnen, um sie in einen historischen Zusammenhang zu den eugenischen Ideen und Praktiken der Vergangenheit zu bringen und damit zu delegitimieren; und zwar ohne dass man sich auf die mühevolle Arbeit einlassen müsste, zu erklären, was genau an dieser Handlung ‚eugenisch' ist, welchen Bezug es zu eugenischen Diskussionen

---

[37] Dieter Birnbacher. Dieter 2000: „Selektion von Nachkommen". in: Jürgen Mittelstraß (Hrsg.). *Die Zukunft des Wissens. Deutscher Kongress für Philosophie 1999.* Berlin, 2000: 457–471.
[38] Vgl. zum Kränkungs-Argument noch einmal: Dieter Birnbacher. Dieter 2000: „Selektion von Nachkommen", in: Jürgen Mittelstraß (Hrsg.). *Die Zukunft des Wissens. Deutscher Kongress für Philosophie 1999.* Berlin, 2000: 457–471.

und Praktiken in der Vergangenheit gibt, oder warum ‚eugenische' Handlungen grundsätzlich falsch sind.

Zweitens: Das EA gibt es nicht. Was es hingegen gibt, ist eine anhaltende Diskussion, bei der in unterschiedlichster Weise vom Begriff der Eugenik Gebrauch gemacht wird, unterschiedlichste Ansichten darüber geäußert werden, welchen Zusammenhang es zwischen den eugenischen Praktiken der Vergangenheit und den heute angewendeten Methoden in der Reproduktionsmedizin und der Humangenetik gibt (oder eben nicht gibt), und in der ganz unterschiedliche Begründungen dafür genannt werden, warum ‚eugenische' Handlungen schlecht sind. Es gibt also nicht das EA, sondern eine Vielzahl von Eugenik-Argumenten, bei denen noch nicht einmal klar ist, was sie bzw. ob sie überhaupt etwas miteinander zu tun haben.

Drittens: Die vorgetragenen Versionen des EA sind unterschiedlich plausibel. Manche sind unspezifisch, wie zum Beispiel das Instrumentalisierungs- und das Tötungs-Argument. Dem Expressions-Argument dagegen liegt eine nicht sehr plausible Beschreibung der fraglichen Handlungen zu Grunde. Selektive Abtreibungen nach einer PND zum Beispiel erfolgen in der Regel sicher nicht aus dem Grund, dass es sich bei dem Feten um den Träger einer bestimmten Eigenschaft handelt. Es geht vielmehr um den Wunsch von Eltern, nach einem nicht behinderten Kind. Andere Versionen des EA beweisen zu viel: Wenn man auch eine Eugenik durch Unterlassen für möglich hält, hat praktisch *jede* Diagnose- oder Reproduktionsentscheidung eugenische Implikationen. Der Eugenik-Begriff verliert damit jede Kontur. Wieder andere Versionen machen von einem eher schwachen Typ von Argumenten Gebrauch. Dammbruch-Argumente sind, selbst wenn sie gut formuliert sind, allenfalls dazu geeignet, in einer Diskussionssituation die Beweislast umzukehren. Einige weitere Versionen schließlich hängen von zusätzlichen Voraussetzungen und Annahmen ab: Das Tötungs-Argument etwa steht und fällt mit einer umstrittenen Behauptung über den moralischen Status von Embryonen und Feten. Die Plausibilität des Kränkungs-Arguments dagegen hängt von – schwer beleg- und abschätzbaren – empirischen Annahmen ab.

Viertens: Die gemachten Differenzierungen und Anmerkungen schließen die Möglichkeit, ein zielführendes Argument zu formulieren, das auf den Eugenik-Begriff bzw. die historischen Erfahrungen mit der Eugenik rekurriert, gleichwohl nicht grundsätzlich aus. In der bisherigen Diskussion erfolgt dieser Rekurs in der Regel jedoch auf sehr oberflächliche und weitgehend assoziative Weise.[39] Um so dringlicher stellt sich daher die Aufgabe, Adäquatheits-Bedingungen für ein zielführendes EA zu formulieren, vor deren Hintergrund eine für die Gegenwartsdiskussion fruchtbare Auseinandersetzung mit der Eugenik-Geschichte allererst statt-

---

[39] Zu einem ähnlich skeptischen Ergebnis kommt Hans-Walter Schmuhl. 2000: „Nationalsozialismus als Argument im aktuellen Medizinethik-Diskurs. Eine Zwischenbilanz", in: Andreas Frewer und Clemens Eickhoff (Hrsg.). *„Euthanasie" und die aktuelle Sterbehilfe-Debatte. Die historischen Hintergründe medizinischer Ethik.* Frankfurt a.M., 2000: 385–407.

finden könnte. Eine Aufgabe, der sich im Übrigen die Kritikerinnen und Kritikern der Reproduktionsmedizin und Humangenetik, in deren Argumentation der Verweis auf die historische Erfahrung häufig ein wichtiges Element darstellt, ebenso stellen müssen wie jene Befürworterinnen und Befürworten der genannten Methoden, die den Eugenik-Vorwurf in Bausch und Bogen zurückweisen.

16

ZUR KONTINUITÄT UND DISKONTINUITÄT DER SCHWEIZERISCHEN EUGENIK

HANS JAKOB RITTER

1. Einleitung

Der skandinavische Historiker Nils Roll-Hansen hat in der Debatte um die schwedische Sterilisationspolitik darauf hingewiesen, dass die Erforschung eugenischer Politik in demokratischen Staaten für die aktuellen biopolitischen und -ethischen Debatten wichtiger sei als die Aufarbeitung der Rassenpolitik in NS-Deutschland, weil damit die ‚Normalität' eugenischer Vorstellungen und Praktiken dargestellt, aber auch ihre Gefahren problematisiert werden könne.[1] Implizit wird damit nach der Kontinuität der historischen Eugenik in den biopolitischen Debatten der Gegenwart gefragt. In der historischen Eugenikforschung ist man darüber allerdings geteilter Meinung: Auf der einen Seite geht die Kontinuitätsthese davon aus, dass die selektorische Unterscheidung der Eugenik zwischen lebenswert und lebensunwert in der heutigen Reproduktionsmedizin auf der Ebene individueller Entscheidungen wiederkehrt. Die Diskontinuitätsthese auf der anderen Seite setzt an jenem Punkt an und unterstreicht, dass die repressiven Sterilisationsprogramme des Nationalsozialismus in einem Gegensatz zur Vervielfältigung individueller Entscheidungs- und Gestaltungsmöglichkeiten durch die Reproduktionsmedizin in den postmodernen westlichen Gesellschaften stehen, und damit nicht nur auf der Ebene des politischen Systems, sondern auch der technologischen Entwicklungen ein historischer Bruch vollzogen wurde.[2] Da sich das politische Selbstverständnis in der Schweiz im Unter-

---

[1] Nils Roll-Hansen (Hrsg). "Eugenics in Scandinavia After 1945: Cange of Values and Growth in Knowledge", in: *Scandinavinan Journal of History*, Vol. 24, 2, 1999: 1998–213.

[2] Für die gesamte Debatte: vgl. Diane Paul. "Eugenic Anxieties, Social Realities and Political Choices", in: Dies. *The politics of heredity. Essays on Eugenics, Biomedicine and the Nature-Nurture Debate.* New York, 1998: 95–116; Thomas Lemke. „Zurück in die Zukunft? – Genetische Diagnostik und das Risiko der Eugenik", in: Sigrid Graumann (Hrsg.). *Die Genkontroverse. Grundpositionen.* Freiburg i.B., 2001: 37–44; für die Diskontinuitätsthese vgl. Daniel J. Kevles. *In the Name of Eugenics. Genetics and the uses of human heredity.* London, 1995.

schied zu Deutschland auf eine ungebrochene Tradition von bürgerlich-liberaler Rechtsstaatlichkeit und Demokratie bezieht, thematisiert dieser Beitrag aus geschichtswissenschaftlicher Perspektive die Eugenik und die Sterilisationspraxis in der Schweiz und fragt nach dem Umgang damit in der politischen Debatte zum neuen schweizerischen Sterilisationsgesetz. Das Gesetz, welches am 1. Juni 2005 in Kraft trat, regelt neu die alte biopolitische Praxis von Empfängnisverhütung und Geburtenkontrolle per chirurgischem Eingriff, welche auch in der Schweiz in der ersten Hälfte des 20. Jahrhunderts oft eugenisch begründet, bisher aber auf Bundesebene nicht spezifisch gesetzlich geregelt worden war. Insbesondere in der gleichzeitig verhandelten Vorlage für einen Entschädigungsanspruch für die Opfer von eugenischen Zwangssterilisationen und -kastrationen spielte die Frage nach dem Verhältnis des Gesetzgebers zur Eugenik eine Rolle. Ein erster Teil dieses Aufsatzes wendet sich somit – die Kontinuität betonend – der schweizerischen Eugenik zu und setzt sich in einem zweiten Teil mit der Frage auseinander, weshalb ein Entschädigungsanspruch für die Opfer von eugenischen Zwangssterilisationen und -kastrationen abgelehnt und zugleich – obwohl eugenische Motive zur Sterilisation explizit nicht zulässig sind – der Schutz urteilsunfähiger, geistig behinderter Personen vor Zwangseingriffen relativiert wurde.[3]

2. Eugenik

Was ist Eugenik? Die Eugenik stellte ein neues Wissensfeld dar, das sich um 1900 unter Beteiligung verschiedener Disziplinen konstituierte. Ihr Grundgedanke, nämlich die Erkenntnisse aus Biologie und Medizin zur Verbesserung des Genpools von sozialen Gruppen, Nationen und ‚Rassen' zu verwenden, wurde dabei quer durch alle politischen Lager geteilt. Neben Forschungs- bildete die Eugenik bald konkrete bevölkerungs- und gesundheitspolitische Praktiken aus. Als angewandte Wissenschaft konnte man eine positive Eugenik, die auf eine Förderung und Verbesserung des Genpools einer Bevölkerung zielte, von einer negativen Eugenik, welche die Beseitigung von schlechtem Erbgut zum Ziele hatte, unterscheiden. Die Eugenik war somit weder Pseudowissenschaft noch eine scharf abgegrenzte wissenschaftliche Disziplin. Vielmehr war sie ein interdisziplinäres wissenschaftliches Unternehmen,

---

[3] Viele der Überlegungen in diesem Beitrag basieren auf einem Artikel, den ich mit meiner Kollegin Gabriela Imboden für die Zürcher Wochenzeitung verfasst habe: Gabriela Imboden und Hans Jakob Ritter. „Unwertes Leben", *Wochenzeitung* 24.6.2004. Die parlamentarische Beratung der Entschädigung der Opfer von Zwangssterilisationen und der Einführung eines Bundesgesetzes zur Sterilisation fand nach diversen Vorberatungen in den Rechtskommissionen am 10.3.2004 und am 7.6. 2004 statt. Im Ständerat wurde in der Sitzung am 7.6.2004 das Bundesgesetz zur Sterilisation angenommen, auf die Vorlage für eine Entschädigung der Opfer von Zwangssterilisationen wurde nicht eingetreten, womit sie für eine weitere Debatte an den Nationalrat zurückgewiesen wurde; dieser folgte am 15.12.2004 dem Ständerat und trat nicht auf diese Vorlage ein. Damit trat das Sterilisationsgesetz, ohne gleichzeitige Regelung eines Entschädigungsanspruchs der Opfer von Zwangssterilisationen am 1.6.2005 in Kraft. Vergleiche:
http://www.parlament.ch/ab/frameset/d/n/4702/99451

das sich die wissenschaftliche Beschreibung, Erklärung und Lösung einer zeitgenössisch wahrgenommenen Krise zur Aufgabe gemacht hatte.[4]

Die Eugenik lässt sich als ein biopolitisches Projekt der bürgerlichen Moderne verstehen, in der auch demokratisch verfasste Staaten um die Jahrhundertwende des 19. zum 20. Jahrhundert begannen, ihre Ränder abzusichern.[5] Die Eugenik in der Schweiz verfügte dafür nicht über die repressiven Mittel, die später in NS-Deutschland mit dem ‚Gesetz zur Verhütung erbkranker Nachwuchses' (GzVeN) von 1934, zur Zwangssterilisation von 400'000 psychisch kranken und geistig und körperlich behinderten Personen führte.[6] Im Gegensatz zur nationalsozialistischen Eugenik war die schweizerische Eugenik denn auch weniger ‚rassenpolitisch' ausgerichtet und verband sich weniger explizit mit einem biologischen Rassismus. Eugenische Konzepte schlossen sich in der Schweiz an administrative Verfahren und an Vorstellungen an, die mit der bürgerlich-liberalen Auffassung von Rechtsstaat und Demokratie vereinbar waren, die aber auch alltägliche Vorstellungen beinhalteten und prägten. Die Eugenik in der Schweiz, befand sich, wie ich zeigen möchte, in einem Spannungsverhältnis zwischen bevölkerungspolitischen Interessen und dem Schutz der bürgerlichen Individualrechte. Die eugenische Politik richtete sich vor allem auf soziale Schwache, Frauen und auf Personen, die aus dem Blickwinkel der Degenerationslehre als ‚minderwertig' und ‚anormal' eingestuft werden konnten. Für die Durchsetzung eugenischer Denk- und Handlungsmuster in Politik und Wissenschaft spielte in dieser Hinsicht die institutionelle Psychiatrie eine wichtige Rolle, was ich im Folgenden an drei Fällen exemplarisch entwickeln möchte.[7]

3. Drei Fälle

Verena Zimmermann, Rosa Sutter, und Julius Zolliker ist gemeinsam, dass sie zwischen 1920 und 1950 in Kontakt mit der Psychiatrie kamen. Alle drei waren verhaltensauffällig und wurden in der Basler psychiatrischen Klinik, der kantonalen ‚Heil und Pflegeanstalt Friedmatt', interniert oder ambulant behandelt und begutachtet.

---

[4] Doris Kaufmann. „Eugenik – Rassenhygiene – Humangenetik. Zur lebenswissenschaftlichen Neuorientierung der Lebenswirklichkeit in der ersten Hälfte des 20. Jahrhunderts", in: Richard van Dülmen (Hrsg.). *Erfindung des Menschen. Körperbilder und Schöpfungsträume 1500-2000*. Wien, 1998, 347–365.

[5] Vgl. Philipp Sarasin. *Reizbare Maschinen. Eine Geschichte des Körpers 1765-1914*. Frankfurt a.M., 2001; Ders. *‚Anthrax'. Bioterror als Phantasma*. Frankfurt a.M., 2004: 161.

[6] Zum deutschen Zwangssterilisationsgesetz vgl. Gisela Bock. *Zwangssterilisationen im Nationalsozialismus. Studien zur Rassenpolitik und Frauenpolitik*. Frankfurt a.M., 1986.

[7] Die Fälle sind Bestandteil einer im Rahmen meiner Dissertation durchgeführten Erhebung im Archiv der Psychiatrischen Universitätsklinik Basel (PUK Basel). Die Namen der erwähnten Personen sind Pseudonyme. Die Zitate beziehen sich auf Angaben in den entsprechenden PatientInnendossiers und werden im folgenden nicht einzeln ausgewiesen. Zu diesen Fallgeschichten und zur Interpretationen psychiatrischer PatientInnendossiers vgl. Hans Jakob Ritter. „'Debilität mit sehr schwachem Charakter' Biographie-Sozialfall-Psychiatriefall", in: *Die Psychotherapeutin*, 1999, 10: 29–46; und Ders. „In grosser Sorge um die seelische Gesundheit des Volkes. Reinheits- und Gefährdungsvorstellungen in der schweizerischen Psychiatrie der Dreissiger Jahre", in: *Die Psychotherapeutin*, 2001, 14: 56–70.

Im Zusammenhang mit ihrem Friedmattaufenthalt rückten sie in den Bereich psychiatrisch-eugenischer Maßnahmen wie Sterilisation und Eheverbot. Doch vermieden die Psychiater direkte eugenische Argumentationen in Bezug auf ihre Patienten und Patientinnen. Sie sahen in der Sterilisation vor allem eine individuell zu begründende therapeutische Maßnahme: So hieß es im Falle der verheirateten Verena Zimmermann: ‚Es ist zu erwarten, dass die Ehe der Pat. nach einer Sterilisation harmonischer sein wird, was von großer Wichtigkeit zur Vermeidung neuer psychotischer Schübe ist. Auch eine unerwünschte neue Schwangerschaft würde die Gefahr eines erneuten psychotischen Schubes erhöhen.' Wie beiläufig wurde aber eine eugenisch-psychiatrische Indikation nachgesetzt: ‚Außerdem ist zu erwähnen, dass eine weitere Fortpflanzung der Pat. schon wegen der großen Gefahr der Vererbung der schizophrenen Erkrankung auf die Nachkommenschaft nicht wünschenswert ist.' Die eugenische Indikation zur Sterilisation ergänzte damit die individuell therapeutische Begründung der Sterilisation, und begründete die empfängnisverhütende Maßnahme mit dem Verweis auf die wahrscheinlich ‚erblich belastete' Nachkommenschaft.

In einem weiteren Fall legitimierte die psychiatrische Diagnose die Sterilisation als eine behördliche kostenpräventive Maßnahme. Die ledige und bevormundete Rosa Sutter hatte ihr zweites uneheliches Kind nur unter der Bedingung zur Welt bringen können, dass sie sich nach der Geburt sterilisieren lasse. Als sie kurz nach der Geburt einen ‚Anfall' erlitt, wurde sie in die Psychiatrische Klinik eingewiesen. Die Ärzte diagnostizierten ‚Debilität mit sehr schwachem Charakter. Seit Jahren völlig haltlos, faul und dumm, verwahrlost'. Nach einem kurzen Aufenthalt in der psychiatrischen Klinik wurde Rosa Sutter ins Basler Frauenspital überwiesen, wo sie sterilisiert wurde. In diesem Fall legitimierte die psychiatrische Diagnose die Sterilisation, die schon von Seiten der Heimatgemeinde der Patientin gefordert worden war. Denn diese befürchtete, ohne Sterilisation ihres Mündels für weitere Kosten bei unehelichen Kindern aufkommen zu müssen. Die Informationen der Behörden über Rosa Sutter beeinflussten die Psychiater bei der Diagnose und beim Erstellen der Anamnese. Die vorverurteilende Haltung der Behörde floss in die psychiatrische Diagnose mit ein, was sich an der abwertenden Bezeichnung von Rosa Sutters abweichendem Verhalten zeigt. Im Falle Rosa Sutters war die Sterilisation eine psychiatrisch legitimierte Maßnahme der Armenpolitik, dahinter steht aber auch das eugenische Denkmuster, dass sich das sozial deviante Verhalten der Mutter auf die Kinder weiter vererben und nur eine Sterilisation dies verhindern könne.

Im Falle des verlobten Julius Zolliker ging es um dessen Ehefähigkeit, die von der Psychiatrie begutachtet und beurteilt werden sollte. Nach einem Suizidversuch war dieser in die psychiatrische Klinik eingewiesen worden. Die Ärzte diagnostizierten eine ‚reaktive Depression bei debilem Psychopathen', sie konnten ihren Patienten aber bald wieder entlassen. Als Zolliker einige Jahre später seine Partnerin heiraten wollte, musste er sich zur Begutachtung seiner Ehefähigkeit an die Psychiatrische Poliklinik in Basel wenden. Denn mit seinem ehemaligen Klinikaufenthalt galt Julius Zolliker als geisteskrank und das Schweizer Zivilgesetzbuch von 1912 schrieb vor, dass Geisteskranke in keinen Fall ehefähig sind.[8]

Der begutachtende Arzt versuchte nun die Bestätigung der geistigen Gesundheit des Ehekandidaten und auch dessen Urteilsfähigkeit an die Einwilligung in eine Sterilisation zu knüpfen und argumentierte: ‚Wenn Expl. nicht einsehe, dass er kaum in der Lage sein werde, seine Frau und mehr als zwei Kinder durchzubringen, (dass mit eigenem Schwachsinn und schwachsinniger Ehepartnerin auch schwachsinniger Nachwuchs zu erwarten sei) und wenn er sich jeder ärztlichen Belehrung und jeder eugenischen und sozialen Einsicht verschliesse, dann fehle es ihm auch an der notwendigen minimalen Urteilsfähigkeit, es fehle ihm am nötigen Verantwortungswillen und Verantwortungsbewusstsein und demnach sei er nicht als ehefähig zu erachten.' Julius Zolliker und seine Partnerin gaben trotz dieses Druckversuches keine Einwilligung in die Sterilisation, denn der Eingriff sei, so gaben sie an, ‚nicht gesund'. Später nahmen die Psychiater denn auch Abstand von einer negativen Beurteilung der Ehefähigkeit, womit Julius Zolliker und seine Partnerin schliesslich ungehindert heiraten konnten.

Alle drei Fälle zeigen begutachtende Basler Psychiater, die als Experten für sozial deviantes Verhalten und psychische Krankheit Sterilisationen als therapeutische, eugenische und kostenpräventive Massnahme begründeten. Als Anstaltsärzte agierten sie dabei zugleich als Vertreter der baselstädtischen Sozial- und Gesundheitsverwaltung wie auch als Ärzte und begründeten ihr Handeln einerseits aus einer individuell-therapeutischen Zwecksetzung und anderseits präventiv mit dem Schutz der Volksgesundheit. Dabei bezogen sie sich auf das ‚Vererbungsparadigma', dass davon ausgeht, dass Geisteskrankheiten vererbbar sind. Und leiteten erst daraus die eugenische Argumentation ab, mit einer Verhinderung von Ehe und Fortpflanzung auch die Weitervererbung von Geisteskrankheiten verhindern und die Volksgesundheit schützen zu wollen.

Nun kann man aber danach fragen, weshalb die schweizerische Psychiatrie zu ihrem Expertenstatus für Geburtenkontrolle, für Bevölkerungs- und Sozialpolitik kam, und welche Rolle die Eugenik dabei spielte. Mit der Ausprägung und Durchsetzung eugenischer Denk- und Handlungsmuster, so meine These, etablierte sich die Psychiatrie in der ersten Hälfte des 20. Jahrhunderts erstens als wissenschaftliche Disziplin und zweitens als sozialmedizinische Institution im sich allmählich ausbildendem schweizerischen Sozial- und Gesundheitswesen. Dabei spielte die Entwicklung psychiatrischer Methoden der Diagnose, Therapie und insbesondere von Präventionsmaßnahmen eine Rolle, zum anderen war von Bedeutung, dass die Psychiatrie mit ihren Deutungsmustern und Techniken, Bewältigungsstrategien für zeitgenössisch wahrgenommene Problemlagen und Krisen anbot.

---

[8] Das schweizerische Zivilgesetzbuch von 1912 führte in Artikel 97 ein Eheverbot ein, das Geisteskranken in jedem Fall die Ehe verbot, und eugenisch begründet war, vgl. August Egger. *Kommentar zum schweizerischen Zivilgesetzbuch (Familienrecht)*, Zürich, 1914: 28–29.

4. Schweizer Psychiatrie und Eugenik

Der Aufbau eines staatlichen ‚Irrenwesens' fand in der Schweiz in der zweiten Hälfte des 19. Jahrhunderts statt.[9] Zeitgleich mit den Bauten moderner kantonaler ‚Irrenanstalten' setzten sich auch in der schweizerischen Psychiatrie eugenische Konzepte durch. Exemplarisch kann man dies an der Entwicklung der schweizerischen Irrenstatistiken zeigen. Die Irrenstatistiken belegten zuerst die Notwendigkeit des Baus von Irrenanstalten und wiesen zugleich die Effizienz der psychiatrischen Anstaltsbehandlung nach. Dieselben Statistiken konstatierten um die Jahrhundertwende einen absoluten Anstieg der Anzahl Geisteskranker. Die Zunahme der Geisteskranken wurde damit als Problem wahrgenommen, das nicht mehr allein durch den Bau weiterer Irrenanstalten lösbar schien. So begannen sich Schweizer Psychiater vermehrt der Ausbildung von Präventionstechniken zuzuwenden. Da in der Psychiatrie wirksame Therapien fehlten, versprachen eugenische Konzepte wenigstens die Eindämmung von Geisteskrankheiten durch die Kontrolle der Fortpflanzung. Damit ging auch die Ausbildung und Entwicklung der psychiatrischen Genetik einher. Der Vererbung kam in der Ätiologie der Geisteskrankheiten eine immer wichtigere Stellung zu. Mit vergleichenden statistischen Untersuchungen an Geistesgesunden und Geisteskranken wandte man sich in schweizerischen erbpsychiatrischen Studien zunehmend der ‚erblichen Belastung' der Bevölkerung mit Geisteskrankheiten zu und versuchte den statistischen Nachweis der Vererbung von Geisteskranken zu erbringen und begann um 1900 auf dieser Grundlage eugenische Maßnahmen wissenschaftlich zu legitimieren.[10]

Um die Jahrhundertwende kam der Schweizer Psychiatrie gar eine europäische Vorreiterrolle in der Propagierung und Durchführung eugenisch-psychiatrischer Maßnahmen zu. So führte Auguste Forel an der Zürcher Klinik Burghölzli die erste Kastration mit eugenischer Begründung durch. Innerhalb des Vereins schweizerischer Irrenärzte (VSI) wurde 1905 die Berechtigung einer ‚socialen Indikation' zur Sterilisation diskutiert und anerkannt. 1911 wurde an der Dresdner-Hygiene Ausstellung prominent über an Schweizer Kliniken durchgeführte Sterilisationen berichtet. 1912 trat das Eidgenössische Zivilgesetzbuch in Kraft, dessen ‚Eheverbot für

---

[9] Die zeitgenössischen Ausdrücke „Irrenwesen" für die institutionelle Psychiatrie, ‚Irrenanstalten' für psychiatrische Kliniken und Irrenstatistiken für die Statistiken zu den Patientinnen und Patienten psychiatrischer Kliniken verwende ich im folgenden ohne Anführungszeichen.

[10] Vgl. hierzu die erbstatistischen Arbeiten von: Jenny Koller. „Beitrag zur Erblichkeitsstatistik der Geisteskranken im Canton Zürich; Vergleichung derselben mit der erblichen Belastung gesunder Menschen durch Geistesstörung und dergl.", in: *Archiv für Psychiatrie und Nervenkrankheiten*, 1895, 27: 268–296; Otto Diem. „Die psycho-neurotische erbliche Belastung der Geistesgesunden und der Geisteskranken", in: *Archiv für Rassen- und Gesellschaftsbiologie*, 1905: 229; zu den ‚Irrenstatistiken' vgl. auch Hans Jakob Ritter. „Von den Irrenstatistiken zur ‚erblichen Belastung' der Bevölkerung. Die Entwicklung der schweizerischen Irrenstatistiken zwischen 1850 und 1914", in: *Traverse, Zeitschrift für Geschichte*, 2003, 1: 59–70.

Geisteskranke' auf ein Postulat der Berufsorganisation der Schweizer Psychiatrie zurück ging, und eugenisch begründet war.[11]

Mit der Mitarbeit bei der Vernehmlassung des schweizerischen Zivilgesetzbuchs, mit der Diskussion und Anerkennung der Indikationsstellungen zur Sterilisation sicherten sich die Schweizer Psychiater den Zugang zum Bereich der Geburtenkontrolle. Für die Psychiater stellten eugenische Maßnahmen wie Sterilisationen und die Begutachtung der Ehefähigkeit Handlungsoptionen dar, mit welchen sie die gesellschaftliche Relevanz ihrer Disziplin unter Beweis stellen konnten. In Bezug auf die eugenischen Konzepte verschob sich die psychiatrische Tätigkeit von ‚Schutz' und ‚Pflege' des psychisch kranken Individuums zur Prophylaxe von Geisteskrankheiten. Gleichzeitig weitete sich auch der Einfluss der Psychiatrie auf die Gesellschaft aus. Nicht mehr allein das psychisch kranke Individuum war Objekt psychiatrischer Therapie, sondern die Gesellschaft selbst wurde zum Objekt psychiatrischer Prävention und Prophylaxe. In der schweizerischen Psychiatrie sprach man neu von einer ‚seelischen Gesundheit des Volkes'.[12]

Das neue Selbstverständnis der Psychiatrie zeigt sich in den Jahren nach dem ersten Weltkrieg an ihrer Selbstdefinition. 1920 änderte der seit 1864 bestehende ‚Verein schweizerischer Irrenärzte' seinen Namen und nannte sich fortan ‚Schweizer Gesellschaft für Psychiatrie'.[13] In der Sterilisations- und Kastrationsfrage nahm die Schweizer Psychiatrie in den Zwanziger Jahren eine ‚mittlere Linie' ein. Ein strategisches Vorgehen, dass maßgeblich von Hans Wolfgang Maier, dem Nachfolger Eugen Bleulers am Zürcher Burghölzli, geprägt worden war.[14] In den zwanziger und dreißiger Jahren ging es den Schweizer Psychiatern nicht mehr darum, einen gesetzlichen Rahmen für die psychiatrische Begutachtungs- und Sterilisationspraxis zu schaffen. Vielmehr sollten die Psychiater autonom über die Sterilisation als adäquate Behandlungs- und Präventionsmöglichkeit entscheiden können. So hob Maier in einem Vortrag vor deutschen Kollegen zum Vorgehen bei Sterilisationen das ‚individuell-medizinische Interesse' der Patientin oder des Patienten am Eingriff hervor und verwies darauf, dass in der Schweiz keine spezifische gesetzliche Regelung des

---

[11] Zur Diskussion der Indikationsstellungen der Sterilisation in der schweizerischen Psychiatrie: Verein schweizerischer Irrenärzte. *Zur 37. Jahresversammlung. Protokoll der 36. Jahresversammlung des Vereins schweiz. Irrenärzte im kantonalen Asyl Wyl. 12. u. 13. Juni 1905*. Genf, 1906; zur Dresdner Hygieneausstellung vgl. Max Gruber und Ernst Rüdin (Hrsg.). *Fortpflanzung, Vererbung, Rassenhygiene. Illustrierter Führer durch die Gruppe Rassenhygiene der Internationalen Hygiene-Ausstellung 1911 in Dresden*. München, 1911. Zum Postulat der schweizerischen Irrenärzte für ein Eheverbot für Geisteskranke vgl. Stavros Zurukzoglu (Hrsg.). *Die Verhütung erbranken Nachwuchses*. Basel, 1938: 36–41.
[12] Der Begriff einer ‚seelischen Volksgesundheit' entstand in der Schweiz in Zusammenhang mit der Adaption der internationalen Bewegung der ‚geistigen Hygiene' nach dem ersten Weltkrieg; zur geistigen Hygiene in der Schweiz vgl. Hans Jakob Ritter. „In grosser Sorge um die seelische Gesundheit des Volkes. Reinheits- und Gefährdungsvorstellungen in der schweizerischen Psychiatrie der Dreissiger Jahre", in: *Die Psychotherapeutin*, 2001, 14: 56–70.
[13] Vgl. Henri Bersot. *Die Fürsorge für die Gemüts- und Geisteskranken in der Schweiz*. Bern, 1936: 25.
[14] Vgl. Christoph Keller. *Der Schädelvermesser. Otto Schlaginhaufen – Anthropologe und Rassenhygieniker. Eine biographische Reportage*. Zürich, 1995.

Sterilisationsverfahrens vonnöten sei.[15] Außer im Kanton Waadt, wo 1928 das europaweit erste eugenische Zwangssterilisationsgesetz in Kraft trat, kam die Sterilisationspraxis ohne besondere gesetzliche Regelung aus.[16] Es hatte sich in der Schweiz eine Sterilisationspraxis etabliert, die auf einer weitgehenden Autonomie von Medizinern und Psychiatern beruhte. Damit entschieden die Experten, ob eine Sterilisation genügend begründet war. Zugleich mussten sie aber darauf achten, dass die Sterilisation kein strafbarer Eingriff darstellte. Streng genommen galt nämlich nur die medizinische Indikation, – das heißt die Sterilisation als Heileingriff, der eine schwere körperliche oder seelische Schädigung abwendet – als juristisch hinreichend legitimiert. Medizinisch konnte damit eine Sterilisation eigentlich nur bei Frauen begründet werden, nämlich wenn eine Schwangerschaft die psychische oder physische Gesundheit der Schwangeren gefährden, oder eine bestehende Krankheit erschweren würde. Erst die ‚Einwilligung' sowie das Betonen eines ‚individuellmedizinischen Heilzweckes' ermöglichte damit die Rechtmäßigkeit des Eingriffes. In der Begründung der Sterilisation musste die eugenische Indikation durch eine medizinisch-prophylaktische Indikation ergänzt werden.[17]

In der Stellungnahme der Schweizer Psychiater zum ‚Gesetz zur Verhütung erbkranken Nachwuchses' (GzVeN) im benachbarten NS-Deutschland von 1934 formulierte sich ein ambivalentes Verhältnis der Schweizer Psychiatrie zu negativen eugenischen Maßnahmen. Ernst Rüdin, dessen Methode der empirischen Erbprognose die Grundlage zur Einführung des NS-Zwangssterilisationsgesetzes darstellte, hielt 1934 einen Vortrag vor Schweizer Kollegen in Bern.[18] In der Diskussion kritisierte Hans Wolfgang Maier den Zwang im deutschen Gesetz und hob das Schweizer Vorgehen in der Sterilisationsfrage hervor, das auf der ‚freiwilligen Einwilligung' und der ‚individuellen Begutachtung des Falles' beruhe. Gleichzeitig signalisierte er aber ein Interesse an den Auswirkungen der deutschen Zwangssterilisationen: „wir sind den deutschen Kollegen dankbar, wenn sie uns auch in einigen Jahren wieder über ihre Erfahrungen nach allen Richtungen hin berichten."[19]

Seit der Durchführung des GzVeN im benachbarten Deutschland distanzierten sich Schweizer Psychiater von der eugenisch radikalisierten Gesundheits- und Sozialpolitik in NS-Deutschland. Zugleich wurden eugenische Maßnahmen umgewichtet. Man nahm von Zwang Abstand und setzte vermehrt auf positive Maßnahmen,

---

[15] Hans Wolfgang Maier. „Zum gegenwärtigen Stand der Frage der Kastration und Sterilisation aus psychiatrischer Indikation", in: *Zeitschrift für die gesamte Neurologie und Psychiatrie*, 1925, 18: 201–219.
[16] Zum Waadtländer Zwangssterilisationsgesetz vgl. Geneviève Heller; Gilles Jeanmonod et Jacques Gasser. *Rejetées, rebelles, mal adaptées. Débats sur l'eugénisme. Pratiques de la sterilisation non volontaire en suisse romande au XXe siècle*. Genève, 2002.
[17] Vgl. Regina Wecker. „Eugenik – individueller Ausschluss und nationaler Konsens", in: Sebastien Guex et al. *Die Schweiz 1798-1998. Staat-Gesellschaft-Politik. Bd.3, Krisen und Stabilisierung. Die Schweiz in der Zwischenkriegszeit*. Zürich: Chronos, 1998: 165–179.
[18] Vgl. „Schweizerische Gesellschaft für Psychiatrie. Protokoll der 85. Versammlung vom 3. und 4. November 1934 in Bern", in: *Schweizer Archiv für Neurologie und Psychiatrie*, 1934, 35,1: 186–199; 365–373.
[19] ebd. 367.

wie eugenische Volksaufklärung und Erziehung. So propagierte Hans Wolfgang Maier die Hinwendung einer in der Genetik fundierten Psychiatrie zur ‚Aufklärung der Bevölkerung'.[20] Wie zudem die Beiträge im Band „Verhütung erbkranken Nachwuchses" von 1938 – dem schweizerischen Handbuch zur Eugenik – belegen, befürworteten namhafte Schweizer Psychiater eugenische Maßnahmen, sofern sie mit der schweizerischen Rechtsauffassung vereinbar waren.[21] Mit der Abgrenzung gegenüber NS-Deutschland formulierten Schweizer Ärzte und Politiker offiziell eine Sterilisationspolitik, welche die ärztliche Autonomie wahrte und zugleich in Einklang mit dem verfassungsmäßig garantierten Schutz der Individualsphäre stand.

Ein Bundesgesetz zur Sterilisation wäre nur gegen den Widerstand der katholischen Bevölkerung durchzusetzen gewesen und als staatlicher Eingriff ins Private wahrgenommen worden, was nicht dem Bild schweizerischer Demokratie und Rechtsstaatlichkeit entsprach. Wie aber die bundesrätliche Botschaft zur Familienschutzinitiative von 1944 veranschaulicht, unterstützte auch der Bundesrat eugenische, bevölkerungspolitische Maßnahmen.[22] Um den bundesrätlichen Gegenvorschlag zu dieser Initiative in der Volksabstimmung nicht zu gefährden, verzichteten Bundesrat und Parlament allerdings aus politischem Kalkül auf einen eugenisch gefärbten Verfassungsartikel, der die familienpolitischen Kompetenzen des Bundes regelte.

5. Debatte um Zwangssterilisationen

Die schweizerische Eugenik und die Frage, ob in der Schweiz Zwangssterilisationen und -kastrationen stattgefunden hatten, kam 1999 aufs politische Parkett. Die parlamentarische Initiative Margrith von Feltens zielte auf die eugenischen Zwangssterilisationen. Sie forderte die Schaffung einer gesetzlichen Grundlage, um jene Personen zu entschädigen, die „gegen ihren Willen sterilisiert worden waren oder unter Druck einer Sterilisation zustimmten."[23] Ohne Gegenstimme nahm das Parlament die Initiative an. Darauf erarbeitete die Rechtskommission zwei Gesetzesentwürfe und legte sie zur Beratung vor. Der erste Entwurf sollte die Voraussetzungen regeln, unter denen künftig Sterilisationen durchgeführt werden können. Der zweite Entwurf sah die Entschädigung der Opfer von Zwangssterilisationen und -kastrationen vor. Bereits im Vorfeld der Parlamentsdebatte empfahl der Bundesrat die zweite Vorlage abzuweisen, und in der ersten Vorlage diejenige Voraussetzung zur Sterilisation ‚dauernd urteilsunfähiger, geistig behinderter Personen' zu streichen,

---

[20] Hans Wolfgang Maier. „Prinzipielles zur psychiatrischen Eugenik", in: *Schweizerische Medizinische Wochenschrift*, 1934: 787–791, 838–839.
[21] Stavros Zurukzoglu (Hrsg.). *Die Verhütung erbranken Nachwuchses*. Basel, 1938.
[22] Vgl. „Bericht des Bundesrates an die Bundesversammlung über das Volksbegehren ‚Für die Familie'", in: *Bundesblatt*, 1944: 865–1143.
[23] Vgl. Parlamentarische Initiative von Margrith von Felten. Zwangssterilisationen. Entschädigung für Opfer, vgl. http://www.parlament.ch/ab/frameset/d/n/4702/99451

welche verlangte, dass die betroffenen Personen keine Ablehnung gegen den Eingriff geäußert haben dürfen, da dies einem faktischen Sterilisationsverbot gleichgekommen wäre. Die Entschädigungsvorlage wurde mit dem Argument abgewiesen, es stehe nicht fest, dass der Bundesstaat die ausführenden Ärzte und Anstalten ‚politisch, finanziell und moralisch' unterstützt habe.[24] Der Bundesrat und die Gegner der Vorlage befürchteten einen Präzedenzfall für weitere Opfergruppen zu schaffen, deren Grundrechte verletzt worden waren. Zudem, so führte der Justiz- und Polizeiminister Christoph Blocher in der Parlamentsdebatte aus, wären die Eingriffe nach damaliger Rechtsauffassung im Interesse der betroffenen Personen unternommen worden.[25] Nachdem sich der Nationalrat zu einer Genugtuungszahlung durchgerungen hatte, trat der Ständerat jedoch nicht auf die Vorlage ein, so dass das Gesetz nochmals durch den Nationalrat beraten werden musste. Dieser folgte nun dem Ständerat und trat auf die Vorlage für eine Genugtuungszahlung an die Opfer von Zwangssterilisationen und -kastrationen ebenfalls nicht mehr ein. Hingegen wurde die zweite Gesetzesvorlage zur Sterilisation in der ersten Lesung durch beide Kammern des Parlaments angenommen. In der Schweiz dürfen sich erwachsene Personen seit dem 1. Juni 2005 sterilisieren lassen, und auch die Sterilisation geistig behinderter, dauernd urteilsunfähiger Personen wird unter strengen Voraussetzungen erlaubt. Neben weiteren Auflagen gehört hierzu, dass eugenische Motive zur Sterilisation ausgeschlossen sind, und die Sterilisation ausschließlich im Interesse der betroffenen Person erfolgen darf.[26] Im Sinne des Bundesrates strich das Parlament aber die Auflage, dass die betroffene Person keine Ablehnung gegen den Eingriff geäußert haben dürfe, und erlaubte Sterilisationen unter der Voraussetzung, dass sie ‚ausschließlich im Interesse' der betroffenen Personen durchgeführt werden. Wenn Sterilisationen erlaubt sind, auch wenn betroffene Personen diese ablehnen, toleriert das Gesetz streng genommen Zwangssterilisationen.

Die Beratungen der Rechtskommission, die Stellungnahme des Bundesrates wie auch die Parlamentsdebatte waren historisch informiert. Verschiedene Historikerinnen und Historiker hatten zur Frage der Zwangssterilisationen in der Schweiz Studien vorgelegt, die konsultiert wurden.[27] In den meisten Stellungnahmen der PolitikerInnen wurde denn auch die Schwere der Eingriffe in der Vergangenheit aner-

---

[24] Vgl. Stellungnahme des Bundesrates vom 3.9.2004, zu finden unter: http://www.parlament.ch/ab/frameset/d/n/4702/99451
[25] Vgl. Protokoll der Ständeratsdebatte vom 7.6.2004, zu finden unter: http://www.parlament.ch/ab/frameset/d/n/4702/99451
[26] Vgl. Bundesgesetz über Voraussetzung und Verfahren bei Sterilisationen, zu finden auf: http://www.parlament.ch/ab/frameset/d/n/4702/99451
[27] Um nur einige zu nennen: Geneviève Heller; Gilles Jeanmonod et Jacques Gasser. *Rejetées, rebelles, mal adaptées. Débats sur l'eugénisme. Pratiques de la sterilisation non volontaire en suisse romande au XXe siècle.* Genève, 2002. Roswitha Dubach. „Die Sterilisation als Mittel zur Verhütung ‚minderwertiger' Nachkommen (Ende 19. Jh. bis 1945)", in: *Schweizerische Ärztezeitung*, 2001, 82, 3: 82–84; Jakob Tanner; Marietta Meier. Gisela Hürlimann und Brigitta Bernet. *Zwangsmassnahmen in der Zürcher Psychiatrie 1870-1970.* Zürich 2002. Für einen Überblick über die Debatte in den Geschichtswissenschaften: Marietta Meier. „Zwangssterilisationen in der Schweiz. Zum Stand der Forschungsdebatte", in: *Traverse, Zeitschrift für Geschichte*, 2004, 1: 130–147.

kannt. Doch wiesen Bundesrat und die Gegner einer Entschädigungs- oder Genugtuungszahlung diese Gesetzesvorlage mit dem Argument zurück, die Eingriffe wären nach damaliger Rechtsauffassung im Interesse der betroffen Personen unternommen worden. Wie die drei Fallbeispiele zeigen, trifft dies nur teilweise zu. Um nicht wegen Körperverletzung belangt zu werden – und somit nicht gegen die geltende Rechtsauffassung zu verstoßen – achteten die Ärzte auf die Einhaltung formalrechtlicher Minimalstandards. Wie der Fall von Rosa Sutter und Julius Zolliker zeigen, setzten Ärzte und Behördenvertreter die Betroffenen unter Druck, um eine Einwilligung in die Sterilisation zu erhalten. Indem sie diese, wie im Fall Rosa Sutters vor die Alternative: Kürzung der Unterstützungsleistungen oder Sterilisation stellten. Wie das Beispiel von Verena Zimmermann zeigt, wurde der Eingriff aber auch so begründet, dass er im Interesse der Patientin lag. Die zusätzliche eugenische Begründung ihrer Sterilisation, verweist zugleich aber auch darauf, dass weitere Kinder unerwünscht waren. Auch ohne spezifische gesetzliche Regelung der Sterilisation erforderten die rechtlichen Voraussetzungen bereits, dass ein individuelles Interesse der betroffenen Personen an der Geburtenverhinderung formuliert wurde. Die eugenischen Begründungen der Sterilisationen verdeutlichen aber, dass zugleich ein gesellschaftliches Interesse an der Kontrolle von Geburten bei sozial Randständigen bestand. Eugenische Denk- und Handlungsmuster waren in der schweizerischen Psychiatrie damit auch deshalb so präsent, weil die Psychiatrie damit ihre gesellschaftliche Relevanz unter Beweis stellen konnte.

Das neue schweizerische Sterilisationsgesetz distanziert sich in dieser Hinsicht von der historischen Eugenik und erklärt eugenische Motive zur Sterilisation ‚geistig behinderter, dauernd urteilsunfähiger' Personen für unzulässig. Ausschlaggebend für die Zulässigkeit einer Sterilisation bei diesen Personen ist, dass sie ‚ausschließlich in ihrem Interesse' unternommen wird. Mit der Zurückweisung der Entschädigungsvorlage scheint sich der Bund aber nicht klar genug von den historischen Zwangssterilisationen abzugrenzen. So stellt sich für das neue schweizerische Sterilisationsgesetz die Frage, ob nicht auch künftig im Interesse dieser betroffenen Person argumentiert werden kann, wenn ihr Nachwuchs unerwünscht ist. Aus dieser Perspektive käme eine problematische, nicht-lineare Kontinuität der historischen Eugenik mit der heute per Bundesgesetz geregelten Sterilisationspraxis in den Blick. Die historische Eugenik in der Schweiz setzte sich im Unterschied zu NS-Deutschland (hauptsächlich) nicht mittels Zwangsgesetzen durch, die auch gegen den Willen Betroffener den Zugriff auf die ‚Zeugungs'- und ‚Gebärfähigkeit' sanktioniert hätten. Eugenische Konzepte und Maßnahmen schlossen sich in der Schweiz vielmehr an administrative Verfahren und Vorstellungen an, die mit der damaligen, bürgerlich-liberalen Auffassung von Rechtsstaat und Demokratie vereinbar waren. Weil verschiedene kantonale Strafgesetze die Beschädigung der Geschlechtsorgane explizit als schwere Körperverletzung taxierten und das schweizerische Strafgesetzbuch von 1942 medizinische Eingriffe ohne Einwilligung unter Strafe stellte, wirkte man bei der Durchführung von Sterilisationen in den meisten Fällen auf die

Einwilligung der betroffenen Personen hin, und argumentierte in den Sterilisationsgutachen medizinisch. Dies schloss ein, dass die Ärzte ein Interesse der betroffenen Person am empfängnisverhütenden Eingriff formulierten. In der historischen schweizerischen Sterilisationspraxis, verbanden sich somit einerseits eugenische Denk- und Handlungsmuster, die ein öffentliches Interesse an Geburtenkontrolle und am Schutz der Volksgesundheit repräsentierten, mit einer anderseits ‚individuellen Begutachtung' der Fälle, und der Ausformulierung von individuellen Interessen an Geburtenkontrolle und Empfängnisverhütung. Die ‚offizielle' Sterilisationspraxis genügte auf diese Weise den rechtlichen Minimalstandards einer bürgerlich-liberaler Rechtsauffassung zumal eine Diskussion um den Schutz von PatientInnenrechten im Bereich von Psychiatrie und Heilpädagogik erst Ende der 1960er Jahre einsetzte.[28]

Indem die Entschädigungsvorlage zurückgewiesen wurde, anerkennt der schweizerische Souverän heute aber nicht, dass mit dieser liberalen historischen Sterilisationspraxis, die auch den wissenschaftlichen Standards der Zeit genügte, integrale Rechte verletzt worden waren. Offenbar greift die Einsicht, dass im historisch gewordenen Rechtsstaat Schweiz zu Gunsten der ‚Volksgesundheit' unrechtmäßigen medizinisch begründeten Maßnahmen Vorschub geleistet wurde, zu tief ins schweizerische Selbstbewusstsein ein. Auch im neuen Bundesgesetz zur Sterilisation geht damit die Pragmatik, ohne zu engen rechtlichen Rahmen urteilsunfähige, und damit als Rechtssubjekte teilweise disqualifizierte Personen, sterilisieren zu können, vor dem Schutz dieser Personen vor Zwangseingriffen.

6. Schlussdiskussion

Die dänische Historikerin und Molekularbiologin Lene Koch hat in Bezug auf den skandinavischen Kontext jüngst ‚alte Eugenik' und ‚neue Genetik' als zwei historisch spezifische Formen der Regierung und Regulierung genetischen und biomedizinischen Wissens beschrieben, und dabei in Frage gestellt, ob die ‚neue Genetik' einen radikalen Bruch mit früheren medizinischen Praktiken darstelle. Wie sie ausführt, prägen die Vorstellungen über die historische Eugenik in den 1930er und 1940er Jahren dabei mit, welche Anwendung neuen genetischen Wissens heute als legitim oder illegitim gelten können. Sie unterzieht damit die Vertreter der Diskontinuitätsthese in der historischen Eugenikforschung einer kritischen Revision und argumentiert, dass obwohl die historische Eugenik gerade in Bezug auf ihre Radikalisierung im nationalsozialistischen Deutschland heute als politisch, moralisch und wissenschaftlich inakzeptabel gelte, Individuen mit sozial deviantem Verhalten aber nach wie vor davon abgehalten werden, Kinder zu erziehen oder zu zeugen. Dabei spiele allerdings weniger die Vorstellung der Vererbung defekter Gene eine Rolle,

---

[28] Geneviève Heller ; Gilles Jeanmonod et Jacques Gasser. *Rejetées, rebelles, mal adaptées. Débats sur l'eugénisme. Pratiques de la sterilisation non volontaire en suisse romande au XXe siècle.* Genève, 2002.

als vielmehr die Vorstellung der Prävention unerwünschter sozialer Probleme.[29] Mit diesem Ansatz wird dreierlei deutlich: Der Umgang mit der historischen Eugenik und die Frage nach Kontinuität und Diskontinuität eugenischer Denk- und Handlungsmuster kann erstens als Legitimierungs- und Delegitimierungsstrategie in und für die aktuellen biopolitischen und bioethischen Auseinandersetzungen verstanden werden. Die Anwendung neuen genetischen und biomedizinischen Wissens verbindet mit der historischen Eugenik zweitens das Anliegen, die Ergebnisse medizinischer und biologischer Forschung nutzbar und politisch opportun anzuwenden. Und drittens verband sich die historische Eugenik, wie es das Beispiel der Umsetzung eugenischer Konzepte und Maßnahmen in demokratischen Staaten zeigt, nicht per se mit Repression und reaktionären politischen Konzepten. Die Diskontinuitätsthese wurde so etwa oft von Medizinern und Wissenschaftern vertreten, die in der Mitwirkung ihrer historischen Standeskollegen an den Zwangssterilisationen und Medizinverbrechen des Nationalsozialismus die politische Vereinnahmung und Korruption von Medizin und Wissenschaft und ihren Rückfall in die Barbarei sahen, damit aber auch eine Neupositionierung ihrer Fächer begründen wollten. Die Kontinuitätsthese betonte demgegenüber konzeptuelle und personelle Kontinuitäten über die Zäsuren von 1933 und 1945 hinweg, und sieht in der Selektionspolitik des Nationalsozialismus eine radikalisierte Weiterentwicklung bereits existierender Denk- und Handelsmuster, an deren Entstehung lange vor 1933 die biomedizinischen Wissenschaften entscheidenden Anteil hatten.[30] In den aktuellen biopolitischen und bioethischen Debatten in Deutschland lässt sich denn auch verfolgen, wie die NS-Eugenik historisierend immer mitangesprochen wird, um sich in der Gegenwart von dieser zu distanzieren und Regelungen zu finden, die die Gefahr derselben zu bannen vermögen.[31] Die NS-Eugenik, dient in den biopolitischen Debatten der Gegenwart somit als negativer historischer Referenzpunkt, um einerseits Kritik an den modernen biomedizinischen Wissenschaften und Technologien zu üben, den Regelungsbedarf für dieses Feld zu begründen, und gesetzliche oder informelle Regelungen zu finden, welche diese Kritik wenn nicht neutralisieren so doch mitberücksichtigen. Im Sinne von Kontinuität motiviert die historische Eugenik dabei die biopolitischen Debatten der Gegenwart. Gleichzeitig wird sie in den gegenwärtigen Debatten als historische Eugenik zeitlich distanziert, womit Diskontinuität erzeugt, aber Legitimität für die gesetzliche Regulierung etwa der Anwendung moderner Reproduktionstechnologien geschaffen wird. Mit der Einschränkung, dass es sich beim Sterilisationsgesetz um die erste schweizweite gesetzliche Regelung einer alten biopolitischen Praxis und nicht etwa der Handhabung moder-

---

[29] Lene Koch. "The Meaning of Eugenics: Reflections on the Government of Genetic Knowledge in the Past and the Present", in: *Science in Context*, 2004, 17: 315–331.
[30] Eric J. Engstrom und Volker Roelcke. „Die ‚alte' Psychiatrie? Zur Geschichte und Aktualität der Psychiatrie im 19. Jahrhundert", in: Dies. (Hrsg.). *Psychiatrie im 19. Jahrhundert. Forschungen zur Geschichte von psychiatrischen Institutionen, Debatten und Praktiken im deutschen Sprachraum*. Basel, 2003: 13–17.
[31] Vgl. hierzu den Aufsatz von R. Ach in diesem Band.

ner Präimplantationsdiagnostik handelt, gilt dies auch für den Umgang mit der historischen Eugenik in der politischen Debatte zum Sterilisationsgesetz und zur Entschädigungsvorlage für die Opfer von Zwangssterilisationen und -kastrationen in der Schweiz. Mit dem Verbot eugenischer Motive für die Sterilisation geistig behinderter, urteilsunfähiger Personen und dem gleichzeitigen Nichteintreten des Parlaments auf die Entschädigungsvorlage wird mit dem neuen schweizerischen Sterilisationsgesetz die historische Eugenik auf doppelte Weise zeitlich distanziert und Diskontinuität erzeugt: Somit kann man heute auch nicht mehr mit Recht die Kontinuität eugenischer Diskurse und Praktiken im neuen schweizerischen Sterilisationsgesetz behaupten. Allerdings zeigt sich auf analytischer Ebene eine historische Kontinuität in der scheinbar nahtlosen Verknüpfung von die Individualrechte nivellierenden Konzepten mit den bürgerlich-liberalen Konzepten von Rechtsstaatlichkeit und Demokratie. Dabei bringen gerade die letzteren gegen ein Überhandnehmen staatlichen Zugriffs und Kontrolle kritisch die Respektierung des Rechtssubjekts in Anschlag. Wenn man die historische Eugenik mit ihrem Instrumentarium von regulierenden Interventionen Michel Foucaults Konzept von Biomacht und Biopolitik zuordnet, welches er in den Vorlesungen zur Geschichte der Gouvernementalität als Kehrseite der politischen Konzepte des Liberalismus entwickelt hat,[32] muss man allerdings fragen, wie es kommt, dass etwa das eugenisch motivierte Eheverbot für Geisteskranke des schweizerischen Zivilgesetzbuchs von 1912 gerade nicht als Widerspruch zur seit 1874 verfassungsmäßig garantierten Ehefreiheit wahrgenommen wurde. Für die schweizerische Debatte zum neue Sterilisationsgesetz wäre zu fragen, ob nicht erst die Ablehnung eines Entschädigungs- oder Genugtuungsanspruchs für die Opfer von Zwangssterilisationen und -kastrationen, das gesetzliche Verbot eugenischer Motive und das Betonen des allein ausschlaggebenden individuellen Interesses für die Sterilisation geistig behinderter, urteilsunfähiger Personen, die Relativierung des Schutzes vor Zwangseingriffen dieser Personen politisch ermöglichte.

---

[32] Michel Foucault. *Geschichte der Gouvernementalität I und II. Vorlesung am Collège de France 1977-1979*. Frankfurt a.M., 2004; insbesondere I, 52–86, und II, 435–454.

17

ZEIT UND ETHIK
Ein Katalog offener Fragen

CHRISTOPH REHMANN-SUTTER[1]

Anstelle einer Auswertung der Beiträge dieses Bandes möchte ich einige Fragen benennen, die zur Diskussion offen bleiben. Das Thema der Temporalität in der Ethik kann durch die gemeinsame Arbeit, die sich in den Kapiteln niederschlägt, keineswegs als erledigt gelten. Das Feld der offenen Fragen ist durch die Untersuchungen – diesen Eindruck habe ich bekommen – nicht kleiner, sondern eher größer geworden. Die Auflistung offener Fragen ist deshalb keine Kritik an den Beiträgen, sondern versteht sich als eine Würdigung. Sie soll in lockerer Bezugnahme auf die Texte zeigen, wo die Arbeit weiterführen könnte.

Unsere initiale Vermutung, die zu dem Projekt führte, dass die Zeitlichkeit ein ergiebiges und noch relativ wenig behandeltes Thema ist, sowohl für die Fundamentalethik als auch für die angewandte Ethik Herausforderungen bietet, hat sich bestätigt: Alles Handeln ist ja offensichtlich ein Geschehen und geschieht somit in der Zeit. Sittlichkeit, Moral und Ethik, wenn sie auch noch so bemüht sind, im Besonderen das Allgemeine zu entdecken und dieses Allgemeine über die Zeit hinweg festzuhalten, haben es deshalb letztlich doch immer mit Veränderungen in der Welt zu tun, mit ihren Möglichkeiten und Alternativen, deren Realisierung als Praxis und auch deren Reflexion als Diskurs sich immer in der Zeit vollziehen. Deshalb scheint die Bedeutung der Zeit für die Ethik eigentlich schon von vornherein festzustehen und es muss eher erstaunen, wie wenig Aufmerksamkeit ihr bisher gewidmet wurde. Steckt darin schon eine Wertung zugunsten des Allgemeinen und Beständigen, zuungunsten des Besonderen, Konkreten und unvermeidlich Veränderlichen? Wie auch immer: worin die Bedeutung der Zeit für die Ethik aber besteht, so können wir in Anlehnung an Augustins Bonmot sagen, scheint nur solange klar und einfach zu sein, als wir nicht den Versuch unternehmen, sie zu erklären.

---

[1] Einige Ideen in diesem Text, die ich nicht mehr einzeln zu identifizieren vermag, gehen auf vorbereitende Notizen von Georg Pfleiderer zurück, dem ich für die Anregungen herzlich danke.

1. „The past isn't dead. It isn't even past." (William Faulkner)

Vielleicht der offensichtlichste Komplex offener ethischen Fragen zur Zeit ist bezogen auf die Geschichte. Die Geschichte schreitet fort und deshalb haben wir sie nie in Händen. Sie hinterlässt immer neue Aufgaben, Wunden. Walter Benjamins 1940 beschriebenes Bild vom Engel der Geschichte, der in die Vergangenheit schaut, ihre Katastrophen und Trümmer sieht, aber von einem Sturm, der vom Paradies her weht, unablässig nach rückwärts in die Zukunft getrieben wird, ist gemeint als ein Symbol für diesen ‚Fortschritt' (dargestellt als Rückwärtsschritt). Folgender Satz von Benjamin bezeichnet die ethische Problematik des Engels: „Er möchte wohl verweilen, die Toten wecken und das Zerschlagene zusammenfügen."[2] Der Engel kann das aber nicht, zu stark weht der Sturm aus der Vergangenheit, der ihn in der Zeit vorantreibt. Die Auseinandersetzung mit der Vergangenheit stellt sich dem Engel, der sich rückwärtsgewandt von ihr betreffen lässt, als eine unabweisbare moralische Aufgabe. Ihre Schärfe besteht darin, dass die Reparatur der Vergangenheit unmöglich ist und die Prozesse gleichwohl weitergehen. Die Katastrophen lassen sich nicht ungeschehen machen, die Toten nicht mehr wecken. Und ob Menschen (nicht der Engel) aus der Geschichte überhaupt etwas lernen können, bleibt höchst fraglich. Das vorübergehend Erlernte ist zudem fragil und droht vom Sturm wieder umgeblasen zu werden. Die Gefahr ist, dass die von Menschen verursachten Katastrophen, wenn sie sich nicht wiederholen, in neue Kleider gehüllt in der Gegenwart weiterwirken. Die Vergangenheit ist nicht tot; sie ist nicht einmal vergangen.

Daraus entstehen zwei Arten von Problemen, die einen mit einem grundsätzlich-methodologischen, die anderen mit einem konkret-angewandten Charakter. Letztere stellen sich im Bezug auf konkrete Krisen und können deshalb sowieso nicht als erledigt gelten. Aber auch die theoretisch-methodischen Probleme lassen sich nicht ein für allemal lösen, sondern stellen sich je immer im Bezug auf konkrete Fragen wieder neu. – *Was lässt sich aus den früheren krisenhaften Zuspitzungen der Debatten um die Beschleunigungsdynamik techno-sozialer Prozesse und ihrer Verarbeitung für die Gegenwart lernen? Wie lassen sich zentrale Positionen und Wandlungsprozesse der Theoriegeschichte im Bezug auf ihre Diagnose der Temporalitätsstrukturen für die Gegenwart rekonstruieren?*

Keine Zeit kann davon ausgehen, dass die Vergangenheit bereits verstanden wurde. Und keine Zeit kann davon ausgehen, dass sie bereits weiß, wie das geht, die Vergangenheit zu verstehen. – *Lehrt uns die Vergangenheit nur, was wir an – heutigen – moralischen Maßstäben in sie hineinlegen? Wie kann das Retro-Projektive in die Auseinandersetzung mit der Geschichte einbezogen werden? Wie können verschiedene Disziplinen – zuerst die Geschichtsforschung, die Sozialwissenschaften und die Ethik – in diesen*

---

[2] Walter Benjamin. *Schriften*. Frankfurt a.M.: Suhrkamp, 1955: Bd. I, 499. Vgl. dazu Gershom Scholem. „Walter Benjamin und sein Engel", in: *Zur Aktualität Walter Benjamins*. Hrsg. von Siegfried Unseld. Frankfurt a.M.: Suhrkamp, 1972: 85–138.

Projekten kooperieren? Wie können das Verstehen der Vergangenheit und das Infragestellen von Geschichtsverständnissen öffentlich diskutiert werden?

Wo Geschichte Unrechtsgeschichte ist, ist die Auseinandersetzung mit ihr eine Auseinandersetzung mit den Schuldfragen. – *Wie kann eine ethische Auseinandersetzung mit Schuld so geführt werden, dass sie die Lähmung und die Blickverengung, die psychologisch mit einem Schuldkomplex verbunden sind, überwindet? Lassen sich verschiedene Ansätze der Auseinandersetzung mit Unrecht unterscheiden, wenn das Unrecht eigenes Unrecht ist oder das Unrecht anderer, mit denen man in der Gesellschaft weiter koexistieren muss? Unterscheiden sich die Ansätze, wenn es sich wie bei der Geschichte des Holocausts oder der Geschichte nach dem Ende der Apartheid oder des offiziell anerkannten Rassismus um kollektiv begangenes Unrecht handelt? Wie können Generationen miteinander umgehen?* Diese Frage stellt sich für die Gesellschaft und ganz persönlich und konkret für die Familien.

Fortschritt ist ein Wort, das meistens den Siegern besser in den Mund passt als den Verlierern. Die Opfer und die, welche sich mit ihnen solidarisieren, mahnen zur Skepsis, ob ein wirklicher Fortschritt im Bezug auf Gerechtigkeit möglich sei, wenn er nicht von einer Analyse der Unrechtserfahrungen ausgeht. – *Welche Analyse der Vergangenheit (Unrecht, Schuld, Kosten) steckt in einem Konzept von Fortschritt?*

Ein Problem mit dem Fortschritt ist, dass er manchmal zu oberflächlich das Neue schon um der Neuigkeit willen zelebriert und es versäumt, seinen Beitrag unabhängig zu evaluieren. Fortschrittsvisionen dienen manchmal dazu, die Vorzüge einer bestimmten neuen Technologie (heute etwa Gentechnologien oder Nanotechnologien) herauszustreichen und ein rosiges Bild der Bedürfnisbefriedigung durch diese Technologie zu entwerfen. - *Gibt es so etwas wie ein vision-assessment? Wie kann der Beitrag eines Fortschrittskonzepts unabhängig bewertet werden, ohne die Prämissen, auf denen er beruht, stillschweigend vorauszusetzen?*

Noch einmal zur Schuldfrage im Bezug auf vergangene menschengemachte Katastrophen (wie die Shoa): Gibt es eine ethisch reflektierte, unabhängige Geschichtsschreibung, die nicht nur positivistisch verfährt, sondern eine ethische Stellungnahme mit einbezieht und sie gleichzeitig transparent macht? Das muss jedenfalls eine Geschichtsschreibung sein, die nicht Siegergeschichte ist. – *Liegt aber Schuld u.U. schon darin, einfach nur dabei gewesen oder davongekommen zu sein? Wo ist im Bezug auf Schuld die Grenze zwischen Kollaboration und Verstrickung?*

2. Extrapolation

Angesichts des futurischen Veränderungsdrucks, der von der Entwicklung moderner biotechnologischer Verfahren auf Ethik und Gesellschaft ausgeübt wird, aber auch angesichts der massiven ökologischen Destabilisierungen, die von einem globalisierten Konsum-Industrialismus ausgehen, kommt den prognostischen Wissenschaften eine besondere Bedeutung zu. Hans Jonas hat auf die damit gegebene epistemische Problematik hingewiesen: „Jedenfalls verlangt die geforderte Extrapolation einen größenordnungsmäßig höheren Grad von Wissenschaft, als er im technologischen Extrapolandum schon da ist; und da dies jeweils das Optimum vorhandener Wissenschaft darstellt, so ist das verlangte Wissen notwendig immer ein derzeit noch nicht und als Vorwissen überhaupt nie, höchstens erst der Rückschau verfügbares Wissen."[3]

Dies führt in praktische Dilemmata: Prognosen sind grundsätzlich unsicher und trotzdem sind sie die einzigen verfügbaren Indikatoren für eine Abschätzung von Technikfolgen. Die Entscheidungen betreffen aber nicht nur die Konsequenzen, die man aus bestimmten Prognosen ableitet; sie bestimmen nicht nur, wie Prognosen in die aktuellen Entscheide über den Technikgebrauch einbezogen werden, sondern auch, welches Gewicht ihrer Verbesserung bei der Allokation von Forschungsmitteln gegeben wird. Die Investition in Risikoforschung und in die Erforschung der gesellschaftlichen und ökologischen Konsequenzen muss sich rechtfertigen gegenüber der Investition in die Entwicklung der technikbezogenen Wissenschaften. Letztere versprechen für Wirtschaft und Medizin die unmittelbareren Gewinne als die ersteren. Also geht es darum, den gesellschaftlichen Wert prognostischen Wissens gegenüber dem gesellschaftlichen Wert von anwendbarer Technologie zu evaluieren. Diese Abwägung ist natürlich nur scheinbar eine Abwägung zwischen Zukunftswissen und Gegenwartswissen, denn die gesellschaftlichen und ökologischen Folgen werden genauso Gegenwart wie die technologische Innovation. Oft bedeutet schon die Zulassung oder den Ausschluss wissenschaftlicher Prognostik aus den politischen Entscheidungsprozessen ein Politikum. – *Prognostik und technology assessment kann kritisch als eine Kolonialisierung der Zukunft problematisiert werden.*[4] *Wie kann man aber mit der Vision von einer Zukunft, die immer einer bestimmten Gegenwart entspringt, ihre Strukturen übernimmt und ihre Spuren an sich trägt, vernünftige Entscheidungen über zukunftsrelevante Entscheidungen treffen?*

Soviel scheint klar: eine Extrapolation gegenwärtig erkennbarer Tendenzen kann zwar diejenigen warnen, die hinter diesen Tendenzen stehen. Science Fiction ist oft in die Zukunft projizierte Verstärkung gewisser Entwicklungen (z.B. von Technologien), die in der Gegenwart liegen. Aber diese Extrapolation im Sinn von Eutopien und Dystopien ist etwas anderes als die Prognostik, die sich mit der erwartbaren Zukunft befasst. Und sie ist noch einmal verschieden von der ethischen Vision von einem erstrebenswerten, guten gemeinsamen Leben auf der Erde, die Projektion

---

[3] Hans Jonas. Das Prinzip Verantwortung. Versuch einer Ethik für die technologische Zivilisation. Frankfurt a.M.: Insel, 1979: 66.
[4] So Zygmunt Bauman (Potmodern Ethics. Oxford: Blackwell 1993: 199–209) mit Bezug auf die Formulierung von Anthony Giddens. Vgl. auch Christoph Rehmann-Sutter. „Prädiktive Vernunft. Das Orakel und die prädiktive Medizin als Erfahrungsbereiche für Rationalität", in: *Zugänge zur Rationalität der Zukunft*. Hrsg. von Nicole C. Karafyllis und Jan C. Schmidt. Stuttgart: Metzler, 2002: 203–232.

von Erfülltheit und Glück. – *Wie können ‚Visionen' der Ethik helfen? Wie können sie, statt die Sicht zu verdunkeln, die moralische Vision schärfen, welche die Wahrheit sucht?*

Der Umgang mit der Zukunft bei ethischen Abwägungen zwischen Handlungsalternativen ist ein Problem, das von verschiedenen Ethikansätzen unterschiedlich gelöst wurde. Nicht alle Stränge in der Theorie der neuzeitlichen Ethik haben der Temporalitätsproblematik die gleiche oder die gleiche Art von Aufmerksamkeit geschenkt. – *Was lässt sich aus den früheren Krisen und Zuspitzungen solcher Debatten um Prognostik in der Theoriegeschichte, aber auch in der Geschichte der Gesellschaft für die Gegenwart lernen? Wie strukturieren verschiedene aus der Geschichte überlieferte Ethikansätze, auch wenn sie sich nicht explizit als Theorien der Temporalität entfaltet haben, die Zeithorizonte der menschlichen Praxis und ihrer moralischen Implikationen? Wie selektionieren sie und wie interpretieren sie?*

Es gibt zwei grundlegend verschiedene Weisen, Zukunft in die Gegenwart einzubeziehen: Man kann sie physisch anlegen oder man kann ihr einen Platz in den Vorstellungen geben. Die humanen Biotechnologien sind gegenwärtig ein Lehrfeld dafür, wie diese beiden Weisen dazu gebracht werden, sich zu durchkreuzen. Die Debatten pro und contra Trans- oder Posthumanität, wie sie z.B. auf den Plattformen der Transhumanismus-Bewegung geführt werden,[5] unterscheiden sich genau darin von den älteren Diskussionen des Humanismus, dass sie darauf aus sind, die Verbesserungen (‚enhancements') als körperliche (gen- oder nanotechnologische, elektronische) Veränderungen der menschlichen Konstitution zu realisieren, während im Humanismus ein Ideal des Menschlichen kultiviert wurde, ohne das Ideal gleichsam zu reifizieren. Gleichwohl geben die technologischen Visionen, die der anthropotechnischen Verwirklichung harren, eher über die Gegenwart als über die Zukunft Auskunft. Sie sind, selbst wenn es Pläne zur technischen Verwirklichung sind, Spiegel unserer selbst. – *Welche Qualitäten der Vision verändern sich, wenn Visionen zu ihrer technologischen Verwirklichung aufrufen? Welche Spiegelbilder der Gegenwart sind in den technologischen Visionen der Zukunft humaner Identität zu erkennen?*

3. Kostbare Gegenwart

Unsere Lebenszeit ist endlich. Wenn der Tod nahe ist und wenn es gleichzeitig ein Mittel gibt, ihn abzuwenden, entscheiden sich die meisten Menschen in den meisten Situationen dazu, das Mittel zu benützen. Allerdings nicht immer. Die empirische Studie EURELD zeigte, dass in den meisten Ländern Europas heute (die Zahlen beruhen auf den Todesfällen zwischen Juni 2001 und Februar 2002) ein namhafter Prozentsatz der Todesfälle mit einer bewusst nicht-maximalen Ausschöpfung der medizinischen Mittel verbunden ist.[6] In diesen Fällen werden *end-of-life decisions* ge-

---

[5] www.transhumanism.org (zuletzt besucht am 23. Sept. 2005).
[6] Agnes van der Heide et al. „End-of-life decision making in six European countries: descriptive study", in: *The Lancet*, 362, 2003, 345–350. Vgl. auch Georg Bosshard et al. „Forgoing Treatment at the End of Life in 6 European Countries", in: *Arch Intern Med*, 165, 2005, 401–407.

troffen, die beinhalten, ein Mittel, das verfügbar wäre, nicht oder nicht mehr anzuwenden. In Belgien sind das 38%, in Dänemark 41%, in Italien 23%, in den Niederlanden 44%, in Schweden 36% und in der Schweiz sogar 51%. Wenn man vorher die jeweils ungefähr 30% plötzlichen oder unerwarteten Todesfälle abzieht, bei denen *end-of-life decisions* per definitionem nicht möglich sind, ergeben sich entsprechend höhere Zahlen. (Für die Schweiz sind das gemäß den obigen Angaben 75%.) Nur ein ganz kleiner Teil davon sind Fälle von direkter aktiver Sterbehilfe oder Suizidbeihilfe (am höchsten in den Niederlanden mit 3.4%, am wenigsten in Italien mit 0.1%; in der Schweiz sind es 1.04%). Der größte Teil sind Linderungsmaßnahmen von Schmerz und anderen Symptomen, bei denen ein möglicher lebensverkürzender Effekt in Kauf genommen wird, oder Entscheide über Behandlungsverzicht bzw. Behandlungsabbruch. Auf der anderen Seite ist die Lebenserwartung im Gefolge der Entwicklung der modernen Medizin im Laufe des 20. Jahrhunderts deutlich gestiegen. In der Schweiz lag die Lebenswartung, wenn man von der Geburt an zählt, im Jahr 1900 noch unter 50 Jahren für beide Geschlechter; 2001 sind es für Männer 77,2 Jahre und für Frauen 82,8 Jahre geworden. Wenn man nur die 65-jährigen zählt, lag sie im Jahr 1900 noch bei 75 Jahren für beide Geschlechter; 2001 sind es für Männer schon 82,1 Jahre und für Frauen 85,9.[7] Wie geht diese Tendenz weiter? Man muss vermuten, dass die Fähigkeit zum Weiterleben des menschlichen Körpers mit verfeinerten medizinischen Mitteln in der Zukunft noch wesentlich verstärkt werden kann, als dies heute bereits möglich ist. Jüngst wurde über Experimente an Mäusen berichtet, die mit einem genetischen Eingriff (am Gen *Klotho*) dazu gebracht werden konnten, statt wie gewöhnlich zwei drei Jahre zu überleben.[8] Dies ist eine Steigerung der Lebenszeit um einen Drittel. Versuche am Menschen stehen (noch) aus.

Vor dem Hintergrund dieser Tatsachen stellen sich eine ganze Reihe von dringenden ethischen Fragen, die den Horizont der klassischen, Patientenautonomiezentrierten Medizinethik sprengen und ganz zentral das Verständnis von Lebenszeit betreffen: *Gibt es ein qualitatives Verständnis von Lebenszeit, das komplexer ist als die An- oder Abwesenheit von Krankheitssymptomen oder das subjektive Wohlbefinden? Gibt es ‚kairos' im Bezug auf den Tod? – und im Bezug auf die sogenannte ‚life span' und ‚health span'? Gibt es ein positives Verständnis von Endlichkeit*[9] *angesichts der Möglichkeiten der Expansion von health- und life-span? Wie müssen wir ‚Lebenszeit' in einem qualitativen und ethisch relevanten Sinn verstehen, wenn wir die Qualität von Leben wirklich ernsthaft an das Wohlbefinden der Betroffenen knüpfen, das ja – wie die Zahlen über end-of-life deci-*

---

[7] Das Gesundheitswesen in der Schweiz. Leistungen, Kosten, Preise. Ausgabe 2003, Basel: Pharma Information 2003.
[8] Hiroshi Kurosu et al. „Suppression of Aging in Mice by the Hormone Klotho", in: Science, 309, 2005: 1829–1833. Jennifer Couzin. „Boosting Gene Extends Mouse Life Spam", in: Science, 309, 2005: 1310–1311.
[9] Zur bioethischen Bedeutung der Endlichkeit vgl. die Beiträge in Christoph Rehmann-Sutter; Marcus Düwell und Dietmar Mieth (Eds.). *Bioethics in Cultural Contexts. Reflections on Methods and Finitude*. Dordrecht: Kluwer, 2006.

sions zeigen – nicht einfach als die Abwesenheit von Schmerzen und als die Funktion des Körpers auszulegen ist?

Diese Fragen kehren zurück zur ethischen Bedeutung der Gegenwart. Eigentlich ist es nicht die Zukunft oder die Lebens-Erwartung, die hier im Zentrum steht, sondern die Gegenwärtigkeit: das Gelingen der Gegenwart, des Lebens hier und jetzt. Dies schließt die Erwartungen an die Zukunft nicht aus, denn das Drohen von Unheil in der Zukunft kann die erlebte Gegenwart beeinträchtigen. Aber im phänomenologischen Sinn kann man fragen, welche Modi der Gegenwärtigkeit als Anwesenheit in Raum und Zeit, als Anwesenheit gegenüber Beziehungspartner/innen im Vordergrund stehen. Die Verlängerbarkeit der Lebensspanne stellt die Frage nach den Qualitäten und nach der ethischen Bedeutung der Gegenwart neu.[10] – *Was heißt es, in der Welt Anderen gegenüber anwesend zu sein? Welche zeitlich-ethische Dimension hat die Präsenz?*

Die Fragen nach der Gegenwart und nach den Rückwirkungen der Zukunftsimplikationen heutiger gesellschaftlicher Verhältnisse auf die Gegenwart und auf das gegenwärtige Zusammenleben vom Menschen auf der gemeinsamen Erde stellen sich aber auch ganz konkret. Die sich zunehmend globalisierende Ökonomie des Industrialismus ist bekanntlich nicht nachhaltig und gefährdet die Lebensgrundlagen. Die beängstigende Problematik des anthropogenen Klimawandels[11] zusammen mit der Übernutzung der natürlichen Ressourcen, dem Rückgang der Biodiversität, der irreversiblen Abholzung der Regenwälder und der ausgedehnten Zerstörung von natürlichen Lebensräumen in den Ballungsräumen sind zentrale Titel. Die Nachhaltigkeitsproblematik wird meistens formuliert als eine Zukunftsproblematik: die gegenwärtig Lebenden befriedigen ihre Bedürfnisse zu Lasten der Bedürfnisstillung zukünftig Lebender.[12] Nachhaltigkeit beinhaltet eine Verantwortung gegenwärtig Lebender gegenüber den Zukünftigen. Dabei ist aber klar, dass die fehlende Nachhaltigkeit eigentlich eine Gegenwartsproblematik darstellt. Sie ist ein Charakteristikum der heute etablierten Systeme. Es sind die Systeme der Güterproduktion, von denen die Gesellschaften abhängig sind, die tief greifend geändert werden müssen, wenn dem Prinzip der Nachhaltigkeit Nachachtung verschafft werden soll. Das Problem der Diskriminierung zukünftig Lebender gegenüber den Gegenwärtigen besteht in der Gegenwart und muss in der Gegenwart gelöst werden.

Neben den konkreten Fragen, wie dieser Gedanke der Nachhaltigkeit implementiert werden kann und wie die Systeme entsprechend verändert werden können, liegen uns damit auch neue fundamentalethische Fragen von existenzieller Dimension vor: *Bezogen auf die historische Zeit ist zu fragen, ob es für uns Gegenwartsbewohner*

---

[10] Jackie Leach Scully (*Playing in the Presence. Genetics, Ethics and Spirituality.* London: Quaker Books, 2002) stellt die Frage theologisch als die Frage nach „that of God *between* us, which enables us to connect at all" (82).
[11] Zwischenstaatlicher Ausschuss für Klimaänderung (Intergovernmental Panel on Climate Change IPCC). *Klimaänderung 2001. Zusammenfassung für politische Entscheidungsträger.* Bern: ProClim, 2002 (s. auch unter www.ipcc.ch).
[12] Vgl. Simon Dresner. *The Principles of Sustainability.* London: Earthscan, 2002.

rechtfertigbar ist, im Hinblick auf Sorgfalt gegenüber den Lebensgrundlagen für uns selbst eine Ausnahme zu beanspruchen? Ist ein moralischer Exzeptionalismus durch die steigende Weltbevölkerung rechtfertigbar? Und wenn nein, warum nicht? Was bindet uns eigentlich ethisch mit den zukünftig Lebenden? Welches ist die ethische Seite der Generationenbeziehung? Die Zurückgewinnung der Hoffnung, die Wiederherstellung einer offenen Zukunft setzen Antworten voraus auf die Frage nach der ethischen Bedeutung der Hoffnung auf die Sozialität und das Selbstverständnis der Menschen in der Gegenwart.

Die Ethik der Aufklärung hat in ihrem Streben nach Abstraktheit vom Prozesscharakter des menschlichen Lebens abgesehen. Sie ist davon ausgegangen, dass die Menschheit zu beschreiben ist als eine synchrone Gemeinschaft von Vernunftwesen. Dass diese Vernunftwesen aber nicht schon als solche fertig auf die Welt kommen, dass sie wachsen, sich entwickeln, sich fortpflanzen, und dass sie dabei in vielfältiger Weise voneinander abhängig sind und oft vorübergehend in ihrer rationalen Urteilskompetenz eingeschränkt sind, wurde eher in den Hintergrund gerückt. Wichtige Aspekte der *Diachronizität* der Gemeinschaft der Moralsubjekte bleiben für die Ethik noch zu erschließen.

Auch die Gerechtigkeitsdiskussion ist berührt. In dem gegenwärtig unter dem Titel des ‚capabilities approach' diskutierten Zugang zu menschlichen funktionalen Fähigkeiten geht es nicht um eine statische Liste von Grundbedürfnissen, die mit gerecht verteilten Mitteln zu stillen sind, sondern um die Möglichkeit, die zentralen menschlichen Fähigkeiten in einem hinreichenden Maß ausüben zu können.[13] Darin steckt eine Dynamisierung und Pluralisierung der Bedürfniskonzeption, ohne von einem anspruchsvollen Gerechtigkeitspostulat abzuweichen. Die zentrale menschliche Fähigkeit der ‚praktischen Vernunft' beispielsweise beinhaltet die Bildung einer Konzeption des Guten und die Beteiligung an kritischer Reflexion über die Planung des eigenen Lebens. Es ist zwar evident, stellt aber nach wie vor eine stets unerfüllte Herausforderung für ihren Vollzug als vernünftige *Praxis* dar, dass die praktische Vernunft eine Fähigkeit ist zur umsichtigen Gestaltung der Lebenszeit.

---

[13] Vgl. die von Martha Nussbaum (in Auseinandersetzung mit den Beiträgen von Amartya Sen) in die Diskussion gebrachte Liste von zehn „central human functional capabilities": *Women and Human Development. The Capabilities Approach*. Cambridge: Cambridge Univ. Pr., 2000: 78–80.

Personenregister

Abbt, Ch., 10, 11, 133
Ach, J.S., 11, 217, 218, 247
Achilles, 21, 125
Ackoff, R.L., 93
Adams, P.C., 153
Allinson, R.E., 8
Anderson, S.W., 192, 197
Arendt, H., 44, 45, 46, 48, 49, 50, 51, 52
Aristoteles, 21, 42, 96, 97, 187, 199, 207
Augustin, 24, 249
Aus der Au, Ch., 11, 191
Baert, P., 19
Bader, G., 72
Bacon, F., 47
Bal, M., 125, 126
Baldus, S.M., 175
Barth, K., 35, 36, 37, 70
Barton, J.C., 154
Bartram, C.R., 224
Bauer, M., 71
Bauman, Z., 252
Baumlin, J.S., 187
Bayertz, K., 193, 195, 199, 226
Beavin, J.H., 135
Beccaria, C., 17
Bechara, A., 192
Becketts, S., 137
Beck-Gernsheim, E., 230
Bellinzona, M.F., 204
Belke, J.C., 99
Benaroyo, L., 11, 201, 208, 212, 213
Benedikt, A.F., 188
Benhabib, S., 107
Benjamin, W., 73, 74, 250
Bentham, J., 17, 196
Benthien, C., 71
Bergson, H., 20
Bernet, B., 244
Bernhard, Th., 137

Bersot, H., 241
Bigand, E., 20
Binedell, J., 157
Birnbacher, D., 230, 231
Black, R.B., 153
Blair, R.J.R., 194
Blanchot, M., 138
Blasi, A., 161
Bleuler, E., 241
Bloch, E., 47
Blocher, Ch., 244
Blum, L., 161
Blumenberg, H., 62, 68
Bock, G., 237
Bohr, N., 177, 178
Boogaerts, A., 153
Bosshard, G., 253
Braet, H., 71
Braidotti, R., 7
Brandt, T., 182
Bräuer, K., 177
Brettler, D.B., 163
Breuer, D., 66
Bubner, R., 69
Burus, J.H., 17
Caesar, P., 225
Cairns, J., 18
Calhoun, D.A., 154
Calvin, J., 24
Camus, A., 139, 140, 187
Canguilhem, G., 204
Capaul, B., 10, 93, 99
Cassiman, J.J., 153
Célis, R., 204
Chadwick, R., 153
Chamber, T., 153
Chapmann, E., 175
Chomsky, A.N., 200
Claes, E., 153

Coleman, J.L., 85
Coon, D.W., 153
Coupe, W.A., 58
Couzin, J., 254
Coverston, C., 175
Creighton, S., 157
Damasio, A., 192, 194
Danneberg, L., 620
Davies, H., 153
De Oliveira-Souza, R., 191, 194
De Sousa, R., 196
De Waal, F., 196
Decruyenaere, M., 153
Delskamp-Hayes, C., 203
Denayer, L., 153
Derrida, J., 137, 138, 139, 209
Descartes, R., 57, 133, 198
Develey, F., 12
Diem, O., 240
Dietrich, M., 189
Don Juan, 143, 144
Dresner, S., 255
Dubach, R., 244
Duster, T., 223
Duvanel, A., 136, 137
Düwell, M., 254
D'Ydewalle, G., 153
Dyke, H., 8
Eggert, H., 135
Eickhoff, C., 218, 232
Emmrich, M., 223, 226
Engels, E.-M., 40, 220
Engstrom, E.J., 247
Eppler, E., 60
Eslinger, P.J., 191
Evers-Kiebooms, G., 153
Faber, R., 71
Faulkner, W., 250
Febvre, L., 71
Feinberg, J., 85, 86
Fineberg, H.V., 153
Fischer, E.P., 178

Fletcher, G.P., 85
Fonda, H., 80
Fontane, Th., 137
Forel, A., 240
Forester, E.M., 125
Foucault, M., 202, 248
Freud, S., 109
Frewer, A., 218, 232
Frey, B.S., 91
Fried, Ch., 82
Friedman, J.H., 166
Frischeisen-Köhler, M., 97
Fuchs, M., 222, 225
Fuchs, U., 217
Gadamer, H.-G., 117, 202, 207
Gage, Ph., 192, 194, 200
Gaidt, A., 218
Gallagher-Thompson, D., 153
Gamper, H., 141, 142
Gardell Cutter, M.A., 203
Gasser, J., 242, 244, 246
Gibson, M., 78
Gewirtz, J., 161
Gibson, M., 77
Giddens, A., 252
Golec, J., 135
Grabowski, T., 201
Graumann, S., 222, 223, 235
Greene, J.D., 192
Grodin, M.A., 201
Gross, M., 171
Grözinger, A., 34
Gruber, M., 241
Guckes, B., 226
Haag, I., 145
Häberle, P., 58
Habermas, J., 66, 69, 219, 223
Haidt, J., 192
Haker, H., 141, 145
Handkes, P., 139
Harper, P.S., 157
Hart, H.L.A., 17

Personenregister

Hartung, H.P., 182
Have, H.T., 153
Hegel, G.W.F., 43, 47, 59
Heidegger, M., 8, 44, 45, 48, 49, 51, 140
Heights, N., 161
Heisenberg, W., 177, 178, 179
Heit, A., 191
Heller, G., 242, 244, 246
Hennen, L., 223
Herder, J.G., 59
Heschel, A.J., 16, 17
Heymann, B., 191
Hicken, B.L., 154
Hiltmann, G., 10, 39
Hobbes, Th., 15, 18, 97, 198
Hodgson, S.V., 163
Holmes, H.B., 171
Holzheu, F., 94
Horkheimer, M., 73
Hoskins, B.B., 171
Houellebecq, M., 136
Hubig, Ch., 68
Hürlimann, G., 244
Husserl, E., 205
Imboden, G., 236
Iselin, I., 59
Jackson, D.D., 135
James, W., 20
Jeanmonod, G., 242, 244, 246
Jesus, 25, 26, 28, 30, 31, 38
Joan of Arc, 127
Jobin, G., 201
Jonas, H., 9, 40, 44, 46, 47, 48, 49, 51, 252
Junker, Th., 220, 224
Kafka, F., 133
Kagan, S., 82, 84
Kahneman, D., 16
Kamper, D., 75
Kampits, P., 199

Kant, I., 36, 47, 59, 61, 62, 63, 64, 65, 66, 67, 68, 69, 70, 120, 123, 162, 198, 199, 207
Karafyllis, N.C., 252
Kastberger, K., 145
Kaufmann, A., 72
Kaufmann, D., 237
Kellenberger, J., 106
Keller, Ch., 241
Keller, R., 84
Kevles, D.J., 236
Kierkegaard, S., 36
Kimsma, G.K., 202
Kittsteiner, H.D., 66
Klee, E., 218
Klein, M., 108, 109
Koch, L., 246, 247
Kodalle, K.-L., 68
Koenig, B.K., 153
Kohlberg, L., 106
Koller, J., 240
Korsgaard, Ch. M., 127
Koschorke, A., 71
Koselleck, R., 61, 75
Kraus, E.M., 163
Krischke, T., 142
Kroetz, F.X., 137
Kröger, W., 100
Kroll, J., 226
Krüger-Fürhoff, I.M., 71
Kühl, S., 223
Kurosu, H., 254
Kurtines, W., 161
Kurz, E., 60
Lane, M., 10, 15, 19, 21, 187, 188
Lanzerath, D., 222, 225
Lassman, P., 20
Le Breton, D., 134
Legius, E., 153
Lemke, Th., 222, 223, 235
Leonard, H.B., 83
Lessing, Th., 66

Lévinas, E., 120, 140, 141, 145, 146, 207, 208, 209, 211, 213
Levy, M., 163
Liebsch, B., 74
Lindee, S.M., 222
Lindemann Nelson, H., 10, 117, 123, 130
Liss, A.R., 153
Luhmann, N., 67, 68
Luther, M., 24, 30, 32, 33
Machiavelli, N., 19, 22
MacIntyre, A., 123, 199, 203
MacLean, D., 83, 86
Maier, H.W., 241, 242, 243
Meier, M., 244
Margalit, A., 111
Marteau, E., 155
Marteau, T., 153, 175
Marx, K., 47
Mattingly, Ch., 212
Maurice, K., 70
Mayr, O., 70
McAdams, S., 20
McKibben, C., 153
Meier, M., 244
Melvilles, H., 136
Mieth, D., 254
Mittelstraß, J., 230, 231
Moll, J., 191, 194
Mommsen, W.J., 65
Monod, J., 175
Montello, M., 201
Morgenstern, O., 153
Morris, H., 103, 106, 120
Mortimer, C., 178
Mostert. W., 73
Müller, H., 176
Müller, K., 142, 144
Murdoch, I., 162, 196
Narvaez, D., 161
Naumann, B., 71
Nelkin, D.K., 222

Neuer-Miebach, Th., 223
Neumann-Held, E.M., 53
Nietzsche, F., 44, 46, 109
Nord, I., 57
Northover, J.M., 163
Novalis, 146
Nussbaum, M., 196, 199, 256
Oelmüller, W., 71
Oexle, O.G., 58, 71
Ohly, F., 71
Owen, D.G., 81
Pannenberg, W., 24
Paolucci, H., 17
Pauker, S.G., 153
Pauker, S.P., 153
Paul, D., 235
Paul, S., 220, 224
Pauli, W., 177
Paulus, 30, 59
Pellegrin, P., 207
Pellegrino, E.D., 203
Perler, D., 198
Petrus, 31
Petzel, P., 111
Pfleiderer, G., 7, 10, 12, 23, 34, 36, 249
Picht, G., 58, 70
Pieper, A., 134
Piepmeier, R., 71
Pietschmann, H., 178
Pilnick, A., 175
Pitz, G.F., 153
Platon, 10, 15, 20, 21, 22, 24, 42, 43, 51, 69, 187
Pocock, J.G.A., 20
Pogson, F.L., 20
Porée, J., 213
Porz, R., 11, 12, 114, 164, 175, 177, 187
Power, T.E., 153
Prodi, P., 72
Raftery, J., 18
Rahn, Th., 71
Railton, P., 77, 78, 84

Personenregister

Rawls, J., 198
Reck, N., 111
Rehmann-Sutter, Ch., 7, 10, 12, 91, 103, 154, 164, 175, 176, 177, 179, 189, 213, 249, 252, 254
Rehn, R., 42, 53
Reich, J., 225
Reich, W.T., 210, 211, 212, 213
Rendtorff, T., 33
Rest, J., 161
Richard, S., 163
Richards, M., 153, 155, 175
Ricoeur, P., 74, 207, 208, 209, 210, 213
Rippberger, C., 154, 177
Rippe, K.P., 10, 77
Ritter, H.J., 11, 235
Roelcke, V., 247
Rogers, S., 175
Roll-Hansen, N., 235
Rothman, B.K., 11, 114, 165, 167, 171
Rowe, C.J., 21
Ruddick, W., 129
Rüdiger, F., 57
Rüdin, E., 241, 242
Rüsen, J., 74
Sarasin, Ph., 237
Sarin, R.K., 84
Sass, H.M., 203
Saver, J., 194
Scheffler, S., 77
Schiller, F., 59, 127
Schleiermacher, F., 34, 35
Schluchter, W., 65, 66
Schmidt, J.C., 252
Schmidtke, J., 222
Schmitt, C., 72
Schmuhl, H.-W., 232
Schönherr-Mann, H.M., 117
Schröder, H.O., 61
Schröder-Kurth, T., 230
Schrödinger, E., 177, 178
Schües, Ch., 42

Schulte, Ch., 109
Schüßler, W., 74
Schwarz, R., 60
Schweitzer, A., 26
Scully, J.L., 11, 114, 151, 154, 175, 177, 189, 221, 222, 230, 255
Searle, J., 200
Seiler, H., 91
Sen, A., 86
Shickle, D., 153
Shiloh, S., 153, 155
Siep, L., 219
Silver, L.M., 39
Silverberg, H.L., 153
Simon, R., 206, 207
Singer, P., 218
Sipora, P., 187
Sloterdijk, P., 67
Smith, D.H., 153
Smith, J., 175
Smith, J.E., 187
Smith, Z., 151
Soldan, J.R., 157
Sommerville, R.B., 192
Speirs, R., 20
Sölle, D., 120
Spicker, S.F., 202
Spiegel, Y., 74
Stellmach, C., 226
Stock, G., 189
Stössel, P., 230
Sutter Rehmann, L., 111
Sutter, R., 237, 238, 245
Tanner, J., 244
Taylor, C., 162
Ten Have, H., 202
Thaler, R., 16
Thomasma, D.C., 203
Thomson, J.J., 77, 78
Tillich, P., 21, 74
Torgerson, D.J., 18
Troeltsch, E., 33, 34, 35, 36, 37, 70

Tucker, D.C., 154
Tversky, A., 16
Tyrell, H., 66
Van den Berghe, H., 153
Van der Heide, A., 253
Vatter, A., 91
Verbeke, W., 71
Vergnières, S., 206
Vischer, G., 34
Vogel, L., 8
Vögl, Th., 98
Volz, F.R., 57
Von Aquin, Th., 24
Von Felten, M., 243
Von Horv, Ö., 143
Von Horváth, Ö., 138, 141, 142, 143, 144, 145
Von Matt, P., 137
Von Neumann, J., 153
Von Soosten, J., 10, 57
Von Weizsäcker, V., 204, 205
Vos, W., 71
Wainright, G., 71
Waldron, J., 81
Walker, M.U., 123, 128
Watzlawick, P., 135
Weber, M., 20, 59, 64, 65, 66, 67, 69
Wecker, R., 242
Weder, H., 28
Weingart, P., 226
Weingarten, M., 40
Weinreich, F., 42
Weinstein, M.C., 153
Weiss, H., 96
Weiss, J., 34
Wellington, A., 130
Werfel, F., 142
Werner, M., 142
Weß, L., 226
Whitbeck, C., 171
White, E.C., 187
White, H., 125

Whitelaw, S., 163
Wiedemann, P.M., 94
Wiesing, U., 153
Wilkens, Sanders, 213
Williams, B., 193
Zeckhauser, R., 83
Zemanek, H., 70
Zimmermann, V., 237, 238, 245
Zimmermann-Acklin, M., 178
Zolliker, J., 237, 238, 239, 245
Zurukzoglu, St., 241, 243

VERZEICHNIS DER AUTORINNEN UND AUTOREN

Christine Abbt,
Dr. des., geb. 1974., studierte von 1993-1999 Germanistik, Philosophie und Religionswissenschaft an der Universität Zürich. Im Anschluss daran absolvierte sie in Zürich den Masterstudiengang in Angewandter Ethik und war Kollegiatin am Collegium Helveticum der ETH Zürich. Nach Assistenzen in politischer Philosophie an der Universität Zürich und in Angewandter Ethik an der Universität Basel sowie Studienaufenthalten an der Universität in Tübingen und an der Universität in Melbourne promovierte sie 2004 an der Philosophischen Fakultät Zürich zum Thema Sprachlosigkeit in Literatur und Ethik. Seit 2005 ist sie wissenschaftliche Mitarbeiterin im Projekt „Verständigung und Vergessen. Die Bedeutungen von Lethe für eine Kultur des Erinnerns".

Johann Ach,
Dr. phil., zwischen 1982 und 2000 Studium der Philosophie, Theologie und Soziologie in Augsburg und Münster sowie der Erwachsenenbildung in Kaiserslautern. 1993-1997 Wissenschaftlicher Mitarbeiter in einem DFG-Forschungsprojekt über moralische Probleme der Organtransplantation am Philosophischen Seminar der Universität Münster. 1997 Promotion zum Dr. phil. mit einer Arbeit über moralische Probleme tierexperimenteller biomedizinischer Forschung (Universität Münster). 1998-2000 Wissenschaftlicher Mitarbeiter im DFG-Forschungsprojekt „Zur Selbstaufklärung der Bioethik" am Philosophischen Seminar der Universität Münster. 2000-2002 Wissenschaftlicher Mitarbeiter der Enquete-Kommission „Recht und Ethik der modernen Medizin" des Deutschen Bundestages. Seit 2003 Wissenschaftlicher Mitarbeiter und Geschäftsführer des Zentrums für Bioethik an der Universität Münster.

Christina Aus der Au,
ist im Thurgau aufgewachsen. Studium der Philosophie und Rhetorik in Tübingen und der Theologie in Zürich. Assistenzen am Institut für Umweltwissenschaft und am Institut für Sozialethik (Universität Zürich). 2002 Promotion über Umweltethik. Seit 2002 Assistenz in der Systematischen Theologie/Dogmatik an der Theologischen Fakultät der Universität Basel.

Lazare Benaroyo,
hat an der Universität Lausanne Medizin studiert. In einem Zweitstudium in Zürich, Harvard und an der Johns Hopkins Universität (USA) hat er Wissenschafts- und Medizingeschichte, sowie klinische Ethik und Medizinethik an der Georgetown (USA) und der Vrije Universität in Amsterdam studiert. Seinen Dr. med. (1986) erlangte er an der Universität Basel und seinen Dr. phil. (2004) an der Vrije

Universität in Amsterdam. Er arbeitete in der klinischen Medizin, danach als Lehrer und Forscher auf dem Gebiet der Philosophie der Ethik und der Medizinethik an der Universität Lausanne. Seit 2001 ist er Assistenz Professor an der Fakultät für Biologie und Medizin in Lausanne im Rahmen eines interdisziplinären Ethikprojekts. Seine Forschungsschwerpunkte sind Grundlagen der philosophischen Medizinethik, methodologische Einsätze in der klinischen Ethik, Pädagogik der Medizinethik und interdisziplinäre Arbeits- und Forschungsmethoden.

Gabrielle Hiltmann,
Dr. phil., Studium in Philosophie, Deutscher Literatur und Linguistik an der Universität Zürich; Promotion 1996. Lehrbeauftragte am Philosophischen Seminar der Universität Basel. Sommersemester 2002 Gastprofessorin der Maria-Goeppert-Mayer-Stiftung des Ministeriums für Wissenschaft und Kultur des Landes Niedersachsen am Philosophischen Seminar der Universität Hannover. Forschungs- und Lehrtätigkeit in Deutschland, Frankreich und England.

Barbara Katz Rothman,
received her PhD in Sociology from New York University, but her undergraduate and Master's degree are from Brooklyn College. Having been a faculty member at Baruch College and the Graduate School since 1979, she considers herself both a true CUNY product and member of the CUNY community. Her work is both interdisciplinary and international in scope, focusing on issues in Medical Sociology, Bioethics, Gender and the Sociology of Knowledge. Her professional honors and awards include the Jesse Bernard Award of the American Sociological Association, the mentoring award of Sociologists for Women in Society, the Award for the Promotion of Human Welfare of the Southern Sociological Society. She was a Fulbright Scholar in the Netherlands and was the President of Sociologists for Women in Society and of the Society for the Study of Social Problems. During the spring of 2002 she was a participant in the Scholars-in-Residence Program of the Schomburg Center for Research in Black Culture. In Fall 2002 she was at the University Osnabrück in Germany, and in Spring 2003 she held a Leverhulme Professorship at the University of Plymouth in the United Kingdom.

Melissa Lane,
is University Lecturer in History at Cambridge University, Associate Director of the Centre, and a Fellow of King's College Cambridge. Born in New York City in 1966, she grew up in California and received an A.B. summa cum laude at Harvard University in Social Studies. She spent most of 1989 working as an aide to and speechwriter for President Oscar Arias of Costa Rica, and then came to Cambridge University on a Marshall Scholarship, taking a First Class in Part II of the Philosophy Tripos followed by an M.Phil. and PhD in Philosophy. She was

appointed to the History Faculty at Cambridge in 1994. In 2001-2004 she was a Senior Research Associate of the Centre for History and Economics, working on a research project on scepticism about electoral democracy in theory and practice together with Richard Tuck of Harvard University.

Jackie Leach Scully,
hat an der Universität Oxford Biochemie studiert und ihre Doktorarbeit in Molekularbiologie an der Universität Cambridge abgeschlossen. Mit einem Royal Society European Fellowship ist sie 1989 in die Schweiz gekommen, wo sie in Lausanne und in Basel in der Brustkrebsforschung und später in der Neurobiologie geforscht hat. Seit 1997 arbeitet sie in der Arbeitsstelle für Ethik in den Biowissenschaften an der Universität Basel. Ihre Forschungsinteressen umfassen die Methoden empirischer und normativer Bioethik, genetische und reproduktive Medizin, Behinderung, sowie feministische und psychoanalytische Ansätze in der Bioethik. Ihre jüngsten Forschungsprojekte beschäftigen sich mit der Frage, wie Menschen sich in ihrem alltäglichen Leben mit bio- und medizinethischen Fragen auseinandersetzen.

Hilde Lindemann,
Dr. phil., B.A. University of Georgia, 1969, German language and literature. M.A. University of Georgia, 1972, theatre history and dramatic literature. Ph.D. in philosophy, Fordham University, 2000. Dissertation: Injured Identities, Narrative Repair. Since 2000 she is Associate Professor in the Department of Philosophy at Michigan State University and Associate at the Centre for Ethics Humanities in the Life Sciences.

Georg Pfleiderer,
ist 1960 in Stuttgart geboren. 1980-1987 Studium der Evangelischen Theologie in München, Tübingen und Heidelberg. 1987-1992 Wissenschaftlicher Mitarbeiter am Lehrstuhl für Systematische Theologie und theologische Gegenwartsfragen, Universität Augsburg (Prof. Dr. Gunther Wenz). 9/1991: Promotion an der Evang.-Theol. Fakultät der Ludwig-Maximilians-Universität München. 1992-1994 Vikar der Badischen Landeskirche. 1994-1996 Habilitandenstipendium der Deutschen Forschungsgemeinschaft; Forschungsaufenthalt am King's College in London. 1996-1999 Wissenschaftlicher Assistent am Institut für Fundamentaltheologie und Ökumene der Evang.-Theolog. Fakultät der LMU München (Lehrstuhl Prof. Dr. G. Wenz). 7/1998 Habilitation an der Evangelisch-Theologischen Fakultät der LMU München. 1999 Professur für Systematische Theologie/Ethik an der Theologischen Fakultät der Universität Basel.

Rouven Porz,
wurde 21.02.72 in Merzig (Saarland, Deutschland) geboren, nach dem Abitur 1991 Studium der Biologie an der Universität des Saarlandes in Saarbrücken

(Schwerpunktfächer: Zoologie, Genetik und Biochemie). Ab 1995 parallel dazu Studium der Philosophie und Pädagogik. Studienabschluss in Biologie mit einer Diplomarbeit zur Renaturierung von Industriebrachen. Während den Studienjahren wissenschaftlicher Mitarbeiter bei „IFÖNA" (Institut für Ökologie, Natur- und Artenschutz; Saarbrücken; 1994-95), bei „Europarts" (Labor- und Industrietechnik; Merzig; 1995-98) und als Umweltbiologe an der Universität des Saarlandes in der Fachrichtung Zoologie/Bionik (1998-2000). Zwischen 2000 und 2002 Lehrertätigkeit an zwei saarländischen Gymnasien (Referendariat; Vorbereitungsdienst) in den Fächern Biologie, Philosophie und Ethik. Zeitgleich dazu Personalratsvorsitzender der Studienreferendare im Raum Saarbrücken. Seit August 2002 als wissenschaftlicher Mitarbeiter (Stipendiat des Schweizerischen Nationalfonds) an der Universität Basel angestellt, Mitglied der Schweizerischen Gesellschaft für Biomedizinische Ethik (SGBE).

Christoph Rehmann-Sutter,
Prof. Dr. phil., dipl. biol., ist 1959 in Laufenburg/Schweiz geboren. Nach einem Studium der Molekularbiologie am Biozentrum der Universität Basel studierte er Philosophie und Soziologie in Basel, Freiburg i. Brsg. und Darmstadt. Forschungsjahr an der University of California, Berkeley 1997/98. Seit 1996 leitet er die Arbeitsstelle für Ethik in den Biowissenschaften der Universität Basel mit verschiedenen Forschungsprojekten zu technisch-ökologischen Risiken, philosophischen Interpretation der Genetik, der Ethik von Entscheidungen über Gentests und Gentherapie und zur Verbindung von normativer Ethik mit sozialwissenschaftlichen Methoden. 2001 wurde er vom Bundesrat als Präsident der Nationalen Ethikkommission im Bereich Humanmedizin gewählt.

Klaus Peter Rippe,
Dr. phil. I, Dozent an der Universität Zürich und an der Fachhochschule Aargau, Leiter des Büros „Ethik im Diskurs", Zürich.

Hans Jakob Ritter,
geboren am 3. 2. 1969 in Genf, 1975-1979 Primarschule in Zürich, 1979-1987 Gymnasium in Basel, 1989-1998 Studium der Geschichte, der Philosophie und der neueren deutschen Literaturwissenschaft an der Universität Basel. Abschluss Lizentiat, Lizentiatsarbeit: Carl Christian Reindorf. Ein Mann mit einer Mission. Bemerkungen zu Leben und Werk. 1998-2001 wissenschaftlicher Mitarbeiter an der Psychiatrischen Universitätsklinik Basel. Seit 1999 Dissertation zur Geschichte von Psychiatrie und Eugenik in der Schweiz, 1920-1950. 1999-2002 Teilnahme am Graduiertenkolleg „Wissen-Gender-Professionalisierung" der Universitäten Basel, Bern, Genf, Lausanne, Zürich. Seit 2002 wissenschaftlicher Mitarbeiter im Nationalfondsprojekt: Eugenik in Psychiatrie und Verwaltung, das Beispiel des

Kantons Basel-Stadt 1880-1960, seit 2002 als wissenschaftlicher Mitarbeiter am Institut für Geschichte und Epistemologie der Medizin, Universität Basel.

Joachim von Soosten,
Dr. theol., Privatdozent für Systemtheologie an der Universität Heidelberg. Studium der Theologie in Bethel und Marburg. Wissenschaftliche Assistenz und Mitglied im Graduiertenkolleg Religion und Normativität in Heidelberg. Habilitation zum Problem geschichtlicher Studien zum Verhältnis von Kultur und Religion. Forschungsschwerpunkt sind ethische Fragen und der Zusammenhang von Dogmatik und Religion.

Johannes Fischer/Stefan Grotefeld/
Peter Schaber (Hrsg.)

Moralischer Realismus
Theologische Beiträge zu einer philosophischen Debatte

2004. 184 Seiten. Kart.
€ 25,–
ISBN 3-17-018521-7
Forum Systematik. Beiträge zur Dogmatik, Ethik und ökumenischen Theologie, Band 21

Wer sagt, jeder Mensch habe Würde, die Folterung eines Menschen sei moralisch verwerflich oder Gott sei gut, will damit offensichtlich zum Ausdruck bringen, dass es sich dabei um eine reale Eigenschaft von Handlungen, Personen oder Dingen handelt. Diese realistische Sicht halten die meisten von uns für selbstverständlich und gerade in moralischer Perspektive scheint ihre Infragestellung auch alles andere als wünschenswert zu sein. Innerhalb der Moralphilosophie ist der moralische Realismus allerdings umstritten. Während die einen ihn verteidigen und im Hinblick auf unsere moralische Orientierung für unabdingbar halten, sehen die anderen in moralischen Urteilen nicht mehr als einen Ausdruck subjektiver Empfindungen, Einstellungen oder Präferenzen. Ziel dieses Buches ist es, die Debatte um den moralischen Realismus für die theologische Ethik fruchtbar zu machen.

W. Kohlhammer GmbH
70549 Stuttgart · Tel. 0711/7863 - 7280 · Fax 0711/7863 - 8430

Michael Graf/Frank Mathwig/
Matthias Zeindler (Hrsg.)

„Was ist der Mensch?"
*Theologische Anthropologie
im interdisziplinären Kontext*
**Wolfgang Lienemann
zum 60. Geburtstag**

2004. 460 Seiten. 2 Abb. s/w.
Kart./Fadenheftung
€ 40,–
ISBN 3-17-018522-5

Forum Systematik. Beiträge zur Dogmatik,
Ethik und ökumenischen Theologie, Band 22

Die Frage nach dem Menschen meldet sich heute im öffentlichen Diskurs wieder mit großer Dringlichkeit an. Der wissenschaftlich-technische Siegeszug des vergangenen Jahrhunderts, aber auch tiefgreifende ökonomische und gesellschaftliche Transformationen haben eine Situation geschaffen, in der bisherige Selbstverständlichkeiten ins Wanken geraten und entsprechend großer Orientierungsbedarf entsteht. Ethische Streitfragen machen anthropologische Klärungen notwendig. Die Mehrzahl der Beiträge des vorliegenden Bandes stammt aus verschiedenen Disziplinen der Theologie, weitere kommen aus Philosophie, Medizin und Ökonomie. Es wird deutlich, dass theologische Anthropologie heute nur noch im konstruktiv-kritischen interdisziplinären Kontext sinnvoll stattfinden kann.

W. Kohlhammer GmbH
70549 Stuttgart · Tel. 0711/7863 - 7280 · Fax 0711/7863 - 8430

Ewald Stübinger

Ethik der Energienutzung
Zeitökologische und theologische Perspektiven

2005. 368 Seiten. Kart.
€ 30,–
ISBN 3-17-018937-9

Forum Systematik. Beiträge zur Dogmatik, Ethik und ökumenischen Theologie, Band 24

Die wirtschaftliche Globalisierung ist weder ohne die Informations- und Kommunikationstechnologien noch ohne Nutzung von Energieträgern und -ressourcen denkbar. Hierbei spielen ethische Fragestellungen der Energienutzung eine entscheidende Rolle. Eine Ethik der Energienutzung nimmt auf das Konzept einer „Ökologie der Zeit" Bezug. Dieses stellt einen Theorieansatz dar, der den ökologischen, ökonomischen, sozialen, politischen und kulturellen Bereich in einen einheitlichen Zusammenhang zu bringen versucht. Die daraus sich ergebenden Impulse bilden eine Brücke zu biblisch-theologischen Verweisungszusammenhängen (wie Jobeljahr und Sabbatjahr bzw. Sabbatgebot). Hieraus werden hermeneutische, zeitökologische, semantische und anthropologisch-eschatologische Konsequenzen im Hinblick auf die Energiefrage und deren ethische Dimensionen gezogen.

W. Kohlhammer GmbH
70549 Stuttgart · Tel. 0711/7863 - 7280 · Fax 0711/7863 - 8430

Hartmut Kreß

Medizinische Ethik
Kulturelle Grundlagen und ethische Wertkonflikte heutiger Medizin
2003. 208 Seiten. Kart.
€ 20,–
ISBN 3-17-017176-3
Ethik – Grundlagen und Handlungsfelder, Band 2

Die Medizinethik findet in der Gegenwart so hohe Aufmerksamkeit, wie dies in der Ethik- und Kulturgeschichte bislang kaum der Fall war. Genetische Diagnostik und prädiktive Medizin verändern das alltägliche Verständnis von Gesundheit und Krankheit. Forschung an embryonalen Stammzellen, Präimplantationsdiagnostik, Transplantationsmedizin oder Sterbehilfe werfen Wertkonflikte auf, die in dieser Zuspitzung neu sind. Das Buch entfaltet Gesichtspunkte der ethischen Abwägung und betont den Stellenwert von Freiheit, Selbstbestimmung und patientenorientierter Gerechtigkeit sowie das Kindeswohl im Gesundheitswesen. Für diese normativen Prinzipien bietet das „Recht auf Gesundheit" bzw. „auf Schutz der Gesundheit", das in mehreren Menschenrechtskonventionen verankert ist, einen Anknüpfungspunkt, der in der ethischen und rechtspolitischen Debatte verstärkt beachtet werden sollte.

W. Kohlhammer GmbH
70549 Stuttgart · Tel. 0711/7863 - 7280 · Fax 0711/7863 - 8430